VIOLENCIA URBANA, LOS JÓVENES Y LA DROGA

VIOLÊNCIA URBANA, OS JOVENS E A DROGA

América Latina/África

Martín Lienhard (coord.)
Con la colaboración de
Gloria Lorena López
y Susan Gujer-Bertschinger

Colección Nexos y Diferencias

Estudios de la Cultura de América Latina

43

Enfrentada a los desafíos de la globalización y a los acelerados procesos de transformación de sus sociedades, pero con una creativa capacidad de asimilación, sincretismo y mestizaje de la que sus múltiples expresiones artísticas son su mejor prueba, los estudios culturales sobre América Latina necesitan de renovadas aproximaciones críticas. Una renovación capaz de superar las tradicionales dicotomías con que se representan los paradigmas del continente: civilización-barbarie, campo-ciudad, centro-periferia y las más recientes que oponen norte-sur y el discurso hegemónico al subordinado.

La realidad cultural latinoamericana más compleja, polimorfa, integrada por identidades múltiples en constante mutación e inevitablemente abiertas a los nuevos imaginarios planetarios y a los procesos interculturales que conllevan, invita a proponer nuevos espacios de mediación crítica. Espacios de mediación que, sin olvidar los nexos que histórica y culturalmente han unido las naciones entre sí, tengan en cuenta la diversidad que las diferencian y las que existen en el propio seno de sus sociedades multiculturales y de sus originales reductos identitarios, no siempre debidamente reconocidos y protegidos.

La **Colección Nexos y Diferencias** se propone, a través de la publicación de estudios sobre los aspectos más polémicos y apasionantes de este ineludible debate, contribuir a la apertura de nuevas fronteras críticas en el campo de los **estudios culturales latinoamericanos.**

VIOLENCIA URBANA, LOS JÓVENES Y LA DROGA

VIOLÊNCIA URBANA, OS JOVENS E A DROGA

América Latina/África

Martín Lienhard (coord.)
Con la colaboración de
Gloria Lorena López y Susan Gujer-Bertschinger

Nexos y Diferencias

Iberoamericana • Vervuert • 2015

El coloquio que dio origen a este libro contó con el apoyo del Centro Stefano Franscini (Monte Verità-Ascona), el Fondo Nacional Suizo para la Investigación Científica (FNSNF) y la Academia Suiza de las Ciencias Humanas y Sociales (SAGW/ASSH).
Se agradece la contribución del Seminario de Lenguas y Literaturas Románicas de la Universidad de Zúrich a la publicación de este volumen.

Amor de Dios, 1 — E-28014 Madrid
Tel.: +34 91 429 35 22
Fax: +34 91 429 53 97
info@ibero-americana.net
www.ibero-americana.net

Elisabethenstr. 3-9 — D-60594 Frankfurt am Main
Tel.: +49 69 597 46 17
Fax: +49 69 597 87 43
info@ibero-americana.net
www.ibero-americana.net

ISBN 978-84-8489-833-7 (Iberoamericana)
ISBN 978-3-95487-378-4 (Vervuert)

Depósito legal: M-10863-2015

Diseño de cubierta: Carlos Zamora
Diseño de interiores: Carlos del Castillo

Cubierta: fotograma de *Los olvidados*, película de Luis Buñuel (México 1950)

The paper on which this book is printed meets the requirements of ISO 9706

Este libro está impreso íntegramente en papel ecológico sin cloro

Impreso en España

Índice

Prólogo

MARTÍN LIENHARD
Universität Zürich

Este volumen reúne una veintena de estudios que fueron presentados originalmente en el coloquio internacional *Violencia urbana, los jóvenes y la droga/Violência urbana, os jovens e a droga: América Latina y/e* África, realizado en 2011 en el Centro Stefano Franscini de Monte Verità, Ascona (Suiza), bajo la coordinación de quien escribe[1].

Un espacio: la ciudad –en particular sus zonas periféricas–. Un fenómeno: la violencia (tendencialmente) criminal que se ha venido desarrollando en ese espacio a lo largo de las últimas décadas. Un objeto de compra-venta y consumo: "la droga". Especialmente la cocaína,

1. Este coloquio fue el sexto de los "encuentros de Monte Verità", todos dedicados a estudiar –a partir de temas cambiantes– de qué manera los sectores subalternos latinoamericanos (y africanos, en cuatro de los seis coloquios) se enfrentan con la modernización y la globalización. Las actas de los coloquios anteriores, todas coordinadas por quien escribe, fueron: 1. *Culturas marginadas y procesos de modernización en América Latina/Culturas marginalizadas e processos de modernização na América Latina* (Genève, Société Suisse des Américanistes, 1996); 2. *La memoria popular y sus transformaciones/A memória popular e suas transformações. América Latina y/e países luso-africanos* (Madrid/Frankfurt, Iberoamericana/Vervuert, 2000); 3. *Ritualidades latinoamericanas. Un acercamiento interdisciplinario/Ritualidades latino-americanas. Uma aproximação interdisciplinar* (Madrid/Frankfurt, Iberoamericana/Vervuert, 2003); 4. *Discursos sobre (l)a pobreza. América Latina y/e países luso-africanos* (Madrid/Frankfurt, Iberoamericana/Vervuert, 2006); 5. *Expulsados, desterrados, desplazados. Migraciones forzadas en América Latina y África/Expulsos, desterrados, deslocados. Migrações forçadas na América Latina e na África* (Madrid/Frankfurt, Iberoamericana/Vervuert, 2011).

mercancía-fetiche de un vasto comercio ilegal que marca y trastorna la economía, la política, las condiciones de vida y la cultura de sociedades enteras, y que constituye un factor mayor en el surgimiento y/o la permanencia de la violencia urbana actual. Un grupo social frágil: los jóvenes –en particular los que crecen y viven (o sobreviven) en los barrios marginales de las ciudades–. Ellos son quienes, a menudo, hacen de protagonistas y/o víctimas principales de la violencia urbana. Y, por fin, un área histórico-geográfica: América Latina y África (en particular la África exportuguesa).

En las últimas décadas, las ciudades del *Global South* –entre ellas las de América Latina y África– se han convertido en escenarios de una violencia preocupante, una violencia a menudo asesina cuya manifestación más espectacular –y también más mediática– son el sicariato y los sangrientos enfrentamientos entre grupos rivales de traficantes de droga. Lejos de limitarse a tales sucesos sangrientos, esa violencia, cuya relación con el narcotráfico y/o la drogadicción es evidente pero no mecánica, permea igualmente, bajo formas más "cotidianas", las relaciones barriales, grupales, familiares y de pareja.

Detrás de las manifestaciones concretas –"subjetivas"– de la violencia urbana está, si damos crédito a Slavoj Žižek, la violencia sistémica –"objetiva"– que emana del capitalismo globalizado: "it is the self-propelling metaphysical dance of capital that runs the show, that provides the key to real-life developments and catastrophes" (Žižek 2008: 11). Si bien la violencia "objetiva" del capitalismo puede efectivamente ser la causa última de la violencia "subjetiva" que actualmente se despliega en las ciudades latinoamericanas o africanas, las causas inmediatas –casi siempre difíciles de identificar– son mucho más específicas. Roberto Briceño-León, sociólogo venezolano, propone una útil distinción entre factores que *originan* la violencia (en primer lugar la desigualdad económica y social), factores que la *fomentan* (como la segregación social o la cultura de la masculinidad) y factores que la *facilitan* (entre otros el acceso a armas de fuego). Refiriéndose a la "nueva violencia urbana" en América Latina, el mismo sociólogo explicita el desafío que constituye el estudio de este fenómeno:

> La nueva violencia urbana de América Latina es un reto para los estudios sociológicos, pues obliga a redefinir muchos de los conceptos y de las teorías que hemos heredado sobre la organización social y el comportamiento de los individuos. Esta necesidad de desarrollar teorías apropiadas para comprender la violencia se vuelve ineludible, tanto por la urgencia de responder a la singularidad que ha tenido América Latina como sociedad, así como por la necesidad de dar cuenta del proceso de globalización que ocurre en el mundo y en la región. Es decir, tanto la singularidad cultural y social previa de la violencia autóctona, como los nuevos factores que afectan la mundialización de la violencia (Tavares dos Santos 2002) se combinan para generar este fenómeno singular que es la nueva violencia urbana de América Latina. La gente mata y muere por esa singular combinación de los factores tradicionales y globalizados: por la cultura del honor rural y los zapatos de moda del jugador de básquetbol norteamericano; por la miseria de siempre y por la nueva, la que surge del empobrecimiento que produce la nueva economía, capaz de reportar crecimiento económico e incremento del desempleo al mismo tiempo. La nueva violencia se corresponde con la nueva sociedad que ha surgido en América Latina (Briceño-León 2002: 48-49).

La "miseria de siempre"[2], de por sí, no origina violencia: la historia de la humanidad lo demuestra. Los pobres se sublevan –o contemplan la posibilidad de sublevarse– cuando adquieren conciencia de que su miseria es el producto de un sistema económico-político-social injusto que los condena a seguir en la miseria, mientras que a otros les permite acumular riquezas. La "nueva miseria" a que alude Briceño-León no es solo el resultado del empobrecimiento provocado por la economía globalizada, es decir, una miseria más acentuada, sino también la "miseria relativa"[3] que puede sentir un joven oriundo de un barrio marginal cuando, por ejemplo, compara los precios de los artículos "de moda" –o sea, de adquisición poco menos que obligatoria en su contexto sociocultural– con su inexistente o reducido poder de compra. A

---

2. En rigor, la "miseria de siempre" no existe; siempre hubo no sólo muy diversas formas de "pobreza", sino también muy diversos *discursos* sobre la pobreza, muy diversas maneras de enjuiciarla. Véanse a este respecto los trabajos reunidos en el volumen *Discursos sobre (l)a pobreza* (Lienhard 2004).
3. Estoy adaptando aquí la noción de "miseria de posición" (diferente de la "miseria de condición"), el tema-base de *La misère du monde*, libro coordinado por Pierre Bourdieu (1993).

diferencia de lo que solía suceder en un pasado más o menos remoto, los jóvenes, en el mundo globalizado de hoy, no aceptan ya ni la "miseria de siempre" ni esa nueva miseria relativa: la falta de acceso a los bienes de consumo más publicitados o prestigiados. Desean llegar a "ser alguien". Por eso mismo, la existencia del narcotráfico con las posibilidades de enriquecimiento inmediato que promete es, sin duda, uno de los factores que *fomenta* la violencia juvenil. Pero el narcotráfico, que existe en todas partes y que implica siempre, aún cuando no provoca situaciones de violencia abierta, una especie de violencia sistémica propia, latente, tampoco explica de por sí el surgimiento de una violencia abierta y asesina[4]. Para entender por qué y cómo se desencadena un proceso de violencia urbana cabe considerar muchos otros factores como, entre otros y sin jerarquizar: el abandono de los niños por parte de sus padres[5]; la dificultad de acceder a una formación profesional; la estigmatización automática de los jóvenes organizados en "tribus urbanas[6]; la falta endémica de trabajo; la exclusión creciente que afecta a los sectores sociales "inútiles", marginales, en el marco de la actual coyuntura económica; la violencia estatal (en general) y policial (en particular)[7]; la corrupción generalizada de los diferentes órganos del Estado; la multiplicación de las mafias; la impunidad (fomen-

4. En los países más desarrollados de Europa, donde el consumo de la cocaína es alto, el tráfico no suele provocar muchas manifestaciones de violencia abierta.

5. Véase a este respecto, por ejemplo, la contribución de Alice Sophie Sarcinelli.

6. Tres de los trabajos de este libro enfocan específicamente el fenómeno de las "tribus urbanas": el de Marco Lara Klahr sobre las *maras* de El Salvador, el de Redy Wilson Lima sobre los *thugs* en la ciudad de Praia (Cabo Verde) y el de Sílvia Roque sobre grupos de jóvenes en Bissau (Guiné-Bissau). Como lo sugieren los tres autores, el grado de violencia que alcanza el comportamiento de tales grupos depende menos de su "ideología" que de los procesos políticos, económicos y sociales con que se ven enfrentados a nivel local.

7. En su "Critica de la violencia", Walter Benjamin (1965 [c. 1921]: 43-47) define la violencia policial por su naturaleza a la vez *rechtserhaltend* (garantizadora del derecho) y *rechtsetzend* (definidora del derecho). El "derecho" de la policía, explica Benjamin, "designa en el fondo el punto en el cual el Estado, sea por su impotencia o a raíz de las condiciones inmanentes del orden jurídico, ya no puede garantizar mediante el orden jurídico las metas empíricas que busca alcanzar a cualquier costo" (trad. mía). Esta observación esclarece bien, a mi modo de ver, las complejas relaciones entre el Estado "de derecho" y sus fuerzas represivas.

tada a su vez por la corrupción); la expansión –apoyada a menudo por cierta cultura masiva– de paradigmas de conducta violentos.

La violencia juvenil, claro está, es un comportamiento socialmente negativo; cuando no se produce, esto no significa, sin embargo, que los problemas capaces de provocarla no existan o hayan dejado de existir. Como lo explica Sílvia Roque en su trabajo,

> a não existência de determinados tipos de violência pode [...] ser o resultado também da violência quotidiana e rotineira que desumaniza, nomeadamente da repressão político-militar, e do enquadramento permanente dos jovens nas lógicas de dependência, patrimonialismo e paternalismo que ditam o acesso aos recursos e a um estatuto valorizado, incluindo a ajuda internacional. Em lugar de reacções violentas, assistimos assim à reprodução de uma lógica de desesperança perante a qual as soluções mais óbvias para o futuro dos jovens são fugir ou esperar.

En varios lugares cabe considerar, entre las posibles "causas estructurales" de la violencia actual, la existencia de conflictos armados de larga duración –como los que tuvieron lugar en Centroamérica, Colombia, Perú, Angola y Mozambique–. Tales conflictos, al provocar el éxodo de las poblaciones amenazadas por los grupos armados, contribuyeron a acelerar desmesuradamente el crecimiento las ciudades, transformándolas en espacios caóticos, socialmente frágiles, carentes de infraestructuras urbanas y con pocas posibilidades de empleo estable. Luanda, al pasar de 600 000 habitantes en 1974 a 2 571 000 en 2000 y a 5 000 000 en 2011, tal vez sea el ejemplo más espectacular de este fenómeno. A esto se agrega el hecho de que los jóvenes que regresan de una experiencia militar (la cual, en el caso de cierto número de migrantes centroamericanos, puede haber sido su participación en las guerras de Irak o Afganistán) tienden a reproducir, en la ciudad, el comportamiento violento al cual se acostumbraron en la guerra. Como lo muestra el estudio de Bóia Efraime Júnior. (en este volumen), la terapia postraumática que en Mozambique se aplica a los exniños-soldados no es solo una terapia a posteriori, sino también, en tanto prevención de la "transmisión transgeneracional del trauma", una medida importante de cara al futuro.

Las causas de la violencia urbana son, pues, muy diversas o, más exactamente, el resultado de combinaciones variables de diversos factores cuyo impacto depende, en gran medida, de los procesos económicos, políticos y sociales que se van desarrollando, en un momento determinado, a nivel regional, nacional e internacional; un papel importante lo desempeñan también, claro está, las decisiones políticas y político-policiales que los diferentes gobiernos van tomando. Los dos trabajos largos que encabezan este libro, el de Alba Zaluar sobre la "guerra" en las favelas de Río de Janeiro y el de Marco Lara Klahr sobre las *maras* en El Salvador, permiten hacerse una idea general de la diversidad de factores que intervienen en el estallido y la reproducción de determinadas situaciones de violencia.

¿Pero de qué estamos hablando cuando hablamos de "violencia urbana"? Vale la pena, antes de seguir, interrogarnos acerca de la consistencia de esta noción. En rigor, la "violencia urbana" –también la "nueva violencia urbana"– es una nebulosa. A este respecto, el sociólogo mexicano Nelson Arteaga Botello escribe lo siguiente:

> Si en un principio el problema era localizar qué se encuentra atrás de la violencia y la inseguridad, esta pregunta ha sido matizada por otras cuestiones que intentan escudriñar en los mecanismos que hacen posible que el tema de la violencia y la inseguridad se abran un camino en la agenda política y social del país. De esta forma, se ha sumado al intento de explicación causal de la violencia, un esfuerzo por comprenderla como fenómeno simbólico, discursivo. Esto representa un cambio en el propio entendimiento de la violencia; si bien es cierto que el primer tipo de explicación permite mensurar las dimensiones de su constitución, las cifras tienen una limitante porque, como señala Rotker (2000), aquellas se vuelven imagen y sonido hueco, canto repetido y gastado por la rutina; por tanto, conviene observar la construcción del fenómeno de la violencia como efecto de temores, ansiedades y discursos porque esto le devuelve al fenómeno su sustrato como construcción social, más allá de los efectos anónimos que la producen; incluso, es precisamente cuando las perspectivas se suman que los datos "duros" que se tienen de la violencia adquieren una nueva dimensión y se transforman en actores y testigos presenciales de su conformación (Arteaga Botello 2002: 10-11).

No se trata, ni mucho menos, de negar la realidad de los hechos a menudo sangrientos que configuran lo que llamamos "violencia urbana", sino de dejar claro que esta, en rigor, es una "construcción social": un concepto creado colectivamente por medio del discurso. En esta construcción intervienen, en particular, el discurso oficial, los diferentes discursos partidistas, el discurso policial, la investigación social y cultural, la prensa, la televisión, el cine (documental y de ficción), el *show business* musical. Sea desde posiciones críticas o, al contrario, cercanas a las de la cultura de masas, la literatura también contribuye a configurar la "violencia urbana" en el imaginario social.

Hablando de lo que Mike Davis (2006) calificaría de *planet of slums*, Slavoj Žižek (2004), provocador como siempre, sugirió ver en los "favelados" el nuevo sujeto revolucionario. Los estudios reunidos en este libro no parecen poder alimentar este tipo de esperanza utópica[8]. Sin embargo, en vez de ceder a la tentación –o más bien a la tendencia mediática– de presentar una visión apocalíptica de la vida/la muerte en los barrios marginales de las ciudades latinoamericanas o africanas actuales, hemos buscado introducir aquí, al lado de estudios que documentan e indagan el alto nivel de violencia que existe en tales espacios y también, a menudo, la inoperancia de las medidas que se han tomado para combatirla, otros trabajos que muestran que no

8. Žižek (2004): "De fato, é surpreendente quantas características dos favelados correspondem à boa e velha definição marxista do sujeito proletário revolucionário: eles são 'livres' no duplo sentido do termo, mais ainda do que o proletariado clássico ('libertos' de todos os laços substanciais; obrigados a conviver estreitamente; jogados em uma situação na qual precisam criar alguma maneira de conviver e, ao mesmo tempo, privados de qualquer apoio às formas de vida tradicionais, às formas herdadas de vida religiosa ou étnica). Os favelados constituem a contrapartida da outra classe emergente recente, a chamada 'classe simbólica' (formada por gerentes, jornalistas, relações-públicas, acadêmicos, artistas etc.), que também é desenraizada e se enxerga como sendo diretamente universal (um acadêmico novaiorquino tem mais em comum com um acadêmico esloveno do que com negros que vivem no Harlem, a meio quilômetro de distância de seu campus universitário). Será esse o novo eixo da luta de classes ou será que a 'classe simbólica' é inerentemente dividida, de tal modo que se possa fazer uma aposta emancipatória na coalizão entre favelados e parte 'progressista' da classe simbólica? O que deveríamos estar buscando são os sinais de novas formas de consciência social que vão emergir dos coletivos de favelas –serão eles as sementes do futuro. E isso nos traz de volta ao título –e ao projeto subjacente– do livro de [Timothy Garton] Ash [*The Free World - America, Europe and the Surprising Future of the West*, 2004]: nossa maior esperança de um mundo realmente 'livre' está no universo sombrio e triste das favelas".

todos los jóvenes en situación de miseria absoluta o relativa se dejan arrastrar por el vendaval de la violencia.

Varias contribuciones examinan la relación compleja que hay entre cultura juvenil y violencia; una relación a menudo ambigua que puede llegar –si damos crédito al autor de un artículo periodístico angoleño citado por Francisca Bagulho– a la empatía:

> É bem verdade que é difícil estabelecer a fronteira entre os criminosos e aqueles que apenas querem brilhar no mundo da música, já que os dois vivem no mesmo bairro e enfrentam as mesmas dificuldades. Contudo, em alguns casos os cantores estão mesmo relacionados com o mundo do crime, com os seus nomes aterrorizantes, como são os casos dos "Kalunga Mata" ou "Granada Squad", com as suas músicas repletas de mensagens criminosas, onde enfrentam a polícia, ameaçam rebentar tudo, enfim, deixam claro em que lado estão [...] (*Jornal Angolense*, 2007).

Pero dentro del mismo fenómeno enfocado por Bagulho, el *kuduro*, también surge la crítica social, la exposición de las preocupaciones y las dificultades de la vida cotidiana en una ciudad como Luanda. De hecho, la cultura juvenil urbana se muestra también capaz de generar prácticas que fortalecen la autoestima de los jóvenes estigmatizados y que contribuyen a reducir el espacio de la delincuencia. Según Otávio Raposo, es el caso, en algunas favelas de Rio de Janeiro, del *breaking*:

> É na relação com um território marcado pela violência policial e criminal que devemos compreender a adesão desses jovens ao *breaking*, o que torna este estilo um "farol de virtude" que resguarda contra as incertezas da vida. Numa sociedade que os quer condenar à subalternidade, o desejo de ser alguém é parcialmente materializado através da dança[9].

De modo más general, como sugiere Marta Lança, la expresión artístico-cultural es un recurso que puede fortalecer "la inscripción de los jóvenes como voz activa en la sociedad civil".

---

9. Lo mismo se podría decir, sin duda, del *passinho*, una danza (competitiva) que en los últimos años se transformó, en las favelas de Rio de Janeiro, en un fenómeno multitudinario (véase *A batalha do passinho*, filme de Emílio Domingos, Brasil 2013).

En el presente volumen se ha dedicado, como es lógico, un amplio espacio a estudios que analizan la violencia urbana en tanto "construcción social" y que indagan en detalle los discursos –políticos, artísticos, literarios– que existen sobre el fenómeno. Sönke Bauck explica cómo, en la ciudad de Buenos Aires de comienzos del siglo xx, se "construyó" la relación causal entre alcohol y delincuencia. Hermann Herlinghaus, por su lado, problematiza, a partir de una arqueología discursiva, la capacidad del discurso de la modernidad para captar un fenómeno como el que se enfoca en esta compilación. Enrique Flores, Gloria Lorena López y Martín Lienhard estudian la contribución de diferentes medios de la cultura de consumo a la construcción discursiva de la violencia urbana. En toda una serie de otros estudios se analiza, enfocando obras narrativas, testimoniales, poéticas y cinematográficas, la manera cómo sus autores o "editores" representan, traducen o recrean las voces y las actitudes de quienes –fautores y/o víctimas de la violencia– tratan de entender, desde su visión peculiar del mundo y, a veces, desde su lenguaje específico, los procesos de violencia en que se ven envueltos[10].

Sin pretender agotar el debate sobre la violencia urbana juvenil y su relación con el narcotráfico y la drogadicción, este libro reúne, en suma, un número significativo de acercamientos diversos, realizados desde diferentes disciplinas o ángulos en diferentes lugares y apoyados en técnicas de investigación y materiales igualmente diversos.

Bibliografía

Arteaga Botello, Nelson (2002): *Una década de violencia en México: 1990-2000*. Tesis de la Universidad de Alicante.

Benjamin, Walter (1965 [c. 1921]): "Zur Kritik der Gewalt". En: *Zur Kritik der Gewalt und andere Aufsätze*. Frankfurt: Suhrkamp, 29-65.

Bourdieu, Pierre (1993): *La misère de monde*. Paris: Seuil.

---

10. Trabajos de Annina Clerici, María Victoria Albornoz, Riccardo Badini, Roberto Francavilla y Stefan Hofer.

BRICEÑO-LEÓN, Roberto (2002): "La nueva violencia urbana de América Latina". *Sociologias*, IV, 8, julio-diciembre, 34-51.

DAVIS, Mike (2006): *Planet of Slums*. London/New York: Verso.

LIENHARD, Martín (2004): *Discursos sobre l(a) pobreza*. Madrid/Frankfurt: Iberoamericana/Vervuert.

ROTKER, Susana (2000): "Ciudades escritas por la violencia (a modo de introducción)". En: Susana Rotker (ed.). *Ciudadanías del miedo*. Caracas/New Jersey: Nueva Sociedad/State University, 2-22.

TAVARES DOS SANTOS, José Vicente (2002): "The worldization of violence and injustice". *Current Sociology*, L, 1, 123-134.

ŽIŽEK, Slavoj (2004): "O novo eixo da luta de classes". Disponible en: http://www.midiaindependente.org/pt/blue/2004/09/291223.shtml.

— (2008): *Violence. Six Sideways Reflections*. New York: Picador.

LOS JÓVENES Y LA VIOLENCIA: ARGUMENTOS PARA UNA DISCUSIÓN / OS JOVENS E A VIOLÊNCIA: ARGUMENTOS PARA UMA DISCUSSÃO

Violência e juventude no Rio de Janeiro: estruturas ou processos?

Alba Zaluar
Rio de Janeiro NUPEVI/ IMS/ UERJ

Um debate particular: estrutura de classes ou processo histórico?

Escrever sobre o crescimento da criminalidade violenta no Brasil é um desafio quase tão grande quanto montar uma política pública de segurança realmente eficaz. Um não prescinde do outro, embora nem sempre tal interdependência seja reconhecida. Há pelo menos 35 anos que tento entender os fenômenos entrelaçados e influenciar novos projetos de segurança pública para a juventude pobre.

Entre os estudiosos do assunto, há muitos acordos e algumas divergências, muitas delas devidas mais a mal entendidos ou à adesão persistente a uma grande teoria do que à discordância quanto aos problemas a serem enfrentados e sanados. Foram anos de debate em que os acordos foram sendo construídos, embora, como em todo diálogo, o acordo pleno ou o consenso jamais tenham sido alcançados, deixando-se hiatos como forma de continuar a debater.

Primeiro, sobre a necessidade de abranger outras dimensões que não apenas a pobreza para explicar o aumento impressionante da criminalidade violenta entre homens jovens no Brasil a partir do final da década de 1970 (Coelho 1978, 1980; Paixão 1983; Zaluar 1983, 1988, 1989, 1994; Adorno & Bordini 1989; Misse 1995). Nenhum desses autores, inclusive eu mesma apesar da crítica que me faz Misse (*ibid.*), negou que a pobreza tivesse algum impacto na disseminação das atividades criminosas no Brasil, mas sim que não se poderia tomar a pobreza como a determinação (econômica) do crime em uma *démarche* determinista da sociologia objetivista que toma a causalidade em linha reta em uma só direção, excluindo a subjetividade e a indeterminação. Dediquei um capítulo inteiro sobre a pobreza na tese de doutorado que defendi em 1984 para começar a compreender porque alguns, entre muitos, jovens pobres entram em carreiras no que é classificado como crime.

Como afirmei, em inúmeros textos:

> O tráfico de tóxicos oferece, de fato, aos jovens em dificuldades no mercado de trabalho, a oportunidade de ganhar dinheiro que aumenta à proporção que se sobe na hierarquia desta vasta rede organizada do tráfico" (Zaluar 1985:151). "Ninguém é bandido porque quer" é uma frase que nos traz para o terreno das determinações, das explicações objetivistas. E elas são múltiplas. Apontam para a falta de assistência do governo, a pobreza cada vez maior entre as famílias de trabalhadores, a polícia corrompida, as atrações e facilidades do tráfico, o exemplo e sedução dos bandidos da vizinhança, a revolta que os métodos violentos provocam" (*ibid.*: 153).

Segundo, que haveria uma especificidade na representação e nas práticas delituosas praticadas entre os jovens pobres (Zaluar 1985: 131-172; Misse 1995) no que concerne às novas formas de crime organizado que se instalaram no Brasil na mesma época. Não há dúvidas quanto ao uso do termo "crime" sem considerá-lo um conceito sociológico porquanto a referência é o Código Penal Brasileiro. Se não é considerado uma "categoria analítica", embora a Sociologia Jurídica lide com indicadores diversos da criminalidade, a palavra "crime" remete a uma tipificação de conduta que desencadeia (ou deveria desencadear) repressão estatal. Mas crime é também categoria nativa e, portanto, adquire outro campo semântico nem sempre coerente internamente, nem muito menos consistente com o Código Penal. Explorei as ambiguidades e ambivalências nas relações entre trabalhadores pobres e bandidos, às vezes identificados, às vezes opostos. Como sempre, construí a interpretação com base em dados etnográficos, retirados de extensos trabalhos de campo feitos a partir de 1980 no Rio de Janeiro e em Campinas. A oposição entre trabalhador e bandidos ou vagabundos é uma das dimensões do imaginário por mim recolhido na primeira pesquisa feita na Cidade de Deus (RJ). Portanto, obedecendo a um preceito da Antropologia, firmada por Lévi Strauss (1975), a última palavra, quando se trata de práticas sociais, tem de ser a do nativo, no caso o morador do local:

> A identidade de trabalhador contrói-se em parte por oposição a bandidos e vagabundos que não trabalham. Mas se o trabalho é um critério fundamental de diferenciação entre tais categorias, isso não quer dizer que a oposição entre eles seja rígida e absoluta, ou que exista, no plano das relações sociais uma segregação claramente demarcada, separando-os completamente. Ao contrário, as relações entre bandidos e trabalhadores mostram-se muito mais complexas e ambíguas, tanto no plano das representações que a atividade criminosa tem para os trabalhadores, como no plano das práticas efetivamente desenvolvidas entre eles" (Zaluar *ibid.*).

A *démarche* que segui, desde o início dos meus estudos sobre a violência, procurava compreender os fenômenos estudados articulando os planos objetivo e subjetivo, valendo-se de dados estatísticos e etnográficos. A importância de considerar as representações sobre o crime advém do fato de que, se há uma condenação moral entre os trabalhadores pobres de algumas atividades criminosas, embora não de todas, nem na mesma intensidade, o controle social informal sobre tais atividades estaria presente nas relações sociais que estabelecem intra e intergerações. Pois a socialização se dá tanto entre pessoas de diferentes gerações como entre as de mesma idade. Tal constatação vai dar lugar às teorias que exploram a "eficácia coletiva" na abordagem ecológica ao crime (Beato *et al.* 2005; Zaluar & Ribeiro 2009).

Esta é uma importante questão no debate, na medida em que há um grande hiato entre as interpretações que ignoram ou negam a moralidade ou o etos predominante entre trabalhadores pobres em algumas vizinhanças, opondo a sociabilidade predominante entre pobres ou favelados ora à ideologia burguesa (Machado da Silva 2004) –a sociabilidade violenta–, ora à ordem convencional e formal de uma das partes da cidade. Misse (1995) sugere uma dicotomia entre os crimes dos ricos e os crimes dos pobres, defendendo a "associação de um certo tipo de criminalidade com certos modos de operar o poder das classes subalternas "marginalizadas". Os dois autores parecem, portanto, negar divisões internas profundas dentro do proletariado urbano relativas à moralidade e ao modo de operar o poder.

Machado da Silva (2004: 54-59) afirma que a sociabilidade violenta é uma cultura autônoma em relação ao que ora denomina organização estatal, ora convencional das atividades cotidianas. A sociabilidade violenta e a convencional não estariam em luta, mas conviveriam diante da inevitabilidade da primeira, já entranhada nas atividades cotidianas da população urbana pobre. Portanto, não caberia o uso da categoria crime ou desvio para descrever e muito menos entender o que "comumente" se chama violência urbana, pois "como categoria de entendimento e referência para modelos de conduta, a violência urbana está no centro de uma formação discursiva que expressa a forma de vida constituída pelo uso da força como princípio organizador das relações sociais".

Quando analisa os modos de operar o poder que seriam típicos das classes subalternas, Misse sugere que se trata de uma cultura autônoma, marca de classe social, que ignora solenemente a oposição legal/ilegal. Suas afirmações apontam igualmente para a indistinção entre o informal e o ilegal que estaria "estruturalmente conectado às chamadas populações marginais, aos seus modos de operar o poder nas condições de subalternidade, de forte hierarquização social, de absoluta falta de grana, de inexistência real de cidadania" (Misse 1995: 17).

De fato, os dois autores aderem à teoria da estrutura de classes, concebidas no marxismo, na permanente luta econômica entre elas, como o fio condutor para se entender todas as questões relativas à criminalidade violenta, mesmo aquelas que não constituem crimes, como a desregulamentação e a informalidade.

Quanto aos modos de operar o poder, que seriam uniformes e consensuais nas classes subalternas segundo os citados autores, encontrei grande riqueza de material etnográfico que demonstra justamente o contrário, se a palavra do nativo for a decisiva a respeito de suas práticas:

> Todavia, apesar das privações que a pobreza traz, apesar do esforço incessante e desgastante, apesar das possíveis humilhações por parte de patrões, o trabalho ainda é a fonte de superioridade moral dos trabalhadores e seus familiares [...] bandidos andam armados, trabalhadores, não." [...] "A fácil aquisição de armas de fogo, especialmente pelos adolescentes que não teriam outros meios para impor sua vontade aos demais homens do local, provoca uma reviravolta nas relações de poder no interior desta população antes regida pela hierarquia entre as gerações. A autoridade dos homens adultos sofre um duro golpe das novas formas de contestação dos jovens *revoltados* (com arma na cintura)" [...] "A dificuldade de se fazer obedecer pelos jovens deste tipo é uma queixa constante dos responsáveis pela ordem e disciplina do bloco de carnaval. Porque este é uma organização burocrática e executora de um plano coletivo montado com o auxílio de muitos, uma certa disciplina de seus componentes e a ordem no desfile são aspectos fundamentais de seu funcionamento" (Zaluar 1985: 146-147).

Mesmo nos períodos em que mais favelas estavam sob o domínio armado de traficantes, continuei a recolher depoimentos que apontavam para outras formas de pensar e organizar o poder dentro delas. Líderes comunitários independentes do tráfico continuaram a exercer suas atividades, mesmo que limitadas, fora das associações de moradores que foram sendo controladas seja pelos paramilitares que compõem algumas das "milícias"[1] (Zaluar & Conceição 2007; Cano 2008), seja por traficantes (Zaluar 1994, 2004). Mais nas segundas do que nas primeiras!

Posteriormente, já tendo incorporado as teorias de Norbert Elias sobre o processo civilizador, que abrange a sensibilização para o sofrimento alheio e o controle das emoções, eu observei que, concomitantemente às diferenças na avaliação moral de ações classificadas como "crime" pelos nativos das favelas cariocas, havia também alterações na sensibilidade dos que eram envolvidos nas atividades do tráfico que se

---

1. Uso o termo "milícia" entre aspas, pois é um termo genérico que engloba situações muito diferentes: desde uma pequena favela onde vigilantes cobram pela segurança que oferecem aos moradores, até uma favela com milhares de moradores onde paramilitares ou ex-militares exploram vários negócios informais ou ilegais, especialmente os imobiliários. Considero-a, pois, uma categoria nativa e não um conceito sociológico.

tornavam cada vez mais cruéis. O horror, porém, nunca foi aceito pela grande maioria dos moradores, embora estes tivessem que aprender a conviver com as formas despóticas de poder tão perto de suas casas.

Entretanto, ao circunscrever um novo tipo de sociabilidade, de "modo de operar o poder" ou um novo "etos" não estaríamos dando nomes diferentes a fenômenos que guardariam grande superposição empírica? Os campos semânticos dos conceitos de "etos guerreiro", "hipermasculinidade", "sociabilidade violenta", e até mesmo a de "mercadoria política", a despeito de seus diferentes contextos teóricos, não teriam muito em comum? Todos se referem a práticas sociais que mudaram a forma de pensamento, sentimento e ação, portanto admitindo a dimensão da subjetividade dos homens jovens envolvidos nas tramas do tráfico de drogas ilegais no Brasil, fazendo-os agir de forma cada vez mais brutal e mais insensível para com o sofrimento alheio. Todos apontam para a dimensão do poder, ou a busca do domínio sobre o outro, como a motivação e o objetivo básicos de tais práticas. De fato, os conceitos, embora nem sempre clara e explicitamente, remetem tanto aos códigos de boas maneiras que presidem as relações entre indivíduos e grupos nas áreas "informais" ou "marginalizadas" da cidade, quanto às configurações psíquicas dentro da pessoa, isto é, o modo de controlar suas emoções e relacionar-se consigo mesmo (Elias 2000). Em poucas palavras, ao abordar os fenômenos do crime e da violência pelas relações sociais locais, afirma-se também que é preciso levar em conta a dimensão da sociabilidade, qualquer que seja o nome dado a ela, para buscar as saídas.

Mas tal discussão exige muito mais trabalho de campo etnográfico e mais pesquisa histórica do que já foram realizados até hoje. Isso sem, claro, generalizar tal etos, sociabilidade ou modo de operar o poder para toda a classe social, seja ela chamada de classes populares, classes subalternas ou "populações marginais", focalizando a estrutura de classes no momento como se fosse a estrutura social. A maior divergência estaria, sim, no lugar que os processos de longo prazo teriam nas tentativas de interpretação da violência entre os homens jovens e pobres no Brasil, mais especificamente na cidade do Rio de Janeiro. Tais processos, que Elias e outros estudaram (Elias 2000; Wouters 2004: 193-211) no contexto social da Europa desde a Idade Média, a obra de Elias e, mais recentemente, os estudos de Dunning e Wouters abarcam as regras de *fair play* e de relacionamento entre pessoas de diferentes classes sociais, gêneros e gerações como parte do longo processo de ordenamento ou disciplina que substituiu a destruição física dos rivais pelo controle das emoções na rivalidade regrada. Este longo processo foi observado no jogo parlamentar, na competição esportiva (Elias & Dunning 1993) ou nos desfiles das escolas de samba do Rio de Janeiro (Zaluar 1997), revelando outras dimensões e segmentações das classes sociais.

Elias e Dunning focalizaram, pois, algumas das novas configurações relacionais que surgiram na Inglaterra quando do desenvolvimento do jogo parlamentar, no qual as partes em disputa passaram a confiar que não seriam mortas ou exiladas pelos rivais, caso perdessem a contenda, e nas competições esportivas, em que as regras garantiam que os competidores permaneceriam vivos após o fim do jogo. As regras acordadas seriam seguidas pelos parceiros que dele participassem no intuito de resolver conflitos verbalmente, no primeiro caso, ou pelo exímio uso da técnica esportiva, no segundo. Na sociedade assim pacificada, o monopólio legítimo da violência pelo Estado foi efetivado por modificações nas características pessoais de cada cidadão: o controle das emoções e da violência física, o fim da autoindulgência excessiva, a diminuição do prazer de infligir dor ao alheio. Esse processo civilizador não foi, entretanto, uniforme. Onde o Estado fosse fraco, um prêmio era colocado nos papéis militares, o que resultaria na consolidação de uma classe dominante militar (Elias & Dunning 1993: 233). Onde os laços segmentais ou paroquiais fossem mais fortes, o que acontece em áreas sob o regime oligárquico ou em bairros populares e vizinhanças pobres em cidades modernas, o orgulho e o sentimento de adesão ao grupo diminuíram a pressão social para o controle das emoções e da violência física, resultando em baixos sentimentos de culpa no uso aberto da violência para resolver conflitos (Zaluar 1997). A estrutura de classes reaparece em outras dimensões, não permitindo a simplificação dicotômica por criar segmentação dentro delas.

Ao usar a sociologia figuracional de Elias, com seu foco no processo histórico, com avanços e retrocessos, concluí, portanto, que, no

Brasil, estava em andamento um retrocesso nos códigos de conduta e no autocontrole individual que fez aumentar a criminalidade violenta em percentuais tão altos que é impossível negar ou disfarçar o fenômeno com teorias do tipo "medo veiculado pela mídia", embora esse medo também fosse real e veiculado pela mídia. O foco passou a ser, para mim, o processo de pacificação dos costumes, ou o que se poderia chamar "a cultura da civilidade", que transformou a relação entre o Estado e a sociedade, dividida em classes sociais, etnias, raças, grupos de idade, gêneros, afiliações religiosas, imprescindíveis no entendimento das impressionantes diferenças nas taxas de criminalidade aqui encontradas.

Ao sublinhar a civilidade em vez da etiqueta ou do código de boas maneiras, interpretei o processo civilizatório pelo viés político-institucional do monopólio legítimo da violência pelo Estado e as mudanças na formação subjetiva devido ao *fair play* e ao controle das emoções, especialmente ao fazer a comparação entre países, na linha adotada por Elias para falar especificamente da violência. Enquanto os países europeus haviam sofrido nos dois séculos anteriores um processo bem-sucedido de desarmamento de sua população civil, proibindo duelos, efetivando o monopólio da violência pelo Estado, nos Estados Unidos a Constituição continuou a garantir a qualquer cidadão o direito de ter e negociar armas. No Brasil, a violência costumeira dos proprietários de terra, com seus exércitos privados que lhes valeram o título de "coronéis", depois com seus capangas e pistoleiros atuando também nas cidades, impediu o monopólio legítimo da violência. Nos Estados Unidos, Colômbia e México, onde ocorreram prolongadas e mortíferas guerras civis, armas de fogo se espalharam pela população civil mesmo depois do fim dessas guerras. Isso explicaria em grande medida porque tantos jovens pobres e negros foram mortos nas últimas décadas nos Estados Unidos e no Brasil com o advento de novas formas de crime organizado vinculadas ao tráfico ilegal de drogas e à facilidade de obtenção de armas de fogo em alguns locais. Há, portanto, um claro contraste entre países europeus, onde existe um controle severo de armas e onde os grupos juvenis não estão tão vinculados ao crime organizado, e países do continente americano, inclusive os Estados Unidos da América e o Brasil, onde impera a conjunção entre a facilidade de obtenção de armas de fogo e a penetração do crime organizado na vida econômica, social e política do país (Zaluar 1997 e 2004).

Não obstante, houve retrocessos na Europa tão civilizada. Longe de ser algo peculiar à formação social brasileira (ou à sempre mal interpretada vocação carioca para a desordem), tais processos e seus retrocessos aconteceram em outros países. As recentes ondas de xenofobia e de nacionalismo, a partir da década de 1970, quando tensões e conflitos decorrentes da imigração, com a exacerbação de sentimentos étnicos e nacionais, aos quais se adicionaram as dificuldades de obter emprego e se integrar à escola, são apontados como elementos da cadeia de efeitos que levaram à explosão da criminalidade violenta e ao fenômeno das *galères* nas cidades francesas, particularmente em Paris. Tanto Dubet (1987) quanto Lagrange (1995) dão grande importância ao desmantelamento dos bairros operários e ao enfraquecimento do movimento operário como o pano de fundo para o aparecimento das galeras de jovens na periferia de Paris. O princípio explicador de sua conduta não seria a pobreza, mas a exclusão, termo que se refere a diversos processos simultâneos, entre os quais se inclui o desemprego, o afastamento da escola, a estigmatização pelo uso de drogas, o enfraquecimento dos movimentos sociais (novos e velhos), assim como a diluição dos laços sociais nos bairros operários e a própria ausência do conflito social regrado pelas organizações de classe, de bairro e de partido político, substituídos pelo vazio e pela raiva (Zaluar 2011). Aqui o pano de fundo não é tanto o conflito capital x trabalho, mas a complexa engenharia política da seguridade social e da precarização do trabalho que atinge diversas classes de trabalhadores, mas não da mesma maneira e no mesmo grau.

Porém, além da inegável importância do esporte na pacificação dos costumes, tivemos também outro processo que se espalhou pelo país a partir do Rio de Janeiro: a instituição de torneios, concursos e desfiles carnavalescos envolvendo bairros e segmentos populacionais rivais. Desde o início deste século, os conflitos ou competições entre bairros, vizinhanças pobres ou grupos de diversas afiliações eram apresentados, representados e vivenciados em locais públicos que reuniam pessoas vindas de todas as partes da cidade, de todos os gêneros, de todas as idades, criando associações, ligações, encenações metafóricas e estéticas das suas possíveis desavenças, seguindo regras cada vez mais elaboradas (Zaluar 1997). Nessas expressões do *fair play* e da civilidade não estavam em questão, portanto, as boas maneiras que permitiriam o acesso às elites ou aos grupos fechados dos bem nascidos e bem criados, mas sim o respeito às regras do jogo, que valeriam para todos os envolvidos nos espaços públicos, ou seja, além da paróquia. Pode-se dizer que, nos esportes e desfiles competitivos, opera-se no registro da igualdade diante das regras, de um senso de justiça informal que se aprende ao longo da socialização, muito mais do que na corrida pela ascensão social. Como reúne pessoas de diferentes famílias, gerações e bairros da cidade em espaços públicos, propicia a interiorização da civilidade entre concidadãos. Seria ela também a base para a solidariedade interna da classe social, portanto de seus movimentos reivindicativos.

É importante assinalar que uso a teoria do processo civilizatório de Elias no caso inglês, aquele que o autor descreve como o resultante da evolução dos jogos esportivos e parlamentar, mais próximos dos processos políticos de jogos democráticos. Nesse processo aprende-se a respeitar as regras do jogo, nas quais um dos objetivos é poupar a vida alheia. Interpreto-a, portanto, pelo viés da cultura da civilidade e da associação para a ação coletiva, mais próximo do que Putnam (2006) denominou "cultura cívica". Outros autores, em especial Wouters (1999, 2004), tomam o caso francês dos hábitos corteses e focalizam os códigos de boas maneiras, que abrem ou fecham portas na aprovação dos mais bem colocados na estratificação social, e que permitem, portanto, a dicotomia entre os "estabelecidos" e os excluídos (*outsiders*) dos grupos sociais exclusivos, outra vertente importante do pensamento de Elias. Segundo Wouters, o processo de "informalização" das etiquetas durante as décadas de 1960 e 1970, também chamado de "emancipação coletiva", teria tornado mais flexível essa oposição com a aceitação do que denomina *lower impulses* e *lower classes*. Isto significou, na relação entre as gerações, ultrapassar a figura da autoridade peremptória e incontestável cujas ordens teriam que ser obedecidas sem discussão. Alternativas de padrões de conduta, principalmente vindas da cultura jovem, passam a ser admissíveis, objetos de negociação entre as figuras de autoridade e os jovens. Na economia psíquica dos indivíduos, a responsabilidade e, portanto, a racionalidade diante das escolhas feitas entre as alternativas possíveis aumentaram, assim como maior igualitarismo social na medida em que diminuiria a distância social entre os hierarquicamente considerados inferiores e superiores. Embora o triunfo do mercado na década de 1980 tenha significado um retorno à necessidade de escalar socialmente a hierarquia social, mais desigualdade e mais conformismo perante as elites estabelecidas, o surgimento de uma terceira natureza que provoca o diálogo entre as emoções reprimidas (primeira natureza) e a etiqueta social aprovada (segunda natureza) não desapareceu. A terceira natureza se caracterizaria pela maior flexibilidade moral e pelo maior entendimento entre consciência e impulsos, de tal modo que os bem-sucedidos seriam os que combinariam firmeza e flexibilidade, franqueza e tato (Wouters 2004: 208-210).

Em texto anterior, o autor considera que criminosos seriam os indivíduos que não conseguem, por vários motivos, essa nova integração psíquica, na qual as emoções e os códigos de conduta disponíveis se tornam objeto de reflexão e racionalização. E admite que os indivíduos mais propensos a cometer crimes seriam aqueles que não têm autocontrole sobre as suas emoções e, portanto, falham na negociação entre a consciência moral e os impulsos. A própria transição entre o modelo de conduta convencional (ou estabelecida) e o modelo do informal explicaria o aumento da criminalidade, especialmente porque a propensão a cometê-los seria mais forte entre os que vivem a integração social precária, como os imigrantes, os jovens e os desempregados, das periferias nas cidades europeias. Se, além de serem desprezados socialmente, carecem do "capital de personalidade", ou seja, da flexibilidade moral para promover o diálogo entre os impulsos da emoção e a moralidade, assim como a capacidade de refletir sobre os modelos de conduta disponíveis, com mais probabilidade irão se enredar em atividades criminosas (Wouters 1999: 430). Essa é a parte da teoria de Wouters que mais nos interessa explorar neste texto.

De fato, seria importante analisar como o capital de personalidade entre os jovens das cidades brasileiras está comprometido pela interrupção e incompletude do processo de informalização / igualitarismo social visto que a democratização social não se deu no mesmo ritmo da democratização política. A permanência do autoritarismo social, ou da hierarquia social no Brasil, mas principalmente as formas de poder despótico surgidas a partir dos anos 1970 nas áreas urbanas mais desfavorecidas, teria abortado o processo de informalização ou de maior diálogo com as figuras de autoridade, inclusive para discutir as regras do jogo, especialmente nas camadas menos escolarizadas e mais subalternas. Mais uma vez depara-se com um processo de redemocratização inconcluso, parcial e excludente que combina diferentes estágios na consolidação do estado de direito. Mais uma vez, manifesta-se a desigualdade social, agora também no processo de socialização e na aquisição das disposições e posturas mais condizentes com a participação ou inclusão na sociedade.

Outros autores radicalizam a teoria de Elias e Dunning sobre o controle das emoções e transformam o autocontrole individual, ou seja, a capacidade subjetiva dos indivíduos de controlar seus impulsos (Gottfredson & Hirschi 2000), em conceito central para explicar a criminalidade. Não seria nem a privação, mesmo que relativa, ou a desigualdade, nem as carências na escolaridade que inclinariam uma pessoa para o comportamento criminoso, mas sim o grau de autocontrole que ela teria sobre suas emoções em momentos de tensão. Tais tendências ou disposições estariam presentes desde logo, pois se manifestariam cedo na infância com características relacionadas ao baixo autocontrole: impulsividade, insensibilidade, imprudência e a tendência a agir mais física do que mental ou verbalmente. O problema é que estas características não são exclusivas do comportamento criminoso, mas também de atividades que envolvem risco ou reação impensada, não necessariamente criminosa. Além disso, justificariam muito mais os crimes cometidos em explosões emocionais, como os crimes do ódio ou da paixão, mas dificilmente explicariam a criminalidade que se desenvolve como um negócio de longo prazo e que exige o uso racional da violência por causa da ilegalidade, consequentemente da falta de meios legais para resolver conflitos, da necessidade imperiosa de manter a clandestinidade e da impunidade dos envolvidos nesse tipo de crime que chamei "crime-negócio".

Não sendo, portanto, um preditivo da criminalidade, mas o que os epidemiólogos costumam chamar "fator de risco", o descontrole perde o seu poder explicativo (Gottfredson & Hirschi 2000). Os mesmos autores, então, apelam para a socialização infantil na família, durante a qual o autocontrole se consolidaria por volta de oito anos de idade. Para isso, os pais deveriam estar atentos para os comportamentos desviantes das crianças, punindo-os quando ocorrem. Quando a socialização é falha por causa do descuido ou indiferença materna e paterna, a criança pode vir a agir com violência para obter o que deseja. Porém, isto quer dizer que os pais deveriam ser capazes de reconhecer quando regras sociais de respeito aos demais participantes dos jogos sociais foram quebradas. Participar de jogos de sociabilidade, conviver em locais públicos, portanto fora da família, são modos imprescindíveis para se conhecer as regras da civilidade e do respeito aos outros, adquirindo noções "informais", "básicas" ou "populares" do que é justo ou injusto nas relações pessoais, usualmente regidas pelas regras da reciprocidade. Proporcionar a convivência social em espaços públicos e a socialização na ordem pública (Hunter 1985; Zaluar & Ribeiro, 2009) vem a ser, portanto, parte da dinâmica que vai permitir romper o círculo vicioso da violência que também ocorre na família, mas não apenas nela.

O crime na cidade: eficácia coletiva ou participação coletiva?

Sendo assim, é preciso retomar algumas das teorias que vinculam as várias dimensões do espaço urbano à manifestação da violência e da criminalidade. Já havia certo consenso entre os estudiosos de que as variáveis macrossociais, relativas às pessoas (idade, gênero, escolaridade, renda familiar, etc.) não eram suficientes para explicar as diferentes taxas de criminalidade entre bairros socialmente semelhantes dentro da mesma cidade. Como fazer a vinculação entre o espaço urbano e o crime abre muito espaço de debate, pois, como afirmou Beato *et al.* (2005), seguindo Sampson *et al.* (2002), "a coesão social de comunidades nem sempre se traduz em controle social efetivo sobre o espaço em que os vizinhos vivem". O que importa para estes autores, mais do que a interação social entre vizinhos, são os mecanismos de controle que efetivamente podem ser estabelecidos eficazmente para controlar o comportamento de jovens e crianças da vizinhança, pois em vizinhanças pobres nem sempre a interação entre vizinhos resulta em eficácia coletiva (Zilli 2004; Beato 2005). Recusam como românticas as ideias sobre capital social e cultura cívica se não resultarem em controle social com a parceria da polícia. Apoiam-se em um conceito nebuloso de coesão social que tem mais a ver com a homogeneidade étnica e religiosa existente nos subúrbios estadunidenses do que com as favelas e bairros pobres das cidades brasileiras, onde se trata, isto sim, de construir e difundir regras sociais que sejam aceitáveis na convivência entre pessoas de diferentes culturas regionais e religiões no espaço público.

A ecologia da cidade, no caso dos autores que sublinham a coesão e o controle social sobre as várias formas de violência que ali poderiam vir a se manifestar, é reduzida à forma e ao grau de controle social informal sobre futuros predadores. A pesquisa se limita a entender o que vem a desorganizar comunidades e vizinhanças, favorecendo as oportunidades para a ocorrência de diversos delitos e impedindo a cooperação entre moradores, mas principalmente destes com os agentes do controle público, ou seja, com a polícia.

Isso traz-nos de volta ao processo de informalização que ocorre junto com a difusão de culturas jovens e que tornam a autoridade contestável. Como fica cada vez mais difícil fazer os jovens obedecerem a uma autoridade que não é mais irrefutável nem infalível, o que representaria a eficácia em vizinhanças não conservadoras nem homogêneas? Torna-se cada vez mais difícil construir falsamente um consenso em relação de poder incontestável. O que escrevi acerca do urbano e seus dilemas de escolha e da relativização dos mundos sociais nele presentes, onde há encontros interculturais e onde há participação simultânea em várias mundos de significação e redes sociais abertas (Zaluar 1994: 20-24), deve ser levado em consideração na contemporaneidade ainda mais interativa e multicultural, sob o grande impacto de culturas jovens contestatórias e contra o poder imperial de uma ideologia ou de uma instituição. Há que evitar os falsos consensos criados a partir de uma situação conflituosa, tal como a existente anteriormente entre jovens favelados e a Polícia, pela incorporação forçada de um voz dissidente pela outra, oficial e armada. Como veremos, esta é uma interpretação cabível nas relações entre a nova polícia nas Unidades de Policiamento Pacificador (UPP) e parte da juventude que se rebela contra a sua presença.

Claro que não se sugere a aceitação de tudo o que esses jovens se habituaram a fazer nas suas vizinhanças, tais como o barulho insuportável de seus bailes, a falta de respeito pelos direitos alheios e a ação violenta, visto que, como diz a sabedoria popular, a bondade que nunca repreende não é bondade, é passividade; a paciência que nunca se esgota não é paciência, é subserviência; a serenidade que nunca se desmancha não é serenidade, é indiferença; a tolerância que nunca replica não é tolerância, é estupidez. Mas há que se levar em conta a sabedoria ou a razoabilidade dos adultos presentes nas vizinhanças pobres e saber como estimular o seu aparecimento e fortalecimento nas suas interações (Zaluar 1985). E há que considerar as últimas décadas de sofrimento dos vizinhos sob o jugo de um poder armado e despótico que levou-os a mais que um consenso forçado, à tirania de traficantes, de policiais corruptos e de milicianos.

Mas há outros pontos a considerar. Hunter (1985) afirma que, se os adolescentes, não mais sob o controle familiar, saem para relações fora da ordem privada e começam a praticar incivilidades e crimes na vizinhança, é porque se rompeu a interação entre a ordem privada da família e a ordem paroquial da vizinhança. Porém, ainda segundo esse autor, são as igrejas, escolas, clubes de jovens, ligas de atletas, etc. que deixaram de prover o controle social dos jovens por dependerem principalmente do trabalho voluntário dos vizinhos, e não a interferência informal dos vizinhos na vida de jovens que não pertencem às suas famílias. A desarticulação organizacional da vizinhança tem mais impacto sobre a criminalidade do que a da ordem privada, visto que pode fazer o controle social que a polícia não tem meios suficientes nem legitimidade para exercer. Hunter conclui que fortalecer as organizações nas vizinhanças, ou empoderá-las, mais do que caçar criminosos, é a saída para tais problemas de controle social informal. Em outras palavras, trata-se de garantir que a socialização dos jovens também se dará em organizações vicinais que vão ajudar a limitar a liberdade deles, quando esta prejudica os demais vizinhos, liberando a polícia para cuidar da ordem pública. Não cabe à polícia imiscuir-se nessas associações, mas cuidar dos locais públicos que envolvem encontros entre desconhecidos, ao contrário do que acontece na vizinhança, onde quase todos se conhecem e precisam confiar um no outro, dialogar e se entender, mesmo que nunca alcancem a homogeneidade de valores ou o consenso idealizado pelos teóricos da desorganização social como explicação para a criminalidade.

Na política pública, não se trata, portanto, de esperar ou incentivar que vizinhos se intrometam informalmente no controle dos jovens que são filhos de outras pessoas, violando as regras de independência do grupo familiar, como sugere a teoria da eficácia coletiva. Trata-se, isso sim, de fomentar o surgimento ou o fortalecimento de organizações vicinais que são mais fundamentais para criar a confiança e, portanto, a possibilidade de ação coletiva entre vizinhos, especialmente na socialização dos adolescentes. Mas não se podem ignorar as organizações que, por quase um século, já provaram a sua importância nessa socialização intra e intergeracional, como as escolas de samba, por exemplo. Outras organizações não governamentais, mais preocupadas em criar identidades globalizadas, não têm raízes culturais na cidade, nem reúnem diferentes gerações. Certamente, substituir membros de tais organizações, conhecedores das regras locais que regem as etiquetas no tratamento dos filhos de outras pessoas, o que impõe respeito à autoridade materna e paterna, por policiais militares para ensinar todos os esportes, música e demais atividades culturais, fragiliza ainda mais a capacidade organizativa na vizinhança. E isso está acontecendo nas UPPs já instaladas na cidade.

Mesmo alguns teóricos da desorganização social, tais como Sampson, Morenoff e Gannon-Rowley (2002) admitem vários outros mecanismos interligados que explicam as diferenças marcantes entre vizinhanças e sua relação com o crime. Primeiro, a conexão entre as desvantagens concentradas e o isolamento geográfico dos afro-americanos, ou seja, a segregação racial como variável da vizinhança que provoca a concentração de diversos problemas sociais vicinais, como desordem social e física, variáveis individuais, como baixo peso ao nascer, mortalidade infantil, abandono da escola e abuso contra crianças, todas vinculadas também a variáveis familiares — por exemplo, famílias chefiadas por mulheres. Segundo, os autores reconhecem explicitamente a contribuição da teoria do capital social para entender um dos mecanismos vicinais que foram mensurados em diferentes estudos pela densidade dos laços sociais entre vizinhos, a frequência da interação social entre vizinhos e os padrões que constituem a vizinhança (*neighbouring*). A eficácia coletiva seria apenas um desses mecanismos, por se referir à disposição ou à vontade dos vizinhos em intervir na proteção de jovens, o que também depende da confiança construída a partir desses laços. Mas sobretudo apontam o mecanismo dos recursos institucionais, que compreendem escolas, bibliotecas, centros de atividades recreativas, centros de saúde, agências de apoio a pais e jovens, oportunidades de emprego. Este mecanismo poderia ser mensurado pelo número de organizações nas vizinhanças, mas não pela participação dos vizinhos nessas organizações. Ao falar em participação, os autores vinculam a eficácia coletiva ao que Putnam (2006) denominou participação cívica, claramente vinculada à ordem pública e suas instituições, e à cultura cívica que, longe de ser romântica, é elemento fundamental para mudar a dinâmica na vizinhança pobre e torná-la mais preparada para enfrentar os desafios da heterogeneidade cultural, dos conflitos intergeracionais em um contexto de informalização, também denominada, inclusive por mim em textos anteriores, de crise da autoridade.

Além disso, Sampson (2002) e demais autores mediram não só a eficácia informal da vizinhança, mas também a capacidade de alguns sistemas político-partidários e de segurança pública em mobilizar e articular as redes de vizinhos potencialmente ativos em organizações socializadoras e em cooperação com o trabalho policial. Essa capacidade permanece no pano de fundo da análise, embora seja crucial para o entendimento de por que em algumas vizinhanças de Chicago, e não em outras; por que em Chicago e não em outras cidades dos Estados Unidos da América, por que em uma cidade dos Estados Unidos e não em outras cidades do mundo, vizinhos participam, informal e ativamente, da socialização dos mais jovens.

Como já afirmei em outro texto (Zaluar & Ribeiro 2009), há grandes diferenças entre localidades, vizinhanças ou territórios quanto à diversidade das engenharias institucionais e político-partidárias delas. Em alguns países, gerações sucessivas de migrantes ocuparam partes das cidades, o que ocasionou um aumento nas taxas de criminalidade. Em outros, espalharam-se tanto o uso de drogas ilegais quanto as práticas violentas (armadas) do tráfico, assim como o uso excessivo da força e a corrupção da polícia, que deveria combatê-lo, porém se associa a ele, seguidos pelo enfraquecimento da autoridade dos líderes comunitários e das associações vicinais nas áreas mais pobres das cidades.

A atual configuração urbana das cidades brasileiras, em especial do Rio de Janeiro, é um dos obstáculos a enfrentar para a reafirmação dos direitos fundamentais (tais como o direito à vida e ao ir e vir) dos mais vulneráveis, dos mais afetados pela precariedade do trabalho, pela desigualdade multidimensional no acesso à justiça, à educação e à saúde, pois todas essas dimensões da política pública foram agravados pela violência crescente e pelo medo reinante, tanto de traficantes armados quanto da polícia. É essa a configuração das cada vez mais numerosas favelas ou de habitações "subnormais", ou seja, aquelas em que não há título de propriedade e onde vigora a informalidade em todos os serviços, mesmo os que deveriam ser prestados pelo estado, como a segurança, que vai explicar a submissão às reações vicinais de autodefesa. Estas, em incontestável crescimento na cidade, facilmente se tornam despóticas (Zaluar & Conceição 2007; Cano 2008), chegando a compor grupos de extermínio ou "milícias", um nome genérico para diferentes situações de segurança privada que vão do mero vigilantismo às formações de crime organizado, que envolve agentes públicos, explorando diversos negócios na vizinhança, em especial qualquer operação no mercado imobiliário local (*ibid.*).

De fato, os estudos em diversos países mostram que variáveis tais como a desigualdade econômica, a estrutura populacional, a densidade demográfica e a taxa de desemprego estão associadas significativamente aos homicídios. Este é o quadro dos bairros de subúrbios no Rio de Janeiro (Área de Planejamento 3 ou AP3), onde ficam 50% das favelas na cidade, e das demais favelas, algumas das quais terminam concentrando intensa atividade de quadrilhas ligadas ao tráfico de drogas, com elevadas taxas de homicídios por conta da dinâmica de conflito em torno, primeiramente, da boca de fumo e, posteriormente, do território dominado pela quadrilha (Zaluar 1994, 2004).

Nesses bairros e favelas moram pessoas de estratos sociais marcados pela baixa renda, baixa escolaridade, famílias chefiadas por mulheres, com altas taxas de gravidez na adolescência. Ecologicamente são bairros marcados pela escassez de centros culturais e esportivos, embora muitos deles, como Madureira, Penha ou Ramos tenham alta atividade comercial e muitas atividades esportivas e culturais diversificadas, vinculadas a associações vicinais. Os órgãos e serviços públicos disponíveis também são raros, quando comparados com o centro ou com as regiões abastadas, não conseguindo suprir a demanda (Monteiro 2009; Ribeiro 2009).

No mesmo texto, abordei então a dimensão político-institucional para entender a dinâmica política local e as diferenças nas taxas de criminalidade entre localidades em uma mesma cidade. É preciso considerar como se vinculam as localidades ao poder político dos representantes no Legislativo e, por meio deles ou diretamente, ao poder Executivo da cidade ou do Estado, pois tais vínculos, pelos intermediários ou pelas associações voluntárias locais, são parte do quadro que se quer entender. São essas configurações do poder local que podem ou não favorecer, incentivar e bloquear a capacidade ou a disposição de vizinhos em se organizar para resolver problemas comuns. A socialização dos jovens seria um deles, vinculados sempre, segundo dados etnográficos, à existência, na localidade, de escolas de ensino fundamental e médio, além de cursos de profissionalização para seguir carreiras e progredir efetivamente nelas. Em algumas delas, menos politizadas, a prática do clientelismo via cabos eleitorais, que intermedeiam a relação dos moradores com o Poder Público ou o Legislativo, tem sido segmentadora e tem tido um efeito devastador por dificultar a construção da confiança que os vizinhos precisam depositar em líderes locais. Sem confiança mútua, as acusações contra os dirigentes de associações aumentam e impedem a união dos moradores das áreas pobres em torno das demandas locais, muitas não sendo nem consideradas soluções para atender verdadeiramente o bem comum.

Por fim, não podem ser ignoradas, como parte da configuração político-institucional, as relações dos vizinhos com os policiais que atuam localmente e, portanto, a confiança neles depositada pelos moradores. O papel da Polícia como um ator estratégico no cenário urbano, de fato, não pode ser ignorado. Isto porque o controle da violência nos espaços urbanos deteriorados dependerá em grande medida das formas pelas quais se dá a atuação dela e da relação que estabelece entre policiais e moradores, os quais poderiam ser, como afirmou Jacobs (1993), os "olhos da rua" para cooperar com as polícias que têm, por limitações de verba, efetivo limitado. Mas essa relação depende muito da capacidade organizativa e do espaço para a participação dos vizinhos nas discussões, junto às autoridades policiais, sobre as prioridades dos problemas de segurança e sobre o modo com que os policiais deveriam tratar moradores, especialmente crianças e jovens. O lugar dos policiais não é nos programas socioeducativos destinados aos jovens, pois tendem a reproduzir as regras institucionais de disciplina no ensino do esporte, tal como acontece em várias UPPs já montadas em favelas onde não há vilas olímpicas, como na Cidade de Deus. Lá ouvi relatos indignados de líderes comunitários sobre o que denominam "adestramento" de crianças e jovens por policiais militares, os quais ensinam práticas esportivas com a pedagogia utilizada na disciplina de soldados da corporação.

O crime globalizado e local: organizado ou desorganizado?

Diferentes interpretações e pesos foram dados à organização no "crime organizado" pelos cientistas sociais brasileiros, embora nenhum despreze hoje a sua importância para explicar o notável aumento na criminalidade. Desde as primeiras publicações no início dos anos 1980, reunidos posteriormente em livro (Zaluar 1994), afirmei que o aumento da violência observado no Rio de Janeiro estava associado ao aparecimento e difusão de um novo estilo de traficar cocaína que trouxe a arma de fogo como meio de defesa da mercadoria e do ponto de venda. Durante os anos 1990, outras pesquisas etnográficas levaram-me a concluir que o estilo do tráfico da cocaína, introduzido a partir do final dos anos 1970, trouxe uma corrida armamentista entre quadrilhas e comandos de traficantes com o objetivo de afastar competidores dos territórios já dominados na maioria das favelas da cidade. Como sempre acontece quando a atividade econômica, legal ou ilegal, está vinculada ao controle de um território, o olho grande ou avidez em cima da parte que cabe ao vizinho rival estimula o conflito que muito comumente assume um caráter armado, como se verifica na formação de nações, mesmo as que não viveram o período feudal (Mennel 2004). Mais do que a organização ou não desta atividade ilegal contínua, o que me interessava era o conflito armado entre as quadrilhas, inicialmente e, a partir de meados dos anos 1980, o conflito entre os comandos de traficantes que variavam de dois a quatro na cidade.

Chamei essa atividade comercial ilegal ora de "crime-negócio", ora de "crime organizado", ora de "crime em rede". Para Michel Misse e outros autores, entretanto, o conflito entre as quadrilhas e os comandos era justamente a prova de que não haveria crime organizado na cidade. Mais do que afirmações inconciliáveis, haveria uma confusão entre os estágios no fluxo das mercadorias comercializadas no varejo, localizado principalmente em favelas, mas não apenas nelas. Para mim, bastava o fato de que a atividade ilegal tinha continuidade e visava ao lucro, pois as drogas e as armas chegavam continuamente à cidade e havia uma rede hierárquica entre as pessoas que ocupavam diferentes posições no varejo e outra rede geograficamente referida ao fluxo de informações e produtos que passam de uma cidade para outra, de um estado para o outro, de um país para o outro, através dos nós e dos pontos de interconexão que, hierarquicamente, cada uma exerce. Como escrevi:

> O conceito de rede é usado de dois modos principais nos estudos relativos ao tráfico de drogas hoje no mundo. O primeiro ancora-se nos conceitos de territorialidade e hierarquia com os quais a Geografia tem analisado as metrópoles internacionais, nacionais, regionais e as cidades para estudar o fluxo de informações e produtos que passam de uma para as demais através dos nós e pontos de interconexão que, hierarquicamente, cada uma exerce. O segundo, mais próximo da concepção antropológica de rede social, é usado para analisar as atividades ilegais que têm o caráter de negócio contínuo e que fluem por meio de relações interpessoais baseadas no segredo, na confiança sempre posta à prova, no conhecimento das pessoas e nos acordos tácitos estabelecidos entre elas. Na segunda acepção, aplica-se especialmente aos níveis

> mais baixos do tráfico de drogas, que, de acordo com o relatório da UNDCP, 1997, têm uma intricada malha descentralizada, de difícil controle, ao contrário do que acontece com os negociantes atacadistas e grandes financistas do tráfico, que tendem à centralização e à hierarquia em cartéis e máfias (Zaluar 1998).

Vali-me do debate sobre o tema, que tem uma longa história, tomando importância e destaque nas últimas décadas do século passado por conta do aumento da violência em várias cidades, países, continentes: qual seria a importância da teoria do crime organizado para entendermos o que se passa com os jovens, especialmente os originários das camadas mais pobres da população? Muitos sociólogos abordaram formas diversas de organização da atividade ilegal empresarial envolvendo jovens pobres que já estariam presentes desde o início do século XX, quando da proibição da venda de álcool, em algumas cidades estadunidenses, especialmente estudadas pela escola de Chicago. Vários sociólogos urbanos assinalaram as profundas associações entre o crime profissionalizado ou organizado, a política clientelista local e o capitalismo selvagem, as vinculações entre os negócios ilegais e os legais, as passagens entre o desvio e o mundo convencional, os quais se interpenetrariam (Matza 1969: 70-71; Hannerz 1981: 54; Samuel 1981).

A política da guerra às drogas, iniciada no final dos anos 1970, coincidindo com o aumento da violência em quase todo o continente americano, criou mais uma vez o cenário da proibição de uma mercadoria desejada por muitas pessoas. No plano do consumo que garante o comércio no varejo, objeto da ambição e avidez no controle de territórios na cidade, a demanda pelas drogas ilegais que alteram o estado de consciência, gerando os altos lucros do negócio, seria decorrente de mudanças nos estilos de vida que transformaram o consumo familiar em um consumo individual de "estilo" (Sassen 1991; Zaluar 1998).

Apesar da proibição e das políticas repressivas no uso e comércio das drogas consideradas ilegais, no final de milênio, as formas de violência que irromperam em quase todos os países do mundo ocidental formando novas configurações político-econômicas, estariam vinculadas ainda mais ao crescimento das máfias e redes do crime-negócio que receberam novo incentivo. Entre as drogas ilegais que, por causa da proibição, transformaram-se em um mercado muito lucrativo, a cocaína criou um estilo de tráfico violento, especialmente no continente americano, que valoriza o dinheiro fácil e o poder adquirido pela conquista de territórios, até mesmo nas cidades. Em Nova Iorque, este padrão já se encontrava no tráfico de heroína, implantado desde a década de 1960 em bairros negros e porto-riquenhos, assim como no tráfico do *crack* nos anos 1980-1990, cuja epidemia foi finalmente superada mais recentemente. Em muitas outras cidades da América Central e do Sul, a atividade econômica ilegal afetou profundamente a vida política e social em vastos territórios rurais e urbanos dentro de seus países (Thoumi 1994; Salama 1993; Schiray 1994). No setor, relações de exploração de classe também foram impostas de forma selvagem: os que nele trabalham não têm direitos, a não ser aqueles decorrentes da liberalidade dos chefes, e arriscam suas vidas diariamente, morrendo aos milhares no continente.

Sempre ressaltei, apoiada em muitos estudos internacionais, que a ilegalidade teria aberto a possibilidade de que o comércio dessas mercadorias se tornasse tão lucrativo a ponto de fomentar o surgimento de organizações, não necessariamente burocráticas embora hierárquicas, para manter a continuidade da atividade econômica que incluiria redes de fornecedores no atacado e vendedores no varejo. No plano internacional e do comércio no atacado, o controle cada vez maior das redes de comunicação e dos fluxos financeiros, montado pelas máfias, asseguraria a legalização ou o branqueamento dos lucros assim obtidos, portanto a continuidade das operações sigilosas e a tendência à monopolização e concentração de renda nos pontos-chave da distribuição. Os personagens dessas redes comerciais que mais lucravam, segundo estudos feitos em outros países e resenhados no relatório da UNDCP 1997, eram os grandes intermediários, especialmente os traficantes do atacado e os lavadores de dinheiro, ou seja, os que transformam o dinheiro "sujo", ganho em negócios ilegais, em dinheiro "limpo" de negócios legais variados. Mas sempre houve a convergência e a promiscuidade entre atividades econômicas legais e ilegais, entre agentes do Estado e das organizações criminosas (Zaluar 2001; Thoumi 1994; Salama 1993; Schiray 1994).

Como sempre acontece quando o preconceito e os estereótipos de criminosos predominam na imaginação policial, pouca ou nenhuma investigação foi feita para desvendar e desmantelar as redes articuladas do tráfico de drogas ilegais e do tráfico de armas, além de muitas outras máfias que controlam negócios de modo ilegal, mesmo quando as mercadorias são legais. Estas redes articuladas ultrapassam barreiras de classe, de perímetros urbanos, de fronteiras estaduais e nacionais, e se imiscuem nos negócios legais, nas instituições do Estado e nos governos. A articulação entre Estado e tráfico de drogas ilegais sempre esteve presente, desde os seus primórdios e sempre foi discutida pelos estudiosos do tema. Não é possível, pois, restringir-se ao varejo, às pontas desta vasta rede que é apenas mais visível entre os mais humildes dos seus membros.

Por isso, há carência de informações que permitam reconstituir as dinâmicas e os fluxos dos vários tipos de crime organizado, inclusive o de tráfico de drogas ilegais que tanto atrai jovens vulneráveis nas áreas menos favorecidas do país. Permanece, por um lado, a dificuldade de pesquisar o grande banditismo no Brasil visto que os grandes bandidos ainda não são investigados com o mesmo empenho que os bandidos de menor calibre, nem tampouco julgados e condenados. Por outro lado, a investigação sobre as atividades dos que operam no varejo das drogas ainda é marcada pela repressão e por várias manifestações de preconceitos arraigados que não se pode deixar de denunciar. Os efeitos de se resvalar pela primeira, sem considerar a segunda, foram graves. A repressão policial, apesar das oscilações devidas a mudanças de governo ao longo dos últimos 25 anos, concentrou-se nas favelas de algumas regiões, principalmente aquelas localizadas nos subúrbios e na zona central da cidade, as mais antigas e onde sempre houve uma população negra carioca, descendente de escravos e vinculada às manifestações da cultura afro-brasileira, principalmente o samba e as religiões afro-brasileiras.

Com isso espalhou-se, entre alguns dos muitos jovens pobres que moram nesses locais, uma primeira natureza (Wouters 2004) solta[2], e uma segunda natureza contra a legalidade, mas submissa às regras despóticas dos tiranos locais, o que lhes fez desenvolver um etos guer-

2. Um dos termos usados para designar os jovens que mais "barbarizam", ou seja, que agem descontroladamente sem seguir as regras locais de sociabilidade, sem respeitar nada e ninguém é justamente "bicho solto".

reiro de impiedade ao sofrimento alheio, de orgulho ao infligir violações ao corpo de seus rivais, negros, pardos e pobres como eles, então vistos como inimigos mortais a serem destruídos numa guerra sem fim. Entre os muitos estilos de masculinidade entre migrantes de outros estados, entre jovens da segunda geração, e entre jovens negros, pretos, pardos, mulatos, brancos, destacava-se, nas diversas pesquisas etnográficas feitas pela minha equipe (Cecchetto 2004; Monteiro 2009), aquele que estava mais claramente vinculado à ação violenta contra os outros: o etos guerreiro e a hipermasculinidade, na qual o consumo conspícuo define as novas identidades masculinas bem-sucedidas e obriga a ter dinheiro para ajudar amigos, vizinhos e parentes, impressionando-os com a exibição de joias e roupas dispendiosas no seu próprio corpo, com festas e pagamento de bebidas em locais públicos, estratégias dos que buscam dominar pelo poder das armas e de muito dinheiro no bolso. Esses estilos de masculinidade exacerbada ou de exibição espetacular de protesto masculino criaram o contexto social do conflito armado localizado, mas sem fim, que alguns chamam "guerra molecular" (Zaluar 1997 e 2004), a qual opera pela desumanização do inimigo, o que justificaria as atrocidades cometidas contra eles. E, ao final, abalou a sempre frágil civilidade dos moradores de cidades brasileiras, civilidade que fora construída ao longo de décadas, principalmente nas variadas associações vicinais, inclusive as recreativas escolas de samba, blocos de carnaval, maracatus, folias etc. Houve um retrocesso na interiorização de uma terceira natureza menos convencional e menos submissa à autoridade incontestável e mais flexível na negociação com o outro.

As pesquisas feitas nos últimos anos pelo NUPEVI, empregando técnicas de *survey* (inquérito domiciliar de vitimização 2006 e 2007)[3]

---

3. Na pesquisa domiciliar de vitimização de 2005-6, o universo da pesquisa foi a população de 15 anos e mais na cidade do Rio de Janeiro. Sobre este universo foi calculada uma amostra aleatória nos três estágios da pesquisa que totalizou 4000 pessoas. Primeiro foram sorteados 200 setores censitários mapeados segundo as características socioeconômicas de cada um, para que nenhum setor da população deixasse de estar representado. Segundo, em cada setor, depois de ter todos os seus domicílios arrolados pelos pesquisadores, 20 domicílios foram escolhidos pelo critério de pulo, que depende do número de domicílios arrolados em cada

e de georreferenciamento, comprovaram as interpretações surgidas a partir de dados etnográficos, mas foram também melhor interpretados por estes.

As AP1 e AP3 são também as áreas mais populosas ou de maior densidade demográfica, as mais afetadas pela desindustrialização, segundo os dados da pesquisa de vitimização. No entanto, não são as piores em serviços públicos, muito bem distribuídos na cidade, com apenas em torno de 1% dos domicílios sem rede geral de água, eletricidade, ou serviços de esgotamento sanitário (Cardoso, 2008).

Ao concentrar o olhar sobre as condições atuais de vida dos pobres, não se pode deixar de registrar o estilo de policiamento mais violento e corrupto nos bairros e favelas onde predominam famílias abaixo da linha de pobreza, de escolaridade baixa e de desemprego entre os jovens. As pesquisas revelaram que a Polícia Militar, que faz o policiamento ostensivo, estava então muito mais ausente nos bairros e favelas onde há concentração das pessoas mais pobres da cidade. Ao mesmo tempo, ela era muito mais violenta nas áreas que estavam sob o controle de quadrilhas de traficantes, onde fazia esporádicas incursões, especialmente nas favelas que abundam nos subúrbios (AP3), como Madureira ou Ramos. Nas favelas, os policiais atiravam 10 vezes mais do que nas áreas regulares do asfalto e agridediam duas vezes mais os moradores, segundo a pesquisa de 2005-6. No entanto, apenas 0.4% dos moradores viram policiais atirando em suas vizinhanças, uma proporção 20 vezes menor na Tijuca (AP2.2), onde havia numerosa população de classe média e favelas conhecidas como santuários do tráfico, do que nos subúrbios próximos (AP3.1), onde chegou a 11%

---

um deles. Terceiro, uma pessoa de 15 anos ou mais em cada domicílio foi escolhida segundo o sexo e a idade, de acordo com 32 tabelas montadas para assegurar a representatividade de cada sexo e grupo de idade. Na pesquisa feita em 2007 apenas em favelas, o mesmo procedimento foi adotado com menos setores censitários, pois a amostra foi de 660 pessoas. O instrumento adotado – questionário – era apresentado à pessoa escolhida junto com um texto em que se garantia total anonimato, visto que o objetivo era obter dados agregados apenas. A cooperação era voluntária e resultou em dois bancos de dados montados em SPSS, um da cidade, outro apenas de favelas. Seu objetivo, como acontece na sociologia positiva, era homogeneizar as experiências de vitimização dos inquiridos a fim de mensurá-las.

dos entrevistados. A desconfiança nos policiais, especialmente os militares, atingia proporções inacreditáveis entre os moradores das favelas e dos subúrbios, chegando a mais de 90% dos jovens entre 15 e 24 anos de idade (Zaluar *et al.*, 2007).

Em decorrência da insegurança que se estabelece nas vizinhanças controladas por traficantes e policiais corruptos, que difunde em toda a cidade a desconfiança na instituição policial e um "capital de personalidade" inadequado para lidar com as demandas e desafios de hoje, formas de segurança privada se espalham para proteger os que podem pagar ou os que são obrigados a pagar, como acontece quando a segurança privada é ilegal, caso das "milícias" surgidas nas áreas de ocupação mais recente da cidade, partindo de Jacarepaguá, onde fica a primeira favela a ser dominada por grupo de extermínio, a favela de Rio das Pedras, povoada por migrantes nordestinos.

Nos resultados da pesquisa de vitimização 2005-2006, 25% dos entrevistados admitiram ter formas de segurança privada que variam muito: traficantes pagos ou não pagos, moradores pagos ou não pagos, vigilantes não uniformizados, empregados uniformizados de empresas de segurança, empregados não uniformizados. Muitas das empresas de seguranças uniformizadas ou não nas áreas mais prósperas da cidade (AP4 e AP2) pertencem a policiais, assim como as "milícias" nas áreas pobres (AP1, AP3, AP5 e favelas da AP4) são dirigidas por ou mantêm estreita conexão com eles. A grande diferença está na relação do pessoal da segurança com os moradores. Nas áreas pobres, pela falta de acesso à justiça, mais facilmente os agentes da segurança privada tornam-se tiranos que impõem decisões extralegais ou ilegais aos moradores por conta do poder que advém das armas, que afastam assaltantes e traficantes do local por eles vigiado.

Comparando as áreas da cidade pelo tipo de segurança privada, tínhamos o seguinte quadro: ouvir tiros, ver trocas de tiros, pessoas agredindo outras pessoas, pessoas sendo mortas ou levadas à força, e pessoas traficando ou usando drogas apresentavam proporções várias vezes superior nas áreas em que os traficantes garantiam a segurança do que nas demais. O percentual de vizinhos, parentes ou amigos mortos era também maior nas áreas dominadas por traficantes, o que afetava principalmente os jovens que perdiam proporcionalmente

(10%) mais amigos do que as demais faixas de idade (Zaluar *et al.*, 2007). Nas favelas controladas por tráfico de drogas, mais do que o triplo dos entrevistados (45%) afirmou ter visto venda de drogas em sua vizinhança, em comparação aos entrevistados das favelas dominadas por "milícia" (14,9%). O consumo de drogas nas ruas também se apresentou muito maior nas favelas dominadas por grupos de tráfico (52,2%) do que nas favelas dominadas por "milícia" (18,5%). Este resultado demonstra que a tolerância dos moradores, forçada ou não, e a convivência com o uso e o tráfico de drogas são várias vezes maior, como seria de esperar, nas favelas dominadas por traficantes. Isso indica que, pelo menos publicamente, um dos objetivos claros da "milícia" é coibir o uso e tráfico de drogas, mas sem o eliminar, o que as faz atingir, com o poder de suas armas, principalmente os jovens moradores das vizinhanças.

Em relação a outros crimes temidos pela população, havia ainda mais disparidades entre as favelas. Nas dominadas por "milícias", 26,6% dos entrevistados afirmou ter visto assaltos na vizinhança, enquanto que nas dominadas por grupos de tráfico, 47% fez a mesma afirmação. Compreende-se: as "milícias", força paraestatal vinda dos grupos de extermínio, desde sempre foram criadas com o objetivo de impedir, por meios ilegais, a presença de suspeitos da prática de assaltos, enquanto traficantes sempre estimularam jovens a cometê-los para fazer capital de giro.

Essa atividade das "milícias" manifestava-se também no barulho de tiros ouvido pelos moradores das diferentes áreas que apresentam tendências bem mais baixas na frequência de barulho de tiros ouvido: sempre e frequentemente por 45% dos entrevistados, concentrado nas AP1, AP2 e AP3, de urbanização mais antiga na cidade e onde há muitas favelas. Conflitos armados eram vistos por 13% dos entrevistados e também estavam mal distribuídos na cidade: maiores proporções nas AP1, AP3 e AP5, onde há maior concentração de pobres. Na pesquisa domiciliar de vitimização feita apenas em favelas em 2007, 62% dos entrevistados nas dominadas por tráfico ouvia sempre ou frequentemente barulho de tiros, contra 15% dos entrevistados nas dominadas por "milícia". Raramente ou nunca ouvia barulho de tiros 34,2% dos entrevistados nas favelas dominadas por "milícia" e apenas

11,6% nas dominadas por tráfico. A proporção nestas últimas era, portanto, três vezes maior. Ao contrário, 42,5% dos residentes nas favelas de "milícia" afirmou nunca ter ouvido barulho de tiro, enquanto que 12,3% dos residentes em favelas de traficantes afirmou o mesmo.

Os territórios dominados nas favelas

Em 2008, a fim de precisar melhor os resultados da pesquisa de vitimização e dos homicídios na cidade do Rio de Janeiro, foi feito o primeiro levantamento[4] dos domínios – os três comandos de traficantes, as "milícias" e as favelas neutras entre as 965 favelas então existentes, segundo o Instituto Pereira Passos. No levantamento procurou-se saber que organização dominava a favela a partir de 2005. Depois foi feito um segundo levantamento em dezembro de 2010, quando foram registradas as unidades de policiamento pacificador (UPPs) já então instaladas.

Constatou-se que o número de favelas dominadas por milicianos teve um impressionante aumento entre 2005 e 2008, quadruplicando o percentual de favelas sob o seu domínio (de 11,2% em 2005 para 41,5% em 2008) enquanto que o Comando Vermelho, que controlava o maior número de favelas em 2005, ocupava o segundo lugar em 2008. Todas as outras facções tiveram queda no controle militar de

4. O levantamento das favelas dominadas por facções do tráfico ou por "milícias" foi realizado pela mesma equipe da pesquisa de vitimização, habituada a percorrer o extenso território da cidade, em trabalho de campo que visava apenas saber que organização dominava a favela. A lista das 965 favelas existentes no município do Rio de Janeiro em 2008 foi fornecida pelo Instituto Pereira Passos (IPP). Cada uma delas deveria receber a visita da equipe de campo para, por meio de conversas com os informantes-chave, identificar quais eram os domínios em 2009 e quais tinha sido em anos anteriores até 2005. Após esta constatação, a exata informação era posta no banco de dados das favelas feito em Excel. A única pergunta nesse levantamento foi, portanto, que grupo exercia o domínio sobre a favela em que moravam as pessoas inquiridas. A relação prévia de confiança entre os pesquisadores e os pesquisados, relação esta resultado de muitas pesquisas realizadas pela equipe, garantiu a confiabilidade das informações. Em dezembro de 2010 / janeiro de 2011, o levantamento foi atualizado.

territórios, perdendo-os para a "milícia", única organização a ganhar mais favelas. A mais impressionante queda foi das favelas neutras (de 165 em 2005 para 27 em 2008). Em área dominada (gráfico 2), o CV continuava com mais território: de 38,8% para 36,5% dominado por "milícias". As facções do Terceiro Comando e do ADA tinham percentual de território maior (12%) do que o de número de favelas (7%).

O avanço das "milícias" começa na zona oeste, nas AP4 e AP5, áreas de ocupação recente, com menor densidade demográfica, mais distante do centro da cidade, onde o tráfico não era tão lucrativo, com exceção da Cidade de Deus, que ficava mais interligada à zona sul e à Barra da Tijuca, regiões mais ricas da cidade. Enquanto cresciam, as "milícias" também diversificavam seus negócios para além da segurança: o transporte alternativo, a venda ilegal do sinal de TV a cabo, o gás, mas principalmente todas as transações imobiliárias informais. Nessa diversificação de negócios, que se mostraram muito lucrativos, foram logo imitados pelos traficantes, os senhores da guerra.

A situação em 2011 já era bem diferente. As "milícias" continuaram avançando, agora também na AP3, inclusive perto da Avenida Brasil, onde estão as instalações de grandes empresas comerciais da cidade. Em dezembro de 2010/janeiro de 2011, a pesquisa revelou que 45% das favelas estava sob o domínio de "milícias", enquanto o Comando Vermelho (CV) controlava 30% delas. As favelas neutras continuaram a diminuir rapidamente e eram praticamente inexistentes então. O Terceiro Comando (TCP) teve um pequeno ganho, chegando a dominar quase que 10% das favelas, enquanto os Amigos dos Amigos (ADA) diminuíam ligeiramente, estando equiparados hoje no número de favelas ocupadas pelas UPPs, em torno de 7%. Isso quer dizer que, apesar do esforço impressionante para mudar a política de segurança pública na cidade, as "milícias" continuaram a aumentar os territórios por elas dominados, crescendo mais do que quatro vezes entre 2005 e 2011.

Nos mapas feitos dos domínios (mapas 1 e 2), percebe-se que, em 2005, as "milícias" estavam restritas à zona oeste da cidade, principalmente nas Regiões Administrativas (RA) de Jacarepaguá, Barra da Tijuca e Campo Grande, áreas de povoamento mais recente que tinham um percentual alto de migrantes nordestinos entre seus mo-

Gráfico 1
Porcentagem de favelas por domínio: comandos do tráfico e milícias

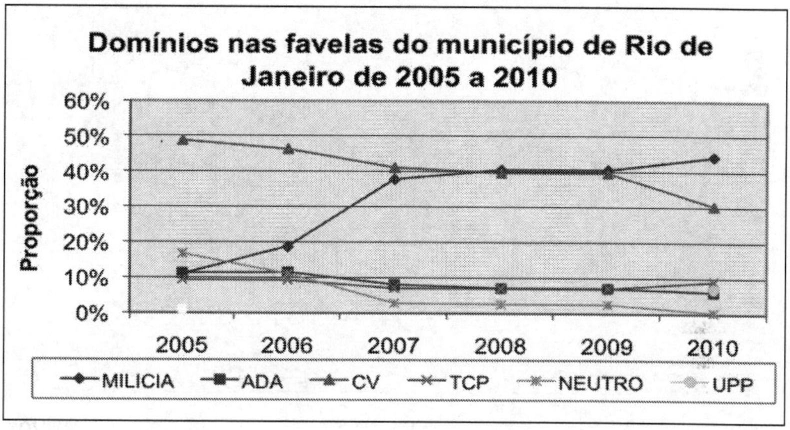

radores. No final do período, elas haviam se expandido para outras RAs da zona oeste, mas ainda distantes das favelas próximas à Avenida Brasil. As únicas favelas que permaneceram sob o Comando Vermelho em 2008 foram as localizadas dentro do limite da RA da Cidade de Deus, conjunto habitacional que reuniu famílias removidas de 23 favelas da cidade e que foi o cenário da primeira guerra de quadrilhas de traficantes no final dos anos 1970 (Zaluar 1985), permanecendo sob o controle deles.

Na zona sul da cidade, onde vivem as famílias de renda alta e maior IDH (Cardoso 2008), nenhuma favela foi dominada por "milícia". No centro, importante área administrativa e comercial da cidade, apenas a Baronesa, em Santa Teresa, foi assim ocupada. Na RA da Tijuca e adjacências, onde estão outros bairros de classe média, também não havia presença de "milícia". Pela morfologia especial da cidade, estas são também as áreas em que o trânsito é mais difícil por conta da estreita faixa de terra entre as montanhas e o mar, ao contrário das áreas na AP3, mais planas, mais próximas das principais vias de comunicação com outros estados, o que facilita o escoamento rápido das mercadorias ilegais assim como a fuga de criminosos.

Nos mapas fica claro que a expansão das "milícias" pela cidade, inclusive dentro da AP3, se detém em algumas áreas mais próximas

MAPA 1
Favelas dominadas por facções do tráfico e por milícias em 2005

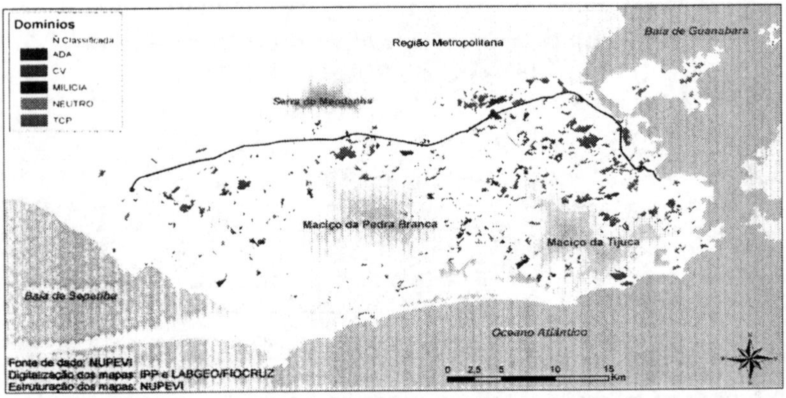

MAPA 2
Favelas dominadas por facções do tráfico, milícias e UPPs em 2011

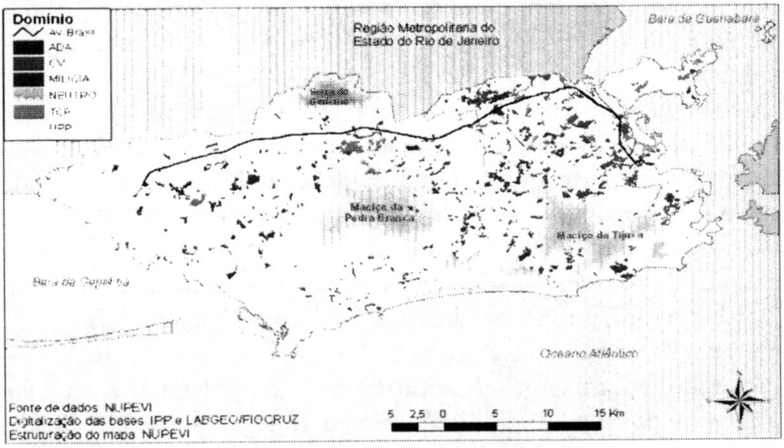

FONTE: Levantamento domínios em favelas do Rio de Janeiro 2005-2011 NUPEVI/ IMS/ UERJ.

à Avenida Brasil, ao aeroporto internacional e ao porto do Rio de Janeiro, que continuam sob o controle militar de traficantes. Há poucas exceções nesse padrão. Uma é a Fazenda Botafogo, conjunto habitacional que fica junto à Avenida Brasil, outra, a favela da Praia de

Ramos, áreas industriais de depósito de cargas para empresas comerciais junto à Avenida Brasil, o que as tornam alvo de repressão sobre a criminalidade circunstante.

A pesquisa etnográfica feita em 2007 pela equipe do NUPEVI (Zaluar & Conceição 2007) permite afirmar que, por se autoidentificar como mantenedora da ordem, a "milícia" apresenta procedimentos aparentemente percebidos como menos agressivos do que aqueles utilizados pelos bem armados traficantes de drogas. Além disso, deve-se notar que a origem dos milicianos nos próprios quadros policiais contribui para o estabelecimento da ordem no local. Sendo composta em sua maioria por policiais civis, militares e bombeiros militares, além de guardas penitenciários, ativos ou aposentados, a presença desses grupos paraestatais em favelas garante uma presença diferenciada dos agentes públicos de segurança, quando raramente aparecem: as incursões policiais são pacíficas.

Inicialmente, a mistura de respeito e medo, que resultou da presença de "polícia mineira" (ou grupo de extermínio) dentro da associação de moradores, levava moradores a aceitar os milicianos. As normas impostas por estes, que proibiam a venda e o uso de drogas ou ladrões armados no local, eram vistas como "naturais", tornando desnecessárias as demonstrações conspícuas de força, mesmo quando os milicianos estenderam seus negócios além da segurança.

Posteriormente, a associação de moradores passou a fazer também a intermediação entre o poder público e a favela, pela real possibilidade de eleger candidatos da favela como meio de sanar carências locais. Em 2002, a Associação dos moradores de Rio das Pedras, favela predominantemente habitada por migrantes nordestinos, promoveu campanha de regularização e transferência de títulos eleitorais e um líder local pertencente à "milícia" se elegeu Vereador. A partir daí, outras favelas assim dominadas começaram a eleger representantes para o Legislativo da cidade e do estado (Zaluar & Conceição 2007).

Mais recentemente, em áreas recém-povoadas e recém-conquistadas, nas quais estabelecem logo os novos negócios e os compromissos eleitorais com políticos, as "milícias" dominam sem receber o apoio deles no cumprimento do código de conduta. Nessas favelas, componentes das novas "milícias" mantêm postura mais truculenta, exercendo seu poder com ostentação de armas e espancamentos seguidos ou ameaças aos moradores que se recusam a cumprir as ordens (*ibid.*).

Não foi, portanto, apenas a preferência por um domínio mais eficaz na contenção da guerra entre comandos do tráfico e na garantia de não intervenção violenta da Polícia que provocou o crescimento irrefutável das áreas faveladas dominadas por "milícias" no Rio de Janeiro. Também o constrangimento, a invasão pura e simples das favelas assim como a entrega delas pela associação de moradores, às vezes por meio de "venda" à organização, sem esquecer as injunções políticas de proteção dada por membros do Legislativo, contribuíram para isso. Por fim, enquanto os traficantes sofrem os efeitos de confrontos armados constantes com as polícias, os milicianos contam com a indiferença dos chefes das corporações que só os atacam quando ordens superiores ordenam. Mas é inegável que o controle e a exploração para fins lucrativos de um território, sem o amparo da lei, podem desembocar no uso abusivo da força pelas "milícias".

A AP1 e AP3, onde o domínio dos traficantes sempre foi mais extenso, são também as áreas que cada vez mais apresentam as concentrações de homicídios na cidade. Os *clusters* de homicídios no mapa 3 se concentram em torno das favelas em áreas dos comandos inimigos e são mais numerosos onde as "milícias" avançaram sobre as favelas dominadas por traficantes, indicando que, nos últimos anos, já havia beligerâncias entre milicianos e traficantes. Constata-se, portanto, que a distribuição geográfica de homicídios, a percepção de crimes cometidos com uso de armas e os domínios exercidos por traficantes ou milicianos obedecem a determinantes geográficos da cidade.

Nas várias pesquisas de campo realizadas pela equipe do NUPEVI no Rio de Janeiro, sempre foi assinalada, desde 1980, a facilidade e a quantidade de armas disponíveis para os jovens moradores das favelas tidas como perigosas. Os abusos no uso da força policial, registrados nas pesquisas de vitimização, são também muito mais recorrentes na AP1 e na AP3 (Zaluar *et al.*, 2007). Essas áreas se destacam, pois, na cidade pela maior exposição aos riscos da morte prematura por arma de fogo. É nelas que a grande circulação de armas de fogo e, portanto, sua fácil obtenção, estimula o etos da hipermasculinidade, em que os conflitos armados terminam com vítimas fatais entre jovens (Szwarcwald

MAPA 3
Clusters de homicídios na cidade do Rio de Janeiro 2005

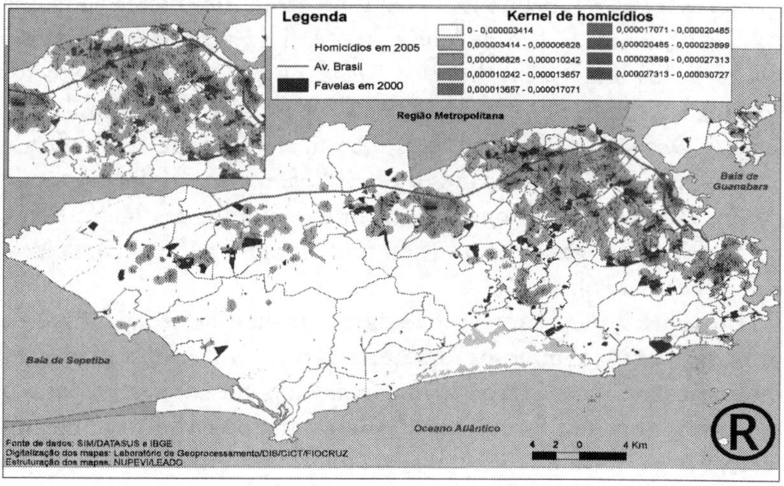

& Leal 1997; Zaluar 1998 e 2004). Nessas áreas da cidade controladas por traficantes, o uso da arma de fogo é corriqueiro como meio de manter o domínio do território, cobrar dívidas, afastar concorrentes, amedrontar moradores e possíveis testemunhas, e impedir a entrada de policiais. Na cidade, as armas de fogo são mais facilmente obtidas por causa dos portos e dos vários aeroportos assim como dos mais importantes depósitos de armamentos das Forças Armadas, que estão dentro do seu território. Muitos furtos ocorreram e continuam ocorrendo em tais depósitos. Consequentemente, o tráfico de drogas desenvolveu a corrida armamentista que onerou o orçamento dos pontos de venda de drogas (Zaluar 1988 e 1998; Dowdney 2004 e 2008). Por isso entende-se por que na AP3 e na AP1 há mais resistência dos traficantes em desistir do domínio que nelas exercem.

Para interpretar tais fatos, o material etnográfico recolhido em pesquisa feita com ex-traficantes em 2008, revela uma importante pista. Vários entrevistados mencionaram as transações com armas e drogas entre os vendedores do varejo nas favelas cariocas e os fornecedores vindos de outros estados pela Avenida Brasil: postos de gasolina, motéis e outros pontos ao longo da via, em que tais encontros não despertariam suspeita. Outros entrevistados, bem como numerosas notícias publicadas nos jornais do Rio de Janeiro, revelam transações e apreensões da mesma natureza feitas no aeroporto internacional (na AP3) e no porto do Rio de Janeiro (na AP1). Favelas mais próximas dos locais de onde veem drogas e armas, ou seja, portos, aeroportos ao longo da Baía de Guanabara, e as rodovias Avenida Brasil, Presidente Dutra e Washington Luís, que ligam a cidade ao estado do Rio de Janeiro e outros estados do Brasil, vem a constituir um modo de diminuir os gastos com transporte e segurança das mercadorias, compensando os gastos com os conflitos armados entre os comandos, e destes com a Polícia.

Ao recusar que é preciso investigar e analisar as novas formas de associação entre criminosos, das quais as mais visíveis e acessíveis estavam nos locais caracterizados como os da pobreza, finge-se não ver e não saber que tais formas mudaram o cenário não só da criminalidade, mas também da economia e da política no país. Existe hoje um círculo vicioso que emperra a possibilidade de reverter o processo por meio de políticas públicas de prevenção mais eficazes. É preciso mais polícia para interromper sobretudo o fluxo de armas que vão atrair e matar tantos jovens nas cidades brasileiras.

Nos bairros pobres, onde havia rica vida associativa, tão importante no direcionamento de suas demandas coletivas e da sua sociabilidade positiva, civilizada, tão importante na formação do capital social ou da eficácia coletiva, ainda há pouco, mesmo nas novas políticas de segurança, para fundamentar ações que mobilizem a população local nas políticas de prevenção. Mas, sem isto, pela abordagem ecológica atual, como são consideradas fundamentais no controle social informal que impede o crescimento da criminalidade (Sampson *et al.*, 1997), é preciso urgentemente refazer as redes de solidariedade locais antes de iniciar qualquer projeto de prevenção. Para isto, é preciso, sim, respeitar a liberdade e a dignidade dos jovens, bem como dos que lidam, há muito tempo, com os jovens vulneráveis na vizinhança onde moram, tentando prepará-los para adquirir o "capital de personalidade", assim como a rede de relações sociais que os tornarão capazes de vencer os desafios e obstáculos colocados na sua transformação em adultos responsáveis, civis e participantes na vida social local.

Como já disse anteriormente, antes se faz preciso tirar as pessoas de seus refúgios privados onde se aprisionam, pelo medo da violência urbana real, naquilo que Norbert Elias chamou *homo clausus* e Hannah Arendt, a solidão organizada, base do totalitarismo moderno, fracasso na consolidação do estado de direito. Esse é o grande desafio e o grande passo a ser dado no Brasil, em todos os seus estados, em todos os seus pequenos, médios e grandes municípios. E não será apenas com a Polícia Militar socializando os jovens vulneráveis, por mais pacificadora que esta seja, que iremos superar enfim a sociedade "incivil".

Bibliografia

Adorno, S. & Bordini, E. B. T. (1989): "Reincidência e reincidentes penitenciários em São Paulo: 1974-1985", em *Revista Brasileira de Ciência Sociais*, 9(3), 70-94.

Beato Filho, Cláudio; Alves, Bráulio F. & Tavares, R. (2005): *Crime, police and urban space*. Oxford: Working Paper Number CBS-65-05, Centre for Brazilian Studies, University of Oxford.

Cano, Ignacio (2008): "Seis por meia dúzia?", em Justiça Global (org.): *Segurança, tráfico e milícia no Rio de Janeiro*. Rio de Janeiro: Fundação Heinrich Böll.

Cardoso A. A. (2008): *Cidade do Rio de Janeiro na PNAD: Condições de vida, educação, renda e ocupação entre 2001 e 2006*. Rio de Janeiro: Instituto Municipal de Urbanismo Pereira Passos, Prefeitura da Cidade do Rio De Janeiro.

Cecchetto, Fátima (2004): *Violências e estilos de masculinidade no Rio de Janeiro*. Rio de Janeiro: Editora FGV.

Coelho, Edmundo C. (1978): "A criminalização da marginalidade e a marginalização da criminalidade", em *Revista Brasileira de Administração Pública*, 12 (2), FGV, Rio de Janeiro.

— (1980): "Sobre sociólogos, pobreza e crime", em *Dados*, v. 23, nº 3.

Dowdney, Luke (2004): *Crianças no tráfico*. Rio de Janeiro: Editora 7 Letras.

— (2008): *Neither war nor peace*. Rio de Janeiro: Viva Rio/ COAV/ IANSA.

Elias, Norbert & Dunning, Eric (1993): *Quest for excitement, sport and leisure in the civilizing process*. Oxford: Blackwell.

Dubet, François (1987): *La galère: Jeunes en survie*. Paris : Fayard.

GOTTFREDSON, Michael R. & HIRSCHI, Travis (2000): "In Defense of Self-Control", em *Theoretical Criminology.* 4(1): 55-69.

HANNERZ, Ulf (1980): *Exploring the city.* New York: Columbia University Press.

HUNTER, Albert (1985): "Private, parochial and public social orders: the problem of crime and incivility in urban communities", em Suttles, Gerald, Zald, Meyer (eds.): *The challenge of social control.* Norwood: Ablex Publishers.

LAGRANGE, Hughes (1995): *La civilité à l'épreuve: crime et sentiment d'insécurité.* Paris: Presses Universitaires de France.

MACHADO DA SILVA, Luiz A. (2004): "Sociabilidade violenta: por uma interpretação da criminalidade contemporânea no Brasil urbano", em *Sociedade e Estado*, v.19, n. 1, p. 53-84.

MATZA, David (1969): *Becoming deviant.* Prentice Hall, New Jersey.

MENNEL, Stephen (2004): "Not so exceptional? State formation processes in America", em Loyal, Steven & Quilley, Stephen (eds.): *The sociology of Norbert Elias.* Cambridge: Cambridge University Press.

MISSE, Michel (1995): "Crime e pobreza: velhos enfoques, novos problemas", em Gonçalves, M. A. e Villas-Boas, G. (orgs.): *O Brasil na virada do século.* Rio de Janeiro: Relume-Dumará.

MONTEIRO, Rodrigo A. (2009): *Prevenção da violência: o caso dos projetos esportivos no subúrbio carioca* [tese de doutorado]. Rio de Janeiro: Instituto de Medicina Social, UERJ.

PAIXÃO, Antonio L. (1983): "Crime e criminosos em Belo Horizonte", em Pinheiro, Paulo S. (org.): *Crime, violência e poder.* São Paulo: Editora Brasiliense.

PUTNAM, Robert D. (2006): *Pluribus unum: Diversity and community in the twenty-first century.* The Johan Skytte Prize Lecture.

— (2003): "Vamos jogar juntos". *Rio Estudos Especial*, PCRJ.

RIBEIRO, Ana Paula A. (2009): *Novas conexões, velhos associativismos - Projetos sociais em escolas de samba mirins* [tese de doutorado]. Instituto de Medicina Social/ UERJ.

SALAMA, Pierre (1993): *Macro-économie de la drogue.* Paris : GREITD-CEDI.

SAMPSON, Robert J.; MORENOFF, Jeffrey D. & GANNON-ROWLEY, Thomas (2002): "Assessing neighborhood effects: social processes and new directions in research", em *Annual Reviews Sociology*, v. 28: 443-78.

SAMPSON, Robert. J.; RAUDENBUSH, Stephen W. & EARLS, F. (1997): "Neighborhoods and violent crime: A multilevel study of collective efficacy", em *Science*, v. 277, 918–24.

Samuel, Raphael (1981): *East End underworld*. London: Routledge and Kegan Paul.

Sassen, Saskia (1991): *The Global City: New York, London, Tokyo*. Princeton: Princeton University Press.

Schiray, Michel (1994): "Les filières-stupéfiants: trois niveaux, cinq logiques", em *Futuribles*, no. 185.

Szwarcwald, C. L. & Leal, M. C. (1997): "Sobrevivência ameaçada dos jovens brasileiros: a dimensão da mortalidade por armas de fogo", em *Jovens acontecendo na trilha das políticas públicas*. Brasília: CNPD. vol. 1.

Thoumi, Francisco (1994): *Economía, política y narcotráfico*. Bogotá: Ed. Tercer Mundo.

UNDCP (1997): *World Drug Report*. London: Oxford University Press.

Wouters, Cas (1999): "Changing patterns of social controls and self-controls: on the rise of crimes since the 1950s and the sociogenesis of a 'third nature'", em *British Journal of Criminology*, 39: 416-432.

— (2004): "Changing relations of manners and emotions: from disciplinning to informalizing", em Loyal, S. & Stephen, Q. (eds.): *The Sociology of Norbert Elias*. Cambridge: Cambridge University Press.

Zaluar, Alba (1983): "Condomínio do Diabo: as classes populares urbanas e a lógica do ferro e do fumo", em Pinheiro, P.S. (org.): *Crime, Violência e Poder*. São Paulo: Brasiliense.

— (1985): *A Máquina e a Revolta*. Rio de Janeiro: Brasiliense.

— (1988): "Teleguiados e chefes: juventude e crime", em *Religião e Sociedade*, n. 1, 14/1.

— (1989): "Nem líderes nem heróis", em *Revista Presença*, 13, também publicado em Zaluar, Alba (org.) (1992): *Violência e educação*. Rio de Janeiro: Cortez Editora, 19-36.

— (1994): *Condomínio do diabo*. Rio de Janeiro: Editora Revan.

— (1997): "Gangues, galeras e quadrilhas: globalização, juventude e violência", em Vianna, Hermano (ed.): *Galeras cariocas*. Rio de Janeiro: Editora da UFRJ.

— (1998): "Para não dizer que não falei de samba", em Schwarcz, Lilia Moritz (org.): *História da Vida Privada no Brasil*, vol. 4. São Paulo: Companhia das Letras.

— (2001): "Violence à Rio de Janeiro: styles de loisirs, de consommation et de trafic de la drogue", em *Revue Internationale des Sciences Sociales*, 169:407-417, ou "Violence in Rio de Janeiro: styles of leisure, drug use and trafficking", em *International Social Science Journal*, 169: 370-378.

— (2004): *Integração perversa: pobreza e tráfico de drogas*. Rio de Janeiro: Editora FGV.

ZALUAR, Alba *et al.* (2007): *Pesquisa de vitimização do Rio de Janeiro, Relatório técnico*. Rio de Janeiro: Núcleo de Pesquisa das Violências, Instituto de Medicina Social/ UERJ.

ZALUAR, Alba & CONCEIÇÃO, Isabel S. (2007): "Favelas sob o controle das milícias no Rio de Janeiro: que paz?", em *São Paulo em Perspectiva*. São Paulo: Fundação Seade, v. 21, n. 2, p. 89-101.

ZALUAR, Alba & RIBEIRO, Ana Paula A. (2009): "Teoria da eficácia coletiva e violência: o paradoxo do subúrbio carioca", em *Novos estudos – CEBRAP*, no. 84. São Paulo [http://www.dx.doi.org/10.1590/S0101-33002009000200010].

ZILLI, Felipe (2004): *Violência e criminalidade em vilas e favelas dos grandes centros urbanos: um estudo de caso da Pedreira Prado Lopes* [Dissertação de mestrado]. Programa de Sociologia, Universidade Federal de Minas Gerais.

"La tregua". Maras, élites conservadoras, políticas de seguridad, cultura de la violencia y construcción social de la paz en El Salvador (2012-2014)

MARCO LARA KLAHR
Ciudad de México

Introducción

Durante los dos últimos años, a partir de marzo de 2012 –cuando el periódico digital *El Faro* publicó una investigación periodística sobre la tregua entre las pandillas Barrio 18 y Mara Salvatrucha con la intervención poco clara del gobierno de la República, para reducir la violencia y los homicidios–, El Salvador vive un episodio inusitado de debate social.

El proceso resultante de aquella tregua y la sucesiva revelación de *El Faro* se ha complejizado. Lo que comenzó oficialmente como un

* Este análisis tuvo como principal materia prima las publicaciones periodísticas sobre el caso realizadas por el periódico digital *El Faro*, de El Salvador, y contó con el apoyo de la Fundación Heinrich Böll.

aparente diálogo entre los ranfleros y palabreros de la B18 y la MS13, con un puñado de mediadores y el gobierno del presidente Mauricio Funes como supuesto "facilitador", consiguió la reducción momentánea de los homicidios –si no la del delito y otras violencias–, pero sobre todo activó lo que podría convertirse en un fructífero diálogo nacional hacia la construcción de la paz duradera.

La tregua revelada por *El Faro* el 14 de marzo a despecho de la administración Funes, los mediadores originales y los líderes y voceros de las pandillas, fue convirtiéndose en un proceso inédito que ha puesto en el sitio más prominente de la agenda pública las causas hondas de la violencia y la impunidad; la exigencia de transparencia y rendición de cuentas al gobierno; la evidencia de una industria noticiosa anquilosada; la urgencia de reparación integral a las víctimas de la violencia; la relevancia de incluir a las pandillas en un diálogo nacional pacificador, bajo condiciones y metas precisas; y los riesgos latentes de que se ahonden las condiciones para que El Salvador se convierta en presa de organizaciones criminales locales, regionales y globales que subordinen a las pandillas, así como en un paraíso para el lavado de dinero. Aparte de los riesgos de la vuelta a las fracasadas políticas de *mano dura* prototípicas del *populismo punitivo*.

Además, este fenómeno ha propiciado nuevas visiones de políticas integrales de seguridad ciudadana, justicia penal y paz social desde dentro y fuera del gobierno, y el involucramiento de diversos grupos de la sociedad civil nacional y global, así como de los organismos y las agencias de cooperación internacionales.

En suma, "La Tregua" está teniendo implicaciones y claves que son identificadas y revisadas en este análisis sobre cuando menos los siguientes aspectos: a) el ejercicio del poder público en la posmodernidad, a la luz de la historia; b) el pragmatismo político y los poderes fácticos; c) el desarrollo político-democrático; d) la participación política; e) la rendición de cuentas y la transparencia; f) el derecho a la información y la comunicación política; g) la incidencia social y política de actores sociales emergentes en la posmodernidad, y, en este mismo tenor; h) la eventual resignificación de conceptos como "democracia", "Estado de derecho", "legalidad", "institucionalidad" y "cultura de legalidad"; e i) las implicaciones geopolíticas del proceso.

Con el paso de las semanas, los salvadoreños se fueron acostumbrando a ver y escuchar a los líderes de la Mara Salvatrucha y del Barrio 18 en los medios de comunicación, y dejó de ser una sorpresa ver juntos a pandilleros que antes eran enemigos a muerte. En la imagen, el Chino Tres Colas, destacado líder de la 18, charla con Edson Zachary Eufemia, de la MS13, durante una actividad el 24 de septiembre 2012 en la cárcel de mujeres de Ilopango. Foto: archivo *El Faro*.

Ciertamente, no hay lugar para el optimismo y la confianza ingenua. Sin embargo, "La Tregua" podría ser el primer paso hacia la construcción de paz, si el gobierno resultante de la segunda vuelta electoral (marzo de 2014) le da continuidad, institucionalizándola sobre las bases de respeto al orden constitucional, legalidad, participación ciudadana y transparencia, dando preeminencia a las víctimas que han ido acumulándose por decenas de miles durante las últimas dos décadas de *espirales de violencia*.

La propuesta metodológica para este análisis toma como punto de partida la consulta, sistematización y análisis prospectivo de la vasta información de investigación, noticiosa y opinativa publicada entre 2012, 2013 y el primer bimestre de 2014 por *El Faro* acerca del extraordinario proceso sociopolítico salvadoreño conocido coloquialmente como "La Tregua".

Profundiza, amplía y actualiza la información pertinente, a través de las fuentes citadas en el apartado correspondiente, mismas que incluyen documentos, bibliohemerografía y diversas entrevistas.

Lo prioritario aquí es situar el proceso estudiado en su adecuado contexto social, legal y político, enfocándolo desde una perspectiva histórica y geopolítica, no limitándose a describir lo sucedido, sino formulando hipótesis o prospecciones sostenibles acerca del futuro cercano, lo mismo en El Salvador que en Guatemala y Honduras –los dos países de la región que han experimentado de manera semejante el fenómeno de emergencia de las pandillas denominadas genéricamente "maras" a lo largo del último cuarto de siglo–, en términos de seguridad pública y seguridad ciudadana, prevención del delito y la violencia, cultura de paz social, fortalecimiento del Estado de derecho y desarrollo democrático.

Una de las vetas de análisis más interesantes del proceso es la posición ambigua y traslúcida del gobierno de Funes de cara a la ciudadanía. Casi siempre negada por las élites conservadoras dentro y fuera del poder público, "La Tregua" exhibe tendencias autoritarias, pero también complejas fragmentaciones cupulares.

En resumen, el presente análisis se propone contextualizar de manera amplia e integral el proceso conocido como "La Tregua", resaltando sus orígenes, estatus, implicaciones para la vida democrática salvadoreña y centroamericana, posible devenir, aprendizajes y principales protagonistas sociopolíticos, siempre bajo aproximaciones locales, nacionales y regionales. Para ello, se establece como marco de referencia metodológico: a) la teoría del "Estado anómico", que explica las contradicciones inherentes al Estado, particularmente desde vertientes relacionadas con la democracia, la seguridad ciudadana y los derechos ciudadanos, y b) la "metodología prospectiva", que ofrece modelos y herramientas de interpretación de la historia, diagnóstico situacional y formulación de escenarios generales probables, así como c) la "teoría del conflicto".

Este marco teórico-conceptual combinado, y que no aparece necesariamente de manera explícita, permite estudiar de forma adecuada el contexto, los actores, las ideologías y las implicaciones de "La Tregua", así como su devenir en El Salvador y el resto de los países del norte centroamericano.

Al final, resulta evidente que la sociedad salvadoreña tiene frente a sí la siguiente disyuntiva: o se sitúa a la altura del momento histórico encauzando por vías democráticas e institucionales "La Tregua", o se atiene a las *espirales de violencia* que bien conoce y que, con unas pandillas empoderadas como actores políticos y criminales, podrían ser mucho más virulentas y letales en el futuro próximo, sobre todo para los más pobres y excluidos de la sociedad.

De la guerra a la paz (1980-1992)

En sus procesos de autoconocimiento, cada sociedad acuña y refuerza arquetipos con los que simplifica su origen, su razón de ser y las motivaciones de ciertas creencias, comportamientos idiosincráticos, problemas estructurales, momentos o ciclos históricos, además de diferenciarse respecto de otras sociedades como un medio lógico de particularización. En El Salvador, uno de los lugares comunes muy socorridos, que pueden escucharse lo mismo de boca de un conductor de taxi, un policía o un funcionario de gobierno, que de académicos y activistas sociales, es que "los salvadoreños somos violentos por naturaleza". Por esa vía expedita pretenden desvelarse las causas esenciales de la cultura de la violencia prevaleciente y la crisis de seguridad ciudadana con las que el país arribó a la posmodernidad.

Esta podría ser, en realidad, una de tantas formas de *violencia simbólica* a las que está expuesta la sociedad salvadoreña, pues ya sea que la convicción de que "los salvadoreños somos violentos por naturaleza" se verbalice de manera fatalista, crítica, reivindicativa, cínica o acomodaticia, en todo caso refuerza el estado inseguro de cosas y obvia la historia y sus ciclos, particularmente cuando ambos se hallan determinados por conflictos estructurales que al no transformarse por vías pacíficas van irrumpiendo una y otra vez en formas cada vez más atroces de violencia estructural, común y criminal.

Durante las últimas casi nueve décadas, en efecto, El Salvador ha vivido sometido a *espirales de violencia* derivadas de severos fenómenos estructurales que no tienen que ver, al menos centralmente, con el supuesto "temperamento" o "ser" violento del salvadoreño, sino con un cierto modelo social, económico y político altamente inequitativo, generador masivo de exclusión y polarización sociales.

En este contexto, la estructura del Estado y las élites económicas y políticas, lejos de organizar la vida pública de forma más o menos democrática, han logrado prevalecer muchas veces a través de las autoritarias políticas de control social, produciendo *anomia social* a causa del patrimonialismo en el ejercicio del poder público, la corrupción, la opacidad, la impunidad, la conculcación sistemática de derechos ciudadanos y su paradójica articulación a poderes fácticos como el de la delincuencia organizada.

En todo esto, además, debe considerarse el entorno geopolítico. Desde que fue configurándose como Estado independiente de España y el resto de Centroamérica, en la primera mitad del siglo XIX, El Salvador se desarrolló a partir de una estructura cuasi feudal que se mantuvo bien entrado el siglo posterior, a través de la explotación agrícola masiva basada sucesivamente en el añil, el café, los frutos de exportación, el algodón y el azúcar, en un orden precario que tuvo su primer gran quiebre económico y político en el tránsito de las décadas de los años veinte y los treinta del siglo pasado.

Dicho quiebre sobrevino, en particular, con el inicio de la Gran Depresión (1929), después de tres décadas de relativa estabilidad gubernamental. Como en el resto del mundo, esta crisis mundial ahondó en El Salvador las condiciones de explotación, pobreza y exclusión social, así como de polarización y resistencia popular. Es por ese tiempo, no de manera casual, que se funda el Partido Comunista Salvadoreño (1930) y emerge como un torrente el liderazgo de Farabundo Martí, conforme se agudiza el impacto de la crisis económica; concluye así la llamada República Cafetalera, una era de relativa estabilidad e institucionalización, interrumpida de forma abrupta por la primera de una prolongada sucesión de dictaduras militares, tras el derrocamiento del gobierno democráticamente electo de Arturo Araujo, y a resultas de ello tiene lugar el alzamiento popular que deriva en la matanza de decenas de miles de campesinos e indígenas insurrectos, además del fusilamiento de Martí y otros líderes izquierdistas (1932).

El trauma de estos hechos brutales no pudo ser encauzado a lo largo del siguiente medio siglo, que se caracterizó por regímenes militares aliados al poder terrateniente –en una economía basada en café y frutos, y luego algodón y azúcar–, con episodios de convulsión social y breves lapsos de gobiernos electos y derrocados según los vaivenes de los precios internacionales de dichos productos.

Al respecto, cierta estabilidad trajeron consigo las actividades agroindustriales de la United Fruit Company en la producción extensiva de bananos en Centroamérica y episodios de bonanza cafetalera y algodonera. Hasta que, a finales los años sesenta, esta sórdida trasnacional, habituada a entrometerse en la vida política de los países para mantener sus prebendas y acrecentar sus intereses, fue vendida y su presencia disminuida por la competencia (1969). La industria algodonera, a su vez, entró en declive hasta su desaparición y la cafetalera se mantuvo también en declive hasta hoy, con coyunturas de relativa mejoría.

Entonces, como sucedió con la Gran Depresión, las dificultades económicas trajeron el descontento social, que se hace eco de la potente ola revolucionaria latinoamericana detonada por la Guerra Fría y el triunfo de la Revolución Cubana (1959), una década atrás. El Salvador volvió a despeñarse hacia un escenario de guerra. La figura de Farabundo Martí emergió con fuerza inédita como si el tiempo no hubiera transcurrido. Las mismas causas del mismo conflicto que en 1932 había producido una represión militar que costó la vida a decenas de miles de campesinos, obreros, estudiantes y militantes partidistas salvadoreños se manifestó a lo largo de los años setenta en la forma de una gran agitación política y el surgimiento de grupos armados y partidos políticos radicales, en medio de nuevas elecciones cuestionadas, golpes de Estado, represiones, escaladas de violencia reivindicativa de grupos militares, radicalización del conflicto histórico entre la izquierda y las élites terratenientes conservadoras, sucesivos regímenes militares, estados de sitio y persecución contra militantes partidistas, estudiantes, campesinos, grupos armados y, en general, ciudadanos críticos del gobierno.

Las luchas intestinas entre conservadores y liberales que marcaron el siglo XIX salvadoreño y que durante la primera mitad del siglo XX retomaron militares y terratenientes derechistas aliados frente a líderes campesinos, obreros y estudiantiles de izquierda, resurgen, aunque ahora con élites derechistas, regímenes militares y la paramilitarización sostenidas por el gobierno de Estados Unidos, cara a cara contra organizaciones radicales empoderadas y armadas por la Unión Soviética, a través de Cuba y Nicaragua, cuya revolución acababa de triunfar (1979).

A finales de los años setenta sobrevino un golpe de Estado contra el gobierno conservador Carlos Humberto Romero, estableciéndose la primera de tres Juntas Revolucionarias de Gobierno (1979-1982) que resultó de una coalición entre militares progresistas, grupos empresariales de derecha y organizaciones sindicales y armadas de izquierda, en tanto que otras agrupaciones de esta misma ideología se le opusieron.

La singular alianza duró menos de medio año. Al establecerse la segunda Junta Revolucionaria de Gobierno fue marginando a la izquierda, que terminó siendo desplazada por conservadores democristianos (1980). El ambiente político y social era de violencia generaliza, con acciones represivas cada vez más brutales de los "escuadrones de la muerte". Fue en marzo de aquel año cuando la historia salvadoreña quedó marcada por el asesinato del arzobispo de San Salvador Óscar Arnulfo Romero –la Comisión de la Verdad para El Salvador, creada por Naciones Unidas tras los Acuerdos de Paz, señaló al militar y líder derechista, Roberto d'Aubuisson, fundador del Partido Alianza Republicana Nacionalista (AREN), como autor intelectual, así como creador de los "escuadrones de la muerte" y responsable de atrocidades semejantes–. En octubre, finalmente, los principales grupos radicales armados –que habían surgido durante los setenta como expresiones radicales de movimientos campesinos, obreros y populares entre los que se contaba el viejo Partido Comunista Salvadoreño– conformaron el Frente Farabundo Martí para la Liberación Nacional, y para diciembre José Napoleón Duarte quedó como presidente de la constituida tercera Junta Revolucionaria de Gobierno. Todo estaba dado para la conflagración.

Tras ser liquidada la tercera y última Junta, y luego de un breve gobierno interino, en 1984 Duarte ganó las elecciones presidenciales postulado por el Partido Demócrata Cristiano, tomando posesión el 1 de junio de 1984. Su régimen –apuntalado por la ultraderecha y las

Fuerzas Armadas, y aliada a las familias que habían detentado históricamente la riqueza derivada de la explotación agrícola– y la guerrilla izquierdista nucleada en el Frente protagonizaron hasta principios de los noventa una guerra civil que costó la vida de más de 70 mil personas, pues con la asesoría "técnica" del gobierno de Estados Unidos y echando mano de grupos paramilitares, los soldados al frente de la estructura del Estado desataron el terror con estrategias y tácticas de intimidación, acoso, persecución, espionaje, secuestro, despojo, tortura y asesinato importadas por vía directa de las experimentadas juntas militares del Cono Sur.

La luz no se vería sino doce años después. A inicios de los ochenta la dictadura lanzó una ofensiva homicida sin precedente no solo contra la guerrilla y los partidos de izquierda, sino contra toda expresión de disenso. El Frente Farabundo Martí para la Liberación Nacional se propuso tomar de una vez el control de las grandes zonas urbanas, incluido San Salvador y su área metropolitana. Casi una década después el conflicto seguía igual. Nada para nadie. A las decenas de miles de víctimas mortales se sumaron seis religiosos jesuitas de la Universidad Centroamericana "José Simeón Cañas", entre ellos su rector Ignacio Ellacuría, aparte de dos trabajadoras domésticas, asesinados en las instalaciones universitarias mismas a manos de militares de élite, quienes pretendieron inculpar al Frente (1989).

El escándalo internacional derivado de esta masacre, una guerra civil aparentemente irresoluble y lo abonado durante aquella década sangrienta por el Grupo Contadora y el Acuerdo de Paz de Esquipulas, condujeron a la firma de los Acuerdos de Paz entre el gobierno y el Frente, en la Ciudad de México (1992).

Sesenta años después del alzamiento que llevó a la masacre de decenas de miles de salvadoreños y el fusilamiento de Farabundo Martí y otros líderes izquierdistas, por primera vez en la historia de El Salvador se abrió un determinado cauce institucional a las izquierdas representadas sobre todo por las grandes organizaciones armadas, aunque hasta hoy tal proceso pacificador, ni aun bajo el gobierno democráticamente electo de Mauricio Funes, quien llegó al poder postulado por el Frente (2009), ha conseguido establecer una base sostenible para el resarcimiento a las víctimas de la guerra civil, que incluye a decenas de miles de familias de víctimas mortales o incapacitadas, sobrevivientes con diversos grados de afectación, cientos de miles de exiliados principalmente a Estados Unidos, y, en particular, miles de huérfanos y niños y adolescentes que fueron reclutados de manera forzada por ambos bandos, desarraigados, y algunos de quienes conforme el país fue saliendo de la guerra civil, a principios de la década de los noventa, se sumaron a las pandillas de tipo marero.

Ahora bien, claramente la irrupción de estas pandillas en el seno de la sociedad salvadoreña entre finales de los años ochenta y principios de los noventa, y el incontenible predominio territorial que habían conseguido en las ciudades, con su cauda de violencia reivindicativa, se imbrica a ese expediente histórico y sus hasta hoy endémicas *espirales de violencia*.

Si no se considera toda esta historia turbulenta, no hay forma de comprender el presente y el devenir respecto de las pandillas Barrio 18 y Mara Salvatrucha, ni las implicaciones y posibilidades del proceso sociopolítico llamado coloquialmente "La Tregua".

Estado de derecho, con "maras" (1992-2009)

Desde que surgieron en el espacio público salvadoreño hasta hoy, sorprende cómo las pandillas denominadas de manera genérica "maras" y los procesos sociopolíticos que han producido imponen una y otra vez esfuerzos de desambiguación.

¿Qué es "la mara"? ¿Y "una mara"? Aunque adversarias, ¿son iguales la pandilla Barrio 18 y la Mara Salvatrucha? ¿Son salvadoreñas, centroamericanas o estadounidenses? ¿O acaso una mezcla? ¿Las conforman solo niños y jóvenes? ¿Estos son pobres o más bien excluidos? ¿O ambas cosas? ¿Son urbanas o rurales? ¿Tienen un fin identitario o meramente criminal? ¿Delinquen o ejercen violencia por "maldad", por necesidad o como un medio de reivindicación grupal? ¿Están articuladas globalmente o solo dentro de cada país? ¿Son perseguidas por el Estado o en el fondo sirven a los poderes fácticos políticos, económicos y delincuenciales? Si es verdad que controlan las prisiones, ¿por qué no se evaden al menos sus liderazgos? ¿Son grupos sin capacidad ni mayor ambición organizativa o algunos podrían "mutar" hacia organizaciones delincuenciales del tipo de las mexicanas, las colombianas, las italianas, las rusas, las chinas o las japonesas? ¿Tienen "jefes"? ¿Quiénes son?

Es así porque a fuerza de reduccionismos y simplificaciones la narrativa de las élites políticas y económicas sobre este fenómeno –replicada acríticamente por la industria noticiosa y el grueso del gremio periodístico, así como por determinados sectores académicos– tiende a alejar el discurso predominante de su base de realidad, produciendo desinformación, llanamente.

Ese discurso no parece tener como *leitmotiv* informar, favoreciendo que el público comprenda y actúe en pro de soluciones de raíz, sino que, en el mejor de los casos, intimida, cuando no induce o legitima de manera abierta políticas públicas de exclusión y exterminio social. Otra vez, pura *violencia simbólica*: esencialmente, lo que en los años veinte y treinta del siglo xx se decía en el país sobre los ciudadanos indígenas, campesinos, obreros y estudiantes detractores de las élites, y que contribuyó a justificar su represión y la eliminación física de miles de ellos, más tarde se arguyó de todo actor opuesto al gobierno durante la guerra civil en la década de los ochenta, incluidos lo mismo guerrilleros que defensores de derechos humanos, estudiantes o religiosos liberales, con idéntico efecto; y hoy se dice también de las "maras", aunque adaptado a la discursiva beligerante y discriminatoria del *populismo punitivo*: cual plaga apocalíptica, despojados por esa retórica de su condición de ciudadanos, de sujetos de derecho, constituyen no más que una "amenaza social" desarrapada, combatible y exterminable.

A resultas de las *espirales de violencia* descritas a través de casi nueve décadas, una cuestión central es que las pandillas de tipo marero desarrollaron anticuerpos más resistentes que los grupos izquierdistas de lucha ideológica, política o de acción directa característicos del siglo xx, ante todo porque tienen aún menos que perder; numéricamente sus miembros se cuentan por decenas de miles, con la gran base social que ello supone en las desoladas periferias urbanas; llegan a ejercer un gran atractivo que cautiva a niños y adolescentes excluidos, no solo por su parafernalia, sino sobre todo porque les ofrecen un sentido de pertenencia y una cierta "respetabilidad" en el seno de sus comunidades; parasitan de formas ya visibles, ya invisibles a las comunidades donde viven; no tienen por qué cuidarse demasiado de las implicaciones de su violencia ante el foro global; sus reivindicaciones son tan simples como coyunturales, lo que las hace utilizables por poderes estructurados, como partidos políticos u organizaciones criminales; y pueden articularse regionalmente, pues se integran como pez en el agua entre los flujos humanos masivos que se aventuran por la zona del mundo de mayor tránsito migratorio: el violento paso centroamericano y mexicano hacia Estados Unidos.

A finales de los años ochenta y principios de los noventa, conforme fue desenturbiándose el horizonte agitado de la guerra civil, se firmaron los Acuerdos de Paz que terminaron formalmente con la guerra civil e inició el gran esfuerzo por desmilitarizar e institucionalizar la vida social, en un contexto global post Guerra Fría, comenzaron a edificarse los cimientos del Estado democrático salvadoreño. Entonces irrumpieron en el paisaje urbano las pandillas Barrio 18 y Mara Salvatrucha. En adelante, al menos en la discursividad mediática atrapada en el infoentretenimiento, "mara" ya no sería más ese afable salvadoreñismo que alude al núcleo familiar, de amigos íntimos o de colegas, sino un cliché cargado de violencia extrema, odio y encono social.

En el negador y defensivo discurso hegemónico del gobierno de Estados Unidos y sus agencias de seguridad interior y global, y sus replicadores desde los poderes locales –el mediático incluido–, este proceso disruptor del espacio público centroamericano planteado por las entonces nuevas pandillas equivale a una suerte de epidemia, hasta alcanzar proporciones de calamidad apocalíptica que exigen operaciones militares estratégicas de calado continental, equivalentes a las que impone el combate al crimen organizado mexicano y colombiano. Por el contrario, hay por todas partes versiones de tipo *teoría del complot* según las cuales las "maras" fueron inoculadas literalmente a la sociedad salvadoreña y, en general, centroamericana, con base en un malvado plan estadounidense concebido para mantener la fragilidad estatal en las naciones que conforman su "patio trasero" geopolítico, como quien disemina un virus para producir una pandemia, tal cual si no hubiera causas sociales estructurales suficientes que expliquen por sí mismas la proliferación pandilleril.

Lo que es posible documentar de manera fidedigna es que, según se ha dicho antes, entre las víctimas de la guerra civil de los años ochenta destacan los niños y jóvenes que quedaron huérfanos o abandonados, fueron reclutados de manera forzada por los bandos confrontados o emigraron por miles a Estados Unidos, por su cuenta o guiados por sus mayores –muchos en los brazos paternos–. Localmente, ajenos a la confrontación ideológica, política y armada que se acercaba a su fin, miles de ellos habían ido nucleándose de forma espontánea en candorosas pandillas barriales, mientras que en contraste los muchachos exiliados en Estados Unidos engrosaron por cientos las filas de las pandillas Mara Salvatrucha –en proceso de conformación por el impulso mismo del fenómeno migratorio forzado centroamericano y mexicano– y Barrio 18 en la zona metropolitana de Los Ángeles. En sincronía con el fin de la guerra civil en El Salvador, a finales de los años ochenta el gobierno de Estados Unidos, aduciendo que carecía de fondos públicos suficientes para mantener en las prisiones a "indeseables" hispanos, comenzó una política de deportaciones masivas de esos jóvenes que se encontraban en prisión, y aun de muchos más que eran detenidos por la policías por un delito o hasta por una falta cívica, y deportados sin mediar proceso judicial ni mayor trámite – en muchos casos, fletándolos enjaulados a bordo de aviones hacia El Salvador o liberándolos al otro lado de su frontera sur, en territorio mexicano, con unos cuantos dólares en el bolsillo y altísimo riesgo de sufrir violencia.

A partir de entonces, así como tras la agitación popular latina en Los Ángeles a resultas del apaleamiento policial del taxista afroamericano Rodney King (1992) y hasta mediados de los años noventa, cientos de jóvenes de esas pandillas llegaron deportados a El Salvador –igual que a los vecinos Honduras y Guatemala–, en muchos casos sin conocer siquiera el país, a un familiar ni el idioma, o sea, no obstante que habían perdido todos los vínculos que tenían cuando con sus mayores huyeron del terror hacia Estados Unidos durante los ochenta, a causa de la virulenta guerra civil. Muchos de estos jóvenes, la mayoría con diversos grados de experiencia en el seno y los usos y costumbres de las pandillas latinas en Estados Unidos, encontraron en los barrios marginados de las ciudades salvadoreñas no solo un espacio natural de acogida, sino miles de niños y adolescentes abandonados por sus mayores y el Estado, potencialmente reclutables por propia voluntad, atraídos por la parafernalia de *la vida loca*, con su pseudomística, su lenguaje digital, su *espanglish*, los tatuajes, el característico aspiracionismo consumista y el mito, digamos, del "barrio prometido".

Este contingente social que la guerra civil consideró carne de cañón y el naciente Estado democrático post Acuerdos de Paz dejó fuera de sus prioridades, las pandillas no solo lo adoptaron, sino que le dieron un sentido de pertenencia y una suerte de filosofía homicida-suicida afincada en el barrio-territorio, el barrio-pandilla, el barrio-latir colectivo, la violencia como distintivo, la confrontación como sentido, el delito como desafío y medio de subsistencia, y la muerte como destino natural, destino manifiesto –todo ello con un toque de edipismo redentor.

¿Farabundo Martí ya para qué? En este caso, de las obstinadas luchas de izquierda contra el autoritarismo resultante de la connivencia entre los poderes militar, político y económico, tal vez solo perviven los impulsos de la acción colectiva como eficaz medio defensivo, en un escenario de agudización de la *anomia social*.

En el transcurrir de los noventa, a resultas de los Acuerdos de Paz, tuvo lugar la dificultosa construcción de la estructural civil del Estado salvadoreño, la cual se propuso fundamentalmente desmovilizar y encuadrar dentro de la Policía Nacional Civil y otros órganos públicos de seguridad a las fuerzas armadas de los bandos que habían protagonizado la guerra civil; reformar el sistema de justicia penal hacia un modelo de tipo acusatorio adversarial; crear los mecanismos formales de acceso democrático al poder público, y establecer un modelo económico neoliberal para articularse de algún modo a los mercados globales.

En paralelo, las versiones salvadoreñas de las pandillas Barrio 18 y Mara Salvatrucha se modelaban en los populosos y devastados barrios urbanos, atizadas también por el aumento de tráficos a través del norte centroamericano propiciado por las organizaciones criminales de Colombia y México, y su incorporación en Estados Unidos a la Mafia Mexicana, así como las necesidades de seguridad privada de barrios, empresas y delincuentes de diverso calado, y de huestes de control político-electoral partidista en los ámbitos barriales, siempre usadas como lumpen-milicias desechables. En el espacio mediático apenas se les refería como una suerte extravagante de vándalos posmodernos, tatuados, de vestimenta y aspecto cholos, elocuente lenguaje combinado de señas y *espanglish*, y una sed exhibicionista de protagonismo mediático –algo nunca visto en las arraigadas pandillas La Máquina y Mao Mao.

Ya entrado el nuevo milenio, cuatro hechos ocurridos en 2001 prefiguraron en la vida nacional salvadoreña un hito relacionado con las pandillas denominadas "maras", para entonces consideradas "trasnacionales": 1) los atentados del 11 de septiembre contra las Torres Gemelas en Nueva York, atribuidos a terroristas islámicos; 2) los devastadores terremotos de enero y febrero; 3) la hambruna sobre todo en las áreas rurales derivada de los efectos de largo plazo de la crisis internacional del café (iniciada en 1989) y el huracán Mitch (1998); y 4) la segregación de jóvenes en centros penitenciarios según su adscripción pandilleril –o la que el gobierno les atribuía.

Podría decirse que El Salvador salió de una guerra civil prototípica del escenario internacional de Guerra Fría para transitar abruptamente a la posmodernidad, con todas las paradojas que ello supone. En la pista local, los terremotos y la crisis alimentaria agudizaron un proceso de precarización de las clases medias y bajas, y el desplazamiento demográfico que ya había iniciado a nivel centroamericano desde la primera crisis del café y luego el desastre producido por el huracán Mitch: oleadas humanas emigraron de las áreas rurales a las urbanas o de unas ciudades a otras, o se reasentaron en las periferias citadinas. Los manchones poblacionales se extendieron a través de valles, mesetas, montañas y barrancas hasta conformar océanos de miseria donde las pandillas de tipo marero sentaron sus reales sin resistencia alguna, siendo parte de su naturaleza y razón de ser la ocupación y el dominio territoriales.

En la pista global, tras los atentados del 11 de septiembre, el gobierno estadounidense creó la Homeland Security, endureciendo sus políticas de seguridad interna, las cuales incluyeron también las deportaciones de salvadoreños, entre otros migrantes de la región centroamericana.

Además, dicho gobierno invadió con sus tropas Afganistán (2001) e Irak (2003), y una versión es que se habrían enrolado en los ejércitos agresores algunos miembros de diversas pandillas latinas en aquel país, incluidos quizá marginalmente los de la Barrio 18 y la Mara Salvatrucha, quienes habrían aprendido de esa forma a utilizar armamento de asalto y estrategias de guerra de guerrillas –versiones no plenamente confirmadas.

¿Y el gobierno salvadoreño? Emulando, a la par del resto de los países del nortecentroamericano, la discriminatoria Step Act (California Street Terrorism Enforcement and Prevention Act, 1988), que había dado fundamento legal a las deportaciones masivas de jóvenes a México y Centroamérica iniciadas a finales de la década de los ochenta, la administración conservadora-neoliberal del presidente Francisco Flores –miembro del Partido ARENA, hoy investigado por el Poder Legislativo y la Fiscalía General de la República por posibles actos de corrupción, prófugo y privado de sus derechos partidistas– lanzó su populista Plan Mano Dura (2003), cuya base legal fue la primera Ley Antimaras.

Dicha ley era una norma de excepción que criminalizaba y dictaba persecución y prisión oficiosa no solo por la pertenencia o hasta contactos reales o supuestos con cualquier pandilla, sino aun reuniones ocasionales de jóvenes, el aspecto o la vestimenta de tipo cholo y los tatuajes. Al año siguiente (2004), cuando la Corte Suprema de Justicia la declaró inconstitucional por atentar contra la legalidad y los derechos humanos previstos en la Constitución y los tratados internacionales ratificados por el Estado salvadoreño, el propio gobierno de Flores consiguió que la Asamblea Legislativa emitiera inmediatamente la Ley para el Combate de las Actividades Delincuenciales de Grupos o Asociaciones Ilícitas Especiales, la cual no era sino una burda copia de aquella y daría fundamento durante el gobierno siguiente al Plan Súper Mano Dura.

Emitido con estridencia por el gobierno entrante del también derechista neoliberal del Partido ARENA Antonio Saca (2004), el nuevo plan le permitió inicialmente ensanchar sus márgenes de popularidad, una vez más soportado por una industria de las noticias ávida de materia prima sensacionalista que ofertar, explotando los miedos sociales, aun por encima de derecho ciudadano a la información y atentando contra la cultura de legalidad y respecto a los derechos humanos.

Tras versiones poco confiables de vinculaciones entre Al Qaeda y las pandillas Mara Salvatrucha y Barrio 18 en Centroamérica, el Comando Sur de Estados Unidos incluyó a dichas pandillas entre las amenazas a la seguridad regional, equiparándolas con el terrorismo, el crimen organizado y el lavado de dinero, además de criminalizar a los migrantes centroamericanos hacia Estados Unidos (2005). Esto apuntaló asimismo la Súper Mano Dura del régimen de Saca.

Al final, el orden social alcanzado con los Acuerdos de Paz firmados doce años atrás reveló su debilidad. Las políticas autoritarias de seguridad y justicia de los *populistas punitivos* Flores y Saca ahondaron la *anomia social*. Las prisiones se sobrepoblaron de jóvenes marginados, pandilleros o no. El discurso beligerante "antimaras" desde las élites –más *violencia simbólica*– a través de los serviles medios noticiosos industriales trajo consigo la polarización social y, enseguida, un escalamiento de la animosidad entre la Barrio 18 y la Mara Salvatrucha, que se tradujo en masacres entre pandilleros dentro y fuera de las prisiones, y contra la población más pobre y excluida socialmente. Acciones cada vez más temerarias y brutales atribuidas a ambas pandillas fueron tornándose cotidianas.

Incapaz de resolver el embrollo comenzado por su antecesor en la Presidencia de la República y agravado por él mismo, en reacción a la violenta crisis penitenciara Saca optó primero por radicalizar el proceso de segregación de los pandilleros privados de libertad en prisiones según su respectiva adscripción a la Barrio 18 o la Mara Salvatrucha, y luego concentró a los principales líderes de ambas en el penal de máxima seguridad de Zacatecoluca (2005).

Siendo, como se ha dicho, organizaciones que dependen de una base territorial, esta decisión fue música para sus oídos: los líderes de ambas pandillas, al no tener que vivir escondiéndose o huyendo, pudieron al fin disponer de infraestructura pública –las prisiones– desde la cual tomar aliento, pensar con la cabeza fría, reagruparse, disponer de gran número de jóvenes cautivos, muchos de los cuales no eran miembros de sus respectivas pandillas, y establecer palmo a palmo férreos autogobiernos penitenciarios con la aquiescencia de funcionarios corruptos. Además, si acaso un joven pandillero proveniente de una clica que no estaba articulada a otras en la calle caía preso, bajo encierro encontraba, con o contra su voluntad, la "conexión" subordinada por vía directa con los liderazgos más poderosos y violentos. Y, finalmente, las clicas del resto del norte centroamericano y de Estados Unidos sabían dónde encontrar con facilidad a sus más influyentes pares salvadoreños.

Más adelante, aún bajo el gobierno de Saca, si bien el grueso de los miembros de las pandillas en cautiverio permaneció en prisiones separadas, según su pertenencia a tal o cual pandilla, como parte de la Súper Mano Dura los principales líderes de ambas pandillas, no más de 30, fueron segregados por separado en el sofocante penal de máxima seguridad de Zacatecoluca, Departamento de La Paz.

Torpe decisión. Los líderes, que a pesar de todo constituían una fuerza de contención dentro de las prisiones y en los barrios mismos, quedaron incomunicados. Al romperse la cadena de mando las clicas de la Barrio 18 y la Mara Salvatrucha pudieron actuar a sus anchas.

Para cuando esto sucedía, a mediados de la década pasada, ambas pandillas habían progresado bastante en lo referente a la diversificación de sus actividades delincuenciales. Lo que a finales de los noventa se limitaba a *renteo* dentro de sus propios barrios, incursiones y ataques a los territorios dominados por sus adversarios, robos y asaltos, y *servicios* de protección y ataque al mejor postor –grupos criminales locales y colombianos, principalmente, empresarios, cuerpos policiales, militares y partidos políticos–, ahora añadía también extorsión a gran escala, lo mismo contra todo tipo de empresas que hacia los transportistas y hasta contra la policía; secuestro, explotación sexual de mujeres *tratadas* desde las zonas rurales, violencia extrema dirigida a vecinos de sus mismos barrios y brutales ataques a los barrios controlados por la pandilla contraria.

Además, sin alcanzar aún la estructura jerárquica y capacidad organizativa de una mafia, habían progresado considerablemente en cuanto a expansión territorial, posesión de armamento, vehículos y casas –productos de sus despojos–; comunicación con clicas de Honduras, Guatemala y Estados Unidos, y contactos con organizaciones criminales de Colombia y México.

Como quedaría demostrado más tarde, con "La Tregua", los líderes habían desarrollado capacidades de mando estratégico y una cierta pericia política, aparte de afinar su sensibilidad para incidir en el *timing* mediático; al ser aislados estos en la prisión de Zacatecoluca, los "palabreros" más jóvenes e inexpertos comenzaron a actuar de forma inmediatista, depredadora y virulenta, uno de los factores que llevó al escalamiento inédito de la violencia y la inseguridad.

En 2009, hundido el país en tal estado de cosas, la mayoría del electorado salvadoreño, que le había guardado fidelidad desde las postrimerías de los años ochenta –poco antes, durante y después de los Acuerdos de Paz–, le cobró al Partido ARENA la ineptitud de los regímenes policiaco-militares de Francisco Flores y Antonio Saca excluyéndolo del gobierno nacional.

Vientos de estado democrático: gobierno, sociedad civil y medios noticiosos

Marzo de 2009 fue un mes de emociones fuertes para la vida política de El Salvador. Pasada la estabilización política post Acuerdos de Paz (1992-1998), una década había bastado a los sucesivos presidentes derechistas Francisco Flores y Antonio Saca, del conservador Partido ARENA (1999-2009), para dejar al país inmerso en una atmósfera de polarización social e inseguridad pública que recordaban la de la guerra civil protagonizada a lo largo de los años ochenta.

Adicionalmente, como en el resto de América Latina y de forma inédita en ese lapso de precaria construcción de la paz pulularon en las ciudades fraccionamientos residenciales para las clases medias y altas, y centros comerciales estilo Metroplaza, establecimientos de franquicias y grandes sucursales bancarias, templos de la Fe y la Prosperidad, hoteles de lujo, casinos con su servicio de *valet parking*, y amplias vialidades, conformando con sus vastas superficies de cemento armado, sus anuncios luminosos y sus atascos viales, reductos consumistas hipervigilados, movidos por la fuerza laboral precarizada de las multitudes.

Al mismo tiempo, a dichas multitudes no solo les estaban vedadas en los hechos esas islas de opulencia que emulan las ciudades estadounidenses, sino que atrapadas en su propia realidad cotidiana sufrían en carne propia la violencia imperante en barrios ambientalmente colapsados, plazas públicas, centros escolares y a bordo del pésimo transporte público.

Y no obstante, aquel marzo vibrante de 2009 el resultado electoral trajo vientos promisorios para refrescar a los agobiados salvadoreños: Mauricio Funes, un popular periodista televisivo de 49 años, fue elegido presidente de la República como abanderado del Frente Farabundo Martí para la Liberación Nacional, derrotando por estrecho margen al derechista Rodrigo Ávila, el candidato del Partido ARENA, con amplia trayectoria en el ámbito de la seguridad pública posterior a los Acuerdos de Paz.

Funes era relativamente joven, poseía una sólida formación académica jesuita, como periodista había mantenido una mirada crítica e independiente respecto del gobierno y, salido de los estratos sociales medios, no estaba vinculado a los conservadores poderes militar y empresarial –este último sucedáneo directo del viejo orden de terratenientes– que representaba ARENA, si bien ideológicamente no necesariamente representaba la plataforma ideológica izquierdista del Frente. En todo caso, era muy probablemente el presidente que la clase media ilustrada salvadoreña siempre había deseado, lo cual se expresó en el ambiente optimista prevaleciente desde que resultó electo hasta los primeros meses de su gobierno.

Por supuesto, el momento histórico que determina la asunción al poder de Mauricio Funes no se explica solo por la decisión de la parte mayoritaria del electorado, el rotundo fracaso de los gobiernos del Partido ARENA para mejorar la calidad de vida de la población y el hartazgo de grandes capas sociales.

De las naciones centroamericanas, quizás por ser la última en salir de la guerra, la salvadoreña es la que ha tenido mayores dificultades para crear una base de sociedad civil organizada, en tanto que la que fue surgiendo y empoderándose sobre todo a partir de los Acuerdo de Paz es de procedencia religiosa –evangélica o católica– o empresarial y se enfoca esencialmente en la filantropía, si bien poco a poco fueron apareciendo también iniciativas ciudadanas en la capital y los departamentos, lo mismo en los tópicos de mujeres, jóvenes niños y niñas, víctimas, desplazados por la violencia y resarcimiento a víctimas, migrantes y derechos humanos, que en salud, trabajo, educación, cultura de paz, legalidad, medio ambiente, desarrollo comunitario y humano, participación ciudadana y microempresa cooperativa.

No obstante, desde la segunda mitad del siglo pasado fue impulsado un puñado de iniciativas ciudadanas sin par en el norte centroamericano, que con un esfuerzo que raya en la obstinación ha logrado marcar su impronta en la historia de la construcción democrática salvadoreña desde los ámbitos de la educación, las ideas, los derechos humanos y la cultura ciudadana, el derecho al debido proceso, la asesoría jurídica, el litigio estratégico, la formación de capital humano y de liderazgos, el *accountability* social o el periodismo de investigación.

No es exagerado afirmar que sin dichas iniciativas quizás El Salvador tendría no solo más problemas, sino menos recursos organizativos y de generación de ideas para encarar las *espirales de violencia* y particularmente los severos problemas estructurales de desinstitucionalización progresiva, autoritarismo, corrupción y opacidad gubernamentales, exclusión económica, inequidad social y de género, discriminación, inoperancia del sistema penal, y culturas de ilegalidad, violación de derechos humanos y violencia. Es indudable su riqueza como *tanques de pensamiento* y agentes de cambio social.

Sin afán de minimizar el trabajo de otras, por su capacidad de incidencia nacional y regionalmente, vale la pena poner como ejemplos de tales iniciativas a la Universidad Centroamericana "José Simeón Cañas" (UCA); la Fundación de Estudios para la Aplicación del Derecho (FESPAD); y el periódico digital *El Faro*.

En efecto, la UCA se distingue por los alcances sociales de su desempeño. Fue fundada en 1965 a instancias de grupos católicos liberales. Puesta bajo el gobierno de la Compañía de Jesús, liderada en su momento por la Teología de la Liberación, ha forjado desde una perspectiva humanística a numerosas generaciones de filósofos, teólogos, sociólogos, politólogos, economistas, administradores, ingenieros, abogados, educadores, comunicólogos y periodistas –el presidente Funes mismo es uno de sus múltiples egresados.

El compromiso de esta universidad con las causas sociales y su crítica permanente al abuso de poder la colocaron en la mira de las dictaduras militares de los años ochenta. Como se refirió antes, en 1989 su trabajo le valió ser ocupada por el Ejército y asesinado su rector, el sacerdote jesuita Ignacio Ellacuría, aparte de otros cinco religiosos y dos trabajadoras domésticas, bajo el régimen de Alfredo Cristiani, también de ARENA. Aquel hecho brutal fue uno de los que condujeron, a causa de la presión internacional, a la firma de los Acuerdos de Paz menos de cuatro años después.

Se trata, por lo demás, de la primera institución de educación superior salvadoreña cuyos académicos se empeñaron en explicar el fenómeno de las pandillas de tipo marero desde perspectivas no ceñidas al ámbito de la seguridad pública y el delito, enfocadas en comprender holísticamente su origen histórico y sociopolítico, su dinámica interna y de control territorial, la naturaleza de sus liderazgos y confrontaciones, su parafernalia, sus componentes etéreo y de género, su correlación con las *espirales de violencia* y las implicaciones del tratamiento mediático que han recibido a través del tiempo. Sin todo ese conocimiento la sociedad salvadoreña y la comunidad internacional habrían demorado mucho más en comprender fenómenos como el pandilleril y proponer soluciones estructurales no exclusivamente punitivas –en las que insistieron las tres administraciones presidenciales de ARENA.

La FESPAD es otro caso significativo. Desde que se constituyó como asociación civil en 1988 ha sido referente en la producción de conocimiento aplicado, la formación de cuadros para la acción, la consultoría legal y el debate sobre derechos humanos, derecho constitucional, Estado de derecho, cultura ciudadana y democracia. Se cuenta entre los protagonistas de la refundación normativa del Estado salvadoreño en el marco de la firma de los Acuerdos de Paz y ha tenido una presencia permanente como conciencia crítica de las políticas de seguridad y justicia penal, incluyendo los planes Mano Dura y Súper Mano Dura, y en general del abordaje gubernamental enfática y casi exclusivamente criminalizante al fenómeno pandilleril.

FESPAD se ha caracterizado por su autonomía ideológica, política y económica, así como por la creatividad para subsistir exitosamente de cara a unas élites particularmente reacias a la fiscalización social. Produce conocimiento aplicado, alienta debates, da consultoría jurídica a comunidades, defiende a víctimas, forma capital humano y es una de las voces salvadoreñas más acreditadas en el ámbito internacional de los derechos humanos.

Mucho más joven, fundado en 1998, gracias al sedimento democrático logrado por entidades de génesis ciudadano como las dos mencionadas y que ha logrado no solo gran protagonismo, sino hecho saludable presión sobre el avejentado periodismo industrial salvadoreño y latinoamericano, destaca el periódico digital *El Faro*.

Semejante al entorno latinoamericano, el sistema de medios del país es dominado por los corporativos industriales privados de carácter monopólico que tienen gran influencia en las ciudades a través del país. Básicamente, poseen un enfoque comercial basado en la explotación de los productos de masas importados o copiados de los megamedios globales, que hoy se extiende a la música comercial y sus artistas reciclables, los programas de entretenimiento en vivo y los telepastores. En cuanto a noticias, su información se reduce casi totalmente a las versiones gubernamentales y los clichés estridentes del escándalo político, la crónica roja, la farándula y los espectáculos, todo enmarcado en el *frame* del infoentretenimiento. Como industria siempre fue un poder fáctico adosado al régimen vigente y particularmente funcional a las impunes dictaduras militares. La familia Saca, del expresidente arenero Antonio Saca, es una de las que detentan un conglomerado de empresas de comunicación y publicidad cuyo buque insignia es una cadena radiofónica.

Durante su atropellada existencia de más de un siglo –su primera versión apareció en 1889–, por momentos el actual tabloide *DiarioCo Latino* marcó una cierta pauta de independencia y crítica del gobierno que hoy es apenas un lejano recuerdo.

De la guerra civil a los Acuerdos de Paz, urgidos precisamente por trascender esta opresiva atmósfera mediática, dos experiencias interesantes antecedieron a *El Faro*: Radio Venceremos, emisora clandestina abierta por el Frente Farabundo Martí para la Liberación Nacional en 1981, en pleno escalamiento de la confrontación armada interna, e YSUCA, fundada por la UCA exactamente diez años después, en un momento en el que se creaban las bases que conducirían a la pacificación.

Tras la firma de los Acuerdos de Paz, como otras radios clandestinas locales creadas por el propio Frente, Radio Venceremos obtuvo su licencia de transmisión, aunque luego se convirtió tristemente en lo que es hasta ahora, una estación cuya frecuencia fue alquilada a una denominación evangélica, mientras que YSUCA mantiene el perfil que le dio origen.

En este paisaje mediático algo desolado, cada vez más dominado por corporativos que han ido incursionando en negocios que nada tienen que ver con el periodismo y la comunicación y lejos de nutrir la vida pública, la empobrecen con su pragmatismo corporativo, su banalidad y su distanciamiento endémico del interés público –apenas salpicado de proyectos diferenciados de comunicación y periodismo–, surgió *El Faro* y se mantiene contra todo pronóstico.

En lo periodístico, este *sui generis* medio digital recoge virtualmente la visión humanística y democrática de la comunicación reivindicada por la UCA –parte de sus fundadores y de su planta de periodistas es, de hecho, egresada de esa universidad jesuita–, al mismo tiempo que su vocación global le ha permitido actualizar sus referentes deontológicos y agendas, y formar periodistas líderes local y regionalmente.

Se ha caracterizado por ejercer de manera casi obstinada la función de *watchdog* del poder público, registrar las incidencias y transformaciones políticas y socioculturales de la sociedad salvadoreña; mantener la mirada sobre la historia de la violencia, su generación masiva de víctimas, la estructura que la soporta y la persistente violación de derechos humanos por un aparato estatal resistente al cambio, y exhibir el impacto de la globalización, lo mismo en el asunto de la migración –en un país que tiene viviendo en Estados Unidos el equivalente a un tercio de su población local–, que de las pandillas y la delincuencia organizada en su firme proceso de integración regional. Y todo ello a través del reportaje de profundidad, la crónica-reportaje, la entrevista, la propuesta gráfica multimedia y el análisis, que en la actualidad hace semanalmente también en la radio abierta.

Cualquiera que navegue a través de *El Faro* constatará su carácter singular respecto del entorno mediático salvadoreño predominante, lo que le ha permitido alcanzar gran influencia social en la última década y obtener, con su equipo de periodistas, algunos de los principales reconocimientos al ejercicio del periodismo en el mundo, pero igualmente ser objeto de amenazas y vituperios –aunque hasta ahora, con fortuna, El Salvador es un país donde, en general, no se acalla a los periodistas por medios violentos.

Solo es necesario añadir que múltiples proyectos del tipo de los que llevan a cabo la UCA, FESPAD y *El Faro* se vinculan en redes de la sociedad civil que captan financiamiento y obtienen múltiples herramientas de organismos internacionales, embajadas y agencias de cooperación de diversos gobiernos, y organizaciones de la sociedad civil de alcance global.

Es posible afirmar que gracias a todo ese capital acumulado por las iniciativas ciudadanas descritas, en la actualidad la sociedad salvadoreña posee mayores recursos para comprender y encarar sus desafíos, pero al mismo tiempo que dicho capital es la manifestación del empoderamiento de una parte de la sociedad salvadoreña para comprender y afrontar propositivamente su realidad.

Frente a la dimensión de la crisis de inseguridad y violencia que padece, quizá se antoje nimio, pero lo cierto es que el país arriba al actual momento de su historia con uno de los escasos presidentes que desde el final de la República Cafetalera (1931) no representa plena y abiertamente los intereses conservadores y que resultan de la colusión entre militares y terratenientes; cada vez más iniciativas ciudadanas trabajan por un cambio y el entorno mediático está siendo dinamizado en cierta medida por iniciativas como *El Faro*.

Queda la cuestión de las pandillas y *su* tregua. Es una prueba de fuego.

"La tregua": antecedentes y actores

La situación actual de El Salvador no es tan negativa como puede inferirse de las expresiones de pesimismo social escuchadas aun en la calle o de la crónica roja de una industria noticiosa habituada a explotar los temores sociales, ni tan boyante como pretende el discurso triunfalista y en ocasiones negador de la administración de Mauricio Funes –que el primer día de junio venidero será relevada por la de quien resulte vencedor en la segunda vuelta de las elecciones presidenciales (marzo de 2014).

En lo tocante a la inseguridad y la violencia, por ejemplo, se sitúa en el inquietante lugar 112 entre los 162 países del Global Peace Index: a nivel de sus vecinos del norte centroamericano está entre Guatemala (109) y Honduras (123); además, se halla muy por debajo de México (133), aunque realmente encima de Costa Rica (40). En suma, sin ser el país más violento del mundo (Afganistán) ni tampoco el de América Latina (Colombia, 147), padece una crisis de violencia e inseguridad ciudadana que le significa una pesada carga económica –el equivalente al 13,8% de su producto interno bruto, según el Institute for Economics and Peace–, impidiéndole de forma consistente revertir la pobreza y mejorar la calidad de vida de sus habitantes –si bien de 1980 a 2012 registró una mejoría de 44% en el Índice de Desarrollo Humano, situándose entre los países de Desarrollo Humano Medio.

Al igual que en otros países en desarrollo, sus niveles de pobreza, exclusión social, delito e impunidad, como resulta obvio, conforman una mezcla explosiva, que afecta sobre todo a los más pobres, las mujeres, los niños y los jóvenes, según puede constatarse en el *Informe Regional de Desarrollo Humano 2013-1014*. No es que el salvadoreño sea de natural violento, de acuerdo con la facilona tipología del gentilicio *guanaco*, sino que está inmerso en entorno generador de violencias y propicio para la violación impune de las leyes –lo cual rebasa con mucho la problemática particular de las pandillas Mara Salvatrucha y Barrio 18.

Revisando los principales indicadores macroeconómicos y delictivos, y sin perder de vista que parte de las dificultades que vive El Salvador se relacionan con la crisis global de 2008, puede concluirse que, en general, el gobierno de Mauricio Funes ha tenido un desempeño mediocre y titubeante, defraudando la ola de optimismo que se apoderó del país cuando su triunfo electoral y correspondiente ascenso a la Presidencia (2009) –tras la segunda vuelta electoral, la segunda semana de marzo, Salvador Sánchez Cerén, candidato del Frente Farabundo Martí para la Liberación Nacional, a la Presidencia, obtuvo una magra ventaja que hace presumir una crisis política.

El proceso sociopolítico conocido genéricamente como "La Tregua", que se hizo público a través de *El Faro* cuando el gobierno de Funes llegaba a la mitad de su quinquenio (marzo de 2012), evidencia el sumun de los problemas estructurales que hoy experimenta El Salvador y algunos de los principales rasgos de dicho gobierno. En este sentido, según se le mire y al margen virtual de la reducción de los homicidios, traerá consigo mayor incertidumbre o esperanza.

Al cumplir un año y cuatro meses de su ascensión al poder, como parte de su oscilante política de seguridad, el 9 de septiembre de 2010, el presidente Mauricio Funes sancionó la controvertida Ley de Proscripción de Maras, Pandillas, Agrupaciones, Asociaciones y Organizaciones de Naturaleza Criminal, coloquialmente "Ley de proscripción de pandillas" o "Ley Antimaras".

En lo fundamental, esta nueva norma de excepción daba continuidad a las leyes antimaras y los correspondientes planes Mano Dura y Súper Mano Dura de los dos gobiernos conservadores anteriores, no obstante la pertenencia de Funes a un partido de izquierda y su propio perfil de formación liberal. Ya su Artículo 1 recoge la estafeta de Francisco Flores y Antonio Saca, los expresidentes del Partido ARENA, con el siguiente grito de guerra:

> Son ilegales y quedan proscritas las llamadas pandillas o maras tales como las autodenominadas Mara Salvatrucha, MS-trece, Pandilla Dieciocho, Mara Máquina, Mara Mao Mao y las agrupaciones, asociaciones u organizaciones criminales tales como la autodenominada Sombra Negra; por lo que se prohíbe la existencia, legalización, financiamiento y apoyo de las mismas. La presente proscripción aplica a las diferentes pandillas o maras y agrupaciones, asociaciones u organizaciones criminales, sin importar la denominación que adopten o aunque no asumieren ninguna identidad.

Esa mezcolanza pretende que las pandillas u organizaciones con orígenes y finalidades claramente delincuenciales, como la Mao Mao o La Máquina, equivalen a aquellas constituidas en El Salvador, al menos originalmente, por muchachos que habían quedado en la orfandad, abandonados o sufrido exilio en Estados Unidos a resultas de la guerra civil, como la Mara Salvatrucha –o MS13– y la Barrio 18, las cuales les daban acogida, razón de ser, identidad y cierto poder adquisitivo, en sustitución de una familia y de los derechos que la estructura del Estado, la sociedad misma y el modelo económico les niega aún ahora.

Esto no significa que aquellos que delinquen deban ser eximidos de su responsabilidad penal, sino que mientras no se resuelvan las causas estructurales que a través del tiempo conducen a decenas de miles de niños y jóvenes a nuclearse por voluntad o por la fuerza, estas siempre podrán disponer de gran parte de ese segmento de la sociedad para sus actividades, incluidas las delictivas. Las políticas de seguridad pública centradas en lo punitivo, a través de ordenamientos como la "Ley de proscripción de pandillas" promulgada por Funes, eluden el aspecto esencial de la seguridad ciudadana: la prevención.

Lo paradójico es que una de las razones por las que la mayoría del electorado optó por el Frente y su abanderado en el proceso electoral de 2009 fue la frustración generalizada ante la ineptitud en garantizar el derecho a la seguridad ciudadana de los dos gobiernos de ARENA posteriores a los Acuerdos de Paz.

¿Qué resolvió el zigzagueante gobierno de Funes con su propia versión normativa de *cero tolerancia* de cara al fenómeno pandilleril? Puesto que durante la última década los sucesivos gobiernos han atribuido a la Barrio 18 y la Mara Salvatrucha la mayor aportación en homicidios dolosos y otros hechos de violencia extrema y hasta "terrorista", un indicador válido es el de la tasa de homicidios por cada 100 000 habitantes.

En 2008 esta fue de 52, mientras que al año siguiente –la segunda mitad del cual gobernó Funes– repuntó hasta un histórico 71; y en 2010 casi se mantuvo, al alcanzar 66. O sea, justo el año en el que el primer presidente postulado por el izquierdista Frente Farabundo Martí para la Liberación Nacional ocupó el poder (2009), la tasa de homicidios intencionales logró niveles inéditos, para mantenerse casi igual el año posterior (2010).

Esta evidencia estadística y un violento suceso que sobrecogió a la sociedad salvadoreña y al mundo permiten comprender la ostensible motivación política de la "Ley de proscripción de pandillas": cuando hacía pocos días que el gobierno frentista celebraba dos años en el poder, al anochecer del domingo 20 de junio de 2010, una clica de la pandilla Barrio 18 tiroteó, secuestro y prendió fuego a un microbús en Mejicanos, populoso municipio periférico del Gran San Salvador, matando a 17 pasajeros y produciendo graves lesiones a otros 15.

Tras solidarizarse públicamente con las víctimas y sus familias, el presidente Funes calificó el acto de "terrorismo puro" y de tener como móvil la intimidación contra la sociedad. Lo cierto es que entre noviembre de 2011 y septiembre de 2013 fueron encausados judicialmente y condenados tres miembros de la Barrio 18, entre ellos el autor intelectual de la masacre, con base en las declaraciones de dos testigos protegidos, en tanto que otros dos se hallan prófugos. De tales procesos judiciales resultó que el móvil, según la investigación presentada por la Fiscalía General de la República al juez, habría sido la venganza contra el conductor del microbús atacado, quien según los pandilleros procesados y condenados habría encubierto días atrás a un miembro de la propia pandilla en otro asesinato.

Por aquellos días de la nueva *espiral de violencia* Funes anunció el endurecimiento de su política de seguridad y dos meses más tarde sancionó la "Ley antimaras".

Si las cifras han de considerarse con seriedad, ni con esta versión normativa de *mano dura* pudo su gobierno reducir la violencia y el crimen: como se vio ya, ese año (2010) cerró con 66 homicidios intencionales por cada 100 000 habitantes, una insignificante baja respecto de 2009, en tanto que durante 2011 dicha tasa volvió a colocarse en el récord histórico de 71 –como en 2009.

La matanza de Mejicanos, como era predecible, produjo una nueva ola de miedo e incertidumbre entre los salvadoreños, que recordaba momentos álgidos de la guerra civil como los que se vivieron tras el asesinato de monseñor Arnulfo Romero (1980) y el ataque militar y masacre de la UCA (1989), o los de mayor violencia callejera por la confrontación territorial de pandillas y sucesiva implementación de la Mano Dura (2003) y la Súper Mano Dura (2004). Esta atmósfera de desvalimiento se ahondó tres meses después (septiembre de 2010), cuando en un alarde de fuerza y capacidad organizativa las pandillas paralizaron el transporte público de pasajeros exigiendo diálogo con el gobierno.

A finales de 2011 entró en juego otra variable de orden político: la matanza de Mejicanos y una tasa de homicidios tan desastrosa abría un nicho de oportunidad a quienes ya se perfilaban como candidatos del Partido ARENA con vistas a la sucesión de Funes (en 2014) para increpar al gobierno, restándole popularidad, al mismo tiempo que a los altos burócratas que desde el propio gabinete en turno buscaban posicionarse como candidatos presidenciales del Frente Farabundo Martí para la Liberación Nacional ofreciendo soluciones pragmáticas a la crisis de la seguridad pública. En la curva quinquenal de su gobierno a Funes le tocaba asumir las tensiones propias de la pendiente descendente.

En noviembre de aquel año tuvo verificativo un cambio institucional que, a la luz de lo sucedido el año siguiente, puede interpretarse como una decisión claramente enfocada del presidente Mauricio Funes: Manuel Melgar renuncia el puesto de ministro de Justicia y Seguridad Pública, siendo remplazado por el general en retiro David Munguía Payés, quien para ello dejó a su vez la titularidad del Ministerio de Defensa Nacional. Además, como parte de este reacomodo, en enero siguiente (2012) es relevado Carlos Ascencio, director de la Policía Nacional Civil, por el general retirado Francisco Ramón Salinas, en tanto que Ricardo Perdomo sustituye a Eduardo Linares al frente del Organismo de Inteligencia del Estado. Todo estaba puesto para lo que sobrevendría en marzo de ese año.

Igual que las pandillas Barrio 18 y Mara Salvatrucha, el rasgo polisémico de "La Tregua" plantea un desafío para su adecuada comprensión. Originalmente se denominó "la tregua" o "el pacto" al suceso que el periódico digital *El Faro* reveló bajo el titular "Gobierno negoció con pandillas reducción de homicidios" (14 de marzo de 2012).

Según esta versión basada en fuentes anónimas dentro de las pandillas y el gobierno, y documentos de inteligencia del Estado, el gobierno habría optado finalmente por una estrategia pragmática, enfocándose en reducir al máximo la confrontación entre ambas pandillas y con ello los homicidios –para entonces se cometían 14 diarios, en promedio–, haciendo a cambio concesiones a los principales 30 líderes, entre las que destacaba su traslado de la asfixiante prisión de máxima seguridad de Zacatecoluca, a las de media seguridad de Ciudad Barrios, en San Miguel –a los *ranfleros* de la Mara Salvatrucha–, Cojutepeque y otras –a los de la Barrio 18, incluidos los denominados Revolucionarios y los Sureños, así como aquellos que han permanecido neutrales ante esta escisión–. Dicho traslado lo realizó subrepticiamente el Ejército el 8 y 9 de marzo, es decir, menos de una semana antes de la revelación periodística de *El Faro*.

El 26 de marzo se celebró una misa en el penal de Ciudad Barrios. En la fotografía los líderes de la MS-13, "Sirra" y "Snyder", realizan una ceremonia de agradecimiento con el nuncio apostólico. Ese mismo día tuvo lugar un evento similar en el penal de Cojutepeque, que alberga a pandilleros de la 18.
Foto: archivo *El Faro*.

Al paso de los meses, este periódico digital hizo un seguimiento pormenorizado del asunto, exhibiendo sus entretelones y los titubeos del presidente Funes, lo que desde el principio tuvo que ser retomado inevitablemente por la prensa salvadoreña. A despecho del gobierno y en un entorno mediático elefantiásico, lento y pesado, apenas con un puñado de jóvenes periodistas investigadores y editores *El Faro* ha conseguido establecerse en este y otros temas asociados la agenda pública relativa a la seguridad.

El seguimiento periodístico de este interesante proceso se caracteriza por su persistencia, rigor y creatividad, y ya no se limita a *El Faro*, si bien este sigue teniendo el liderazgo en la cobertura.

Habiendo transcurrido dos años desde el traslado de los 30 líderes de la Barrio 18 y la Mara Salvatrucha de la prisión de máxima seguridad de Zacatecoluca a otras con normas flexibles de seguridad, lo que se denomina "La Tregua" se volvió algo mucho más amplio, ambiguo y, según se le mire, comprometedor para el gobierno, de modo que no pocas veces los altos cargos de la administración Funes, diplomáticos y representantes de los organismos internacionales y la cooperación internacional prefieren eludir el uso de esta expresión, al considerar, por ejemplo, que "la tregua" se dio exclusivamente entre los líderes de las pandillas, sin la intervención gubernamental directa, aunque sí quizá mediante su "facilitación", fue apenas un primer paso y en la actualidad lo que existe es un proceso más amplio que bien llevado podría conducir a la pacificación duradera del país.

En el transcurrir de 2012, 2013 y el primer trimestre de 2014, secundado por el resto de los medios, *El Faro* fue haciendo nuevos hallazgos, algunos más consistentes periodísticamente que otros. Uno de los más sonados fue el de que los mediadores que se suponía consiguieron "a título individual" y "por propia iniciativa" la firma de la tregua entre la Barrio 18 y la Mara Salvatrucha –el exguerrillero Raúl Mijango y el obispo castrense y policial Fabio Colindres–, en realidad actuaron bajo la batuta del general David Munguía Payés, designado ministro de Justicia y Seguridad Pública menos de cinco meses antes dela tregua, con la aquiescencia total del presidente Funes.

Es decir que virtualmente se trataba de una tregua entre las pandillas y el gobierno, y no solo entre aquellas, a cambio de la cual el gobierno trasladó a los 30 líderes pandilleriles a cárceles de seguridad media para permitirles condiciones menos duras de reclusión, así como retomar el control de las clicas en las calles, que habían perdido cuando el gobierno de Antonio Saca resolvió segregarlos en la de máxima seguridad de Zacatecoluca en 2005; además, se comprometió a respetar sus "territorios" en las calles, y crear opciones de autoempleo para los pandilleros.

Otras versiones ampliamente difundidas por el Partido ARENA y medios afines han insistido en que el supuesto acuerdo incluye la entrega de dinero por parte del gobierno a las familias de los líderes pandilleriles trasladados, lo cual pretendieron demostrar con audiograbaciones nada convincentes de supuestas conversaciones entre funcionarios de seguridad y una carta distribuidas anónimamente en la Red en enero de 2014 y luego arrojadas como *bomba mediática* por legisladores del Partido ARENA en el contexto preelectoral hacia las elecciones presidenciales. Uno de los rasgos más pronunciados de todo este camino es la ambigüedad de la administración y el mismo pre-

Desde hace años, las cárceles han servido de cuartel general a las cúpulas de las pandillas. En la imagen, la "ranfla" de la Mara Salvatrucha en El Salvador, encabezada por Borromeo Henríquez, alias "El Diablito de Hollywood" (sentado, con gorra negra) tras la entrevista que concedieron a *El Faro* el 27 de septiembre de 2012.

sidente Mauricio Funes –quien al estilo populista de Hugo Chávez, Rafael Correa y Vicente Fox, en su programa radiofónico sabatino *Conversando con el presidente* dedica horas a emitir versiones oficiales sobre asuntos del quehacer público, enmendar errores, corregir a miembros de su gabinete, negar o desacreditar versiones periodísticas, y confrontar o amenazas con acciones legales a adversarios políticos.

Por ejemplo, tras la revelación pública de *El Faro*, el 14 de marzo de 2012, sobre una probable tregua entre las pandillas y el gobierno, paradójicamente Funes se ha atribuido el mérito de la reducción de los homicidios en foros nacionales e internacionales, pero negando al mismo tiempo que su gobierno tuviera un pacto con la Barrio 18 y la Mara Salvatrucha o siquiera que altos funcionario bajo su mando que habrían propiciado tal pacto actuaran con su consentimiento.

Por lo demás, numerosas iniciativas oficiales parecen buscar una y otra vez el apuntalamiento de la tregua, o al menos montarse en sus resultados, comenzando por el Acuerdo Nacional para la Seguridad y el Empleo, en abril de 2012, mes siguiente de la revelación de

El Faro, y luego el Proyecto de Parques Especiales de Reinserción Laboral y Cultura de Paz, el Gran Acuerdo Nacional por la Paz y la Justicia, y la Declaración de Municipios Libres de Violencia o "Municipios Santuario". Y en sentido inverso, conforme se acercaba el escenario electoral de 2013-2014 y la oposición subía el tono contra el gobierno esgrimiendo la acusación de que había pactado con las pandillas, en reacción dicho gobierno se desmarcaba, marginando aquellas iniciativas que tantas expectativas habían producido en su momento, en municipios tan urgidos de seguridad y paz como Ilopango.

Ahora bien, a contrapelo de Funes y el grueso de su gabinete, cual redentor solitario el influyente ministro de Justicia y Seguridad Pública, David Munguía Payés, si bien al desatarse el escándalo mediático negó todo vínculo del gobierno con la tregua, al paso de los meses no solo reconoció implícitamente el liderazgo para que la tregua se materializara, sino que lo había hecho en todo momento con el conocimiento de su jefe, el mandatario salvadoreño, según publicó también *El Faro* (septiembre de 2012).

Este cambio de postura de Munguía Payés puede explicarse porque entonces era uno de los posibles candidatos del Frente para suceder a Funes en la Presidencia de la República; una posibilidad es que el general retirado tuviera su propia jugada y en aquella euforia ascendente, para noviembre ya barajaba temerariamente la posibilidad de trabajar por la derogación de la Ley de Proscripción de Maras, Pandillas, Agrupaciones, Asociaciones y Organizaciones de Naturaleza Criminal, la controvertida norma antipandillas que Funes sancionara hace apenas dos años (noviembre de 2010), a resultas de la masacre del microbús en Mejicanos (junio del mismo año) y, en general, el fracaso palmario de su política de seguridad.

Pero se le vino encima el mundo.

En mayo de 2013 la Corte Suprema de Justicia resolvió que, a la luz del espíritu de los Acuerdos de Paz y la Constitución, debido a su condición de militar Munguía Payés no podía ser ministro de Justicia y Seguridad Pública o desempeñar cualquier otra función de seguridad pública. En el mismo sentido, el máximo tribunal sentenció que era inconstitucional el nombramiento del general Francisco Salinas como director de la Policía Nacional Civil.

Las oscilaciones de la administración Funes y esta resolución de la Corte ralentizaron el proceso conocido genéricamente como "La Tregua". En sustitución de Munguía Payés –este, a las pocas semanas, reasumió como ministro de Defensa Nacional– fue designado Ricardo Perdomo, quien desde aquel momento y hasta hoy se ha desmarcado aparentemente de todo lo relacionado con la tregua, descartando la "idea original" de Munguía Payés y marginando a los mediadores Mijango y Colindres, así como a todos aquellos que desde el gobierno o la sociedad civil los habían secundado.

Apenas designado, pretendiendo borrón y cuenta nueva, aunque sin abstenerse de presumir la reducción de los homicidios, y manteniendo el contacto con ciertos líderes de la Barrio 18 y la Mara Salvatrucha a través de sus propios mediadores, el ministro Perdomo lanzó su plataforma de seguridad ciudadana bajo la denominación "Proceso de Pacificación Nacional". Formalmente, a ella parecen atenidos la administración Funes y sus aliados en los organismos y la cooperación internacionales, así como las organizaciones de la sociedad civil.

Pero, ¿las clicas de las pandillas Barrio 18 y Mara Salvatrucha en las calles y las prisiones? ¿Y los 30 líderes de las pandillas Barrio 18 y Mara Salvatrucha con los que el gobierno habría pactado en 2012, de donde resultaron su traslado de la prisión de Zacatecoluca y la consecuente revelación de *El Faro*? ¿Cuánto soportarán el ninguneo formal de este gobierno indeciso? Habiendo quedado atrás el protagonismo que les permitió, entre 2012 y 2013, emitir una decena de comunicados que alcanzaban gran eco en los medios noticiosos y participar en programas televisivos en vivo, ¿se habituarán a este episodio de ostracismo? ¿El presidente electo en la segunda vuelta mantendrá el actual estado de cosas; tendrá la visión de impulsar, digamos, "La Tregua 2.0", institucionalizando y legalizando el proceso y sus cauces, o retomará la puerta fácil de la *mano dura*?

Implicaciones y devenir de "la tregua": Estado de derecho y paz duradera

Cual haya sido el grado verdadero de intervención del Gobierno de la República en la tregua propiamente dicha; es decir, ya sea que su papel se limitara al de un "facilitador", como ha insistido el presidente Mauricio Funes, o que pactara directamente con las pandillas Mara Salvatrucha y Barrio 18, según reconoció de forma tácita David Munguía Payés en entrevista con *El Faro* (septiembre de 2012), es urgente que se ponga al frente de la construcción de una paz duradera por vías participativas e incluyentes.

Aunque líderes prominentes del Partido ARENA han encontrado en el asunto una veta de golpeteo constante al gobierno, existen indicios de que funcionarios de primer nivel están buscando dar continuidad a lo avanzado durante la gestión de David Munguía Payés al frente del Ministerio de Justicia y Seguridad Pública, con un perfil menos protagónico, abriéndolo estratégicamente a la participación de la sociedad civil y sumando esfuerzos de los organismos y la cooperación internacionales. Léase, si no, esto:

> [EL] DIÁLOGO CON LAS PANDILLAS debería ser realizado por los representantes de la sociedad civil que integren la Comisión Nacional de Diálogo por la Seguridad y que han elaborado la propuesta para la construcción del Pacto Social. Son los representantes de la sociedad civil los que deberían dialogar entre sí y con las pandillas, y no solo dos mediadores, esta tarea debería ser complementada por los cientos de operadores de paz que realizan trabajos sociales y religiosos no solo al interior de los es, sino en todo el territorio nacional. El gobierno respetuoso de las leyes no negociará con ninguna persona o grupo que se encuentre al margen de la ley, continuará con las acciones represivas combatiendo la delincuencia y facilitará el trabajo de la Comisión Nacional [*sic*].

Se trata de un fragmento del folleto "Resumen del Proceso de Pacificación Nacional", publicado por el Ministerio de Justicia y Seguridad Pública con fecha de julio de 2013. Este documento de difusión de la política propuesta por el ministro Ricardo Perdomo contiene, además, un cuadro sinóptico entre cuyos componentes se precisa: "Resultado positivo del pacto de no Agresión entre Pandillas", acotando "Hecho muy positivo no es política del Gobierno". Y en el otro extremo de dicho cuadro se prevé, como parte de la política de pacificación, el "Asocio para el Crecimiento con el Gobierno de Estados Unidos". El documento es elocuente más por lo que expresa a medias u omite, que por lo que dice. Al prever toda una reforma de la seguridad ciudadana y la justicia, situando en tal contexto la tregua, aprovecha para enviar tácitamente dedicatorias a Munguía Payés y *sus* mediadores, Raúl Mijango y el obispo Fabio Colindres; aparte de las organizaciones civiles, incluidos liderazgos de la Iglesia católica, al gobierno de Estados Unidos y a los propios líderes visibles de las pandillas. Dedicatorias en el sentido de que empatiza con el diálogo entre pandillas, siempre que sea iniciativa y encabezado por las organizaciones civiles locales, mismas que en ese caso debieran incluir a las pandillas mismas; no minusvalora los resultados de la tregua iniciada formalmente en marzo de 2012, sino que, lejos de eso, les da su justo valor y las presenta como fundamentales para alcanzar la paz, pero propone al mismo tiempo ampliar las instancias de mediación; y virtualmente dirige un guiño tranquilizador al gobierno de Estados Unidos, recordándole que no se sentará a la mesa *directamente*, *vis a vis*, con alguien como los líderes de la Mara Salvatrucha, la cual ese gobierno catalogó como "organización criminal trasnacional". Al tiempo, deja claro a los organismos y la cooperación internacionales que está abierto a incluir de algún modo a las pandillas de tipo marero, lo que no necesariamente tiene que ocurrir a través de una negociación directa.

Lo anterior se alinea con la perspectiva de organismos internacionales como el Programa de Naciones Unidas para el Desarrollo (PNUD), uno de los pocos de su tipo que no se cuida de mencionar a "La Tregua" por su nombre, como puede leerse con toda claridad en su "Informe de Desarrollo Regional 2013 2014. Seguridad ciudadana con rostro humano: Diagnóstico y propuestas para América Latina". En el "Capítulo 9 Intervenciones: Las lecciones aprendidas", luego de recapitular sobre los orígenes estructurales de la violencia y la criminalidad, cuestionando de forma particular la violación de derechos humanos por parte de los Estados y el fracaso de las políticas de mano dura y cero tolerancia, describe experiencias que considera replicables a nivel latinoamericano hoy practicadas en Brasil, Colombia, República Dominicana y El Salvador. En este último caso, bajo el apartado "Tregua entre pandillas, El Salvador", precisa que:

> A principios de marzo de 2012, la prensa nacional informó que las dos pandillas más grandes de El Salvador –la Mara Salvatrucha 13 (MS13) y la

pandilla del Barrio 18– habían acordado una tregua. Personalidades de la iglesia y la sociedad civil, a título individual, sirvieron de negociadores, con la ayuda y el apoyo logístico del ministerio de Justicia y Seguridad.

El respaldo de la tregua por parte de instituciones y organizaciones nacionales e internacionales ha tenido un carácter diverso. A nivel nacional, el papel del gobierno ha sido de facilitador. A pesar de la participación abierta del obispo Colindres, la Iglesia católica anunció que no tenía una participación institucional en la tregua y que Colindres actuaba a título personal.

El apoyo internacional más visible lo ha dado la OEA, que funge como garante y desempeña un importante papel en la organización de las partes interesadas, proporcionando orientación y legitimidad al proceso. También ha permitido que la tregua cuente con el apoyo de la cooperación internacional, y la ha protegido de las críticas de terceros que advertían que el proceso podía llevar al fortalecimiento de las actividades criminales de las pandillas.

Por otra parte, un Comité Técnico formado por las partes clave ayudó a formalizar el proceso, a comunicarlo y a aumentar el apoyo entre la sociedad salvadoreña. Asimismo, se creó la Fundación Humanitaria, una ONG cuyo propósito es atenuar el rechazo de la población a la tregua y obtener donaciones que contribuyan a financiar proyectos para mejorar las condiciones en que vive la población carcelaria. Por último, la Asociación de Ex Internos Penitenciarios de El Salvador (AEIPES) apoyó desde el inicio el proceso de la tregua.

Enseguida, pondera sus resultados y estado actual:

Pocos días después del anuncio de la tregua, los niveles de homicidios en el país se redujeron a menos de la mitad. A mediados de 2013, se le atribuyó a la tregua una reducción sostenida del 40% en los índices nacionales de homicidios No obstante, a pesar de la disminución en los homicidios, los niveles de delincuencia y las extorsiones no han cambiado de manera significativa.

La tregua ha producido además un efecto de demostración entre otras pandillas. Aunque la MS13 y el Barrio 18 fueron las partes iniciales de la tregua, tres pandillas más se han incorporado al proceso. Como resultado, han disminuido sus enfrentamientos. La tregua ha permitido, además, poner en el debate público algunos de los factores que subyacen al fenómeno de las pandillas –como pobreza, exclusión, desempleo juvenil, deserción escolar, desintegración familiar– y que afectan a niños y jóvenes. Esto, a su vez, ha reorientado el apoyo para programas dirigidos a jóvenes en riesgo y ha favorecido las inversiones públicas y privadas para atender los factores sociales que podrían estar provocando la participación en pandillas. Aunque con ciertas reservas, muchas de las organizaciones de asistencia, diversas organizaciones regionales y algunas empresas privadas ahora apoyan el proceso con fondos.

En enero de 2013, la tregua entró en una segunda fase con la introducción de los municipios libres de violencia (MLV), lo que podría ser clave para continuar la profundización e institucionalización del proceso. Según la estrategia definida por el Ministerio de Justicia, los MLV constituyen un espacio de diálogo entre el gobierno local y los actores de la sociedad civil para el desarrollo de oportunidades de reinserción socioeconómica de jóvenes en riesgo. El objetivo es que el apoyo para los MLV se implemente en 18 municipios.

Y concluye que:

Pese a las diferentes visiones respecto a la tregua, durante más de un año ésta ha contribuido a reducir el índice de homicidios en uno de los países más violentos de la región. Quizás uno de sus aportes más significativos en el largo plazo es que ha abierto el debate sobre la posibilidad de adoptar medidas alternativas a la mano dura para enfrentar los problemas de seguridad asociados a las pandillas. La tregua ha catalizado el inicio de una gama más amplia de alternativas de reinserción e integración social y de abordaje de los factores subyacentes asociados a la violencia. También refleja la realidad de que medidas de mano dura y las llamadas de "súper mano dura" han sido incapaces, hasta el momento, de proporcionar una respuesta efectiva al fenómeno de la violencia y el delito.

En todo caso, la tregua constituye una ventana de oportunidad para que el gobierno y los distintos sectores de la sociedad salvadoreña construyan iniciativas y políticas más sostenibles para disminuir la violencia y el delito (Dudley y Pachico 2013). Entre otras cosas, se requiere mejorar la capacidad de investigación de la policía y los cuerpos de seguridad, ampliar los esfuerzos para hacerles frente a delitos como el secuestro y las extorsiones, y fortalecer –mediante recursos y presencia institucional– las iniciativas sociales existentes para reducir los factores de riesgo en jóvenes y niños. Todos estos son elementos clave para fortalecer la autonomía y la capacidad del Estado al formular sus políticas de seguridad.

Como "ventana de oportunidad para que el gobierno y los distintos sectores de la sociedad salvadoreña construyan iniciativas y políticas más sostenibles para disminuir la violencia y el delito", es evidente que para prosperar "La Tregua" requiere de un cauce institucional y, de forma directa o tangencial, en esto reside la clave del debate social que ha motivado –lo que es, de suyo, un mérito que hay que sumarle.

Desde marzo de 2012, entre las insistencias de *El Faro* y sectores académicos y de la sociedad civil organizada destacan la de que la participación del gobierno –cual haya sido y siga siendo– debe ser transparente, de cara a la sociedad, encuadrarse en la legalidad, precisar sus objetivos, etapas y metas, e incorporar la acción ciudadana, lo que dará certidumbre a la sociedad y al cumplimiento de las metas fijadas.

Frente a esto en particular, los impulsores originales de la tregua dentro y fuera del gobierno, cuya figura más visible es el ministro de Defensa Nacional David Munguía Payés, sostienen que hay aspectos de la seguridad, como este, que no pueden someterse al consenso y escrutinio públicos sino hasta que se consolidan, porque de otro modo los prejuicios sociales y los intereses políticos partidistas terminan boicoteando su concreción.

Por más que haya quienes consideren que el Estado democrático de derecho es una abstracción poco práctica cuando se aplica a la realidad, indudablemente es un referente de las relaciones sociales, y entre sus nociones determinantes sobresalen el equilibrio de poderes, el respeto al orden constitucional y la legalidad, la participación ciudadana, y la garantía de seguridad, justicia y paz social a los ciudadanos, entre otros múltiples derechos humanos previstos en la Constitución y los tratados internacionales.

La existencia y proliferación de las pandillas Barrio 18 y Mara Salvatrucha son resultado y evidencian al mismo tiempo la ineptitud de la estructura estatal y la sociedad –particularmente en El Salvador post Acuerdos de Paz– para establecer un Estado democrático. Si "La Tregua" no se encauza por esa vía no solo naufragará con todo y sus modestos logros, sino que ahondará la *anomia social* y situará al país en el riesgo de ver transitar a decenas de clicas de las pandillas citadas hacia la delincuencia organizada, integrándose en condición subordinada a organizaciones globales de origen colombiano y mexicano –oficialmente, en el país hay alrededor de 60 000 miembros de dichas pandillas, aparte de decenas de miles de personas que constituyen su base social, lo que permite imaginar la dimensión de este riesgo potencial. O sea, otra *espiral de violencia*, previsiblemente más virulenta.

El propio informe del PNUD mencionado alerta:

> La delincuencia organizada se manifiesta en ciudades y localidades específicas, donde ciertos grupos criminales encuentran ventajas sobre otras organizaciones. Estos grupos pueden llegar a operar transnacionalmente para extender su alcance. En ocasiones, transportan mercancías y operan a través de los denominados "supernodos" o intermediarios internacionales, que ayudan a mediar el intercambio entre grandes grupos criminales locales o nacionales (Farah 2008).

Para controlar a estas organizaciones, es necesario fortalecer la capacidad de investigación de las fuerzas policiales locales y desarrollar una mayor coordinación regional para identificar las transacciones ilícitas transnacionales. Un elemento clave en este proceso es la adopción y aplicación de leyes que permitan investigar y enjuiciar de manera más efectiva a estas organizaciones. También se requiere mejorar los mecanismos de intercambio de información de inteligencia y la cooperación entre las fuerzas policiales de distintos países.

A escala local, es importante reconocer las vulnerabilidades de los barrios y áreas en los que operan estas organizaciones. La falta de servicios públicos básicos en ciertas áreas, en particular en los barrios urbanos pobres, puede crear oportunidades para que la delincuencia organizada preste este tipo de servicios a cambio de recursos económicos o de apoyo por parte de miembros de la comunidad para sus actividades delictivas (Gambetta 1996). En este contexto, las respuestas eficaces contra la delincuencia organizada implican la resolución de los problemas estructurales de la fragilidad del Estado, así como la recuperación de los territorios que se perciben como abandonados, como ha ocurrido en Río de Janeiro en el marco de las Unidades Policiales de Pacificación (UPP).

Dado que la corrupción es una condición necesaria para financiar y sostener las actividades vinculadas a la delincuencia organizada, las respuestas frente a esta amenaza también deben mejorar la supervisión de la policía. Esto puede incluir la creación o el fortalecimiento de las oficinas de contraloría, la mejora de la transparencia y rendición de cuentas, la protección adecuada a los periodistas que documentan la delincuencia organizada y la divulgación de los expedientes judiciales.

Si se mira en perspectiva, la aportación periodística de *El Faro* al revelar la existencia de la tregua (14 de marzo de 2012) y darle seguimiento con persistencia a lo largo de los dos años transcurridos, al margen de las críticas que puedan hacérsele, va mucho más allá de una denuncia de coyuntura noticiosa: es una clara exhibición de los riesgos y daños de la opacidad del poder público para la democracia, contribuyendo así al derecho a la información de los ciudadanos e induciendo la discusión y el actuar sociales rumbo a soluciones a los problemas estructurales que inhiben la seguridad, la justicia y la paz.

Voceros y líderes de las pandillas Mara Salvatrucha y Barrio 18 consultados para el presente análisis sostienen que ni los desconcertantes vaivenes de la administración Funes, ni los ataques de la oposición partidista en la arena electoral, ni aun el que el próximo presidente de la República optase por la *mano dura* les hará cejar de su esfuerzo pacificador. Además, si el gobierno cumple sus compromisos de crear opciones laborales, añaden, tenderían a desmovilizarse, convirtiéndose en una suerte de corporativos de seguridad privada o bien limitándose a jugar el rol de expresiones juveniles de tipo social y cultural en los barrios.

Todo esto, sin embargo, es poco sostenible.

Por más que los entrevistados lo nieguen enfáticamente, diversas clicas y líderes poseen como nunca antes el control de los barrios urbanos, las prisiones y las vías de transporte, así como una amplia base social, lo cual les permite mantener sus estructuras y prácticas de extorsión –a los ciudadanos en general, al comercio, al transporte público y hasta a la policía–, chantaje, soborno, secuestro, robo, asesinato a sueldo, proxenetismo y tráfico y explotación de personas, tráfico de drogas y armas a baja escala, además de la prestación de servicios de seguridad privada y custodia de propiedades, vehículos y rutas, y de acción en favor de tal o cual partido o candidato durante los procesos electorales.

¿Cuánto tiempo resta para que terminen adosadas plenamente a las organizaciones delincuenciales mexicanas o colombianas? No mucho, si no es que ocurrió ya. Existen desde hace al menos una década evidencias de contactos de negocios con organizaciones como la del

Norte del Valle, de Colombia, y las mexicanas de Sinaloa y Los Zetas, sin descontar en algunos casos las comunicaciones para los mismos efectos con clicas bien estructuradas de Honduras, Guatemala y Estados Unidos.

Altos funcionarios salvadoreños consultados sostienen que la situación geográfica del país no lo hace atractivo, por ejemplo, para el trasiego de cocaína –rumbo al norte– y el regreso de dólares para blanquear. Pero otros consideran falaces tales argumentos, citando de forma pormenorizada informes del Organismo de Inteligencia del Estado salvadoreño y la declaración de la Mara Salvatrucha como "organización criminal transnacional" por parte del Departamento del Tesoro de Estados Unidos (octubre de 2012) –dicha declaración debe relativizarse si se toma en cuenta que la agenda de control de la seguridad regional de aquella nación en muchos casos sigue considerando a México y Centroamérica su "patio trasero".

Haciéndose eco de la tipificación del Departamento del Tesoro, el análisis "Pandillas centroamericanas y organizaciones criminales transnacionales. Los cambios en las relaciones en un momento de confusión", de Douglas Farah y Pamela Phillips Lum, destaca entre sus conclusiones que a nivel centroamericano la Barrio 18 y especialmente la Mara Salvatrucha están articuladas a "organizaciones criminales trasnacionales" metidas en los tráficos de personas migrantes y para explotación laboral y sexual, drogas y armas, y dedicadas a la extorsión a gran escala. Además que particularmente en El Salvador la Mara Salvatrucha trabaja en el transporte nacional y regional de cocaína para organizaciones delincuenciales de la región, si bien por ahora tendrían contacto directo solo con "Los Zetas" –contratándose como pistoleros o para custodiar los flujos de tráfico humano–, en tanto que hasta ahora se mantienen al margen de otras organizaciones mexicanas que actúan en el país, como la de Sinaloa. La Mara Salvatrucha, añade el análisis, continúa armándose no obstante "La Tregua", robando o comprando a militares fusiles de asalto, granadas, lanzagranadas y cañones antitanque, que pagan con dólares, cocaína o *crack*, mientras que al gobierno le entregan armas obsoletas e inservibles.

En mayo de 2011, menos de un año antes de la tregua, otra investigación de *El Faro* dio a conocer, con base en "informes de inteligencia del Estado y varios informantes de alto nivel", la existencia de una organización local que denominó "Cártel de Texis", la cual tendría más de una década en control de una ruta que inicia en el Departamento de Chalatenango como "agente libre" en la compraventa de cocaína entre las organizaciones criminales sudamericanas y mexicanas. En aquella zona fronteriza con Honduras el "Cártel de Texis" estaría asociado a las clicas de la Mara Salvatrucha que a su vez tienen vinculación directa con clicas estadounidenses de la misma adscripción pandilleril.

Más recientemente, en la "determinación presidencial" de 2013 transmitida anualmente mediante un "Memorando al secretario de Estado", el presidente Barack Obama identifica a El Salvador, Honduras, Guatemala, Costa Rica, Belice, Panamá y México entre los 23 principales países de tránsito y producción de drogas, destacando además el papel de las pandillas Barrio 18 y Mara Salvatrucha en el tráfico de drogas, los homicidios y, en general, la violencia a través de actividades trasnacionales entre Centroamérica y Estados Unidos.

No hay espacio, pues, para la ingenuidad. Históricamente, la sociodinámica interna de dichas pandillas se caracteriza por el constante desplazamiento de los liderazgos establecidos a causa de la presión de los pandilleros más jóvenes y audaces. Los 30 líderes pandilleros trasladados de Zacatecoluca a prisiones de seguridad media pudieron alcanzar edades maduras (sus edades oscilan entre los treinta y los cincuenta) muy probablemente debido a su aislamiento. Algunos de ellos podrían estar deseando, en efecto, el retiro, pero otros dentro y fuera de la prisión se aferrarán a su mando.

Al respecto, bien lejos del optimismo de los impulsores originales de la tregua, los especialistas académicos consultados para este análisis coincidieron en que esta en realidad estaría siendo utilizada por ciertos ranfleros y palabreros de la Mara Salvatrucha y la Barrio 18 para ganar tiempo, fortalecerse operativamente y progresar en el control territorial, la ampliación de su base social, el acopio de armamento y sus articulaciones con grupos criminales colombianos y mexicanos. El paso, opinan, lo marcan ellos, en vez de la sociedad y el gobierno.

Este sería el verdadero objetivo, añaden, de su inusitado protagonismo mediático y, en ese sentido, "La Tregua" está empoderándolos como actores políticos sin exigirles a cambio ni siquiera su inmediata desmovilización y desarme.

Aprendizajes locales e impacto centroamericano: diez reflexiones finales

1. Al revelar la tregua (14 de marzo de 2012), ejerciendo plenamente su derecho a la libertad de prensa, el periódico digital *El Faro* colocó la primera piedra del amplio debate social que durante los dos últimos años ha motivado aquello que se denomina más genéricamente "La Tregua", mientras sus principales impulsores dentro del gobierno, la sociedad civil organizada y las mismas pandillas se empeñaban en ocultarlo no se sabe hasta cuándo, arguyendo que era un "tema delicado" que exigía el mayor sigilo para evitar que los prejuicios sociales y las rencillas partidistas lo hicieran abortar. Resume su justificación esta pregunta: ¿Qué era más importante, lograr la reducción de los homicidios y, en general, la violencia, o la transparencia?

Desde el principio, el periódico digital fue por ello sujeto de amenazas y denostaciones tanto del gobierno, como de otros medios y de los líderes de la Mara Salvatrucha y la Barrio 18, y no obstante se empeñó en proseguir sus investigaciones periodísticas, hasta formar lo que hoy es un acervo invaluable para el ejercicio del derecho a la información que todo el público puede consultar en línea y que forma parte ya del patrimonio democrático de los salvadoreños.

El Estado democrático de derecho impone a quienes detentan poder público la rendición de cuentas; este es un contrapeso natural frente a las facultades que les son conferidas, pues de esa forma el ciudadano consigue informarse sobre cómo las ejercen y, eventualmente, tomar acciones legales si considera que alguien se excedió en el uso de dichas facultades, violando las leyes.

En todos los países existen ciertamente reservas de información relacionadas, por ejemplo, con la protección de datos personales, las investigaciones penales y la seguridad del Estado, pero dichas reservas están previstas expresamente en un marco normativo y no se definen discrecionalmente: si cada funcionario público pudiera definir, según su voluntad, unilateralmente, qué información es reservada, se desvirtuaría el espíritu de la transparencia y la rendición de cuentas, dos derechos ciudadanos fundamentales.

2. En el caso de la tregua, es decir, del acuerdo específico entre los 30 líderes de la Barrio 18 y la Mara Salvatrucha, o del acuerdo entre estos y el gobierno, la administración Funes no ha sido convincente al sostener que no fue más que un "facilitador", o al menos no ha sido más convincente que las investigaciones de *El Faro*. Su opacidad en el tema no le ayuda, y aquí reaparece el problema de la falta de transparencia: en comunicación política, ocultar, negar o alterar información de naturaleza pública es la fórmula más eficaz para invadir la atmósfera social de duda y especulación.

3. De origen, la tregua debió ser resultado de un proceso abierto, transparente y participativo, que incluyera no solo al gobierno, las pandillas y sus líderes, y a un puñado de mediadores, sino enfáticamente a las víctimas de la violencia –que en el país se cuentan por decenas de miles y no se habla de su resarcimiento–; a las organizaciones civiles especializadas en derechos humanos y legalidad, y a los sectores académicos que completan décadas tratando de explicar a la sociedad la complejidad de la violencia en El Salvador y el fenómeno pandilleril de manera específica. Los objetivos, etapas, metas y actores de un proceso de tal envergadura no pueden ser dejados en manos de un puñado de protagonistas, por más legítimas que pudieran ser sus intenciones.

4. Como haya sido, el momento que vive la sociedad salvadoreña gracias a todo este camino de dos años es inédito y de enorme riqueza, por muchas más razones que la momentánea disminución de los homicidios violentos: por primera vez desde que irrumpieron en país la Mara Salvatrucha y la Barrio 18, tras los Acuerdos de Paz, hace casi dos décadas, se habla abiertamente de ellas, se les complejiza, se debate acerca de su presencia e impacto en el espacio público, y de la honestidad –o no– de sus motivaciones para la paz. Lo que no se habla, no podrá entenderse; lo que no se comprende nunca podrá resolverse ni mucho menos –cuando están implicadas tanta violencia y tantas víctimas– sanarse.

5. Lo que inició en la arena pública con una revelación periodística de *El Faro*, en la actualidad ha tenido implicaciones de diversa profun-

didad en la vida de los municipios y los barrios urbanos, el gobierno, la sociedad civil organizada, la academia, la industria noticiosa y el gremio periodístico. Es por eso que puede afirmarse que la tregua detonó "La Tregua". Este no es un juego retórico: de tanto discutirse el proceso ha alcanzado una polisemia digna de atención, porque de otro modo no puede comprenderse.

Al consultar las más diversas fuentes para el presente análisis –funcionarios y exfuncionarios públicos, activistas sociales, académicos, empresarios, mediadores, representantes de los organismos y la cooperación internacional, periodistas y miembros de las pandillas, y diversas fuentes bibliohemerográficas y documentales nacionales e internacionales– se constata que hace mucho tiempo la tregua dejó de ser el único tema central y dio paso a un proceso mucho más diverso que, no obstante, sigue denominándose igual: así, para los efectos de este estudio se optó por hacer esa diferenciación, intentando dar relevancia a lo que inició públicamente gracias a una revelación periodística.

En suma, dos años después de revelación del periódico digital mencionado, "La Tregua" engloba principalmente los siguientes aspectos, de forma indistinta:

1) El pacto –ya sea entre pandillas o entre estas y el gobierno, algo que este no ha conseguido clarificar– que condujo al traslado de los 30 líderes de pandillas de la cárcel de máxima seguridad de Zacatecoluca a otras de seguridad media, como las de Barrio Nuevo y Cojutepeque (marzo de 2012), y poco más tarde a la reducción de cerca del 50% de los homicidios dolosos.

2) El conjunto de acciones emprendidas por el gobierno para avanzar en la seguridad, la justicia y la paz, como por ejemplo el Acuerdo Nacional para la Seguridad y el Empleo (abril de 2012), el Proyecto de Parques Especiales de Reinserción Laboral y Cultura de Paz, el Gran Acuerdo Nacional por la Paz y la Justicia, y la Declaración de Municipios Libres de Violencia o "Municipios Santuario";

3) Como parte de las anteriores, el actual "Proceso de Pacificación Nacional" que lleva el gobierno bajo la pauta del Ministerio de Justicia y Seguridad Pública a partir de que lo encabeza Ricardo Perdomo en sustitución de David Munguía Payés, el artífice de la tregua según las pesquisas periodísticas de *El Faro* (mayo de 2013). Este proceso

cuenta con un discreto pero vigoroso soporte de los organismos y la cooperación internacionales, así como el involucramiento de organizaciones de la sociedad civil nacionales –incluidas las de la Iglesia católica y el sector privado– y extranjeras. Además, mantiene comunicación, a través de ciertas figuras de la sociedad civil, con líderes pandilleriles no solo de la Mara Salvatrucha y la Barrio 18, sino de La Máquina, la Mao Mao y otras de menor calado.

4) Pero asimismo el trabajo de bajo perfil que realizan desde la Fundación Humanitaria los mediadores originales para mantener los vínculos con los 30 ranfleros y palabreros de la Mara Salvatrucha y la Barrio 18, y sus respectivos "voceros", en espera de que se aclare el ambiente enrarecido por el proceso de elección presidencial y el mandatario resultante de la segunda vuelta electoral (9 de marzo de 2014) retome la conducción del proceso según la propuesta original liderada por Munguía Payés cuando fue ministro de Justicia y Seguridad Pública.

En cuanto a los principales protagonistas de "La Tregua" desde el gobierno y la sociedad civil, pueden identificarse los siguientes –designados así solo para efectos de mejor comprensión:

Iniciadores. Sus cabezas visibles son el general David Munguía Payés –sobre todo cuando era ministro de Justicia y Seguridad–, actual ministro de Defensa Nacional, el obispo castrense y policial Fabio Colindres y el excomandante del Frente Farabundo Martí para la Liberación Nacional Raúl Mijango, desde la Fundación Humanitaria, y el periodista veterano de origen alemán Paolo Lüers. Además, los 30 líderes de la Mara Salvatrucha y la Barrio 18 trasladados del penal de Zacatecoluca a otros de seguridad media, entre ellos los de Barrio Nuevo y Cojutepeque. Este "grupo" es apuntalado por empresarios, cuenta con el respaldo de alcaldes muy activos en el tema como el de Ilopango, Salvador Ruano, y pomposamente describen el momento actual como un "proceso de paz".

Institucionales. Más allá de las oscilaciones de la administración Funes en el asunto, la actuación del Gobierno de la República se articula a través ministro del Justicia y Seguridad Pública Ricardo Perdomo y su "Proceso de Pacificación Nacional", con la asesoría de figuras sociales como Antonio Rodríguez, el reconocido Padre Toño, y el soporte de organismos y agencias de cooperación internacionales, y organizaciones civiles nacionales e internacionales. Además, el contacto permanente con líderes moderados de clicas de ambas pandillas dentro y fuera de la prisión. Ellos prefieren hablar de "proceso de pacificación".

Críticos. No es que cuestionen, ni mucho menos, un proceso pacificador resultante de una política pública amplia, participativa y transparente, que incluya desde luego a las pandillas, sino que critican la forma traslúcida como se llegó a la tregua; recelan de las intenciones de los actores institucionales, de la sociedad civil y las pandillas que participaron, y alertan sobre el riesgo latente de empoderamiento criminal de las pandillas en virtud de que no se les exigió desde el principio desmovilizarse y desarmarse. En este caso estarían virtualmente *El Faro*, FESPAD y su directora María Silvia Guillén, académicos de la UCA y prestigiosas figuras intelectuales como José Miguel Cruz, quien ha reflexionado científicamente como pocos los temas de la violencia asociada a los jóvenes excluidos y las pandillas. En este "grupo" podría contarse también el Padre Toño, relativamente. Legalidad, transparencia, inclusión social, protagonismo de las víctimas, desmovilización y desarme total de las pandillas, abatimiento de la impunidad y el establecimiento de bases institucionales hacia una paz duradera son para ellos requisitos indispensables de todo proceso con visos de alcanzar el éxito en un marco de legalidad. Este "grupo" prefiere definir el momento actual como de "La Tregua" o "el proceso relacionado con la tregua".

Recalcitrantes. Básicamente, políticos del conservador Partido ARENA, cuyos gobiernos a mediados de la década pasada optaron por políticas de seguridad y justicias enmarcadas en el *populismo punitivo* y que con ello no hicieron más que producir y ahondar la crisis de seguridad y violencia. En la guerra mediática condenan la tregua como el resultado de una evidente e inaceptable "negociación del gobierno con las pandillas".

Esta clasificación, que puede sin duda resultar esquemática y hasta caprichosa, solo busca identificar de alguna manera a los principales protagonistas y sobre todo atender con interés sus razones y motivaciones.

Por otra parte, ¿por qué incluir a un periódico digital como protagonista? Además de sacar a la luz pública la tregua, *El Faro* ha estado en el centro del debate gracias a su enorme inversión profesional para dar cobertura de profundidad al proceso y debido a la grisura del paisaje mediático en el país, pero asimismo por las presiones y amenazas que ha padecido, ya por el asunto de "La Tregua", ya por el del "Cártel de Texis" –ciertamente vinculados, como se ha visto.

A propósito, absolutamente todos los protagonistas identificados coincidieron en expresar su respeto al trabajo de este periódico digital, haciendo algunos de ellos las siguientes acotaciones –unas más aceptables que otras si se les mira a través de la deontología profesional del periodismo y el derecho ciudadano a la información–: a) debió dar tiempo a que la tregua tomara cuerpo, evitando así ponerla en riesgo; b) su insistencia en que el gobierno y los mediadores transparentaran a ultranza la tregua carece de fundamento porque lo importante era lograr la reducción de los homicidios y la violencia, como un primer paso hacia la pacificación, y para ello se imponía el sigilo; c) "se dejó utilizar" por un grupo de funcionarios de las áreas de seguridad e inteligencia del Estado empeñados en hacer naufragar este proceso; y d) su trabajo se caracteriza por un cierto sensacionalismo que disminuye el gran mérito de sus investigaciones.

El orden constitucional salvadoreño, armónico con el derecho público internacional, garantiza el ejercicio ciudadano de las libertades de información y expresión. Al revelar la tregua *El Faro* no hizo más que ejercer esas libertades y privilegiar el interés público sobre supuestas *consideraciones de Estado*. En una democracia formal como la salvadoreña, donde quienes detentan poder público lo hacen con altos niveles de opacidad, a los periodistas y sus medios no les quedan muchas opciones para el acopio de información; una de estas suelen ser las *filtraciones*, que son especies informativas de fuentes anónimas o que solicitan confidencialidad de forma expresa.

A partir de que se estableció en el país el modelo neoliberal, luego de los Tratados de Paz, y que implicó entre otras cosas el dramático adelgazamiento de la estructura del Estado, irrumpieron en el espacio público y, en consecuencia, en el mediático, lo mismo innumerables poderes fácticos que muchas nuevas voces de la sociedad civil o servidores públicos descontentos. Más allá de la legitimidad de sus intereses, estos nuevos actores se han hecho audibles mediante estrategias comunicacionales más o menos estructuradas.

Entre otras cosas, este fenómeno ha producido un aumento en la disposición de información *confidencial*. Una práctica habitual de los medios noticiosos industriales de las naciones en desarrollo es difundir información *filtrada* como si fuera resultado de una investigación periodística. En el caso de *El Faro*, si bien originalmente sus fuentes al revelar la tregua eran confidenciales o anónimas, desde la primera investigación publicada se evidencia que no se limitó a presentar las versiones de dichas fuentes, sino que fue al terreno de las pandillas y solicitó además información a diversos funcionarios de alto nivel, quienes una y otra vez se negaron a rendir cuentas.

Como se ha dicho con insistencia, el seguimiento que a lo largo de estos dos años ha hecho el periódico virtual de "La Tregua" constituye un hito periodístico en el país y el ámbito latinoamericano que no puede regateársele.

En lo que toca al tono sensacionalista, bueno, es el parecer digno de consideración de una de las fuentes consultadas. La narración periodística es un recurso formal válido al dar noticia de un hecho de interés público, pero por encima de todo las investigaciones periodísticas han de privilegiar la información veraz.

6. El tiempo apremia. La situación geográfica de El Salvador, además de la fragilidad de sus instituciones y la pobreza y exclusión social que padece la mayoría de sus habitantes lo exponen al escalamiento de diversas presiones: desde la vuelta a rentables políticas populistas de militarización de la seguridad, hasta la ampliación de la base empresarial y financiera para lavado de dinero, la articulación plena de las clicas de la Barrio 18 y la Mara Salvatrucha a los mercados criminales globales en condiciones de subordinación, y el fortalecimiento de organizaciones delincuenciales locales asociadas de diversas formas a dichas pandillas.

Si se revisa la historia de El Salvador se constatará que muchas de las mismas familias que hasta los años sesenta concentraban la propiedad de las materias primas, merced a un orden semifeudal de explotación de la tierra y los campesinos en inmensas fincas y haciendas a través del país, y que fueron el soporte de las dictaduras y los gobiernos conservadores, hoy detentan el poder financiero, como apéndices de corporativos financieros globales. Tienen intereses lo mismo en los desarrollos inmobiliarios comerciales, residenciales, urbanísticos y de infraestructura pública en las ciudades, que en servicios diversos al sistema de prisiones –por ejemplo, el abastecimiento de comida para la población privada de libertad–. Así, dichas familias están comprometidas con el Partido ARENA en su empeño de mantener el inequitativo orden económico y constituyen un poderoso grupo de presión –entre esas familias destacan, por supuesto, las de apellidos como d'Aubuisson, la del dictador militar y fundador del Partido ARENA Roberto d'Aubuisson, Saca y Flores, o sea, las de los ex presidentes Francisco Flores y Antonio Saca.

Por supuesto, de forma pragmática, sobre todo tras su fracaso en la primera vuelta electoral, en febrero pasado, el candidato presidencial arenero Norman Quijano moduló su discurso respecto de las pandillas, mostrando flexibilidad hacia la opción de un cauce negociado con ellas, distanciándose de la sombra de la *mano dura*, hoy poco redituable políticamente.

Para capitalizar el vigoroso debate social en torno de la paz que ha implicado "La Tregua", el gobierno que inicie el 1 de julio de 2014 en sustitución del que hoy encabeza Mauricio Funes tendrá que asumir un poderoso liderazgo. El "Proceso de Pacificación Nacional" podría ser un punto de partida si sale del ámbito exclusivo del Ministerio de Justicia y Seguridad Pública, se implica directamente a las instituciones de la política social y añade a su esquema el resarcimiento a las víctimas –con el Estado como responsable subsidiario–, el procesamiento judicial de los victimarios, la inclusión y mediación entre todos los actores implicados en la violencia, mecanismos de desmovilización y desarme total de las pandillas Barrio 18 y Mara Salvatrucha, controles en el sistema financiero para evitar el avance de El Salvador como un país propicio para el blanqueo de dinero, y avances consistentes en la profesionalización policial y la eficiencia del sistema de justicia penal.

7. La historia de El Salvador está marcada por las *espirales de violencia* producto de la *anomia social*, en el sentido de que el Estado ha sido controlado predominantemente por las conservadoras y autoritarias élites terratenientes, militares y financieras, generando niveles in-

tolerables de desinstitucionalización, corrupción, pobreza, exclusión social y violencia. Durante el siglo xx padeció una y otra vez conflictos cuyas causas no se resolvieron de manera fundamental, afrontándose con el uso de la violencia y el terror de Estado, salvo a partir de los Acuerdos de Paz. Debido a esto, el país llegó la posmodernidad con un fenómeno severo de pandillerismo al que las instituciones públicas solo pudieron responder con más violencia de cara a una sociedad desmovilizada y una industria noticiosa habituada a reforzar, legitimar, invisibilizar o reproducir simbólicamente dicha violencia.

Con "La Tregua", sin embargo, grandes segmentos de la sociedad parecen al menos estarse dando la oportunidad de comprender hasta dónde se han habituado a la violencia, cuáles son sus causas estructurales y cómo revertirla, remontando el lamentable cliché del *guanaco* macho violento por naturaleza.

8. Parte de todo ese debate social de los últimos dos años prevé esta cuestión: ¿Puede "exportarse" la tregua, por principio de cuentas, a los países vecinos Honduras y Guatemala? Voces en esos países han respondido, tajantemente, "No".

Ciertamente, no sería democráticamente saludable que los gobiernos hondureño y guatemalteco, aliados con organizaciones sociales, reprodujeran la lógica de pacto nicodémico entre pandillas o entre estas y el gobierno. En cambio, es susceptible de replicar el proceso de "La Tregua", es decir, uno de amplio debate social que problematice los orígenes de la violencia y la ilegalidad socialmente naturalizados, situando a las pandillas en ese contexto; que no confíe en argumentos de secrecía y se abra a la participación colectiva; que incluya a los miembros de las pandillas, pero no de forma incondicional, sino bajo condiciones precisas; que establezca objetivos, etapas, procedimientos y metas realistas de corto, mediano y largo plazos; que de preeminencia a las víctimas y prevea el abatimiento de la criminalidad, la ilegalidad y la impunidad en el marco del Estado de derecho. Es decir, "La Tregua" puede ser, en última instancia, la gran oportunidad de institucionalización de las iniciativas sociales por una paz duradera.

9. La confianza no es buena consejera. Probablemente diversos líderes y miembros de las pandillas Mara Salvatrucha y Barrio 18 están convencidos de la necesidad de desescalar la violencia, pero eso no

equivale a paz, porque esta no puede construirse sobre los cimientos de grupos particulares armados que controlan territorios urbanos, al servicio de poderes fácticos nacionales y globales, ni la impunidad de aquellos de sus miembros que delinquen o delinquieron, ni la incapacidad del Estado para asegurarse de que las víctimas de esa violencia tengan derecho al resarcimiento del daño que se les produjo.

A su vez, para los grupos conservadores con acceso al poder público ha sido más redituable mantener el estado de guerra de baja intensidad, cubriendo la conculcación masiva de derechos y las violaciones a los derechos humanos con una supuesta "guerra" antipandillas, funcional a la estrategia estadounidense de seguridad regional.

La acción ciudadana es el único contrapeso real frente a estos dos aspectos problemáticos y un proceso larvario de pacificación tipo "La Tregua" salvadoreña muestra al menos el principio de un camino. Cuántas clicas de la Mara Salvatrucha y la Barrio 18 con sus líderes y sus miembros se reincorporarán a la sociedad en El Salvador y cuántas optarán por alienarse al crimen organizado local, regional y global en los tiempos por venir no es algo que cualquiera pueda definir o controlar, pero sí dependerá en gran medida de la capacidad de la sociedad y el gobierno salvadoreños para encauzar adecuadamente, en el mediano plazo, lo que inició colectivamente a partir de una historia periodística publicada por *El Faro*, desmarcándose tajantemente de las políticas de *mano dura* y criminalización de la sociedad. ¿Es exportable todo esto a realidades sociopolíticas semejantes? Por supuesto.

Las pandillas Mara Salvatrucha y Barrio 18 son una realidad que no puede modularse con solo una decisión del poder público. Pero una política pública integral de tipo democrático, no centrada en el enfoque autoritario de control social, propiciaría la reincorporación de miles de sus miembros a la sociedad, mientras que ciertas clicas inevitablemente se empoderarían como organizaciones criminales al servicio o articuladas a otras de mayor calado, pero no dispondrían ya tan fácilmente de toda esa *mano de obra barata y desechable* en la que el modelo económico ha convertido a cientos de miles de niños y adolescentes de las periferias urbanas.

10. El problema de la violencia y la criminalidad no se circunscribe a las pandillas, por más que el discurso del poder público y la industria

noticiosa así lo pretenda durante al menos la última década. ¿Se redujeron en un 50% los homicidios dolosos durante "La Tregua"? Cierto, pero momentáneamente, pues a partir del año en curso han vuelto a repuntar de forma sostenible. ¿Y el otro 50% de los homicidios? No hay información que permita dar respuesta a esta pregunta. Niños y niñas, adolescentes y jóvenes siguen siendo las principales víctimas mortales de la violencia, incluidas las mujeres que cada ve más sucumben a los crímenes de odio machista.

Claramente, la paz social duradera no se construirá sobre mitos o demonizaciones para consumo mediático masivo; parte de la rendición de cuentas, la transparencia y la eficacia gubernamentales implica identificar, medir y atender las causas profundas ya no de la violencia, sino de las violencias, que por desgracia en El Salvador gozan de larga data.

Bibliografia

Fuentes documentales

Arauz, Sergio, Óscar Martínez y Efren Lemus (2011): "El Cártel de Texis". *El Faro*, 16 de mayo. Disponible en: <http://cort.as/7xMy>.

"Ley de proscripción de maras, pandillas, agrupaciones, asociaciones y organizaciones de naturaleza criminal" (2012). El Salvador: Centro de Documentación Legislativa. Disponible en: <http://cort.as/7xMd>.

Calderón, Gill, José Geovanni y David Orellana (1998): "El nuevo modelo de justicia penal; incidencia en la retardación de justicia penal y el hacinamiento en el Centro Penal La Esperanza, San Luis Mariona". Universidad de El Salvador. Disponible en: <http://cort.as/7xLg>.

Castellanos, Juan Mario (2002): *El Salvador 1930-1960*. El Salvador: Dirección de Publicaciones e Impresos.

Centro Regional de Servicios para América Latina y el Caribe, Dirección Regional para América Latina y el Caribe y Programa de las Naciones Unidas para el Desarrollo [PNUD] (2013): *Informe Regional de Desarrollo Humano 2013-2014. Seguridad ciudadana con rostro humano: diagnóstico y propuestas para América Latina*. Estados Unidos. Disponible en: <http://cort.as/7xLd>.

Comisión de la Verdad para El Salvador, Naciones Unidas (1992-1993): "De la locura a la esperanza. La guerra de 12 años en El Salvador. Reporte de la Comisión de la Verdad para El Salvador". El Salvador. Disponible en: <http://www.pddh.gob.sv/memo/verdad>.

Dudley, Steven y Elyssa Pachica (2013): El Salvador's Gang Truce: Positives and Negatives. Disponible en: <http://insightcrime.org/specials/elsalvad organgtruce.pdf>.

Farah, Douglas y Pamela Phillips Lum (febrero de 2013): "Central American Gangs and Transnational Criminal Organizations The Changing Relationships in a Time of Turmoil". Disponible en: <http://www.strategy center.net/docLib/20130224_CenAmGangsandTCOs.pdf>.

Fernández Menéndez, Jorge y Víctor Ronquillo (2006): *De los maras a los Zetas. Los secretos del narcotráfico, de Colombia a Chicago.* México: Grijalbo.

Galtung, Johan (2004): *Trascender y transformar: una introducción al trabajo de conflictos.* México: Montiel y Soriano.

Galtung, Johan, Jake Lynch y Annabel McGoldrick (2006): *Reporteando conflictos. Una introducción al periodismo de paz.* México: Montiel y Soriano.

Gambetta, Diego (1996): *The Sicilian Mafia: The Business of Private Protection.* Cambridge: Harvard University Press.

Gómez Carrasco, Diana Carolina (2010): *Análisis de la Ley Antimaras de 2003 implementada por el Gobierno de El Salvador, a la luz de la Constitución Política de 1983 y las normas internacionales de derechos humanos.* Colombia: Universidad Colegio Mayor de Nuestra Señora del Rosario. Disponible en: <http://cort.as/7xLi>.

"Tregua entre pandillas en El Salvador". En: *Insight crime, crimen organizado en las Américas.* Disponible en: <http://cort.as/7xMs>.

Institute for Economics and Peace (febrero de 2014): *The Economic Cost of Violent Violence Containment.* Disponible en: <http://cort.as/7xM8>.

Lara Klahr, Marco (2006): *Hoy te toca la muerte. El imperio de las maras visto desde dentro.* México: Planeta.

Lara Klahr, Marco y Francesc Barata (2009): *Nota [N] Roja. La vibrante historia de un género y una nueva manera de informar.* México: Debate.

Lucatello, Simone (2013): "Seguridad y desarrollo. Espacios ingobernables en Latinoamérica. Entrevista con Antonio Mazitelli". *Foreign Affairs Latinoamérica,* XIII, 4, ITAM, México, 9-17.

Mijango, Raúl (2013): *Tregua entre pandillas y/o Proceso de Paz en El Salvador.* El Salvador: RED-IMPRENTA.

Ministerio de Justicia y Seguridad Pública (2013): "Resumen del Proceso de Pacificación Nacional". El Salvador: Ministerio de Justicia y Seguridad Pública.

Office of the Press Secretary (2013): "Presidential Determination -Major Drug Transit and Drug Producing Countries for FY 2014". Washington: The White House. Disponible en: <http://cort.as/7xN9>.

Bourdieu, Pierre y Jean-Claude Passeron (1977): *La reproducción. Elementos para una teoría del sistema de enseñanza*. Barcelona: Laia.

Programa de las Naciones Unidas para el Desarrollo [PNUD] (2013a): *Informe Regional de Desarrollo Humano El Salvador 2013. Imaginar un nuevo país. Hacerlo posible. Diagnóstico y propuesta*. El Salvador: PNUD.

— (2013b): *Informe sobre Desarrollo Humano 2013 deja importantes lecciones para El Salvador*. El Salvador: PNUD. Disponible en: <http://cort.as/7xMX>.

Rubio, Mauricio (2007): *De la pandilla a la mara. Pobreza, educación, mujeres y violencia juvenil*. Bogotá: Universidad Externado de Colombia.

Samayoa, Salvador (2007): *El Salvador. La reforma pactada*. El Salvador: UCA Editores.

Spiller, Ingrid y Rodolfo Aguirre reveles (coords.) (2013): *Picar Piedra. Iniciativas ciudadanas frente a la violencia*. México: Henrich Böll Stiftung.

United Nations Office of Drug and Crime (2011): *Global Study on Homicide*. Wien. Disponible en: <http://cort.as/7xMn>.

— (2013): *World Drug Report 2013*. New York. Disponible en: <http://cort.as/7xNV>.

Vázquez Monzón, Olga y Amparo Marroquín Parducci (2014): "Entre gritos y silencios. La narrativa de la prensa salvadoreña sobre la tregua entre pandillas". *Nueva Sociedad*, 249, 86-96.

Visión de la Humanidad (2014): *Índice Global de Paz*. Disponible en: <http://cort.as/7xLl>.

Waldmann, Peter (2006): *El Estado anómico. Derecho, seguridad pública y vida cotidiana en América Latina*. Madrid/Frankfurt: Iberoamericana/Vervuert.

Fuentes testimoniales [entrevistas realizadas del 8 al 16 de febrero de 2014]

Anónimos [a solicitud expresa]: cinco voceros y seis miembros de las pandillas Mara Salvatrucha y Barrio 18.

Agencia Española de Cooperación Internacional para el Desarrollo en El Salvador

Álvaro Artiga, director de la Maestría en Ciencia Política, Universidad Centroamericana "José Simeón Cañas"

Rodrigo Bolaños, empresario, gerente de League Central America [Departamento de La Libertad]

José Miguel Cruz, investigador de la Universidad de Miami [telefónica]

María Silvia Guillén, directora ejecutiva de la Fundación de Estudios para la Aplicación del Derecho

Paolo Lüers, periodista, Fundación Humanitaria, mediador

Raúl Mijango, excomandante del Frente Farabundo Martí para la Liberación Nacional, Fundación Humanitaria, mediador

Douglas Moreno, exviceministro de Seguridad

David Munguía Payés, ministro de Defensa Nacional

Salvador Ruano, alcalde de Ilopango [Gran San Salvador]

Antonio Rodríguez –padre Toño–, sacerdote católico, Servicio Social Pasionista, municipio de Mejicanos [Gran San Salvador]

Jaume Segura, embajador de la Unión Europea en El Salvador

Roberto Valent, coordinador residente del Programa de las Naciones Unidas para el Desarrollo en El Salvador

Sitios Web

Fundación de Estudios para la Aplicación del Derecho: <http://www.fespad.org.sv> (17 de enero de 2014).

Radio YSUCA: <ysuca.org.sv/acercadnosotros.php?cat=28> (15 de febrero de 2014).

Universidad Centroamericana "José Simeón Cañas": <http://www.uca.edu.sv/> (11 de febrero de 2014).

Jovens gerindo (im)possibilidades. A reprodução da desesperança em Bissau

Sílvia Roque
Centro de Estudos Sociais da Universidade de Coimbra

Por que razões os jovens não se "mobilizam"?

Partindo da investigação por mim desenvolvida nos últimos anos em Bissau[1], pretendo, aqui, analisar a violência urbana juvenil partindo

1. O trabalho de campo foi conduzido ao longo de vários períodos, entre 2008 e 2010, num total de nove meses, no âmbito do meu projeto de tese de doutoramento e de outros projetos de investigação igualmente relacionados com a análise da violência e da (in)segurança. Este trabalho consistiu na combinação dos seguintes métodos: 1) realização de inquéritos sobre análise situacional de violência com a colaboração do Instituto Promundo; 2) realização de entrevistas semiestruturadas com jovens, quer individuais, quer de grupo. Nas primeiras, incluem-se entrevistas com jovens detidos na 1ª Esquadra de Bissau, jovens envolvidos no consumo ou comércio de drogas, incluindo alguns dos residentes do centro de reabilitação de Quinhamel, jovens com projetos pessoais associados à cultura, associativos, políticos. Nas segundas, incluem-se entrevistas organizadas (com jovens universitários, estudantes de liceus, com membros de bancadas e associações) e entrevistas informais com grupos de jovens em vários bairros relativamente centrais de Bissau (Militar, Ajuda, Bandim, Belém, Tchade, Luanda, Cupilum, Missira, Reno); 3) realização de entrevistas semiestruturadas com peritos, acadé-

de uma pergunta invertida: quais as razões – condições e motivações – para que os jovens *não se envolvam* em fenómenos de violência coletiva, *gangs* ou grupos armados, quando todas as condições parecem criadas para tal?

O protagonismo problemático que é dado aos jovens, nomeadamente aos jovens africanos (Seekings 2006), na academia, nas políticas e nos *media* não tem necessariamente uma expressão real: a maior parte dos jovens que são vítimas da crise económica e social prolongada no mundo não recorre à violência como forma de superação desse estatuto, a não ser que essa violência seja organizada para algum propósito (Richards 2005), seja a guerra ou uma atividade envolvendo elevado risco, como o tráfico de drogas ou armas. Mesmo em países ou zonas urbanas onde a criminalidade violenta é elevada, é normalmente uma pequena franja da sociedade e da juventude que se envolve em atividades violentas (Barker 2005).

Procurarei, assim, avançar com algumas explicações através da análise das formas que os jovens, em Bissau, encontram para sobreviver e conviver com a violência estrutural num contexto em que as possibilidades de alteração de um sistema político e económico desfavorável são escassas e difíceis, e onde a precariedade se transformou na normalidade. Para responder a estas questões, centro-me não tanto no conceito e na expressão da "agência" individual, nem nas formas como a violência estrutural é mediada pelas experiências dos atores em causa (Robben 2008) mas, sobretudo, nas formas coletivas – sociais, económicas, políticas – de mediação da violência espelhadas nas vivências individuais e coletivas, tendo em conta que estas condições não são permanentes nem imutáveis.

Não desejo aqui negar qualquer participação dos jovens em atividades violentas: décadas de instabilidade política e degradação económica, a impunidade vigente no país, e a introdução de novas

micos, organizações locais e internacionais que trabalham nas áreas da juventude e violências, incluindo, nomeadamente, agentes estatais, polícias e juízes; 4) realização de dois cursos de formação com o intuito de consolidar o mapeamento das violências, bem como das percepções e respostas dos próprios jovens aos fenómenos de violência; nestes encontros procurou-se aliar o processo de investigação a momentos formativos, partindo-se das experiências dos participantes.

economias ilícitas, como o comércio de cocaína, podem, de facto, contribuir para o surgimento de novos tipos de violência. Pretendo, sim, contribuir para questionar a associação automática entre jovens e agressores, centrando a atenção nos mecanismos sociais de contenção da violência.

Violência urbana e gangs

Violência urbana não é sinónimo de criminalidade. Diz respeito a fenómenos mais vastos e disseminados, tendo como pano de fundo contextos de violência estrutural[2] – económica e política – e de demissão do estado da garantia da segurança das camadas mais pobres da sociedade, cuja expressão em violência direta se identifica normalmente com a economia violenta do tráfico de drogas, a existência de grupos violentos como *gangs* ou grupos de vigilantes, algumas vezes substituindo determinadas funções do Estado, bem como com a violência policial e institucional (Winto 2004; Tavares dos Santos 2002).

A "normalização" da violência política e da repressão não é indiferente para analisar outros padrões de violência (Winton 2004) tida como "não política". A violência em períodos de paz formal[3], nomeadamente expressa em tensões e conflitos urbanos, é essencialmente vista como criminal, sendo tratada enquanto violência social e não enquanto violência política (Moser e Rodgers 2005). No entanto, esta diferenciação entre violência social e política é artificial. A violência política é insidiosa e prolonga-se no tempo e no quotidiano, trata-

2. Galtung define a violência estrutural como violência indireta, ou seja, que não é praticada por um agente concreto com o objetivo de infligir sofrimento mas, sim, a violência que é gerada pela própria estrutura social, pelas formas de organização das sociedades, e que se expressa na desigual distribuição do poder, sendo as formas mais relevantes: a repressão, em termos políticos, e a exploração, em termos económicos (Galtung 1996: 2).

3. A ausência de conflito armado declarado não significa a ausência de violência. A violência é uma constante da guerra e da paz e revela-se muitas vezes em *continuum* ou em espirais e apenas muda de escala, organização e atores (Scheper-Hughes e Bourgois 2004; Richards 2005).

-se de *everyday violence*: "a violência implícita, legítima, organizada e tornada rotineira de formações sociopolíticas" específicas (Scheper-Hughes 1997: 471). Isso implica, por exemplo, a normalização da tortura e da repressão pelos agentes do Estado ou a aceitação popular da violência no combate à criminalidade, mas também da violência do não cuidado ou da negligência: "a falha deliberada dos agentes governamentais e estatais em levar a cabo os seus deveres de forma a beneficiar da desordem e do sofrimento" (Chabal 2009: 153), de que é exemplo a falta de acesso à saúde ou a alimentos, e à manutenção da própria vida. Segundo este mesmo autor, não é só o grau de brutalidade física a que as pessoas comuns estão sujeitas em muitos países africanos que é preocupante, mas também a sua utilização regular e arbitrária. A consequência desta violência generalizada é um processo de desumanização e os seus impactos sentem-se nos corpos, nos valores e na ordem social (Chabal 2009: 153-154).

Em outros contextos, que não o da Guiné-Bissau, os atores mais visibilizados do fenómeno da violência urbana são os *gangs* juvenis, grupos cujas características estão fundamentalmente baseadas no controlo territorial (relacionado com formas de acesso a recursos), na construção de uma identidade própria através de senhas e símbolos, na violência como forma constitutiva de integração e reconhecimento e na passagem por rituais de iniciação e por provas constantes de coragem e lealdade (Zaluar 1997; Kynoch 1999; Santacruz Giralt 2005; Salo 2006). No entanto, apesar de muitas vezes apresentados como tais, os jovens (pobres) não são os atores exclusivos da violência ou meramente agressores.

As causas da mobilização dos jovens para grupos violentos estão amplamente estudadas na sociologia e na antropologia, quer urbana, quer das guerras. No contexto da Guiné-Bissau, um país não industrializado e com uma urbanização *sui generis*, inspiro-me numa análise que oscila entre as causas estudadas para a participação em guerras, nomeadamente na África ocidental, e outras causas apontadas de forma mais abrangente para a existência de *gangs* urbanos em vários pontos do mundo. O ponto de partida para esta oscilação diz respeito à semelhança significativa entre as razões apontadas para o envolvimento dos jovens quer em contexto de guerra, quer de violência urbana: desemprego procura de segurança e/ou poder, crença na causa, vingança e sentimento de injustiça (Banco Mundial 2011: 9).

A mobilização dos jovens para os grupos armados na Serra Leoa, por exemplo, é considerada como um resultado da crise da hierarquia e da solidariedade patrimonial e do descontentamento dos jovens com a sua posição social e com os sistemas de redistribuição de recursos dominados pelos mais velhos, revelando uma vontade de emancipação (Richards 1996; Fithen e Richards 2005).

Foi precisamente em períodos de guerra que alguns jovens na Guiné-Bissau viram uma oportunidade para aceder aos recursos e estatutos a que os partidos ou as redes militares dão acesso. Uma das razões para a forte adesão de jovens balantas logo na primeira fase da guerra anticolonial "teve origem na conjugação de dois fatores: as tensões entre jovens e anciãos e o surgimento de novas possibilidades facultadas pelo mundo exterior" (Temudo 2006: 135). Já a análise da mobilização dos jovens que participaram na guerra de 1998-99 ao lado das forças governamentais, indica também a participação na guerra como uma busca de "possibilidades" pelos jovens e não tanto uma consequência de "hostilidades", uma "luta para adquirir valor social e responder às obrigações sociais num contexto de possibilidades mínimas" (Vigh 2009: 155).

Em tempos de paz, esta adesão a formas de violência coletiva pode ainda ser concretizada através da integração nas redes militares que garantem algum estatuto e possibilidade de imposição pelo medo e a ameaça, mas cuja imagem social se deteriora progressivamente.

A existência e o funcionamento dos *gangs* juvenis têm também sido amplamente analisados enquanto expressão e incitamento à adoção de masculinidades[4] violentas de forma a contrariar experiências coletivas de subordinação ou discriminação (racial, étnica, económica) num contexto social mais vasto (Kynoch 1999; Glaser 2000; Barker 2005). Procurar as razões de adesão ou não adesão a estas formas de violência implica necessariamente analisar as possibilidades

4. Masculinidades referem-se ao "conjunto de normas, valores e padrões comportamentais que expressam de forma explícita ou implícita expectativas sobre as formas como os homens devem agir e representar-se perante os outros"(Miescher e Lindsay 2003: 4).

de vivência das masculinidades num contexto urbano que favorece a "remodelação das relações sociais e dos laços comunitários" (Sévédé-Bardem 1997: 9).

Se alguns defendem que a violência surge de uma desconexão entre expectativas e possibilidades (Briceño-Léon 2002), há que considerar que esta desconexão e a insatisfação dos jovens não levam automaticamente à adoção de comportamentos violentos. Existem outras condicionantes relevantes. Coloco antes a ênfase na gestão dessas (im) possibilidades de existência e reconhecimento social, em termos de acesso a recursos e de valorização identitária, gestão essa que se apresenta como maioritariamente não violenta.

Ser jovem em Bissau: subordinação, vitimização e masculinidades

> A situação dos jovens aqui na Guiné é só ficar sentado (...) [os jovens] ficam só sentados desde de manhã até à tarde sem fazer nada, emprego não há. Mas não é que não queiram oportunidade de vida, é que não há (membro de bancada, Bairro da Ajuda, Bissau, 2008).

Apesar da diversidade social e cultural do continente africano, existe algum consenso na caracterização das sociedades pré-coloniais africanas quanto ao lugar de subordinação que ocupavam os jovens, assim como as mulheres, na hierarquia social (Bayart 1981; Argenti 2002; 2007). Este posicionamento não decorre tanto da idade biológica mas, sim, do seu peso económico. No que respeita ao sexo masculino, a passagem à idade adulta dependia da sua capacidade de "adquirir" mulheres e de ser responsável por uma família (Argenti 2002: 125). Assim, os indivíduos tornavam-se adultos à medida que iam adquirindo poder e riqueza e não o contrário. Até lá deveriam contribuir com a sua força de trabalho para a produção familiar e coletiva. Essa passagem à idade adulta estaria, no entanto, dependente de uma série de outras variáveis que atribuem o estatuto, como "laços de parentesco, redes sociais, conhecimento esotérico ou participação em sociedades secretas e organizações militares" (Argenti 2007: 7-8). Nesse sentido, a noção de jovem confunde-se muitas vezes com a noção de subordinado ou de alguém sem acesso ao poder (*idem*: 8).

No entanto, ao mesmo tempo, os esquemas de reprodução social alteraram-se com a criação dos Estados coloniais e pós-coloniais uma vez que, perante a necessidade de trabalho qualificado, a educação passou a ser um bilhete para a liberdade de alguns homens jovens que já não precisavam de "esperar metade da vida para adquirir estatuto". Porém, depois da independência só uma pequena parte acedeu de facto aos postos de poder e acabou por se gerar uma dupla subordinação dos jovens: perante as gerontocracias rurais e perante o Estado moderno que, em muitos casos, adotou a lógica rural para reduzir os jovens a crianças que devem obediência e gratidão aos líderes (Mbembe 1985; Argenti 2007).

A representação dominante dos jovens entrevistados do que significa ser jovem é a de alguém de quem se espera alguma maturidade, que, possuindo já alguma autonomia, dentro da família, se encontra ainda dependente da mesma, sobretudo num contexto de escassez grave de emprego e de recursos, e que tende a não ser reconhecido como interlocutor válido na tomada de decisões pelos mais velhos, embora possa contribuir, na medida do possível, para o sustento da família.

Se há algo constantemente poderoso na imagem que os jovens me tentaram passar é a sua autocaracterização como desapossados e como vítimas: da pobreza, do desemprego, da degradação da educação e da falta de acesso às redes clientelares que garantem recursos e estatuto.

Se a vitimização é uma constante dos discursos dos jovens, a verdade é que a noção de jovem tem também ganho conotações negativas, nomeadamente, por vezes, preguiça, irresponsabilidade, não produção e até delinquência.

Esta autorrepresentação baseada na vitimização está relacionada com o denominador comum do que se convencionou chamar a "crise da juventude": os jovens acabam os estudos, não têm emprego formal e não conseguem ter um lar independente (O'Brien e Cruise 1996: 57) e estariam assim "obrigados a continuar jovens" (Antoine *et al.* 2001). Não sendo uma tendência meramente africana, esta impossibilidade afeta com diferentes intensidades diferentes partes do mundo e diferentes jovens em cada sociedade. As formas como esses problemas são vividos e ultrapassados, ou não, diferem bastante, ou seja "alguns jovens estão mais perdidos do que outros, ainda que o contexto comum ou partilhado seja de marginalização" (O'Brien e Cruise 1996: 57).

Esta é uma problemática particularmente relevante no que respeita às redefinições das identidades e relações de género. Apesar de partilharem com os rapazes uma mesma representação como vítimas, a forma como afeta o estatuto das raparigas é distinta, uma vez que existem diferentes expectativas em relação aos papéis e estatutos de uns e de outras.

Talvez mais do que de uma crise de juventude, se deva falar de uma diminuição das possibilidades de assumir alguns dos modelos de masculinidade socialmente valorizados como o de ser provedor de uma família (Aboim 2008: 283) ou de possuir um emprego de prestígio (Ratele 2008).

O ideal dominante de masculinidade mais persistente no imaginário sobre África pode continuar a ser o do "homem grande", cujo poder é fundamentalmente baseado na idade mas também no prestígio e autoridade que lhe estão associados, atribuídos pela grandeza da sua família e pelo número de dependentes e subordinados (Miescher e Lindsay 2003: 3; Ratele 2008: 225). No entanto, a multiplicidade de modelos e aspirações ligados à masculinidade é uma realidade que tem sido progressivamente alimentada por expectativas relacionadas com a educação e a escolarização, a aspiração a uma "modernização" da imagem individual e das famílias, ao acesso mais rápido aos recursos e à acumulação individual ou ainda a versões mais igualitárias das relações entre sexos (Miescher e Lindsay 2003; Barker e Ricardo 2005; Ratele 2008; Aboim, 2008). É em relação a estas expectativas que os jovens se mostram desiludidos e não necessariamente por não adquirirem o estatuto de "homem grande".

Num outro estudo, salientei as características associadas à masculinidade adulta e valorizada na Guiné-Bissau, onde a tensão entre diversos modelos de prestígio é evidente. No entanto, há uma questão sobre a qual todos parecem concordar: o homem deveria ser o provedor da família; um homem "completo" deve "assumir a responsabilidade da casa, de ter uma mulher e de sustentar os seus filhos" (Roque 2011).

Se a passagem dos rapazes à idade adulta e à função de provedor se vê comprometida pela falta de recursos económicos, pela degradação da agricultura e a fuga dos jovens do trabalho agrícola e pela diminuição do emprego formal considerado digno e proveitoso, já as raparigas assumem muitas vezes os encargos das famílias através da inserção na economia informal e das relações com homens que contribuam para o seu sustento, sem que isto represente uma enorme alteração no seu estatuto, uma vez que estas atividades são desvalorizadas ou vistas de forma negativa pelos mais velhos e pelos rapazes (Roque e Vasconcelos 2012). Isto não significa que as raparigas não sejam afetadas pelas transformações económicas e sociais mas que, tendo em conta o seu estatuto de "menoridade social" e a nebulosa passagem à idade adulta, não se pode falar de um acréscimo de dificuldades em atingir a maioridade ou em ganhar autonomia mas, sim, na sua manutenção. A capacidade demonstrada pelas raparigas na adaptação ao contexto de crise prolongada e na aquisição de recursos leva mesmo uma parte significativa dos jovens do sexo masculino a considerar-se vítima das raparigas por estas preferirem relacionar-se com homens com mais recursos, normalmente mais velhos – ainda que alguns usufruam desses mesmos recursos. Ao mesmo tempo, face à desvalorização de que são alvo, os rapazes podem assumir atitudes violentas nas relações com o sexo oposto (ou mesmo na família).

Os rapazes entrevistados revelaram-se frequentemente confusos em relação às funções que a sociedade lhes atribui e à possibilidade de cumprimento das mesmas, por exemplo, em relação às acusações frequentes de não assumirem a responsabilidade pelos filhos, que ficam ao cuidado das mães ou dos avós. Na realidade, não são apenas os jovens a sofrer os impactos da degradação económica, assistindo-se mesmo a "inversões geracionais" nas relações de dependência, ficando o sustento da família, incluindo netos, nas mãos sobretudo das mulheres mais velhas, muitas vezes sem qualquer contribuição dos filhos (Lourenço-Lindell 2002: 203-204).

Os usos do discurso da vitimização predominante servem, algumas vezes, para responsabilizar os mais velhos e defender a renovação geracional no acesso aos poucos cargos no domínio do Estado, sendo esta renovação bloqueada "para que os que estão abaixo não cresçam"[5].

O que faz com que esta representação enquanto vítimas e o óbvio incumprimento das expectativas em relação a uma masculinidade valorizada não gere fenómenos de violência coletiva? Como se situam estes jovens perante a emergência de "culturas globais da juventude" e da "missão civilizadora" que, em nome do desenvolvimento, "tem prometido progresso, consumo e um futuro radioso aos jovens, ao mesmo tempo que esse futuro se vê gravemente comprometido pelas desigualdades cada vez maiores provocadas pelo capitalismo neoliberal" (Comaroff e Comaroff 2000: 94-97)? Estarão os jovens conformados perante esta "moratória social" (Vigh 2006)?

Gerindo "possibilidades mínimas"

As dinâmicas políticas e de formação do Estado não propiciaram o desenvolvimento económico da Guiné-Bissau (Chabal 2002: 90). Vários autores atribuem esta incapacidade à progressiva alienação e separação entre o mundo urbano e as sociedades agrárias, provocadas pelo tipo de políticas económicas do Estado pós-colonial que favoreceram o surgimento de uma população urbana cada vez mais dependente e consumidora mas não produtiva (Galli e Jones 1987); a um fraco ou nulo resultado das tentativas de desenvolvimento industrial, resultando no aumento do comércio clandestino e informal e na emigração; bem como a uma dependência extrema em relação à ajuda externa (Galli e Jones 1987; Sigrist 2001; Forrest 2003). Uma vez que as políticas governamentais foram quase sempre irrelevantes ou negativas para a população rural, esta continuou a gerir-se a si própria económica e politicamente, ou a fugir das tentativas de hegemonia do Estado (Chabal 2002: 96; Forrest 2003). Assim, reforçaram-se as solidariedades e relações ditas "tradicionais" de coesão entre populações. A capacidade de manutenção da ordem social, admirada já em textos da década de 1990 (Augel 1996), está associada a esta tradição de inde-

---

5. Membro de bancada, Bandim, 2008.

pendência das populações fora do círculo de acesso ao poder e recursos do Estado. Neste contexto, há quem prefira falar da "irrelevância" do Estado mais do que do seu colapso (Bordonaro 2009). Segundo Bordonaro, seria fundamental analisar a falta de consequências das alterações ocorridas na esfera política – entendida aqui de forma restrita, como golpes de Estado, assassinatos políticos, lutas pelo poder – na vida da população da Guiné-Bissau, sobretudo daqueles que se encontram nas margens do núcleo central. Assim, mais do que um processo de aprofundamento da ocupação do Estado por redes clientelares e de interesses particulares, assistiríamos hoje a um processo de trasladação da real esfera política para áreas completamente alheias ao Estado (Bordonaro 2009: 36-37).

Apesar de poder ser visto como "irrelevante", no sentido em que não provoca grandes alterações nos modos de vida das populações e na abertura do leque de possibilidades, não é irrelevante a dimensão do sofrimento e da normalização da violência gerados pela omissão do Estado no que respeita quer ao desenvolvimento económico, quer à prestação de serviços sociais e de segurança. Além disso, a falta de acesso às redes neopatrimoniais continua a ser relevante e é a esse acesso que aspiram muitos jovens urbanos. A ausência de emprego formal é estrutural e histórica, os jovens dedicam-se cada vez menos à agricultura, procuram nas cidades oportunidades que raramente encontram no sector formal, sobretudo desde que os programas de ajustamento estrutural iniciaram o desmantelamento da administração pública e a ajuda internacional começou a diminuir.

O relato seguinte é também revelador das possibilidades de adaptação ou superação dos jovens (e não só) em relação à violência estrutural e às dinâmicas de um Estado predador e perturbador, sem resultar necessariamente em mais violência:

> Em cada época de chuva, voltamos para a aldeia para trabalhar o campo familiar, isso é a nossa obrigação, é o encontro grande na aldeia, fazemos isso durante seis meses, depois cada um pode ir procurar maneira de comprar a sua roupa, as suas coisas mas, quando há trabalho, tu vais ajudar. Sabes, os africanos dependem uns dos outros, às vezes tens que te responsabilizar de uma família com mais de 40 pessoas. Alguns não querem, nem gostam disso mas isso é a cultura dos africanos. Então, podes ter um emprego, ganhas

> 12 mil francos, e tens que dividir com mais 30 pessoas, e divides, mas não te aborreces com isso, porque é cultura, é normal (N., Bissau, 2008).

Ir vivendo e sobrevivendo no dia-a-dia através de pequenas "atividades" e contar com o grupo, a família ou os amigos[6], aceitar o seu destino e "esperar" são vistos como alternativas à emigração, devido à dificuldade que esta representa, e não o contrário. A emigração surge para quase todos os jovens como uma evidência: "para os jovens na Guiné a única solução é a emigração, seja por canoa, seja por avião!"[7], já que as oportunidades de emprego, acesso a recursos ou a bolsas de estudo são vistas como resultado de conhecimentos pessoais e familiares a que a maioria não acede:

> O nosso primeiro desejo é sempre fazer o 7.º ano e conseguir bolsa para estudar fora. É por isso que ficas a lutar todo o tempo. Emigrar é a segunda opção, depois que se verifica que não temos possibilidade de conseguir bolsa, então pensas em emigrar (Elemento de bancada, Misira, 2008).

Muitos jovens, sobretudo do sexo masculino, mantêm a expectativa de um estatuto aliado a um trabalho formal compensatório e recusam trabalhos que consideram menos dignos:

> Nas cidades de todos os países, tu não vês os jovens a fazer trabalho pesado. Trabalho fino, em gabinete. Nós também queremos isso. Não queremos empurrar o carro de mão, trabalhar em obra, isso não... Nós queremos bons trabalhos. De gabinete, de escrever. Eu sou pobre mas não quero um trabalho que me prejudique (Elemento de bancada, Belém, 2009).

A ausência de violência relacionada com grupos juvenis está também relacionada com a normalização e a aceitação da violência estrutural e quotidiana, que se apresenta muitas vezes como uma aceitação fatal do destino. Nesse sentido contribuem também os baixos níveis de desigualdade perante as condições de precariedade e pobreza generali-

---

6. "Sobrevives daqueles movimentos, apoio de alguns amigos, e outras coisas... vender material, telemóveis, computadores... quase 89% dos jovens na Guiné fazem isso!" (R., Bissau, 2008).
7. Entrevista com grupo de jovens, Tchade, 2008.

zadas. Como referido por um dos jovens entrevistados, a pobreza e as condições de vida são muito semelhantes para a larga maioria da população, o nível das desigualdades é relativamente baixo[8]. Não é evidente uma grande diferenciação económica e social, a não ser com base no acesso às redes clientelares e entre cidade e o campo, estando os habitantes de Bissau favorecidos. Se a violência nem sempre compensa socialmente, já que em alguns casos "a sociedade afasta logo as pessoas que cometem"[9], também não compensa necessariamente do ponto de vista económico. As pressões do consumo, que afetam os jovens de todo o mundo, sentem-se também em Bissau, no entanto, a expectativa e a probabilidade de satisfazerem os seus desejos é tão ínfima que grande parte dos jovens não se permite sequer ter expectativas elevadas.

Assim, perante a falta de recompensa social de uma economia violenta, os jovens parecem recusar a violência como forma de aumentar a autoestima e o prestígio. A percepção de que a violência não altera a situação em que se encontram parece ser também reforçada pelo contexto histórico e político mais vasto e com a recusa do que chamam "tribalismo", assim como com a recusa da guerra:

> Eu penso que tribalismo não existe, porquê? Aquilo que nós falámos de que políticos tentam falar de tribalismo, é o que eles tentam criar, para poder conseguir votos, mas isso não é tribalismo. De uma forma imaginária, politicamente ficam a falar [e pensamos que existe], mas não existe (Elemento de bancada, Ajuda, 2008).

> Na Guiné não vamos mais para a guerra porque toda a gente já está farta disso. Guerra para quê? Você fica com boa vida, e eu sem nada que comer? Nem pense!" (R., Bissau, 2008).

---

8. O índice de Gini, que mede a desigualdade, é de 35,5 na Guiné-Bissau, mais baixo do que noutros países da região – Cabo Verde: 50,5; Gâmbia: 47,3; República da Guiné: 43,3; Senegal: 39,2 (PNUD 2009).
9. Participantes do curso, INEP, 2009.

Controlo social: entre o paternalismo e o medo

Alguns relatos dão-nos conta da sobrevivência dos laços sociais responsáveis pela reprodução e integração económica e social, nomeadamente do "contrato intergeracional que, em sociedades não industrializadas, implica o dever de os jovens cuidarem dos mais velhos, de acordo com o princípio generalizado da reciprocidade" e que funciona como "uma forma de segurança social" (Roth 2008: 45). Isto apesar das permanentes transformações num contexto onde coexistem relatos precisamente opostos de dissolução destas relações e deste contrato. Em contextos urbanos "a maior parte dos jovens africanos já não cresce em sociedades relativamente bem integradas" mas, antes, em sociedades onde "apenas se mantêm traços esbatidos da ordem social e da integridade cultural" (Abbink 2005: 2).

É preciso notar, porém, que os processos de urbanização e as mudanças sociais ocorrem a diferentes velocidades e com consequências distintas consoante a sociedade em análise. Bissau é um cenário híbrido onde coexistem as antigas formas de sobrevivência, identidade e redistribuição económica que sustêm os choques políticos e económicos e algum descontentamento dos jovens, e as expectativas geradas pelo discurso do desenvolvimento e pela comparação com os modos de vida em outros contextos. A associação automática entre urbanização, dissolução dos laços sociais e o descontrolo dos jovens, muitas vezes acompanhada por juízos moralistas acerca da família e pela idealização das sociedades rurais, é errada. Verificou-se, em outros contextos, que, apesar da deslocação das famílias para os centros urbanos, os modelos de obediência e respeito pelos mais velhos se mantinham (Glaser 2000: 22-28) e que eventuais alterações só se verificavam a partir da segunda geração, uma vez que os jovens nascidos e criados em ambiente urbano já não viam as vantagens da cidade em relação ao campo e tinham expectativas diferentes das gerações anteriores (Briceño-León 2002: 16).

Em Bissau, a proximidade entre o rural e o urbano e a permanência dos laços familiares alargados faz com que o controlo social em relação aos jovens continue particularmente eficaz. Permanece a influência das sociedades agrárias, ou ainda das regras religiosas, nos rituais de passagem e aquisição de estatuto, na definição dos deveres e atributos dos jovens, nomeadamente, através da organização em classes de idades, que garantem uma certa ordem e promovem a solidariedade intra e intergeracional (Abbink 2005; Argenti 2007; Schiefer 2012). Refiro-me ao controlo social operado através do estatuto na família, da dependência económica, ou do controlo espiritual e religioso[10], nomeadamente, através do medo de retaliações e castigos divinos, mas também das relações de proximidade e da falta de anonimato que dificultam as opções violentas.

O facto de grande parte dos jovens se encontrar socialmente subordinada, durante cada vez mais tempo, não significa que sejam, como categoria geral, submissos ou conformados, como também não significa que só através da violência possam demonstrar a sua insatisfação. Encarar a juventude e as tensões intergeracionais como um fator inerentemente destrutivo ou excepcional na ordem social é errado e deve ser evitado (Abbink 2005: 3). Estas tensões e negociações intergeracionais fazem parte da normalidade social, são recorrentes ao longo da história e as críticas sociais são operadas, muitas vezes, de forma dissimulada, através do humor ou da dramatização (Gable 2000). Assim, a adaptação às lógicas predominantes das relações sociais não significa uma total aceitação ou conformação com um estatuto de menoridade. A par das obrigações existe um certo grau de liberdade, os jovens vão encontrando algumas formas de contornar o controlo social e os mais velhos cedem também alguns espaços de negociação (Temudo 2006).

Na cidade, outras formas de integração e solidariedade entre pares vão surgindo, inspiradas em formas antigas, mas objeto de um outro tipo de controlo social um pouco mais esbatido. As bancadas, grupos informais de jovens predominantemente masculinos que se reúnem na rua para conversar, passar o tempo e, por vezes, organizar atividades conjuntas, são formas de existência social possíveis neste contexto: "há um prazer de participar naquela bancada, porque um homem, um jovem também não pode ficar sozinho, parece-lhe que está preso, não é?"[11]. Estas são formas de associação juvenil, tal com os *gangs*, sem as

---

10. A grande maioria dos jovens (89%) que responderam ao inquérito considera-se praticante de uma religião (destes, 50,8% são muçulmanos; 40,2% católicos; 6,5% protestantes ou evangélicos; 1% outras; 1,5% não tem religião).

11. Entrevista colectiva, INEP, 2008.

atividades criminais e a violência que caracterizam os últimos. São, no fundo, formas de integração dos jovens, de aprendizagem com os mais velhos e ainda de controlo social – quase sempre localizadas em frente às casas ou no meio delas, onde os mais velhos podem controlar – e, na sua maioria, são também espaços de procura do consenso e de resolução não violenta de conflitos.

No entanto, estas eram vistas inicialmente, pelos mais velhos sobretudo, como potenciais fontes de manipulação política e militar. Também alguns jovens as consideram suspeitas, o que os leva a fazer a distinção entre "bancadas do bem" –dedicadas a organizar campeonatos de futebol, limpeza das ruas, festas e concursos – e "bancadas do mal" – utilizadas para tráfico de droga ou para organizar furtos e roubos ou simplesmente dedicadas a atividades malvistas, como o consumo de álcool e drogas.

No entanto, a função positiva de integração e reconhecimento social dos pares e da sociedade parece predominar, tendo as bancadas funções como a vigilância e limpeza dos bairros ou ainda a dinamização cultural e desportiva dos mesmos. Cada vez mais as bancadas, cujos objetivos poderiam ser simplesmente de lazer e confraternização, são continuamente incentivadas a dedicarem-se a tarefas "mais nobres" (limpeza, campanhas de sensibilização), mas sobretudo a formalizarem-se em associações, para poderem ser vistas como grupos legítimos, organizados e de confiança. Este imperativo de ocupação dos jovens e a rejeição de movimentos espontâneos dos mesmos, vistos como ameaçadores, faz também com que se procurem reproduzir as associações formais onde elas não são forçosamente necessárias.

Esta necessidade de tutelagem e de "enquadramento" dos jovens está presente em vários discursos e práticas que têm a sua origem na prevalência do paternalismo como forma de controlo político (Mbembe 1985) da "rebeldia" dos jovens (e não só). Os movimentos espontâneos de protesto dos jovens, como greves, são vistos como necessitando da chancela dos mais velhos ou de organizações formais para dar credibilidade às ações dos jovens, já que se considera que eles "não sabem" como reivindicar.

A recompensa da aceitação do paternalismo é o acesso às redes patrimoniais (Mbembe 1985) que se tornam cada vez mais reduzidas com a degradação do Estado, transferindo-se para ONG e associações que dependem do complexo da "ajuda" internacional. A imagem do jovem "dinâmico" surge frequentemente nas entrevistas para designar aqueles que procuram aproveitar as oportunidades oferecidas por financiamentos atribuídos a associações de jovens.

Para além deste controlo social, há que ter ainda em conta o papel do medo. Recuperando a referência a Chabal (2009), a brutalidade rotineira a que está sujeita a população de Bissau por parte das forças de segurança, nomeadamente a partir da última guerra (1998-99), cujo palco principal foi a cidade de Bissau, é bastante visível nos relatos sobre o caos que se instalou nos períodos entre combates, bem como nos primeiros anos pós-guerra, com os abusos dos militares face à população.

Apesar deste tipo de acontecimentos ter diminuído, ainda hoje os militares são acusados de vários tipos de violência. Num inquérito que realizámos em 2008, 33% dos jovens afirmaram ter visto nos últimos doze meses algum tipo de ato violento cometido por militares, na sua maioria, espancamentos. Além disso, é frequente surgir a ideia de que são militares quem vende as armas no país, as quais poderiam acentuar a gravidade da criminalidade. Estas referências são ilustrativas do peso da violência em sociedades em paz formal. Mas estes atos rotineiros são apenas possíveis graças à impunidade generalizada que tem as suas raízes e ramificações no sistema político e que se revela em violência institucional e, por exemplo, no não funcionamento da justiça. Há mesmo quem se refira à impossibilidade de organização de *gangs* devido à participação de agentes da polícia ou militares em atividades criminais. O controlo destas atividades é de tal forma forte e exclusivo que qualquer grupo que esteja fora destes círculos de poder é facilmente desmantelado.

A reprodução da desesperança

A violência impregna as experiências dos jovens pobres em Bissau, como em qualquer parte do mundo. Seja a violência coletiva, organizada, militar; seja a violência económica e estrutural que afeta toda a sociedade através da ausência de políticas de bem-estar, a violência do dia-a-dia na família, ou a violência simbólica que os remete para uma posição de subordinação ou para o estigma da criminalidade.

No entanto, apesar destas vivências, a maior parte dos jovens não recorre à violência coletiva como forma de afirmação ou sobrevivência. Esta não participação dos jovens em grupos ou atividades violentas é normalmente assumida como um "não facto". Considero, no entanto, que uma das formas de contribuir para a "desproblematização" da juventude consiste precisamente em analisar as condições em que isso acontece. Há que precisar que as dificuldades de existência social não provocam necessariamente reações violentas, podendo as razões dessa não violência situar-se na eficácia do controlo social, na satisfação relativa com a sua existência social e estatuto, ou na superação do controlo social, espiritual e económico pelos jovens de forma pacífica.

Esta não existência de determinados tipos de violência pode, porém, ser o resultado também da violência quotidiana e rotineira que desumaniza, nomeadamente da repressão político-militar, e do enquadramento permanente dos jovens nas lógicas de dependência, patrimonialismo e paternalismo que ditam o acesso aos recursos e a um estatuto valorizado, incluindo a ajuda internacional.

Em lugar de reações violentas, assistimos assim à reprodução de uma lógica de desesperança perante a qual as soluções mais óbvias para o futuro dos jovens são fugir ou esperar. A desesperança que evita a integração e organização violenta dos jovens atua também no sentido de os infantilizar e desprover do exercício de uma cidadania ativa, de protesto e de resistência, conotada com rebelião, delinquência e desobediência.

Bibliografia

Abbink, Jon (2005): "Being young in Africa: The politics of despair and renewal", em: Jon Abbink e Ineke van Kessesl (orgs.), *Vanguard or vandals. Youth, politics and conflict in Africa*. Leiden/Boston: Brill.

Aboim, Sofia (2008): "Masculinidades na encruzilhada: Hegemonia, dominação e hibridismo em Maputo", em: *Análise Social*, 43(2), 273-295.

Antoine, Philippe; Razafindrakoto, Mireille e Roubaud, François (2001): "Contraints de rester jeunes? Évolution de l'insertion dans trois capitales africaines: Dakar, Yaoundé, Antananarivo", *Document de Travail 8, DIAL – Développement et insertion internationale* [disponível em linha em: <http://www.dial.prd.fr/dial_publications/PDF/Doc_travail/2001-08.pdf>].

Argenti, Nicolas (2002): "Youth in Africa: a major resource for change", em: de Waal, Alex e Nicolas Argenti (orgs.), *Young Africa. Realising the rights of children and youth*. Trenton/Asmara: Africa World Press, 123-154.

— (2007): *The intestines of the state. Youth, violence and belated histories in the Cameroon grassfields*. Chicago/London: The University of Chicago Press.

Augel, Johannes (1996): "Guinea-Bissau expects its first democratic elections", em: Johannes Augel e Carlos Cardoso (orgs.): *Transição democrática na Guiné-Bissau e outros ensaios*. Bissau: INEP, 41-52.

Banco Mundial (2011): *World Development Report 2011: Conflict, security, and development*. Washington DC: The World Bank [disponível em linha em: <http://wdr2011.worldbank.org/fulltext>].

Barker, Gary T. (2005): *Dying to be men: Youth, masculinity and social exclusion*. London: Routledge.

Barker, Gary T. e Christine, Ricardo (2005): "Young men and the construction of masculinity in sub-saharan Africa: Implications for HIV/AIDS, conflict, and violence", *World Bank Social Development Papers*, 25.

Bayart, Jean-François (1981): "Le politique para le bas en Afrique Noire: Questions de méthode", em: *Politique Africaine*, 1, 53-82.

Bordonaro, Lorenzo (2009): "Introduction: Guinea-Bissau today. The irrelevance of the state and the permanence of change", em: *African Studies Review*, 52 (2), 35-45.

Briceño-León, Roberto (2002): "Introducción. La nueva violencia urbana de América Latina", em: Roberto Briceño-León (org.), *Violencia, sociedad y justicia en América Latina*. Buenos Aires: CLACSO [disponível em linha em: <http://bibliotecavirtual.clacso.org.ar/ar/libros/violencia/violencia.html>].

Chabal, Patrick (2002): "Lusophone Africa in historical and comparative perspective", em: Patrick Chabal (org.), *A history of postcolonial lusophone Africa*. London: Hurst.

— (2009): *Africa. The politics of suffering and smiling*. London/New York: Zed Books.

Comaroff, Jean e Comaroff, John (2000): "Réfléxions sur la jeunese. Du passé à la postcolonie", em: *Politique Africaine*, 89, 90-110.

Fithen, Caspar e Richards, Paul (2005): "Making war, crafting peace-militia solidarities & demobilisation in Sierra Leone", em: Paul Richards (org.): *No peace, no war: Anthropology of contemporary armed conflicts*. Oxford/Athens, Ohio: James Currey/Ohio University Press, 117-136.

FORREST, Joshua (2003): *Lineages of state fragility: Rural society in Guinea-Bissau*. Athens, Ohio/London: Ohio University Press/James Currey.

GABLE, Eric (2000): "The culture development club: Youth, neo-tradition, and the construction of society in Guinea-Bissau", em: *Anthropological Quarterly*, 73(4), 195-203.

GALLI, Rosemary e JONES, Jocelyn (1987): *Guinea-Bissau: politics, economics and society*. London/Boulder: Frances Pinter/Lynne Rienner.

GALTUNG, Johan (1996): *Peace by peaceful means. Peace and conflict. Development and civilization*. Oslo: International Peace Research Institute.

GLASER, Clive (2000): *Bo-Tsotsi: The youth gangs of Soweto, 1935-1976*. Portsmouth, NH/Oxford/Cape Town: Heinemann/James Currey/David Philip.

KYNOCH, Gary (1999): "From the ninevites to the hard livings gang: Township gangsters and urban violence in twentieth-century South Africa", em: *African Studies*, 58 (1), 55-85.

LOURENÇO-LINDELL, Ilda (2002): *Walking the tight rope. Informal livelihoods and social networks in a West African city*, tese de doutoramento, Departamento de Geografia Humana, Universidade de Estocolmo.

MBEMBE, Joseph-Achile (1985): *Les jeunes et l'ordre politique en Afrique Noire*. Paris: L'Harmattan.

MIESCHER, Stephan e LINDSAY, Lisa A. (2003): "Introduction: Men and masculinities in modern African history", em: S. Miescher e L. Lindsay (orgs.): *Men and masculinities in modern Africa*. Portsmouth, NH: Heinemann, 1-29.

MOSER, Caroline e RODGERS, Dennis (2005): "Change, violence and insecurity in non-conflict situations", *Working Paper 245*. London: Overseas Development Institute.

O'BRIEN, Donald e CRUISE, B. (1996): "A lost generation? Youth identity and state decay in West Africa", em: Richard Werbner e Terence Ranger (orgs.): *Postcolonial identities in Africa*. Atlantic Highlands, N.J.: Zed Books, 55-74.

PNUD (2009): *Relatório do Desenvolvimento Humano 2009*. Coimbra: Almedina [disponível em linha em: <http://hdr.undp.org/en/media/HDR_2009_PT_Complete.pdf>].

RATELE, Kopano (2008): "Analysing males in Africa: Certain useful elements in considering ruling masculinities", em: *African and Asian Studies*, 7, 515-536.

Richards, Paul (1996): *Fighting for the rain forest: War, youth and resources in Sierra Leone*. Oxford/Portsmouth, NH: James Currey & International African Institute/Heinemann.

— (2005): "New War: An ethnographic approach", em: Paul Richards (org.): *No peace, no war: Anthropology of contemporary armed conflicts*, Oxford/Athens, Ohio: James Currey/Ohio University Press, 1-21.

Robben, Antonius (2008): "Response to Nancy Scheper-Hughes", em: Nancy Scheper-Hughes e Robben, Antonius, "Whose Violence? Death in America: a California triptych", *Social Anthropology*, 16 (1), 77-89.

Roque, Sílvia (2011): *Um retrato da violência contra mulheres na Guiné-Bissau*. Bissau: Governo da República da Guiné-Bissau/Nações Unidas.

Roque, Sílvia e Vasconcelos, Joana (2012): "Raparigas de agora é só provocação!" Dinâmicas violentas das negociações geracionais e de género na Guiné-Bissau", em: Pureza, José Manuel Pureza; Roque, Sílvia e Cardoso, Katia (orgs.): *Jovens e trajectórias de violências. Os casos de Bissau e da Praia*. Coimbra: CES/Almedina.

Roth, Claudia (2008): "'Shameful!' The inverted intergenerational contract in Bobo-Dioulasso, Burkina Faso", em: Erdmute Alber; Sjaak van der Geest e Susan R. White (orgs.), *Generations in Africa. Connections and conflicts*. Münster: Lit-Verlag.

Salo, Elaine (2006): "*Man is ma soe*: Ganging practices in Manenberg, South Africa, and the ideologies of masculinity, gender and generational relations", em: Edna G. Bay e Donald Donham (orgs.), *States of violence: Politics, youth, and memory in contemporary Africa*. Charlottesville/London: University of Virginia Press.

Santacruz Giralt, Maria (2005): "La solidaridad violenta de las pandillas callejeras: El caso de El Salvador", em: Nelson Portillo; Mauricio Gaborit e José Miguel Cruz (orgs.), *Psicología social de la posguerra: teoría y aplicaciones desde El Salvador*. San Salvador: UCA Editores.

Scheper-Hughes, Nancy (1997): "Peace-time crimes", em: *Social Identities*, 3 (3), 1-26.

Scheper-Hughes, Nancy e Bourgois, Philippe (2004): "Introduction", em: Nancy Scheper-Hughes e Philippe Bourgois (orgs.): *Violence in War and Peace: An Anthology*. Oxford: Blackwell.

Schiefer, Ulrich (2012): "Falhanço em cascata: Como sociedades agrárias africanas em colapso perdem o controlo sobre os seus cadetes", em: Pureza, José Manuel Pureza; Roque, Sílvia e Cardoso, Katia (orgs.), *Jovens e trajectórias de violências. Os casos de Bissau e da Praia*. Coimbra: CES/Almedina.

Seekings, Jeremy (2006): "Beyond heroes and villains: The rediscovery of the ordinary in the study of childhood and adolescence in South Africa", em: *Social dynamics*, 32(1), 1-20.

Sévédé-Bardem, Isabelle (1997): *Précarités juvéniles en milieu urbain africain*, Paris/Montreal: L'Harmattan.

Sigrist, Christian (2001): "La destruction des sociétés agraires en Afrique: Esquisse théorique", em: *Cadernos de Estudos Africanos*, 1, 69-83.

Tavares dos Santos, José Vicente (2002): "The worldization of violence and injustice", em: *Current Sociology*, 50(1), 123-134.

Temudo, Marina Padrão (2006): "Cultura, agri-cultura e cultura política no sul da Guiné-Bissau: uma abordagem orientada para os actores sociais", em: *Lusotopie*, XIII(2), 127-154.

Vigh, Henrik (2006): *Navigating terrains of war: Youth and soldiering in Guinea-Bissau*. New York/Oxford: Berghahn Books.

— (2009): "Conflictual motion and political inertia: On rebellions and revolutions in Bissau and beyond", em: *African Studies Review*, 52 (2), 143–164.

Winton, Ailsa (2004): "Urban violence: a guide to the literature" em: *Environment & Urbanization*, 16 (2), 165-184.

Zaluar, Alba (1997): "Gangues, galeras e quadrilhas: globalização, juventude e violência", em: Hermano Vianna (org.), *Galeras cariocas*. Rio de Janeiro: Editora UFRJ.

Thugs: violência urbana tribalizada

Redy Wilson Lima
Instituto Superior de Ciências Jurídicas e Sociais (Cabo Verde)

Cabo Verde, situado acerca de 550 kms a oeste da costa do Senegal, na costa ocidental de África, com uma superfície de 4033 km², constituído por dez ilhas, das quais nove são habitadas, foi achado no século xv, por navegadores portugueses e italianos ao serviço da coroa portuguesa.

A povoação das ilhas começou em 1462, com muitas dificuldades, devidas, por um lado, às condições climáticas e, por outro, à distância em relação ao reino. Deste modo, a melhor forma de atrair os colonizadores às ilhas foi aliciá-los com a liberdade de poderem navegar e explorar a costa da Guiné, privilégios esses reduzidos dez anos mais tarde, tendo em conta as diversas irregularidades e abusos cometidos (Santos/Torrão/Soares 2007).

De qualquer forma, uma vez iniciada a colonização e os contactos culturais entre os portugueses, alguns europeus e nativos da costa ocidental da África tomados como escravos, começa uma coexistência nas ilhas de dois tipos de civilização diferentes entre si, contexto no qual se produz o mestiço.

Segundo Mariano (1991), a colonização das ilhas realizou-se a partir do padrão *sobrado*[1]/*funco*[2], o qual, longe da sua função estritamente

1. Famílias latifundiárias, antigos administradores coloniais e intelectuais.
2. Tipo de habitação humilde e rudimentar habitado anteriormente pelos escravos e pessoas mais pobres, mais especificamente no período colonial.

arquitetónica, simbolizava espacialmente o lugar a que pertencia cada um dos segmentos da população (o senhor e o escravo). Chama no entanto a atenção o facto dessa estrutura social, apesar de aparentemente antagonista, jamais ter desembocado em conflitos de maior envergadura, que pudessem ter ameaçado o progresso e a cultura cabo-verdiana.

Identidade cabo-verdiana, *morabeza* e noção de cidade partida

Peixeira (2003) considera que a identidade cabo-verdiana deve-se à junção de duas matrizes civilizacionais diferentes, sob condições históricas singulares, marcada por dois processos: a mestiçagem e as trocas culturais. Se por um lado, segundo este autor, a mestiçagem da população das ilhas como núcleo gerador da identidade cabo-verdiana é um processo resultante da mistura de raças, da progressão ascensional do mulato e da apropriação das formas de poder e de prestígio intelectual a partir da aculturação, por outro, a confluência das duas matrizes culturais – europeia e africana – corporizou-se na língua, na música, nos costumes, etc.

Desta feita, a identidade cabo-verdiana, a cabo-verdianidade, foi desde muito cedo enfatizada pela literatura com o objetivo de defender uma identidade distinta, específica e singular em relação a Portugal. Nas palavras de Brito-Semedo (2006: 265), "esta distinção – a consciência da diferença – compunha-se de um conjunto de fatores específicos da terra e tomou o nome de *crioulidade* ou sentimento crioulo."

Embora alguns intelectuais cabo-verdianos agarrados ao colonialismo tentassem, partindo das afirmações de Fernandes (2006), afastar Cabo Verde do continente negro, forçando uma aproximação à Europa a partir do encobrimento das supostas heranças africanas, torna-se evidente que a mobilização da identidade atlântica visava, para além de uma estratégia de conservação de poder, a uma rejeição da identidade africana.

Sendo verdade que os claridosos[3], segundo Brito-Semedo (2006), idealizaram uma nação atlântica, inspirados na lenda das Hespérides,

---

3. Nome sob o qual ficou conhecida a geração de intelectuais que fundou em 1936 a revista *Claridade* na cidade do Mindelo, ilha de São Vicente, sob o lema *fincar os*

tendo ela permanecido no espírito dos homens, nos textos egípcios incutidos por Platão, como símbolo de uma espécie de cidade ideal, também é verdade que o continente negro, a cerca de 550 kms de distância, só deixou de ser ignorado pela maioria da elite cultural das ilhas na pós-independência, nitidamente por motivos de sobrevivência nacional.

É de se notar que a literatura cabo-verdiana eternizou igualmente a ideia do povo *morabeza*, tendo apropriado o conceito de "cordialidade" da literatura brasileira[4], adaptando-o à identidade cabo-verdiana sob o signo de *morabeza* – uma cordialidade crioula. Esta característica do homem cabo-verdiano passa a ser entendida como uma categoria cultural essencial para a manutenção da coletividade cabo-verdiana. Por conseguinte, ser cabo-verdiano é ser cordial, hospitaleiro, solidário, urbano, cosmopolita, democrático, etc.

Ao ser moldado pelo modelo claridoso, o conceito *morabeza* passa, segundo Pina (2006), a se constituir como uma espécie da essência espiritual do insular, que dota este povo de uma singularidade *sui generis* no que toca à convivência social, herdada da miscigenada cultura e hibridez do arquipélago.

Apesar do sucesso dessa visão, exportada para fora do arquipélago via literatura e reproduzida pela elite cultural crioula, a verdade é que existe no país uma cultura de violência historicamente legitimada (Lima 2010 e Varela 2010) e, no caso da cidade da Praia, umas tensões sociais históricas entre o centro histórico (Plateau) e a periferia (subúrbios), deslocadas agora para os novos centros emergentes e reapropriadas pelos jovens. Isso, na verdade, faz com que a cidade da Praia, ao contrário dos que propalam a máxima de sermos o país da *morabeza* e de brandos costumes, não se afigura como uma cidade *morabeza*, mas sim como uma cidade partida, marcada pela distância espacial e social entre os seus membros.

---

pés na terra, e que esteve no centro de um movimento de cariz regional de emancipação cultural, social e política da sociedade cabo-verdiana. Mais sobre este assunto v. Brito-Semedo 2006: 282-332.

4. Segundo Sérgio Buarque de Hollanda (Raízes do Brasil, 1936), a "cordialidade" seria uma característica do povo brasileiro.

Os acontecimentos que assolaram a capital do país entre os finais dos anos de 1990 e os anos de 2000 criaram uma tendência a idealizar a vida citadina passada diante de um presente hostil e violento. Uma análise diacrónica sobre a cidade da Praia mostra-nos que, desde a sua criação, tensões e conflitos se acumulavam, mas eram prudentemente controlados, primeiramente, pelo aparelho repressor e alienador colonial e, posteriormente, pelo aparelho repressor e alienador socialista/comunista. Era eminente a explosão dessa situação, como se verificou com o aguçar das desigualdades sociais nos anos de 1990 e intensificadas nos anos de 2000.

Com isto queremos dizer que, desde a época colonial, já existiam "duas cidades" ou, como o formula Zuenir Ventura (1994) referindo-se à cidade do Rio de Janeiro, uma "cidade partida". Uma cidade na qual, não obstante a desigualdade, a injustiça social e os estigmas existentes, havia uma convivência amena e obediência civil, conseguidas através de mecanismos de controlo. Os pobres e os desprovidos de capitais[5] aceitavam, tomando-a como fatalidade da vida, a sua condição social de dominados.

O crescimento económico desigual verificado em Cabo Verde a partir dos anos de 1990, acompanhado pelo crescimento de uma economia subterrânea rentável, trouxe à sociedade praiense uma cultura de consumo espelhada em estilos de vida exuberantes, despertando nas populações umas aspirações maiores do que as suas possibilidades reais, levando os agentes desprovidos de recursos a não aceitarem a condição social dos seus antepassados. Se por um lado, a educação aparece como um meio pelo qual se pode atingir uma mobilidade ascendente, aqueles que por este caminho não conseguiam lá chegar, ora por não se aplicar, ora porque a inexistência/insuficiência do capital cultural familiar dificulta a sua integração num meio destinado a grupos com determinadas capacidades, optavam por meios ilícitos – moralmente criminalizados mas socialmente aceites –, aproveitando

5. Falamos dos "capitais" propostos por Bourdieu (2001 [1994]) – capital económico, cultural, social, simbólico e político, embora este último não fosse muito explorado por este autor.

as margens deixadas pelo sistema e transformando-se em inovadores[6] (Merton 1970).

O facto de se dar uma excessiva importância a certas metas de sucesso – riqueza acumulada tida como o expoente máximo dos valores desejados –, torna-se natural que todos os que fazem parte dessa sociedade sintam-se estimulados a atingir tal meta, isto porque a riqueza simboliza um elevado *status* social.

A expansão urbana da cidade, fruto das migrações internas derivadas da exclusão do meio rural e das ilhas periféricas, reconfigura a cidade transformando-a em um tecido espacial constituído por vários centros (*sobrados*) circundados por várias periferias (*funcos*). Desta feita, a segregação espacial torna-se uma realidade – reforça as segregações do passado – e se constitui como um mecanismo específico de reprodução de desigualdades e das oportunidades nas populações em situação de desvantagem social.

Os grupos acantonados em recortes espaciais estigmatizados passam a ser vistos pela maioria da população residente nos centros como a outra cidade, um lugar apocalíptico habitado por pessoas com costumes bizarros, mergulhados numa pobreza geracional, pouco amigos do trabalho, inseridos em famílias desestruturadas, onde proliferam doenças e marginais. Esta imagem do exterior é uma classificação que associa às populações dessa outra cidade uma identidade cultural determinada que funciona como estigma social que lhes é atribuído de forma negativa, desviante dos padrões culturais dominantes.

Jovens: do controlo institucional ao aparecimento da cultura *thug*

Se antes da independência do país, a Igreja – aqui entendida como um agente ao serviço do sistema escravocrata e colonial – tinha o papel de civilizar e controlar a população autóctone, sobretudo os jovens,

6. Merton apresenta cinco tipos de adaptação possível face aos valores desejados numa sociedade em que a desigualdade perdura: conformismo, inovação, ritualismo, rejeição e rebelião.

com a declaração da independência nacional, a reorganização dos jovens teria de passar por outros moldes inspirados nas mocidades socialistas/comunistas soviéticas/cubanas. Estava em jogo a afirmação do Estado-nação e do fortalecimento de laços de identidade; o doutrinamento político a partir de organizações juvenis de massa, tais como a OPAD-CV e a JACC-CV, aparece como uma forma de controlar os jovens através da alienação política. É de salientar que nessa segunda fase, a figura das milícias e dos tribunais populares afugentavam qualquer tentativa de sublevação juvenil nos bairros, por mais descontentes que estes estivessem.

No início dos anos 1990, com a democratização do país, procedeu-se a uma descoletivização social e as organizações juvenis supracitadas, marcas do passado comunista, tiveram de ser reestruturadas[7]; no seu lugar foram criadas organizações juvenis tidas como democráticas e impulsionadoras do livre arbítrio dos jovens[8]. Na prática, por falta de planificação contemporizada, inconscientemente, criou-se um certo vazio institucional, vazio esse não preenchido pela família e/ou pela vigilância comunitária. Essa descoletivização social acelerada e não planificada obrigou os jovens a partir em busca de novas referências e a superar o estado anómico por meio da reinvenção de novas formas de sociabilidade juvenil – formal ou informal.

Deste quadro social, os grupos de pares surgiram como agentes reprodutores de referência e os valores do *gangsta rap*[9] são, rapidamente, importados e incorporados no quotidiano juvenil urbano desafiliado. Poder-se-á dizer que, se por um lado, alguns *rappers* ou grupos de *rap* norte-americanos tornaram-se referências desses jovens, alguns filmes brasileiros e norte-americanos e os jovens deportados dos Estados Unidos da América, por outro lado, serviram igualmente de referência, na medida em que, reproduziram o imaginário *gangsta*.

Nos finais dos anos de 1990, alguns deportados dos Estados Unidos da América pertencentes ao gangue *Cape Verdean Peoples*, de Bos-

7. A OPAD-CV transformou-se numa ONG com o mesmo nome e a JAAC-CV foi extinta.
8. Criaram-se por exemplo os Centros da Juventude.
9. É um subgénero do *rap* que tem como característica a descrição do dia-a-dia violento dos jovens negros desafiliados das grandes cidades norte-americanas.

ton, formaram um grupo no bairro da Achada de Santo António, mais tarde denominado por CVP (Cabo Verde Pistoleiros). Se a ideia, por um lado, era uma tentativa de reavivar, na cidade da Praia, ações criminosas iguais às levadas a cabo nos guetos norte-americanos, por outro, a sua formação poderá ser considerada como uma estratégia de sobrevivência num contexto social diferente, estranho e estigmatizante.

Embora houvesse mais do que um grupo de jovens deportados a reproduzir a cultura *thug* no espaço social praiense, raramente havia problemas entre eles; o elemento mais forte dessa união era o facto de terem sido expulsos do país que os acolheu na saga migratória familiar. Portanto, não havia territorialização de espaços. Segundo relatos de alguns deportados e de alguns jovens que privaram com eles, os problemas começaram a surgir quando grupos rivais de narcotraficantes[10] cabo-verdianos começaram a contratar os seus serviços como seguranças em transações de estupefacientes e/ou como matadores. Isto fez com que houvesse divisões na comunidade deportada e, então, começaram a surgir os primeiros ajustes de contas entre eles. O refúgio era o bairro onde residiam ou onde tinham familiares e como proteção começaram a recrutar jovens do bairro, desesperados e revoltados com as condições sociais em que se encontravam. É de salientar o facto de que nos Estados Unidos da América uma das formas de recrutamento de futuros *street soldjas* é o aliciamento nas escolas secundárias das áreas pobres de adolescentes socialmente descontentes. Sendo assim, o recrutamento era fácil na medida em que muitos estavam extasiados com as suas histórias e o seu estilo de vida.

A deslocação dos grupos para outros bairros aconteceu no início do ano 2000[11], devendo-se, por um lado, à imitação de um estilo de

10. É de salientar o facto de que alguns elementos desses grupos tornaram-se narcotraficantes.

11. Neste período havia relatos de atividades de grupos delinquentes em quase todos os bairros da capital. No início, apenas havia um grupo por bairro, mas desavenças entre os seus membros e os "bifes" (disputas entre os MC's usando palavras provocativas e estigmatizantes) individuais e territoriais entre os grupos *gangsta rap* que foram aparecendo nas zonas periféricas da cidade contribuíram para o aparecimento de vários grupos.

vida novo e admirado e, por outro lado, à necessidade de defesa contra grupos de outros bairros ou do mesmo bairro que foram surgindo. A denominação *thug* só entra no vocabulário praiense por volta do ano 2003/2004, tomada de empréstimo ao *rapper* norte-americano Tupac Shakur[12], representando o modo de vida de sobrevivência do jovem negro nos guetos norte-americanos. Surge para designar jovens ou grupos de jovens com estilos de vida particulares, tribalizados e desalinhados das condutas dominantes.

Tribos urbanas e identidade *thug*

Sendo o homem *morabeza* – categoria moldada pelos claridosos, bebida na literatura brasileira –, uma das características da identidade cabo-verdiana, a recente violência patente nos jovens é algo incompreendido. A primeira reação foi culpabilizar a família, sobretudo as pobres, consideradas como desestruturadas e imorais, num exercício intelectual redutor e preconceituoso, ignorando toda a história social das ilhas.

No caso desses jovens, a importação e incorporação da identidade *thug* rejeita completamente a identidade atlântica, imposta pelos claridosos e reproduzida por uma parte da elite cultural pós-movimento claridoso, e reforça, inconscientemente, uma identidade não africana mas negra, socialmente explorada e estigmatizada. A reprodução no seio destes jovens de discursos antibrancos ou anticoloniais, interiorizados em alguns filmes e letras da música *rap* retratando jovens "guetizados" nos bairros pobres norte-americanos, são sintomáticos a esse respeito.

12. *Rapper* e ator norte-americano nascido na zona este de Harlem, Nova Iorque, conhecido ainda por 2 Pac, Pac ou Makaveli. Pac tinha a fama e nome de revolucionário. Era filho de pais ex-Black Panther Party, tendo vivido muito tempo com o padrasto, igualmente um ex-membro desse movimento partidário. Nas suas letras falava do nacionalismo negro, igualdade e liberdade. Viveu uma vida violenta contra o sistema social norte-americano e foi assassinado em 1996 por um atirador desconhecido.

A palavra *thug* poderá nos remeter, *a priori*, a uma fraternidade de assassinos e ladrões constituídos por hindus, *sikhs* e muçulmanos que operaram na Índia entre os séculos XVI a XIX, com recurso a cultos satânicos em adoração à deusa Kali, deusa da morte, ações essas abolidas nos finais do século XIX, por causa da campanha militar levada a cabo pelo Império Britânico.

Mais recentemente, nos Estados Unidos da América, nos anos de 1960/70, época dos tumultos raciais nas cidades norte-americanas, alguns grupos de intelectuais negros se autodenominaram *thugs*, colocando-se contra o sistema e as políticas raciais norte-americanas. A palavra ganha aqui um significado antissistema.

No início dos anos 1990, Tupac Shakur, juntamente com os seus amigos de bairro, passou a ser conhecido, devido ao seu estilo de vida oposto às condutas dominantes, como *thug*. Juntos formaram um grupo musical com o mesmo nome, e a expressão *thug life*[13] (vida difícil) começa a ser usada nas músicas que compunham. Mais tarde, com o intuito de diminuir a violência nos guetos pobres, fundaram um movimento social denominado *Thug Life*, criando uma espécie de mandamento *thug* que especificava o que poderia e o que não poderia ser feito nas comunidades. A expressão representa um acrónimo, derivado, segundo Pac, de um diagnóstico social dos guetos norte-americanos. Significa *The Hate U Give Little Infants Fucks Everyone* (o ódio que dás às crianças pequenas lixa toda a gente) e continha um código de rua assinado num tratado de paz entre os dois maiores gangues rivais norte-americanos, Bloods e Crips, em 1992, no Estado da Califórnia.

Na cidade da Praia, esta expressão começa a ser utilizada, num primeiro momento, no seio de alguns jovens deportados dos Estados Unidos da América e, mais tarde, por volta dos anos 2003/4, foram popularizados por jovens cabo-verdianos socializados no contexto insular, que se autodenominaram *thugs*, expressão conhecida nas letras de Pac.

Ao falarmos de violência urbana tribalizada, longe estamos de falar de um grupo étnico secular, mas sim, estamos metaforicamente a falar

13. Ideia concebida por Tupac que representava um novo tipo de Poder Negro.

do atrito social ou da resistência social de um grupo juvenil específico – os *thugs* – em relação à cultura dominante marcada por uma forte normatividade social. Jovens que formam agrupamentos nos bairros de residência, incorporando estilos de vida dos jovens negros dos guetos norte-americanos, optando por determinadas condutas vistas pela maioria dominante como desalinhadas, confrontativas e exóticas.

A manifestação do atrito com o todo social pode, por vezes, constituir-se em movimentos radicais de questionamento da realidade, promovendo uma cultura de violência e de drogas, como é o caso dos *thugs* e dos *thug rappers*, em ambos os casos "protagonizada como cultura de invasão (a que se associa o imaginário de 'classes perigosas'), mas também de evasão (*fugitive culture*)" (Pais 2004: 16).

Normalmente, a violência perpetuada pelos *thugs* é vista como algo sem sentido, devido sobretudo à relativa estabilização em torno dos valores com os quais as sociedades se julgam a si mesmas. No caso das tribos urbanas é interessante descobrir, de acordo com Pais (2004), que os sentidos também podem existir onde parece reinar a sua ausência. Muitos jovens valorizam o que observam ou o que se passa ao seu redor, acabando por integrar a nova moda não porque simplesmente existem, mas para que possam existir, isto é, "para se fazerem crer que pertencem a um sentimento identitário" (Pais 2004: 18). Portanto, se, como Pais (2004), considerarmos os territórios de liminaridade como territórios de atrito, lugar onde a ordem dominante é posta em causa, infringida, então, podemos afirmar que a entrada de muitos jovens e crianças nos grupos *thugs*, deve-se ao facto de, para além de outros possíveis desencadeadores, se encontrarem entre as fases de separação e de agregação de um rito de passagem e, por conseguinte, de uma busca identitária.

Convém também termos em conta a visão de Bordonaro (2010), segundo a qual muitos jovens cabo-verdianos se envolvem no crime ou se tornam usuários de drogas não apenas para satisfazer as suas necessidades básicas ou esquecer a sua realidade e os seus problemas do quotidiano; para este autor, a razão dessa escolha vai para além disso. Tanto o crime como a violência e os *flashes* de drogas "são instrumentos para aumentar o seu poder, a sua pertença social, para ampliar o seu *self* e proclamar a sua identidade" (Bordonaro, 2010: 177). É, portanto, uma forma de empoderamento (social, pessoal e económico) ambicionado que de outra forma dificilmente poderiam conseguir, visto se encontrarem impregnados da estrutura da segregação e da marginalização que os aprisiona.

A integração dos jovens a grupos *thugs*, distanciando-se assim de determinados padrões sociais, não equivale exatamente a um isolamento de tudo o que os rodeia, mas permite de eles se reencontrarem com grupos de referências mais próximas dos seus ideais ou condição social. Sendo assim, levando em consideração também as situações em que é a própria sociedade que os expulsa do seu meio por razões várias, a mobilização do conceito de desafiliação (Castel 2006) terá mais sentido que a do conceito de exclusão, uma vez que este auto ou heteroafastamento não implica um completo desligamento do social. Apesar de estarem num processo de descoletivização face a uma parte da sociedade, estes jovens, com efeito, formam outros grupos sociais através de um processo de recoletivização à margem das convenções sociais.

É na rua, nesse "fórum alternativo" mencionado por Bourgois (2001), que a afirmação da dignidade autónoma acontece. É lá que se acaba por desenvolver uma cultura de resistência caracterizada por diversas práticas de revolta que, com o passar dos tempos, se consolida num estilo de vida marcado pela oposição ou até por uma vida exclusivamente delinquente. Desta feita, os jovens optam por uma carreira delinquente que se processa através da manutenção, durante um longo período de tempo, de uma forma determinada de delinquência – de revolta – fazendo dela o seu modo de vida. A violência, por conseguinte, aparece neste contexto como uma contraviolência social existente em várias dimensões.

Constatamos que os jovens praienses, ao associarem-se a grupos *thugs*, adotam estilos incorporando três elementos[14] (Brake citado por Xiberras 1993) que, acrescentados às especificidades das tribos urbanas na busca da identidade grupal, reproduzem uma informação social *thug*. Verificamos que há um interesse numa autoapresentação performativa, visto que todos os grupos observados possuem pelo me-

14. A imagem, o porte e o uso do calão.

nos um *rapper* que, em muitos casos, é o líder e a música *rap* funciona como um dos elos de ligação entre eles; existe um cuidado com a autoimagem – calças e *t-shirts* largas, fios e brincos volumosos, lenços e/ou bonés postos de lado, tatuagens, etc.; notamos uma preocupação com o porte, uma vez que o corpo é utilizado como um lugar de identidade, de expressão e causador de medo; a transportação para o contexto insular de expressões usados nos guetos norte-americanos (*nigga, street, block, gun. Soldjah, thug life, money, cousin, g* – diminutivo de *gangster*, etc.) e a adoção de condutas de agressão e destruição com efeitos dramáticos sobre si mesmos e sobre a sociedade.

Tal como as antigas tribos se identificavam com determinados espaços, igualmente, as novas tribos urbanas se identificam com um certo recorte do espaço urbano – praças, escadas, ruas, entrada das casas, esquinas[15], etc., lugares de agrupamento de sociabilidades, onde escrevem as suas marcas através de *tags*[16].

Em síntese, podemos definir os *thugs* como sendo um grupo formado por jovens urbanos transculturais desafiliados, ligados por laços de sociabilidades e solidariedades frouxas mas intensas, marcados pela continuidade do tempo, que privilegiam o aqui-agora e propensos a fazer uso da violência como forma de afirmação pessoal, social e identitária.

Bibliografia

ARAÚJO, Lídice (2004): "Música, sociabilidade e identidades juvenis: o manguebit no Recife", em: José Machado Pais e Leila Maria Blass (coord.), *Tribos urbanas: produção artística e identidades.* Lisboa: ICS, pp. 117-143.

BORDONARO, Lorenzo I. (2010): "Semântica da violência juvenil e repressão policial em Cabo Verde", em: *Revista Direito e Cidadania (Edição Especial – Política Social e Cidadania)*, nº 30, pp. 169-190.

15. Sítios onde os jovens se encontram e passam a maior parte do tempo. Onde se contam as conquistas, as peripécias da vida, os assaltos, as desavenças e onde se aprende a ser *thug*.

16. Usados como etiqueta dos *gangs*. Uma espécie de marca registada para marcar terreno.

BRITO-SEMEDO, Manual (2006): *A construção da identidade nacional: análise da imprensa entre 1877 e 1975*. Praia: IBNL.

BOURGOIS, Philippe (2001): *En quête de respect: le crack à New York*. Paris: Seuil.

CARREIRA, António (1984 [1977]): *Cabo Verde: aspectos sociais, secas e fomes do século XX*, 2º ed. Lisboa: Biblioteca Ulmeiro.

CASTEL, Robert (2006): "Classes sociais, desigualdades sociais, exclusão social", em: Casimiro Balsa, Lindomar Wessler Boneti e Marc-Henry Soulet (org.), *Conceitos e dimensões da pobreza e da exclusão social: uma abordagem transnacional.* Ijuí e Lisboa: Editora Unijuí e CEOS, pp. 63-77.

FERNANDES, Gabriel (2006): *Em busca da Nação: notas para uma reinterpretação do Cabo Verde crioulo*. Florianópolis: Editora da UFSC.

LIMA, Redy Wilson (2011): "Praia, cidade partida: apropriação e representação dos espaços", em: Luca Bussotti e Severino Ngoenha (orgs.), *Cabo Verde da independência a hoje – Estudos Pós-Coloniais*. Udine: Aviani & Aviani Editori, pp. 49-66.

— (2010): "*Thugs*: vítimas e/ou agentes da violência?", em: *Revista Direito e Cidadania (Edição Especial – Política Social e Cidadania)*, nº 30, pp. 191-220.

MARIANO, Gabriel (1991): *Cultura caboverdeana: ensaios*. Lisboa: Veja.

MERTON, Robert K. (1970): "Estrutura social e anomia: revisão e ampliações", em: Ruth Nanda Anshen (org.): *A família: sua função e destino*. Lisboa: Editora Meridiano.

PAIS, José Machado (2004): "Introdução", em: José Machado Pais e Leila Maria Blass (coords.): *Tribos urbanas: produção artística e identidades*. Lisboa: ICS, pp. 23-55.

PEIXEIRA, Luís Manuel de Sousa (2003): *Da mestiçagem à caboverdianidade: registos de uma sociocultura*. Lisboa: Edições Colibri.

PINA, Leão Domingos J. L. (2006): *Valores e democracia em Cabo Verde: entre adesão normal e embaraço cultural.* Brasília: ICSUB.

SANTOS, Maria Emília M.; TORRÃO, Maria Manuel F. e SOARES, Maria João (2007): *História concisa de Cabo Verde*. Lisboa-Praia: IICT-IPC.

VARELA, Aquilino (2010): "A violência em Cabo Verde: entre a fantasmagoria da história, a desterritorialização das tenções sociais e novos agenciamentos", Comunicação apresentada no painel 1 – *evolução/involução da violência urbana, direitos humanos e segurança* do *Colóquio Segurança e Violência em Cabo Verde*. Universidade de Santiago, 21-22 de Abril.

VENTURA, Zuenir (1994): *Cidade Partida*. São Paulo: Companhia das Letras.

XIBERRAS, Martine (1993): *As teorias da exclusão: Para uma construção do imaginário do desvio*. Lisboa: Instituto Piaget.

"Dar um beijo na pânica". Garotos usuários, a vida na rua e a economia política do *crack* no nordeste brasileiro

Alice Sophie Sarcinelli
Institut de recherche interdisciplinaire sur les enjeux sociaux, École des Hautes Études en Sciences Sociales, Paris

Numa das primeiras conversas com Rogério[1], um garoto de treze anos, ele me apresenta o seu percurso de forma contraditória: no início, conta que fugiu de casa sem motivo, logo depois afirma que foi embora no dia que o seu pai faleceu. Mais tarde, ao convite de uns educadores de rua, a desenhar a sua família, ele retrata uma casa vazia. Eles perguntam: "E a sua família?", e ele responde: "Que porra nenhuma!". Dois meses depois, ele me explica que a sua família não quer mais saber dele, "porque ele é pobre". De outro lado, os relatórios dos educadores de rua de uma ONG sobre a visita à casa do garoto relatam que o lar é composto pela mãe, uma meia-irmã de dezoito anos, com um bebê de dois meses, e um irmão também em situação de rua. O pai deles e o da sua irmã faleceram, o único rendimento é aquele da mãe, catadora de lixo. A casa é um barraco vazio. A mãe expressa o desejo de entregar os dois filhos para uma instituição que possa cuidar deles, pois ela não aguenta. Ao mesmo tempo, Rogério declara não ter nenhum motivo para ficar numa casa onde não tem nada, e na rua consegue encontrar o que precisa.

1. Por razões de anonimato, o nome da cidade, do bairro e da ONG não são citados e todos os nomes foram inventados.

> Será que ele fugiu sem motivo ou porque a família o recusou? Será que uma dessas versões é falsa e a outra verdadeira? Talvez a resposta tenha sido dada pelo próprio garoto em outra outra ocasião: "Não penso nada, minha cabeça tá vazia como esse coco (disse enquanto apontava um coco no chão). O crack comeu tudo o que tinha dentro, falo só por falar".

Esse relato mostra quanto o tema é tão frágil e violento, tão difícil e escorregadio para ser pesquisado e teorizado. Este artigo explorará a identidade social de um grupo de garotos entre 9 e 16 anos, usuários de *crack*, que moram numa praça central de uma grande metrópole do nordeste do Brasil[2]. As observações etnográficas mostraram uma certa diferença de comportamento entre moradores de rua de idade diferente, o que sugere que existem *formas de vida* (Das 2007) e lógicas próprias de crianças e adolescentes em situação de rua[3]. Esta análise é uma tentativa de articular a experiência social da rua e do *crack* com a especificidade da fase do ciclo de vida na qual esses garotos se encontram.

Estruturamos o artigo em duas partes: a primeira focalizará as questões metodológicas e a segunda tratará da experiência subjetiva do *crack* e a sua economia política. Na primeira parte, examinaremos as precauções metodológicas que devem ser adotadas nas etnografias sobre crianças usuárias. Qual a contribuição epistemológica de uma etnografia sobre crianças e adolescentes em situação de rua aos estudos sobre a juventude e as suas transformações na América Latina? A segunda parte é uma contribuição à cartografia do panorama da juventude no continente latino-americano: os garotos que moram na rua hoje no nordeste do Brasil incorporam e representam as consequências extremas das grandes transformações socioeconômicas desse país, mas também da continuidade e da permanência das desigualdades estruturais da sociedade brasileira.

---

2. A pesquisa foi realizada principalmente com o método da observação participante em 2007 (Sarcinelli 2008): os informadores principais foram doze garotos que moram num bairro central e turístico da cidade.
3. Vou usar os termos crianças e adolescentes segundo a definição do Estatuto da Criança e do Adolescente: criança de 0-12 anos, adolescente de 12-17. O termo "em situação de rua", adotado no estado de São Paulo em 1992, se referere a quem trabalha, mora, circula na rua de dia ou à noite (cfr. Sarcinelli 2011).

Palavras de crianças, palavras de usuários

Conforme a Bruner e Turner (1986), a relação entre experiência, expressão e realidade é – sem sombra de dúvida – problemática. O relato inicial mostra como os momentos de narração constituem experiências intersubjetivas que nos informam sobre o contexto e as condições da expressão, ou seja, *performances* que nos dão acesso ao ponto de vista peculiar das crianças. Das sugere pensar as histórias não como textos fixos, mas enquanto constante processo de produção que aos poucos se estabelece como uma linguagem comum: "one may better speak of some stories as an engagement in the everyday with a creation of boundaries in different regions of the self and of sociality" (Das 2007: 80).

Alguns obstáculos específicos caracterizam as pesquisas sobre meninos "em situação de rua". Os garotos utilizam estratégias para protegerem-se do mundo exterior: eles falam a língua dos "pivetes", um idioma secreto e incompreensível até para os brasileiros, eles têm a tendência a não revelar as informações pessoais, a mentir ou a responder de forma estereotipada ou monossilábica. Jacques Meunier (2001) notou que a singularidade dos relatos dessas crianças não está somente no vocabulário: ela encontra-se na voz, nos efeitos sonoros, na sensibilidade, no tom. Prolongando essa reflexão, podemos interrogar-nos sobre a elucubração. O que fazer das informações inexatas, mentirosas ou totalmente inventadas? Evidentemente, eu pratiquei o que Alba Zaluar chama de "hermenêutica da desconfiança" (2004: 12) com o material recolhido. A questão não é tanto de não aceitar ingenuamente elucubrações, verdades e fantasias, mas de interrogar-se sobre o significado delas. Zaluar interessou-se também pelos significados encontrados na mentiras sistemáticas, ou que devem ser interpretadas com a ajuda das teorias sociais, dos dados estatísticos e dos comentários realizados pelos outros informadores e colaboradores da pesquisa que compartilham o código de significação e as regras de comunicação desses "mentirosos".

Meunier (ibid.) entende as mentiras das crianças de rua como contra-verdades cheias de significados, como aspirações, fantasias, instrumentos de negação de uma realidade. Mesmo assim, a dificuldade em buscar um sentido nos relatos e nas ações encontradas permanece. É justamente essa dificuldade de extrair o sentido das palavras das crianças usuárias que ajuda a entender melhor o contexto social que marca a forma narrativa e que nos informa sobre o que Das (2007: 65) chama de *lifeworld context* (2007: 65). A narração nos informa sobre os ideais sociais e culturais desses meninos, sobre a capacidade de indivíduos de idades diferentes de compreender a realidade deles, como também sobre o que é possivel dizer ou não dizer num determinado contexto. Um dos valores do relato é ligado também a todas as informações implícitas e explícitas que o contexto social confere à experiência da infância. Por exemplo, olhando o conjunto dos relatos recolhidos, encontramos certas expressões recorrentes. Cada garoto tende a dizer que veio para a rua quase com certo orgulho: "por que eu quis". Quando querem justificar-se por alguns atos autodestrutivos, falam: "não tenho nada a perder" ou também: "não tenho medo de morrer". Essas repetições sugerem que existe uma inter-relação entre histórias individuais e experiências coletivas, aliás, que a experiência individual é reinvestida numa história comum e numa identidade coletiva. Essa identidade baseia-se no prenome coletivo "Teô" que eles usam para chamar o grupo das crianças ou qualquer criança de rua e que constitui uma marca identitária baseada sobre um sistema de inclusão/exclusão. Entre eles se chamam de "pivetes", reapropriando-se de um termo discriminante usado pela sociedade. Um fato que chama a atenção é a alegria vital que os mais novos pareciam ter, ao mesmo tempo que não parecem dar muito valor à própria vida, coisa que exprimiram através de atos e relatos. Ademais vemos um orgulho, uma vontade de se apresentar, em vez de vítimas da situação, como atores protagonistas da própria história e de afirmarem-se responsáveis por esta escolha.

Os limites da etnografia da violência

Pesquisar sobre o cotidiano de garotos de rua, usuários de *crack*, implica confrontar-se com os problemas metodológicos dos "campos perigosos"[4]. Na verdade, os níveis de risco dos "campos perigosos" va-

4. Christopher Kovats-Bernat define assim um campo perigoso: «those sites where social relationships and cultural realities are critically modified by the perva-

riam bastante: uma etnografia em situação de guerra não apresenta os mesmos perigos que existem no centro de uma cidade nordestina. De toda maneira, as formas de violência que encarei nesse trabalho de campo foram inúmeras: a violência das quais os garotos são atores ou vítimas, ou que se autoinfligem, e a violência do bairro. Além disso, outros perigos limitaram o acesso a certos aspectos da vida dessas crianças, como a vida noturna e o comércio de drogas. O efeito do *crack* causava uma grande instabilidade na pesquisa de campo, pois um momento aparentemente calmo podia transformar-se, de repente, num conflito onde os meninos jogavam pedras em várias direções. Isso tudo tem consequências diretas no estudo produzido. Tornou-se necessário limitar o campo de investigação[5] e aplicar o que Nancy Howell chama de "normative practice in dangerous fieldwork" (Howell 1990 in Kovats-Bernat 2002: 212). Christopher Kovats-Bernat e Philippe Bourgois (2002) se interrogaram sobre a influência da violência vivenciada na observação e na interpretação. Kovats-Bernat, em particular, evidencia que a aculturação aos campos violentos modifica nossa abordagem metodológica e o nosso olhar. Tentei levar em consideração, interrogar-me e refletir tanto sobre as palavras quanto sobre os silêncios, sobre os lugares observáveis, assim como aqueles inacessíveis.

Dar um beijo na pânica

Estudos antigos mostram que os meninos de rua brasileiros se distinguem dos demais de outros países pelo consumo excessivo de drogas, principalmente a cola de sapateiro (cf. Milito e Silva 1995, Hecht, 1998, Lucchini 1993 e 1996). Conforme a pesquisa de Antônio Nery

---

sion of fear, threat of force, or (ir)regular application of violence and where the customary approaches, methods, and ethics in anthropological fieldwork are at times insufficient, irrelevant, inapplicable, imprudent, or simply naïve» (2002: 208-209).

5. Nunca fiquei na Praça depois das 19h, e depois das 17h30min nunca estive sozinha; nunca fui às ruas onde ficam os pontos de venda a varejo, e tampouco fui visitar as famílias das crianças.

(1993) do final dos anos 1980, o consumo dessa substância era quase sistemática entre os meninos em situação de rua. Hoje o *crack*[6] está substituindo a cola e se alastrando bastante em vários bairros da cidade, inclusive entre meninos em situação de rua.

Os educadores de rua afirmam que os garotos do bairro (a maioria dos quais anteriormente era consumidora de cola) começaram a utilizar o *crack* por volta de um ano antes da minha chegada no campo: esse fato não marcou a entrada na "carreira" de usuários, mas uma escalada qualitativa (Lucchini 1993). Não é fácil quantificar com precisão o consumo, mas ele é considerável, ao ponto que o físico das crianças é marcado pelos efeitos da substância: elas são bem magras, os dentes e as unhas são pretos, as mãos cheias de cicatrizes, frutos dos talhos das lâminas utilizadas para cortar o *crack*[7]. A observação mostra que elas cumprem com os critérios da Classificação da Síndrome de Dependência da Segunda Edição da Classificação International Das Enfermidades (Cf. Sampaio Martins, artigo não publicado).

Podemos ler a consumo do *crack* como um fator nas relações sociais entre os garotos. Na rua, o *crack* é conhecido sob o nome de "pânica" ou "queijo", a dependência dele é comparada com a paixão: fala-se de "dar um beijo no queijo", uma vez que você dá um beijo (testa o *crack*), vai-se apaixonar e, sendo assim, vai roubar ou fazer qualquer coisa para ter mais. Os meninos entre 9 e 14 anos tendem a andar em grupo, como estratégia de defesa, embora a polícia tente dissuadi-los para diminuir sua visibilidade diante de turistas. A relação entre crianças e adolescentes é ambivalente, feita de confiança e opressão, de proteção e de fidelidade. Os mais novos precisam de proteção e são úteis ao grupo, porque têm mais facilidade para ganhar dinheiro dos turistas; os adolescentes aproveitam a fragilidade dos mais novos para pedir-lhes favores, para mandarem e serem "servidos". Marcos organiza o recolhimento do dinheiro e decide quem tem direito de fumar.

6. O *crack* é um derivado da cocaína, ele dá uma dependência imediata e bem forte da qual não é facil se livrar. Quero ressaltar que essa etnografia ilustra uma situação específica, que não dá conta da totalidade da experiência dos meninos que moram nas ruas nem nas capitais nordestinas, e menos ainda na totalidade do Brasil.

7. O *crack* vem em pedras que são cortadas e colocadas numas pipas fabricadas pelos próprios garotos ou outros moradores de rua.

Ele se preocupa com os outros: uma vez, ele mandou José passar uns dias em casa, pois ele "estava muito magro". Também pretende que todos eles tomem café antes de usar drogas, pois o *crack* tira a fome.

Todavia, essa atividade é vivenciada e assume vários significados segundo a idade e a situação de cada um. Os mais novos fumam para brincar sem entender verdadeiramente as consequências: até os cachimbos são brinquedos. Para os adolescentes, usar *crack* é uma prova de virilidade e de poder. Eles fumam porque é a regra da rua, para pertencer ao grupo. Marcos acredita que tem que fumar mais do que os outros porque é o chefe. Outros admitem também que fumam "porque não tenho nada pra fazer. Fumo para passar o tempo" (Marcelo, 16 anos), ou Rogério, que finge ter fumado, enganando o chefe, para fumar menos. Humberto me diz que o *crack* não o domina (ou seja, que ele não é dependente), mas que fuma porque se deixa influenciar pelos outros e porque ele não vale nada. Em resumo, o *crack* é vivenciado como um jogo, um passatempo, uma forma de se afirmar no grupo. O consumo é entendido pelos atores sociais em questão como uma escolha ou como uma regra da rua. Agora, como é possível que essa substância chegue a garotos de nove anos?

A economia politica do *crack*

As pedras de *crack*, rebotalhos da cocaína que chega da América Central para ser refinada e enviada à Europa, foram produzidas no mercado local a baixo preço e disponibilizadas, inclusive, aos meninos. Diferente da cola, o *crack* é uma substância ilegal que os meninos compram nos pontos de venda a varejo, tendo uma relação econômica direta com os traficantes. O Brasil é o principal corredor de distribuição da cocaína colombiana, que constitui um grande percentual da produção mundial: a partir dos anos 1980, o Brasil virou o segundo país no mercado de consumidores de drogas, superado unicamente pelos Estados Unidos. Segundo as Nações Unidas, o narcotráfico brasileiro representa aproximadamente 10-15% do mercado mundial, o que corresponde a uma circulação de vinte a quarenta bilhões de dólares por ano.

Alba Zaluar (2004: 31-35) indica a importância dos mecanismos institucionais e do crime organizado no aumento da violência e do próprio tráfico nos últimos decênios: contrariamente ao que a mídia deixa pensar, o crime organizado não afeta só as classes mais baixas. A venda a varejo, que representa para as populações mais pobres uma alternativa à dramática realidade do mercado do trabalho, é a única etapa do tráfico a ser perseguida pela lei. Crianças cada vez mais jovens são implicadas nesse tráfico, tanto na dristribuição quanto no consumo.

O *crack* entrou no tráfico local por volta dos anos 1990 e se difundiu gradualmente até constituir umas das principais drogas consumidas nos anos 2000. Nery sugere que a substituição da cocaína, e de outras substâncias tomadas por via intravenosa, pelo *crack* foi o efeito do succeso das campanhas de prevenção contra a AIDS. A razão seria que o *crack*, embora provoque um efeito tão intenso quanto essas outras drogas, evita o risco de contaminação.

A dependência do *crack* dos garotos que moram na rua no centro da cidade faz com que uma parte considerável das esmolas dos turistas chegue aos traficantes, que vendem a crianças de qualquer idade. Uns informadores adultos explicaram que os traficantes fazem com que as crianças continuem devendo-lhes dinheiro para seguirem sendo clientes deles, o que foi confirmado também por umas pesquisas feitas por Zaluar no Rio de Janeiro sobre os mecanismos de extorsão. Podemos resumir isso tudo com as palavras de Marcelo (16 anos). Um dia, enquanto um camelô pede-me para tirar Tobias de perto dele, porque ele estava atrapalhando seus négocios, comentou: "se o vendedor fosse um traficante, jamais ele teria se queixado".

Considerações finais

Conforme os relatos de vários informadores locais, o advento do *crack* transformou radicalmente a vida dos garotos e as suas relações sociais. Esse tema, integrando uma análise da economia política do *crack*, permitiu analisar as estratégias de consumo e as significações atribuídas ao uso do *crack* pelos garotos.

O fio vermelho que une essas interrogações é a questão da interpretação. Como interpretar a coexistência de estratégias de sobrevivência e de atos de autodestruição? Como podemos dizer, sem cair em contradição, que os meninos escolhem drogar-se, mesmo tendo uma compreensão do mundo limitada pela sua idade e articulando essa escolha com as condições estruturais que limitam as possibilidades de sua escolha? Qual é a experiência de vida dessas crianças e como podemos ter acceso à vivência delas?

Efetivamente, as lógicas que orientam as escolhas de vida e os comportamentos das crianças que moram nessa praça não são fáceis de entender. As observações ressaltaram que elas têm uma relação ambivalente com a vida: no plano discursivo, elas declaram não terem nada a perder e não temerem a morte; na prática, ao mesmo tempo que lutam pela sobrevivência, têm comportamentos autodestrutivos. Em geral, podemos constatar uma forma peculiar de perceber a realidade, atenta aos pequenos detalhes, exprimida não unicamente de forma verbal, mas também concreta, o que ilustra uma lógica peculiar que diferencia esses garotos dos moradores de rua adultos.

Parece que uma lógica de infância se insere numa experiência de vida que os leva a ter comportamentos "fora da infância", como utilizar dinheiro, relacionar-se com os traficantes, utilizar *crack*. Essas reflexões parecem contradizer a maneira dominante de pensar a infância, mas encontram uma coerência nesse contexto social e na "forma de vida" que os garotos aprenderam: um mundo de significados onde infância, violência e *agency* fazem sentido. Nos estudos de Margaret Trawick (2007) sobre a guerra, a infância e o jogo em Sri Lanka, a autora ressalta as profundas conexões entre guerra e jogo, o entusiasmo, a importância do brincar e dos risos na vida cotidiana em contexto de guerra. Na passagem da infância à adolescência, a lógica é mais da transgressão, da afirmação de si mesmo, da virilidade. Isto foi constatado também por Philippe Bourgois (2001), que aponta essa fase da vida como a passagem da interiorização das estruturas sociais à organização da própria autodestruição. Tentamos demonstrar assim a fluidez e a coexistência de sentimentos e lógicas aparentemente contraditórias: a violência e a atitude lúdica, os comportamentos "fora-da-infância" (Sarcinelli 2008) e as práticas infantis. Os limites entre a violência e o jogo, entre solidariedade e opressão são bem mais fluidos do que podíamos pensar antes.

Bibliografia

BOURGOIS, Philippe (2001): *En quête de respect. Le crack à New York*. Paris: Seuil.

— (2002): "La violence en temps de guerre et en temps de paix. Leçons de l'après-guerre froide: l'exemple du Salvador. Partie 1", in: *Cultures & Conflits*, núm. 47 – Les risques du métier, <http://conflits.revues.org/index825.html>, acessado 14 de março de 2009.

DAS, Veena (2007): *Life and worlds. Violence and the descent into the ordinary*. Berkley e Los Angeles: University of California Press.

HECHT, Tobias (1998): *At home in the streets: street children of Northeast Brazil*. Cambridge: Cambridge University Press.

KOVATS-BERNAT, Christopher (2002): "Negotiating dangerous fields: pragmatic strategies for fieldwork amid violence and terror", in: *American Anthropologist*, n. 104 (1), 208-222.

LUCCHINI, Riccardo (1993): *Enfant de la rue. Identité, sociabilité, drogue*. Genève /Paris: Droz.

— (1996): *Sociologie de la survie: l'enfant dans la rue*. Paris: Puf.

MEUNIER, Jean (2001): *Les gamins de Bogotá*. Paris: Payot.

MILITO, Claudia/SILVA, Helio R. C. (1995): *Vozes do meio-fio*. Rio de Janeiro: Ed. Dumará.

MINISTÉRIO DA CRIANÇA/PROJETO MINHA GENTE (1991): *Estatuto da Criança e do Adolescente*. Brasília.

NERY, Antônio F. (1993): *La vie dans la marginalité ou la mort dans l'institution. Étude sur quatre groupes d'enfants et d'adolescents vivant de la rue à Salvador de Bahia (Brésil)*. France: S. L.

SARCINELLI, Alice Sophie (2008): *Enfants hors-de-l'enfance. Enquête ethnographique sur les garçons de rue à Salvador de Bahia*. Tese de Mestrado (Master Recherche en Sciences Sociales, Mention Anthropologie), École des Hautes Etudes en Sciences Sociales, Paris: Manuscrito.

— (2011): «Infancias marginales, los márgenes de la infancia. Trayectorias de muchachos en situación de calle en el noreste brasileño», en: *Revista Alteridades*. Vol. 21 n° 42, Mexico: Universidade Autónoma Metropolitana, 91-101.

Sampaio Martins: "O que é droga e o que é saúde". Cetad: artigo não publicado.

Trawick, Margaret (2007): *Enemy lines. Warfare, childhood, and play in Batticaola*. Berkley: University of California Press.

Turner, Victor W./Bruner, Edward M. (eds.) (1986): *The anthropology of experience*. Urbana/Chicago: University of Illinois Press.

Zaluar, Alba (2004): *Integração perversa: pobreza e tráfico de drogas*. Rio de Janeiro: Editora FGV.

El alcoholismo como "causa principal del delito". Una reflexión histórica sobre la criminalización de sustancias tóxicas

SÖNKE BAUCK
ETH Zürich

Introducción

En 1911, Luis Dellepiane[1], director de la policía de Buenos Aires, anunció un programa para eliminar la ebriedad entre los hombres. Su ordenanza que prohibió la apertura de bares en los días de domingo, estaba dirigida a los obreros que preferían embriagarse y buscar peleas, disturbando con su borrachera y violencia el orden público. Dellepiane vio la elevación del nivel intelectual y la higiene del obrero como objetivo de la medida. En sus palabras dictadas a *La Prensa*, la pres-

1. Eran sobre todo los inmigrantes italianos que destacaron en el discurso criminológico y los empleos públicos al respecto. Eugenia Scarzanella lo explica con la valorización de la escuela del famoso criminólogo Cesare Lombroso, por lo que a los inmigrantes italianos se apreciaba particularmente en esta disciplina (Scarzanella 2002: 16).

cripción de esta ley era central para la "represión del alcoholismo, la causa principal del delito"[2].

Esta breve introducción nos deja con dos preguntas conductoras que nos pueden servir para una valiosa reflexión sobre el manejo del problema del alcohol como droga:

1. ¿Cómo y por qué se criminalizó el alcoholismo y qué se asoció con él?
2. ¿Cuáles fueron las recetas en la lucha contra el alcoholismo y en qué se fundaron?

Para responder a la primera, busco los orígenes de la criminalización del alcoholismo en el discurso científico. A la última me voy a acercar a través de las personas trabajando en las instituciones para demostrar los cambios de paradigmas en la política del Estado.

Misión civilizadora y los orígenes del *delincuente alcohólico*

Para localizar el discurso sobre el alcohólico como delincuente es provechoso explorar sus orígenes en su contexto histórico. En la segunda mitad del siglo XX millones de migrantes europeos acudieron al puerto de Buenos Aires llevando consigo nuevas ideas políticas y una nueva interpretación del papel del Estado en la sociedad. La identidad argentina y el desarrollo del Estado nacional fueron caracterizados fundamentalmente por estos inmigrantes europeos, hombres en su mayoría.

En búsqueda de una identidad común para una sociedad que consistió en gran parte de inmigrantes, prevaleció la idea de que la "raza argentina" era una amalgama de "razas latinas" (Delaney 2006). En esta visión nacionalista, enfermedades sociales como la prostitución,

2. "Noticias de policía. El Descanso Dominical Obligatorio. Resolución del jefe de policía. Una campaña contra el alcoholismo", *La Prensa*, 11 de febrero de 1911, citado por Rodriguez 2006: 131.

la vagancia o el alcoholismo amenazaban el porvenir de la raza. Influido por el degeneracionismo francés y la criminología italiana, los intelectuales porteños vieron la joven nación ya confrontada con su primer desafío. Los esfuerzos de una misión civilizadora en la tradición positivista estaban más evidentes en Buenos Aires, la metrópoli donde la oleada de inmigración llegó a situaciones de higiene y social más difíciles.

Con el ejemplo de las ciudades europeas, los primeros examinados de las universidades argentinas emplearon medidas de higiene urbana y reformas institucionales. El higienista más destacado, Emilio R. Coni, diseñó la ciudad de La Plata como "ville hygiénique" y la presentó como ejemplo de la modernidad argentina en el congreso internacional de higiene en Viena (Vallejo 2007: 53). Higiene y urbanismo parecían poder medir el progreso de una nación en su esfuerzo por pertenecer al mundo civilizado. Los higienistas luchaban contra enfermedades como la tuberculosis o el alcoholismo, ambos vinculados a las condiciones sociales (Armus 2007). A diferencia de las enfermedades infecciosas, el alcoholismo estaba asociado con ciertas conductas antisociales, convirtiéndose en lo que se percibía una "enfermedad social". Augusto Bunge, socialista y médico del departamento nacional de Higiene, vio la nación en una encrucijada en 1905. El alcoholismo le pareció como el otro lado de la medalla del progreso y un probable agente de su descomposición.

> Todas las facultades superiores adquiridas en la evolución secular de la civilización desaparecen, se disuelven como barniz en el alcohol; la voluntad sin guía es solo una impulsión inconsciente y tenaz; solo queda la bestia, y una bestia envilecida y sobreexcitada, capaz de las mayores porquerías como los peores delitos (Bunge 1905: 672-673).

Mucho de los discursos académicos europeos se refleja en el discurso argentino. La identificación del alcoholismo como enfermedad individual ya data del año 1846, cuando el sueco Magnus Huss definió el *alcoholismo crónico* por primera vez. Los autores argentinos se refirieron particularmente a autores de Europa, sobre todo de Francia e Italia. El más citado fisiólogo era el francés Paul Maurice Legrain, quien comprobó en sus experimentos el supuesto carácter hereditario del alcoholismo. El italiano Cesare Lombroso influyó fundamentalmente en el discurso de la nueva disciplina de la Criminología. Su tipología antropológica de hombres delincuentes incluyó también al alcohólico, quien estaba destinado a hacerse criminal por herencia.

La visión social-darwinista de Lombroso no ofrecía posibilidades de cambios para mejorar "la raza argentina". Por consiguiente, a partir de la primera década del siglo XX, los criminólogos argentinos adoptaban las teorías de Enrico Ferri, un discípulo de Lombroso, que no negaba el carácter hereditario de la criminalidad, pero que ponía énfasis en las condiciones sociales de los delincuentes. Con su "defensa social", Ferri describió un sistema preventivo de higiene social. Según esta noción de criminología, la protección de la sociedad es el último objetivo de la justicia criminal. Su programa ponía énfasis en la importancia de la ley y la reforma del sistema penal (Quesada y Ferri 1908). Pero la interpretación de la "defensa social" en Argentina no fue uniforme. Algunos criminólogos la interpretaron como medida para poner bajo cuarentena a los individuos cuya presencia constituía una amenaza potencial para el orden público, y eso independientemente de la gravedad del delito (Rodríguez 2006: 227).

Según el editor de los *Archivos de Psiquiatría y Criminología*, José Ingenieros, la función de la ley era proteger la sociedad de las bajas pasiones del individuo. La defensa social era la base racional adaptada a la peligrosidad del delincuente Sin embargo, el programa de Ferri incluía sugerencias para la reforma social. De esa manera sus ideas abrieron nuevas posibilidades de "ingeniería social" (Social Engineering) a través de instituciones correccionales y, más tarde, para programas de asistencia social.

La delincuencia alcohólica

En los primeros años del siglo XX, la élite política conservadora de Buenos Aires, siguiendo el afán modernizador, intervino en la esfera pública en primer lugar a través de instituciones represivas. En la primera década del siglo los 17 000 arrestos anuales por ebriedad pública son un ejemplo fidedigno de la intervención de la policía (Scarzanella

2002; Rodríguez 2006)[3]. Durante la década de 1910 podemos observar un cambio de paradigmas en la forma de la intervención que quisiera explorar aquí.

En el discurso criminológico y psiquiátrico se pueden diferenciar tres variaciones sobre el alcoholismo como causa de delincuencia: primero, la más evidente causa directa de delincuencia es el estado de ebriedad, sobre todo en cuanto a los delitos de violencia, tanto en el hogar como en el espacio público. Segundo, como comportamiento antisocial asociado con el alcoholismo: la prostitución, la miseria, la "vagancia y la mendicidad". Y por último, lo más preocupante fue lo que se percibía como crimen al cuerpo social, heredando el alcoholismo a futuras generaciones. La transmisión por herencia parecía lo más preocupante, dada las consecuencias fatales que se imaginaban.

Con el objetivo de la *defensa social*, los criminólogos argentinos optaban por analizar científicamente los orígenes del crimen y buscar remedios adecuados contra la "enfermedad social" que amenazaba el orden público y el porvenir de la nación.

Las nuevas instituciones correccionales y científicas estaban directamente interrelacionadas, como en el caso del Instituto de Criminología. Estaba situado en la Penitenciaría Nacional, donde los "doctores positivistas" buscaban respuestas para el "deterioro moral y mental" en las estadísticas exactas. Los reclusos ingresados daban prueba del carácter criminal de los alcohólicos. Para desvanecer las últimas dudas sobre la relación directa entre alcoholismo y delincuencia, se usaban las estadísticas de criminólogos de Europa y América. Ellas indicaron un paralelismo entre el aumento de la criminalidad y el consumo de bebidas alcohólicas. Augusto Bunge afirmó que "de cuatro ebrios, uno al menos es delincuente" (Bunge 1905: 673).

El órgano del Instituto de Criminología, los *Archivos de Psiquiatría y Criminología*, da prueba de un verdadero discurso transnacional en la criminalización del alcoholismo. A partir de 1902 autores de toda América y Europa publicaron sus artículos (en parte traducidos, como

3. Para Scarzanella, las cifras oficiales son elevadas debidas a las transferencias del mismo ebrio a diferentes puestos de policía durante 24 horas. Desafortunadamente Scarzanella no menciona la fuente de sus afirmaciones (Scarzanella 2002: 51-52).

el influyente discurso de Gustav von Bunge en la Universidad de Basilea sobre "Las fuentes de la degeneración", Bunge 1913) sobre el peligro del alcoholismo en la revista fundada por el criminólogo y socialista argentino José Ingenieros. Se analizaban los casos de criminales creando las categorías del *alcoholista consuetudinario,* del *alcoholismo crónico* y de la *locura alcohólica.* La primera posiblemente se derivó del criminal consuetudinario de la tipología lombrosiana. La forma más grave, el alcoholismo crónico, podía tener como resultado el *delirium tremens.* En este estado el hombre alcohólico tiembla y alucina y es allí donde se vuelve un elemento criminal más peligroso y violento, inclusive para su familia y para sí mismo. Después de largas discusiones se descartó la relación directa entre alcoholismo y suicidio, como lo había propuesto el fisiólogo bonaerense Fermín Rodríguez (Rodríguez 1905).

El concepto de ingeniería social se basaba en visiones formuladas en torno a las instituciones del Estado-nación y la sociedad civil. En la Penitenciaría Nacional se intentaba disciplinar y preparar a los reclusos a través del trabajo para poder reintegrarlos al "cuerpo social". A finales de la década 1910, se trataba de obtener una imagen más amplia del delincuente tomando en cuenta su ámbito social. Las mujeres de la nueva profesión de visitadoras sociales acompañaban a la familia del delincuente. Este nuevo oficio se basaba en las experiencias de grupos filantrópicos, como la Sociedad de Beneficencia, que precedieron el estado del bienestar, principalmente creado en Argentina a partir de los 1940 (Guy 2009). En 1933 un grupo de médicos asesores propuso la investigación de los hogares de los alcoholistas, visitas y el estudio de sus familias (Ministerio 1934: 62-63).

El alcoholismo y la cuestión social

Para la élite porteña, la criminalidad la componían ciertas conductas que se consideraban altamente peligrosas para el orden social. Incluía todas las actividades desde la protesta social y el anarquismo hasta todo lo asociado con "la mala vida" (Cleminson y Fuentes Peris 2009). Específicamente a la prostitución y al alcoholismo se los consideró como *enfermedad social* y *veneno racial* que podían contagiar al "cuerpo social". El alcohólico tendía a cometer delitos, vivir "la mala vida" y, en su último estado de degeneración, caer en la locura. Estas opiniones estaban correlacionadas con el discurso científico.

En términos generales, la cuestión del alcoholismo fue visto como problema de las clases bajas, del proletariado, de los inmigrantes, los vagabundos y los indígenas, que se consideraban de raza inferior. En su influyente ensayo de psicología social de 1903, Carlos Bunge expresa la corriente social-darwinista al afirmar que "el alcoholismo, la viruela y la tuberculosis *–¡benditos sean!–* habían diezmado a la población indígena y africana de la provincia-capital, depurando sus elementos étnicos, europeizándolos, españolizándolos" (Bunge 1911: 114).

Por lo general, los intelectuales de Buenos Aires vieron en el alcoholismo un peligro para la nación, pero también para su propia clase. Buena muestra del temor por la degeneración la da una novela de Manuel Podestá. En su *Irresponsable*, el protagonista intelectual cae en el alcoholismo y se degrada poco a poco rodeado de prostitución y criminalidad hasta terminar muerto en la prisión (Podestá 1889).

Ejemplos de un discurso más popular lo dan comedias y sainetes del teatro nacional. En *La cantina* de Alberto Novión, los italianos del barrio de La Boca son representados como vagabundos criminales constantemente borrachos (Novión 1908). En *Herencia del alcohol* de Domingo Alberto Blunno se reflejan las influencias supuestamente degenerativas en la historia de un hogar obrero, donde el padre es alcohólico y su hijo ya parece estar trastornado (Blunño 1916). Tratar "los anormales" en la literatura fascinaba y horrorizaba a los lectores de las metrópolis del mundo (Campos 2009).

En las historias populares divulgadas entre grupos de socialistas y feministas publicados en revistas, se encuentran relatos de la vida cotidiana que pretendían favorecer la templanza entre los trabajadores. Eran cuentos sobre los horrores de accidentes en el hogar, causados en estado de embriaguez. Para los socialistas. el alcoholismo fue un resultado de las malas condiciones de trabajo y de vivienda. Ya en 1904, el socialista Augusto Bunge subraya la relación entre hogar y trabajo: "Un obrero decae poco a poco en el trabajo; sus fuerzas disminuyen, su carácter empeora; su inteligencia se embota; el hogar antes tranquilo y desahogado es lentamente invadido por una miseria cada vez más sórdida, por una discordia cada vez más profunda" (Bunge 1905: 676). En otras palabras, los resultados de las condiciones sociales pueden ser el alcoholismo y la violencia doméstica. Aunque Augusto Bunge afirmó que "entumeciendo el pensamiento y quebrantando la energía del obrero, el alcohol es el mejor aliado de la burguesía" (Bunge 1905: 694), hubo una intersección entre los intereses defendidos por los políticos socialistas, ciertos actores de la sociedad civil como las feministas y la burguesía conservadora. A consecuencia del boom económico, también se aprecia en estos años una movilidad social que creó nuevos empleos y algo que se puede llamar una clase media, que se aproximaba en su modelo de familia y en las formas de su consumo a la burguesía conservadora.

Para la burguesía, la criminalización del alcoholismo y otras enfermedades sociales a través de la creación de conocimiento científico era una forma de señalar actitudes y comportamientos que se consideraban fuera del marco de las convenciones aceptables. A hombres que preferían "la mala vida" en vez de fundar una familia e instruir a sus hijos se les consideraba *inmorales* e *irresponsables*. Los hijos abandonados tendían a aprender la delincuencia en la calle e ingresar pronto en las cárceles.

Los espacios urbanos considerados más "criminales" son aquellos en los que encontramos más bares, cabarets, cantinas o expendios de bebidas. Según los criminólogos, estos espacios funcionaban como núcleos de criminalidad: aquí se cometía la mayor parte de "los delitos de sangre", se juntaban los anarquistas y socialistas para organizar huelgas y los criminales enseñaban su oficio a la juventud. Ahí, la prostitución tenía su lugar como lo tenían los juegos de azar. Las alarmantes cifras de la creciente delincuencia de menores de edad daban la impresión de que el porvenir de la nación estaba en riesgo.

Con este conocimiento de fondo entendemos mejor la medida adoptada por Luis Dellepiane de 1911 al ordenar el cierre de los bares en días domingo. Una ley que de hecho nunca se cumplió por completo porque tenía demasiadas excepciones. Otras vozes en el discurso criminológico ponían énfasis en la educación de los jóvenes. Como Juan Ramón Beltrán algunos manifestaron sus preocupaciones a causa de la vida nocturna bonaerense: los "jóvenes, cuyo temperamento aún no ha sido perfectamente modelado por la educación y cuyo carácter se encuentra en el período más crítico de la vida, la época de transición entre adolescente y adulto, rodeado de acechanzas y malas atracciones que muchas veces conducen a resultados funestos" (Beltrán 1922: 15). El famoso abogado y criminólogo Miguel Lancelotti vio la escasa educación[4] impartida por las escuelas y los padres como causa de la creciente criminalidad juvenil. Lancelotti intercede por una reforma de la educación ya que ve la causa de la delincuencia juvenil en el "abandono moral y material, por parte de las autoridades" (Lancelotti 1914: 54). Diciendo esto, Lancelotti representa la corriente de ingeniería social que abrió un horizonte que en muchos criminólogos estaba limitado por los muros de las prisiones y teorías deterministas, y subraya la responsabilidad del estado con sus ciudadanos.

Activismo a nivel mundial

Si seguimos las huellas de esta nueva interpretación del papel del Estado, encontramos sus raíces no solamente en un discurso de criminólogos y socialistas, como en el caso de Enrico Ferri. Cambiando la perspectiva a los actores de la sociedad civil, podemos observar que más que solamente una copia de un discurso científico europeo, la lucha contra el alcoholismo se manifestaba en lo local y lo global. Fuertemente influenciado por el positivismo y organizaciones de templanza, se desarrolló la vinculación de criminalidad, degeneración y locura con sustancias considerados parcialmente ilegales. Para los diferentes reformistas sociales, combatir el alcoholismo significaba la lucha por la supervivencia de la "raza humana", la "raza argentina" o de su grupo social. Todos estaban de una u otra manera vinculados a un discurso global.

4. En Argentina, la educación comenzaba a desempeñar un papel importante a finales del XIX, cuando el Estado incrementa sus inversiones. También los penitenciarios modelos contaban con cierta orientación a la "re-educación" (Scarzanella 2002: 111).

En Buenos Aires, los obreros estaban preocupados por las condiciones de vivienda y de trabajo; los anarquistas a ambos lados del Atlántico querían librarse del yugo burgués abriendo restaurantes sin alcohol y las feministas luchaban en contra del alcoholismo, propagando un papel responsable del padre de familia. Las feministas, particularmente, se involucraron en la lucha antialcohólica, tomando la lucha para mejores condiciones higiénicas y sociales como entrada en la arena de la política nacional donde –en varios países– exigieron el sufragio femenino (véase por ejemplo: Sulkunen 2007).

A nivel global, con carácter policéntrico, se organizó un gran movimiento contra el alcoholismo, que llegó más allá de los límites del mundo occidental, En la India, Ceilán o la Costa de Marfil se crearon grupos de templanza que se apropiaron de la lucha contra el alcoholismo como instrumento de resistencia contra las autoridades coloniales (véase Fahey y Manian 2005; Frost 2002; White 2007).

Una parte del movimiento propagaba la educación antialcohólica[5] como medida para la reforma social. A su modo de ver, el Estado había fracasado en la aplicación de la ley. La "profilaxis social" se organizó primero por instituciones de base, por ejemplo en una universidad popular, e iniciativas de mujeres de ayuda mutua. Con activistas entrando en cargos públicos, la política del Estado fomenta la educación cómo método de prevención social. La educación física juega un papel central en esta lucha. Lo que mejor resume Juan Ramón Beltrán al concluir que:

> Debe inculcarse al niño nociones claras y arraigadas del bien, del cumplimiento del deber y de sus destinos dentro de la colectividad. Además esta tarea debe ser completada con la enseñanza metódica y sobre fundamentos científicos de los peligros del alcohol, opio, morfina y cocaína, combatiendo en toda forma y por todos los medios los peligros del juego bajo sus múltiples

5. La "Scientific Temperance Instruction" tuvo origen en el Temperance Movement de Estados Unidos. En su difusión mundial, la Women's Christian Temperance Union (WCTU) –organización femenina todavía existente–jugó un papel central. Sus activistas llegaron a todos los continentes para propagar la lucha antialcohólica, y la educación como medida. En Buenos Aires era la misionera Hardynia K. Norville, de Alabama, que colaboró con activistas locales; socialistas y médicos. En la exposición de Paris en 1889 la WCTU presentó su instrucción antialcohólica en el viejo continente (Hunt 1891: 100).

aspectos. Para esto, lo más apropiado es la creación y fomento de numerosos campos de deportes en todas las ciudades y pueblos de la república [...], con el objeto de que sus organismos se vigoricen en las sanas prácticas de los deportes, de que sus cuerpos se modelen en un ambiente de provechosa ejercitación y de que sus espíritus encuentren expansiones sanas, saludables y necesarias para el desarrollo y sedimentación de las buenas costumbres. [...] para que no se verían abocadas a la decadencia moral a que los cabarets, drogas y prostitutas arrastran a muchos de nuestros jóvenes (Beltrán 1922: 14).

Conclusión

En su misión civilizadora, los positivistas encontraron la receta contra el alcoholismo en la "ingeniería social". En un primer momento, esta se refería al aumento de inversiones en las instituciones estatales encargadas de mantener el orden social: la policía, la penitenciaría y el Instituto de Criminología. En los años 1920, la percepción del consumo de tóxicos cambió, y drogas como la cocaína y la heroína ocuparon el centro del debate. En nombre del paradigma de modernización se adoptaron programas de asistencia social para prevenir el crimen. Aunque Argentina a comienzos del siglo XX vivió una época de discontinuidades institucionales, se crearon bases para la futura política social del Estado, incluyéndose poco a poco las experiencias de los programas desarrollados en la sociedad civil. Desde sus principios, las ciencias sociales sirvieron para la intervención del estado en la sociedad. Reflexionando sobre el uso de estadísticas "objetivas" en el discurso positivista del temprano siglo XX –en este caso sobre la relación entre alcoholismo y criminalidad– podemos pensar en la justificación de políticas sociales de hoy en día y el poder argumentativo que sigue teniendo.

Bibliografía

Armus, Diego (2007): *La ciudad impura: salud, tuberculosis y cultura en Buenos Aires, 1870-1950*. Buenos Aires: Edhasa.

Beltrán, Juan Ramón (1922): *Factores sociales de delincuencia*. Buenos Aires: Tall. Gráf. de la Penitenciaria Nacional.

BLUNNO, Domingo Alberto (1916): *Herencia del alcohol: comedia en un acto*. Buenos Aires.

BUNGE, Augusto (1905): "El Alcoholismo y sus proyecciones sociales". *Archivos de Psiquiatría y Criminología*, IV, 667-694.

BUNGE, Carlos Octavio (1911): *Nuestra América: ensayo de psicología social*. Buenos Aires: Librería jurídica.

BUNGE, Gustav von (1913): "Las fuentes de la degeneración. Conferencia pronunciada en el Círculo de Bâle. Traducción por V. Delfino". *Archivos de Criminología, Medicina Legal y Psiquiatría*, 12, 480-495.

CAMPOS, Ricardo (2009): "La clasificación de lo difuso: El concepto de 'mala vida' en la literatura criminológica de cambio de siglo". *Journal of Spanish Cultural Studies*, X, 4, 399-422.

CLEMINSON, Richard y Teresa, FUENTES PERIS (2009): "La 'Mala Vida': Source and Focus of Degeneration, Degeneracy and Decline". *Journal of Spanish Cultural Studies*, X, 4, 385-397.

DELANEY, Jeane (2006): *Imagining "la raza" argentina*. En: Don Harrison Doyle y Marco Antonio Villela Pamplona (eds.). *Nationalism in the New World*. Athens: University of Georgia Press, 143-161.

FAHEY, David M. y Padma, MANIAN (2005): "Poverty and Purification: The Politics of Gandhi's Campaign for Prohibition". *The Historian*, LXVII, 3, 489-506.

FERRI, Enrico (1883): *Socialismo e criminalità*. Torino: Fratelli Bocca.

FROST, Mark (2002): "'Wider Opportunities': Religious Revival, Nationalist Awakening and the Global Dimension in Colombo, 1870-1920". *Modern Asian Studies*, XXXVI, 4, 937-967.

GUY, Donna J. (2009): *Women Build the Welfare State. Performing Charity and Ccreating Rights in Argentina, 1880-1955*. Durham: Duke University Press.

HUNT, Mary H. (1891): *A History of the First Decade of the Department of Scientific Temperance Instruction in Schools and Colleges, of the Woman's Christian Temperance Union, in Three Parts*. Boston: Washington Press.

LANCELOTTI, Miguel Ángel (1914): *La criminalidad en Buenos Aires: al margen de la estadística (1887-1912)*. Buenos Aires: Abeledo.

MINISTERIO DE RELACIONES EXTERIORES Y CULTO DE LA RÉPUBLICA ARGENTINA (1934): *Primera Conferencia nacional de asistencia social, celebrada en la ciudad de Buenos Aires 20 al 25 de noviembre de 1933*. Buenos Aires: G. Kraft Ltda.

NOVIÓN, Alberto (1908): *La cantina: cuadro de costumbres populares en un acto*. Buenos Aires.

Podestá, Manuel T. (1889): *Alma de niña; Irresponsable*. Buenos Aires: Biblioteca La Nación.

Quesada, Ernesto y Enrico, Ferri (1908): *El sociólogo Enrico Ferri y sus conferencias argentinas*. Buenos Aires: Menéndez.

Rodríguez, Fermín (1905): "Influencia del alcoholismo sobre el suicidio, en Buenos Aires". *Archivos de Criminología, Medicina Legal y Psiquiatría*, 4, 531-547.

Rodríguez, Julia (2006): *Civilizing Argentina: Science, Medicine, and the Modern State*. Chapel Hill: University of North Carolina Press.

Scarzanella, Eugenia (2002): *Ni gringos ni indios: inmigración, criminalidad y racismo en Argentina, 1890-1940*. Buenos Aires: Universidad Nacional de Quilmes.

Sulkunen, Irma (2007): "Suffrage, gender and citizenship in Finland – A comparative perspective". *Nordeuropaforum*, X, 1, 27-44.

Vallejo, Gustavo (2007): *Escenarios de la cultura científica argentina: ciudad y universidad (1882-1955)*. Madrid: Consejo Superior de Investigaciones Científicas.

White, Owen (2007): "Drunken States: Temperance and French Rule in Cote d'Ivoire, 1908-1916". *Journal of Social History*, XL, 3, 663-684.

No nacimos pa' semilla (Alonso Salazar). Hacia una arqueología de la violencia juvenil en Colombia*

Hermann Herlinghaus
Universität Freiburg i. Br.

El tema, *Violencia urbana, los jóvenes y la droga. América Latina y África*, invita a un comentario preliminar. En ese tópico late un desafío para el trato de la historicidad de los conceptos que estamos usando, empezando con la noción de violencia. Cuando me tocaba comenzar a explorar, hace varios años, aspectos de violencia y cultura/violencia y literatura en América Latina, la problemática "juventud urbana, violencia y droga" llevaba, de repente, la reflexión a una situación de umbral. Cabía preguntar con referencia, por ejemplo, a los escenarios de un Medellín expuesto a la guerra entre el narcotráfico y el Estado colombiano y el involucramiento de filiaciones de bandas juveniles en este (los años 1987-1992) (Herlinghaus 2013: 94), pero también en relación con escenarios menos espectaculares: ¿Se trataba de experiencias excepcionales en el sentido de que indicaban espacios limítro-

* Ese texto se basa en algunas ideas desarrolladas en mi libro *Violence Without Guilt: Ethical Narratives from the Global South*.

fes de la modernidad, una modernidad que acostumbrábamos a relacionar con la ciudadanía intacta y no su creciente vulnerabilidad, su eventual erosión? ¿O se trataba de espacios donde se observaban tendencias de "normalización" de lo excepcional? Con ciudadanía me refiero a lo más básico, en el decir de Hannah Arendt, al derecho a tener derechos, la viabilidad de afincar la vida individual y en comunidad en una relativa autonomía protegida por un pacto social regulado por la modernidad política. Varios estudios del presente hablan de nuevos escenarios de precariedad (Somers 2008), en los que el derecho moderno a tener derechos muestra signos de erosión.

Encontramos una de las matrices conceptuales que permiten vincular la exploración literaria con una reflexión ética sobre excepción y normalidad en el debate biopolítico que se inspiró en el nexo Michel Foucault-Giorgio Agamben, y que repercute intensamente en América Latina. Por ejemplo, los teoremas introducidos por los libros *Homo Sacer* y *State of Exception* (Agamben 2005) se mostraban sugestivos para ser relacionadas con varias zonas de conflicto en el Sur Global. Sin embargo, pocos críticos llegaban a ponderar las posibilidades de ampliación y rehistorización de tal debate que una mirada latinoamericana podía ofrecer. En *State of Exception*, Agamben formula con referencia genealógica al *Tercer Reich*:

> [...] modern totalitarianism can be defined as the establishment, by means of the state of exception, of a legal civil war that allows for the physical elimination not only of political adversaries but of entire categories of citizens who for some reason cannot be integrated into the political system (Agamben 2005: 2).

En el Cono Sur latinoamericano, las dictaduras "liberalizadoras" de los años setenta y ochenta practicaban y refinaban esa "técnica de gobierno" al establecer un móvil umbral entre democracia y absolutismo a través de una "guerra civil legal" (Agamben 2005: 2-3). Esta guerra modernizadora (véase Moulián 1998), que favorecía la globalización neoliberal de las sociedades menos desarrolladas (y que a lo largo de Latinoamérica no siempre se efectuaba por gobiernos militares), revelaba un aspecto que la discusión euro-angloamericana no había atendido: tal "totalitarismo moderno" iba acompañado por una refiguración del estatus (de colonialidad[1]) de (la vida en) las sociedades periféricas. Las dictaduras "liberalizadoras" producían una doble consternación en los términos de una "doctrina de choque" (Klein 2007). Al desarmar un edificio estatal-social afincado en el parlamentarismo y la regulación pública de conflictos se ajustaban las estructuras y el sistema político a los intereses del capital transnacional. Después de haber cambiado las reglas de juego a nivel nacional-transnacional, se reponían ciertas estructuras de democracia política, con lo cual y en adelante ese "totalitarismo" se hacía difícil de identificar. La nueva situación de "colonialidad" no se definía entre un país (colonizado) y otro (colonizador), sino entre sociedades estructuralmente dependientes y unos centros geopolíticamente dominantes –el Norte Global–. Agamben, al hablar de "totalitarismo moderno", no toca el tema de las dinámicas 'excepcionales', a través de las que se rehacían las relaciones Norte-Sur. Hablar de "colonialidad" es apuntar a esa problemática, que necesita atención cuando se discuten las fronteras biopolíticas en el mundo de hoy. Ahora, ¿qué ocurría después y, a veces, paralelamente a los violentos ajustes neoliberales? Se estableció un fenómeno que es necesario entender como paradoja, ya que iba dirigido a controlar, con medios bélicos, los recursos que la apertura neoliberal había deparado a algunos países o 'consorcios' latinoamericanos –convertir el tráfico de drogas en una estrategia transnacional que operaba desde el Sur–. Nos referimos a la "guerra contra las drogas"/"war on drugs". Y fue esa guerra contra las drogas la que se convirtió en un conjunto de zonas local-globales donde en forma más dramática se 'normalizaba' un estado de excepción. Si de ahí volvemos a nuestro punto de partida, cabe nombrar un asombro crítico. Vista desde los criterios de la modernidad política, la guerra contra las drogas aparece como excepción. Sin embargo, económicamente hablando, así como con respecto a nuevas relaciones entre cultura juvenil y violencia, esa guerra es parte de dinámicas ajustadoras del edificio global-local del hemisferio. Pasando a la terminología en que se circunscribe el tema del presente conjunto de estudios, acabamos de

1. Remitimos en el uso del término "colonialidad" a las premisas propuestas por Aníbal Quijano e Immanuel Wallerstein (1992).

apuntar a un campo mayor de transformaciones donde se entrelazan la sensibilidad teórico-cultural hacia un mundo cuyo signo es la globalización de la desigualdad, por un lado, y la problemática de violencia y juventudes en la cultura urbana contemporánea, por el otro. Las consecuencias de tales transformaciones nos llevan incluso a un "escalofrío epistemológico" (un decir de Jesús Martín-Barbero) al cual aludimos cuando hablamos de una situación de umbral. ¿Pueden las actuales discusiones en torno a culturas juveniles y violencia en América Latina aún afincarse en los presupuestos o valores culturales de la modernidad? Esa pregunta nos lleva al título de un libro clave en el marco de nuestra temática: *No nacimos pa' semilla: la cultura de las bandas juveniles en Medellín* (1990/2002) de Alonso Salazar. "No nacimos para vivir" es la expresión que Salazar convierte en el eje de una búsqueda narratológica y, a la vez, una difícil meta conceptual.

No nacimos pa' semilla es un testimonio que el autor elaboró, en la segunda mitad de los años ochenta, sobre la base de varios relatos de sicarios y de otros actores jóvenes provenientes de las comunas nororientales de Medellín, espacios socioeconómicos e informalmente políticos de alta concentración de violencias[2]. Espacios que, por eso mismo, han recibido la atención de sociólogos y comunicadores sociales, y de escritores y cineastas en el intento de comprender lo que le sucede a una juventud, mayoritariamente marginal, que emerge como actor social de desconocida magnitud. El fenómeno de los sicarios adolescentes ha contribuido decisivamente a esa nueva percepción de los jóvenes como integrantes de bandas de asesinos. Su marco temporal clave se puede situar entre el 30 de abril de 1984, cuando fue asesinado el aquel entonces ministro de justicia Rodrigo Lara Bonilla por encargo del "Zar de la Cocaína", jefe del cartel de Medellín Pablo Escobar, y el 2 de diciembre de 1993, día en que el mismo Escobar fue matado por unidades de élite de la policía colombiana (Salazar 2001). La primera publicación de *No nacimos pa' semilla* data de 1990; en su prólogo Salazar escribe:

2. La mayoría de los protagonistas a cuyo testimonio se dedica el libro, fueron matados después.

Hacia 1985, el narcotráfico ya se había tomado la ciudad y había fracasado el proceso de paz iniciado por el presidente Betancur con las guerrillas de las FARC, el M-19 y el EPL. También se había producido el asesinato del ministro de Justicia Rodrigo Lara Bonilla, y el llamado holocausto del Palacio de Justicia en el que, tras la toma por un comando del M-19 y la reacción de las fuerzas militares, murieron decenas de personas, entre ellas una buena parte de los magistrados de las altas cortes (*No nacimos pa' semilla,* 15).

> Estos hechos significaron algo así como la ruptura de un dique, que dio lugar a un período de crisis institucional en el país y al auge de las violencias que nos llevaron a más de veinte años de reinado de la muerte. En este contexto se produjo un fenómeno sin precedentes: la organización de jóvenes en decenas de bandas armadas que aterrorizaron primero a sus vecindarios y luego al país. Un fenómeno que creció sin que la sociedad y el Estado se dieran por enterados, y que sólo vino a alertar al país cuando jóvenes brotados de esas barriadas pobres se convirtieron en instrumentos del paramilitarismo y el narcotráfico para realizar magnicidios y diversas acciones de terror (*No nacimos pa' semilla,* 16).

Salazar habla de un tiempo durante el cual docenas (tal vez cientos) de bandas juveniles fueron movilizadas dentro de una guerra, en la cual Escobar, en primer lugar, logró desestabilizar temporalmente el poder del Estado. Los sicarios funcionaron, en estos años, como agentes de violencia de choque (en el lado del cartel de Escobar, pero también en lados opuestos o laterales), pero eran sujetos disponibles dentro de una lucha por el poder económico y político de cuyos fines fueron esencialmente excluidos. Después del asesinato de Escobar y durante la llamada pacificación neoliberal y autoritaria de Medellín (Hylton 2007), la mayoría de estos miembros adolescentes de un ejército informal cayeron víctimas del terror concertado o fueron remitidos o simplemente abandonados a su originario destino social como juventud pobre, múltiplemente excluida.

Jesús Martín-Barbero anota que se trata, con el sicariato, de un fenómeno ávidamente comentado y analizado por los "violentólogos" colombianos, pero cuya densidad cultural y antropológica no ha recibido suficiente atención (Martín-Barbero 2002: 22). En ese marco de crítica, el conjunto de relatos-testimonios *No nacimos pa' semilla* adquiere su peso singular. Puede ser leído como un testimonio, no acerca de un estado de excepción, sino de una cultura de excepción con dimensiones desconcertantes. Genealógicamente hablando, *No nacimos pa' semilla* encuentra un paralelo, en México, en la primera novela breve de Elmer Mendoza *Cada respiro que tomas* (1991), y hay en toda América Latina una gama de narrativas diversas cuyo denominador común consiste en la asimilación renarrativa o narrativizadora (literaria, fílmica, también teatral) de experiencias de juventud marginal e inconforme. Se trata de actores jóvenes cuyos imaginarios se sitúan en unos nexos de lo marginal, de violencias existenciales, de excesos o "desbordes" de diferente índole y de una extraña inclinación hacia figuras o prácticas religiosas. Estéticamente hablando, estas narrativas literarias y fílmicas se caracterizan, a menudo, por estilos de carácter sobrio y toque notarial, rasgos que manifiestan una desconfianza de los creadores frente a los influyentes modelos de la tragedia y el melodrama pero, por otro lado, se evita también el monólogo interior como instancia paradigmática de la autorreflexividad individual. No sorprende que en algunos casos de críticos, el libro de Salazar fuera descrito como texto "periodístico" o "sociológico". Ahora, comprender una inusual sensibilidad ética en la literatura y la cinematografía debería desconfiar también de convenciones de estricta separación entre géneros y discursos. El subtítulo del texto en cuestión, *La cultura de las bandas juveniles en Medellín*, luce un aspecto socioetnográfico y así parece contrastar con la expectativa ficcional; sin embargo, pensemos en el teatro donde el uso de elementos de índole documental no cuestionaría el estatus de una obra como creación.

El desafío del libro consiste en que hay inmanencia narrativa de una reflexividad –incitadora de una lectura conceptual– que no se puede calificar como reflexividad propiamente literaria. Los relatos presentan y enfocan a los sicarios, no desde la usual lógica de medios y fines, o sea desde las atrocidades y asesinatos que han cometido, ni de una manera aristotélica (faltan los elementos de exaltación, sean trágicos o catárticos), ni desde las 'profundidades' de una conciencia interior. Estos sujetos carecen de las posturas de una subjetividad individual. Al narrar de sí mismos, aparecen como disidentes con aspiraciones de libertad y justicia elemental, las que se ubican por debajo de sus acciones criminales. Los actos de matar por encargo les dan estatus de sujetos de origen pobre instrumentalizados por el complejo narco-paramilitar. Es posible que sus palabras lacónicas, expresadas en los testimonios casi sin emoción, con las que dan cuenta de sus matanzas, irriten al lector. Salazar, convirtiéndose en narrador que registra y recompone los testimonios, no juzga. Él explora las prácticas transgresivas y los espacios sagrados de los sicarios, sus sueños, sus extraños compromisos, dando valor etnográfico a un campo minado. Lo programático de esta manera notarial de hacer hablar a los sicarios, consiste en prestar atención a los modos de comunicarse y de expresarse de personas altamente estigmatizados, una especie de facilitación de un raro narrar "subalternista" que, en el mejor de los casos, se hace parcialmente inteligible. Estos sicarios viven una contaminación del lenguaje que les ubica en los extremos márgenes del orden simbólico de su país. Un glosario de expresiones de su "parlache" especial, el sociolecto hablado por muchachos en las comunas pobres que pertenecen a bandas de asesinos, incluido en el original español, falta en la traducción del libro al inglés. En ese caso no hay traducción posible. Sin embargo, adonde no hay discurso puede llegar la narración (Herlinghaus 2004: 11 ss., 209 ss.).

Tratar de rescatar como académicos el lenguaje de adolescentes aberrantes o abyectos que viven en un "afuera" de la modernidad ciudadana sería problemático. El presupuesto de una relativa autonomía individual a partir de un lenguaje culto que se inclina a separar acción y representación, no es aplicable a las prácticas identitarias de los sicarios. La competencia cultural de Salazar, parecida a la de Víctor Gaviria al iniciar la filmación de *Rodrigo D. No futuro* (1987) y, más tarde, *La vendedora de rosas* (1998) consistió en haber convivido repetidamente –como estudiante de comunicación social de la Universidad de Antioquia– con familias en las comunas nororientales entre 1984 y 1990, por ejemplo como miembro de grupos de base eclesiales. Los testimonios de jóvenes violentos rescatados de esta manera, discrepan de las confesiones, por ejemplo, de asesinos individuales hablando desde la prisión que siempre han fascinado a los novelistas. Tal vez son las vibraciones comunitarias, que emanan de estos relatos, su aspecto más paradójico. Las implicancias que el trabajo de base de Salazar tuvo para su proyecto literario no son obvias. A partir de minuciosas (y agobiadoras) relaciones cotidianas con algunos grupos de jóvenes de las comunas nororientales de Medellín, el autor tomó una decisión ética y estética: aprendió a evitar la psicologización de su brutal materia cultural. Se sabe de la historia de la literatura que un estilo psicologizante puede ayudarle a un escritor a superar su malestar, su incomodidad frente a un material abyecto y chocante. Psicologizando, se domestica esa materia al acercarla a las proyecciones del alma solitaria del intelectual moderno. Los sicarios se ubican de manera casi natural en unos modales bárbaros y no se perciben como solitarios. Salazar, al hacer sus existencias tangibles, desiste de dar atributos sublimes o cínicos a sus vidas excepcionales, tampoco toma su mundo de pobreza y exclusión como signo de fatalismo. Intenta dar expresión a una especie de inmanente identidad lingüística al ser fiel a la paradoja de que en la vida y el hablar de estos jóvenes asesinos la palabra no se autonomiza frente a la acción, sino se trata de un lenguaje incorporado –la palabra, para los sicarios, no es representación de algo, tampoco abstracción, sino está directamente vinculada al actuar–[3]. Por eso hablan poco, porque las palabras se gastan igual que las acciones. Cuando, en contraste, los muchachos incurren en prácticas de gasto, despilfarro, exuberancia, esto sucede de modo ritualista en contextos comunitarios. En ese sentido, son criaturas habitando márgenes extremos aún cercanos a la modernidad, canibalizando las convenciones católicas del entorno urbano al convertirlas en prácticas paganas de autoempoderamiento, exhibiendo en sus rituales de iniciación y sus fiestas aberraciones que para un sujeto de clase media serían inaguantables, horrendas.

Quiero tocar un aspecto conceptual y éticamente controvertido. ¿Por qué hace falta, al acercarse a las experiencias que conforman las vidas de adolescentes marginales en la modernidad colombiana considerar la problemática de lo sagrado? ¿Es posible que el título del libro, *No nacimos pa' semilla*, insinúe pensar sobre un concepto particular

3. Ver mi discusión de esta problemática en relación a *La Virgen de los sicarios* de Fernando Vallejo, en Herlinghaus 2008: 135-156.

de "homo sacer" –aquella figura que con el conocido libro de Giorgio Agamben entró en la reflexión literaria y cultural–? Del ensayo "Tesis para una filosofía de la historia" (Walter Benjamin) se conoce la frase "la tradición de los oprimidos nos enseña que el 'estado de emergencia' en que vivimos no es la excepción sino la regla" (Benjamin 1989: 182). Para indicar el problema nombrado por Benjamin conviene una leve reformulación: si un estado de emergencia se convierte en regla, la noción de la excepción puede perder su significado propiamente tal. Puede ocurrir que la excepción o se normalice o se reprima en las conciencias afectadas. La alerta de Benjamin frente a esas tendencias se hace asociable con lo programático del título en cuestión. En contraste con Agamben, Salazar hace referencia a un significado de la excepción en donde el hecho de que unas vidas estén expuestas a la muerte no se discute como noción jurídica, sino como figuración existencial y cultural-cotidiana.

En el prólogo a la edición de 2002, el autor habla de las resistencias que su título provocaba entre no poca gente de las comunas pobres. El argumento de la protesta era el siguiente: si se emprende, en estas zonas sociales, un enorme trabajo de supervivencia diaria, se debería más bien proclamar lo opuesto: *Sí, nosotros nacimos pa' semilla*. Sin embargo, Salazar defendió su título, no para estigmatizar la vida en los barrios pobres, sino para verbalizar e incitar a la reflexión sobre el extrañamiento más chocante y violento que los seres humanos nacidos en ese mundo pueden enfrentar –el no haber nacido para la vida–. Si la vida tiene su relación más cercana con la condición de natalidad (la capacidad más fundamental de empezar algo nuevo), y si los sujetos adolescentes en la narración de Salazar "no nacieron para la vida", ¿entonces cómo pueden sus acciones adquirir sentido dentro de sus condiciones de existencia? La terrible paradoja es la siguiente: sus acciones se hacen elocuentes cuando, debido a un estado de emergencia que se torna intrínseco en vez de condicional, se genera una fábrica –un engranaje– sociocultural dentro del cual se organiza y se asume la vida como algo que no tiene un valor esencial, mucho menos un valor normativo. Es desde aquí que podemos marcar una diferencia entre dos conceptos, con lo cual indicamos un cambio de mirada que está teniendo lugar dentro de los estudios latinoamericanos –la diferencia entre una "cultura del miedo" y una "cultura de la excepción"–. Con "cultura del miedo" nos referimos a un fenómeno que ha emergido, en primer lugar, en los registros culturales y psicológicos, no sin trasfondo económico, de experiencias tocantes a las condiciones de vida de (los intelectuales de) clase media en América Latina. Designa una imaginación que legítimamente anhela un universo de sociedad civil que es incompatible con la violencia cotidiana (Rotker 2000: 7-22). En cambio, una cultura de excepción implica una noción de vida cuyos poderes condicionantes tienden a ser mortales. Comprensiblemente, hay resistencias a seguir esa lógica, la que llevaría a tomar en serio las diferencias entre una cultura del miedo y una cultura de excepción.

¿Cuáles serían los términos más específicos con los que podríamos comprender lo que convencionalmente se llamaría juventud criminal, criminalidad de la droga, o marginalidad abyecta? Voy a considerar brevemente el primer relato de *No nacimos pa' semilla* titulado "Somos los reyes de este mundo". Ese cuento se basa en un límite ético. Los sicarios, a nivel existencial, no están en condiciones de racionalizar sobre sus vidas desde una conciencia individualizadora. El autor crea un espacio literario en que se perciben estos límites en tanto narrativización de experiencias. En la vida de límites que llevan los sicarios adolescentes, acción y representación, acción y habla, acción y pensamiento no están separados. Lo que moviliza su subjetividad es una constante movilidad en criterios de supervivencia, una especie de inmanencia de acción comparable con un estado de permanente intoxicación a cierto nivel que mantiene los cuerpos en alerta. Salazar crea una percepción especial de ese vacío ontológico-social –la ausencia de (las condiciones para) un distanciamiento reflexivo en ese mundo de experiencias, y con esto un cierto vacío de subjetividad individual–. Tal vez el rasgo más llamativo es que Salazar hace percibir a sus lectores ese drama sin introducir una instancia narrativa que pudiera servir como voz rectificadora. En cambio, en la novela colombiana *La virgen de los sicarios* de Fernando Vallejo, una notable parte de la subjetividad constituida narrativamente se basa en la construcción de un saber (el del narrador autobiográfico Fernando) que opera a partir de los déficits en las conciencias de sicarios adolescentes. Hemos discutido extensamente la dimensión de diferencias entre ambos libros en *Violence Without Guilt: Ethical Narratives from the Global South*.

En el relato "Somos los reyes de este mundo", habla Antonio, jefe de una banda de sicarios, desde una cama de hospital, suspendido en un espacio entre vida y muerte después de haber sido atacado por otro sicario, miembro de una banda rival. Antonio empieza a hablar de su experiencia con la muerte. Dice: "es que no importa morirse, pero morirse de una" (*No nacimos pa' semilla*, 40). En el mundo de los sicarios la muerte es un hecho con el que se cuenta permanentemente. Pero existe una *conditio sine qua non*. La muerte no debe ser el choque más hondo para la experiencia individual. Debe ocurrir de una manera brusca, sin dolores, sin pena. Para los sicarios organizados en bandas como Antonio, terminar la vida de una persona –matar por encargo y así ganar un dinero rápido– es un "trabajo regular," aunque se trata, en términos prácticos, de formas exorbitantes de acciones nomádicas: unos micro-grupos de choque (por ejemplo, dos muchachos), basados en las comunas marginales son mandados a cualquier lugar necesario del país para realizar sus encargos mortales. La imagen que se hizo notoria en Colombia a partir de 1984 es la de dos adolescentes apareciendo como de la nada, conduciendo una pequeña moto –una "moto envenenada"–, ejecutando a alguien con suma rapidez, muchas veces en medio de una multitud urbana, y desapareciendo con la misma prisa, o a veces siendo ellos mimos abaleados por la policía u otras fuerzas: una imagen de peso traumático. La identidad de las personas que de esta manera se asesinan por encargo, incluyendo políticos y personas de organizaciones sociales, periodistas, también profesores, es de total irrelevancia para los muchachos sicarios.

La maquinaria desde donde se fabrican esas muertes es investigada más tarde por Alonso Salazar en *Pablo Escobar: auge y caída de un narcotraficante* (véase Herlinghaus 2013: cap. 4). El cuento, "Somos los reyes de este mundo", lleva la atención a una red de lazos socioafectivos dentro de la cual la relación de Antonio con su madre, Doña Azucena, deviene crucial. Esperaríamos que una madre, ante la situación de su hijo mortalmente herido, yaciendo en el hospital, viniera a mostrar algún comportamiento catártico a la luz de los acontecimientos trágicos, esto es, alguna forma de empatía y tristeza en relación con las acciones de su hijo, el sicario. Al contrario, Azucena muestra una incondicional identificación con el papel de guerrero de Antonio. Dice: "Toño ha sido buen hijo. Él no ha sido vicioso y cuando hace sus trabajos se aparece con algo para la casa" (*No nacimos pa' semilla,* 34). Esa mujer ha sido abandonada por los padres de sus cuatro hijos, dada la falta rotunda de abnegación en el sexo masculino en los contextos de pobreza. Como consecuencia, se forma una relación casi simbiótica de la madre con el hijo mayor en donde el afecto es parte de un pacto casi ritualista y carece, de esta manera, de las conocidas formas de melodrama, tragedia, histeria o duelo. Antonio, a su vez, llama a Doña Azucena una "guerrera". Si no le importa morir, lo único pesado de tener que enfrentar la muerte cercana es tener que dejar sola a su madre.

En el meollo de esta relación hijo-madre late un extraño concepto de trabajo, uno que no se orienta hacia aquellas actividades que se vinculan con producción/construcción, valor de intercambio, reificación y desarrollo. Diferente de las metas de productividad y abstracción hay una noción de trabajo o labor que está íntimamente relacionada a la mera existencia. Hannah Arendt la discutió bajo atributos de una genealogía básicamente premoderna: el trabajo natural por la subsistencia que funcionaba fuera o por debajo de los ámbitos de la *polis*, el espacio cívico-público de la antigua Atenas (Arendt 1958: 127-131). Aquí se manifiesta un tipo de trabajo fútil y efímero, sin generar productos o valores abstractos, pero que sin embargo tiene una tremenda urgencia, ya que la vida misma depende de ella. Aún no se ha reflexionado suficientemente sobre el estatus contemporáneo de prácticas laborales en que la subsistencia es absorbida brutalmente por prácticas de supervivencia. Pensar las acciones de los jóvenes marginales en estos términos es también un gesto para sacarlos de la esfera gris de total ilegitimidad y relacionarlos con una realidad cada vez más extensa: el trabajo de supervivencia, el combate por la mera vida desde bases de pobreza y neopobreza, que tiene que recurrir cada vez más a actos y redes informales, especialmente en el Sur Global, fenómeno que está a punto de pasar de lo excepcional a lo violentamente regularizado. De ahí se comprendería el proyecto narrativo de Salazar en clave crítica, no solo con respecto a Colombia, pero en relación con mayores tendencias inscritas en la modernidad global.

Se podría preguntar ¿adquiere el trabajo de subsistencia, en el caso de Antonio y su madre, un carácter "sagrado"? Sobrevivir en las condiciones referidas es una necesidad de contornos dramáticos, aunque el relato mismo es lo menos dramático imaginable. Epistemológicamente hablando, Salazar rechaza la posibilidad de distinción trágica de sus figuras. Al mismo tiempo, presta constante atención a los rituales a través de los cuales los jóvenes organizan sus vínculos con un mundo violento. De cierta manera, el ritual violento ocupa el espacio del drama trágico. Podemos parafrasear la definición peculiarmente política que Agamben da a *homo sacer*, al "hombre sagrado". Es aquella criatura, habitante de una zona de extremo margen, que vive y actúa en inmediata cercanía a su potencial muerte violenta. Es la criatura que no puede ser ejecutada por orden de la ley, pero si alguien la mata reina la impunidad, esto es, son criaturas que tienen una extraña irrelevancia desde el punto de vista del código jurídico. Dicho de otra manera, el relato en cuestión abre la mirada a espacios donde los seres humanos existen dentro y fuera de la ley. En términos de la normatividad se trata de criaturas esencialmente disponibles. De ahí, en el existir de los sicarios, los rituales adquieren su sentido. Específicamente –y esto es un tema que *No nacimos pa' semilla* invita a estudiar a fondo– observamos prácticas de consagración, rituales y modos que se vinculan a formas de peculiar empoderamiento.

Salazar excluye, estéticamente hablando, a personas como Antonio y su madre, Doña Azucena, de un obstinado pathos moral, no para quitarles el estatus ético, sino para despertar una conciencia reflexiva-afectiva de graves ausencias. Azucena, situada en el punto más bajo de una labor por la supervivencia, consagra a su hijo a habitar el espacio de la muerte, esto es, el umbral vida-muerte. Es un empoderamiento afectivo del adolescente por la mujer madura en condiciones de ausencia de la autoridad y presencia física de un padre. Se trata de una relación íntima, no por cuestiones sexuales, sino porque se efectúa en una zona del tabú, una especie de zona intocable, no codificada por el lenguaje, en que se suspende o se invierte el orden moral de la sociedad: el hijo adolescente se encarga (como si fuera el marido patriarcal) de las necesidades físicas de supervivencia de la madre y los hermanos menores (una responsabilidad por la vida corporal). Según los testimonios de Salazar, enfocados en diferentes escenarios de existencia en las comunas marginales de Medellín, los jóvenes más violentos (jefes de pandillas, por ejemplo) prestan la devoción y el apoyo más incondicional a sus madres. ¿En qué tipo de intercambio afectivo se basa una relación semejante? Volviendo al caso de Antonio, ¿qué es lo que la madre le puede devolver al hijo para compensar tan enorme compromiso? ¿de qué forma de devoción se trata del lado de la madre? El "servicio" que Doña Azucena le presta a Antonio tiene que ver con un poder afectivo que compensa, para el hijo, una honda condición de abandono. El abandono se debe, en primer lugar, a la falta de la llamada "moratoria social"[4]. Para Antonio, la ausencia del padre es solo un aspecto. Ante todo, nunca tuvo la oportunidad de entrar a la sociedad secular y normativa a través de una educación y un trabajo regulares, públicamente sancionados. "Moratoria" apunta básicamente hacia un período de educación y formación durante el cual el joven aprende a combinar dos virtudes: primero, una educación propiamente tal y, segundo, la dominación de aquellos comportamientos y deseos que la sociedad normativa considera inoportunos o, en palabras de Freud, la represión de los instintos agresivos a través del intelecto y la sublimación interiorizadora de los deseos transgresivos. Generalmente, la moratoria funciona en un doble nivel de formación y represión, camino por el cual se forma el respeto ante la ley y la autoridad de las instituciones estatales. Aquí cabe agregar que los sujetos que no tienen acceso a la moratoria no solo viven la exclusión social, esto es, la falta de integración estructural a nivel de escuela y trabajo. Padecen al mismo tiempo la marginalización afectiva por la sociedad, ya que la educación del subconsciente a través de miedos y respetos no llega hasta ellos. El orden simbólico de la sociedad que los jóvenes integrados aprenden inconscientemente, está cerrado para muchachos como Antonio. Su carencia de subjetividad y de presencia ciudadana es compensada por dispositivos y prácticas de índole ritual, en cuyo centro figura el apego consagrador de su madre a él. Ambos, hijo y madre, aparecen como pobladores fantasmales de un subconsciente generalizado de la sociedad, seres existentes e inexistentes, cuya

4. En torno a la noción de "moratoria social", véase Margulis y Urresti 2002.

presencia causa rechazo y miedo al mundo civilizado. Más que esto, sobre ellos se cierne un peso de culpa que la opinión común se precipita en atestiguarles no solo a los sicarios sino a toda una juventud abandonada.

Walter Benjamin, en su ensayo "Crítica de la violencia" (1921), ofreció un acercamiento a la "mera vida" (*blosses Leben*) en que esta se caracteriza como "portadora natural de culpas" (Benjamin 2004: 250). Extraemos de ese constructo cultural-conceptual una noción de vida que es desprovista tanto de protección de la ley como del estatus de calificación civil –un estado de inmanente y prefigurada culpabilidad–. Hablamos de una doble semántica de culpa. Los sicarios son culpables por cometer crímenes cardinales (por los cuales, más tarde, ninguna ley los va a juzgar, sino caerán víctima de limpiezas policiales y militares). Al mismo tiempo, provienen de un mundo sobre el cual pesa el dictamen de una culpabilidad más profunda y más opaca – aquella que permite reducir determinados ámbitos sociales y regionales de vida a la asunción de la mera disponibilidad. El sicario Antonio, en *No nacimos pa' semilla*, nos da un ejemplo ex negativo de su condición de "mera vida". No se siente culpable en ningún momento. Antes de ser mortalmente herido mostraba, como jefe de pandilla, una exorbitante vitalidad de "guerrero". ¿No fue esta la marca del "trabajo sagrado"? Se trata de la absurda condición de trabajo por la supervivencia de un miembro de grupos que viven virtual y efectivamente como seres sacrificados. A la vez, Antonio se sentía consagrado por su propia madre, no para matar sino para alcanzar lo improbable –habitar exitosamente el umbral vida-muerte, tornando su cuerpo en excepción, habilitado, no exactamente para el crimen, ya que la ley positiva no existe para él, sino para realizar prácticas de transgresión tan extremas como absurdas.

¿Qué puede suceder cuando, anterior o por debajo de las reglas civiles, el "trabajo" de subsistencia se expone al agotamiento o a prácticas de transgresión violenta, si no el terrible sacrificio de incontables vidas? Lo fantasmal de la cultura de excepción cuyo testimonio es "Somos los reyes de este mundo", se resiste a ser analizado según metas probadas. Antonio y Doña Azucena habitan un submundo, distante de los valores ciudadanos de aquella modernidad política que un "optimismo cruel"[5] sigue postulando como norma incuestionada. *No nacimos pa' semilla* de Alonso explora las experiencias de segmentos de la juventud colombiana que viven como juventud abandonada y rebelde, "rebelde" en el sentido de rechazar su estatus de culpables, siendo sin embargo destinados a matar y a morir.

Bibliografía

AGAMBEN, Giorgio (1998): *Homo sacer. Sovereign Power and Bare Life*. Stanford: Stanford University Press.

— (2005): *State of Exception*. Chicago: University of Chicago Press.

ARENDT, Hannah (1958): *The Human Condition*. Chicago/London: University of Chicago Press.

BENJAMIN, Walter (1989): "Tesis de la filosofía de la historia". En: Walter Benjamin. *Discursos interrumpidos I. Filosofía del arte y de la historia*. Trad. de Jesús Aguirre. Buenos Aires: Taurus.

— (2004): "Critique of Violence". En: Walter Benjamin. *Selected Writings*. Vol. I. Ed. de Marcus Bullock y Michael W. Jennings. Cambridge/London: Harvard University Press.

BERLANT, Lauren (2011): *Cruel Optimism*. Durham/London: Duke University Press.

HERLINGHAUS, Hermann (2004): *Renarración y descentramiento: Mapas alternativos de la imaginación en América Latina*. Madrid/Frankfurt: Iberoamericana/Vervuert.

— (2008): *Violence without Guilt: Ethical Narratives from the Global South*. New York: Palgrave Macmillan.

— (2013): *Narcoepics: A Global Aesthetics of Sobriety*. New York/London: Bloomsbury.

HYLTON, Forest (2007): "Extreme makeover". En: Mike Davis y Daniel Bertrand (eds.). *Evil Paradises: Dreamworlds of Neoliberalism*. New York/London: New Press.

KLEIN, Naomi (2007): *The Shock Doctrine: The Rise of Disaster Capitalism*. New York: Metropolitan Books/Henry Holt.

5. Estoy parafraseando la idea que está detrás del concepto de "cruel optimism" (véase Berlant 2011: 1-14).

Margulis, Mario y Marcelo Urresti (2002): "La construcción social de la condición de juventud". En: Humberto J. Cumbides, María Cristina Laverde Toscano y Carlos Eduardo Valderrama (eds.). *Viviendo a toda: jóvenes, territorios culturales y nuevas sensibilidades*. Bogotá: Fundación Universidad Central/Siglo del Hombre, 3-21.

Martín-Barbero, Jesús (2002): "Jóvenes: Des-orden cultural y palimpsestos de identidad". En: Humberto J. Cumbides, María Cristina Laverde Toscano y Carlos Eduardo Valderrama (eds.). *Viviendo a toda: Jóvenes, territorios culturales y nuevas sensibilidades*. Bogotá: Fundación Universidad Central/Siglo del Hombre, 22-37.

Moulián, Tomás (1998): *Chile actual: anatomía de un mito*, Santiago: Lom Ediciones/Universidad Arcis.

Quijano, Aníbal e Immanuel Wallerstein (1992): "Americanity as a Concept or the Americas in the Modern World System". *International Journal of Social Sciences*, 134, noviembre.

Rotker, Susana (ed.) (2000): *Ciudadanos del miedo*. Caracas: Editorial Nueva Sociedad.

Salazar J., Alonso (2001): *Pablo Escobar: auge y caída de un narcotraficante*. Barcelona: Planeta.

— (2002 [1990]): *No nacimos pa' semilla: La cultura de las bandas juveniles en Medellín*. Bogotá: Planeta.

Somers, Margaret R. (2008): *Genealogies of Citizenship: Markets, Statelessness, and the Right to Have Rights*. Cambridge: Cambridge University Press.

TERAPIA DEL TRAUMA DE LA VIOLENCIA/ TERAPIA DO TRAUMA DA VIOLÊNCIA

A ELABORAÇÃO DOS TRAUMAS DE GUERRA EM CRIANÇAS E ADOLESCENTES EM MOÇAMBIQUE

BÓIA EFRAIME JÚNIOR
Psicólogo e psicoterapeuta, Associação Reconstruindo a Esperança, ARES

Antes de mais quero agradecer ao Professor Martin Lienhard e aos outros organizadores do simpósio de Monte Verità.

Meu nome é Bóia Efraime Júnior: sou psicólogo clínico e psicoterapeuta, e trabalho em Moçambique com crianças vítimas da violência. Esse trabalho é desenvolvido na Associação Reconstruindo a Esperança, ARES e na Associação de Psicologia de Moçambique. Entre 1994 e 2002, a ARES trabalhou com ex-crianças soldados. Hoje trabalhamos com crianças sobreviventes da violência sexual. Curiosamente, encontramos muitos paralelos entre os dois projectos. Nesta minha comunicação gostaria de falar sobre crianças moçambicanas que foram vítimas da violência militar e o seu impacto psíquico e social.

A violência militar em Moçambique é um dos importantes elementos que determinam a violência atual. Como explicam vários autores (Ochberg 1988; Martín-Baró 1990), a exposição a eventos traumáticos pode interromper ou impedir processos normais de desenvolvimento, como por exemplo da personalidade pós-romântica, quando o meio social não reage de forma empática face à ferida traumática. Particularmente Punamäki (1989) e Martín-Baró (1990) enfatizam que o nível de tolerância à violência aumenta durante e depois do conflito militar na Palestina e em El Salvador.

A violência militar e a mudança das dinâmicas das ligações dentro da família

Moçambique é um país situado no sul da África, com 2.800 km de costa às margens do Oceano Índico. Até 1975, foi uma colónia portuguesa. Moçambique conquistou sua independência somente depois de dez anos de luta armada entre as forças colonialistas portuguesas e as forças nacionalistas lideradas pela FRELIMO (Frente de Libertação Nacional). O desejo de independência dos moçambicanos foi recebido pelos colonialistas portugueses com massacres e agressões.

Somando-se à memória histórica de outras irrupções de violência política, as comunidades em Moçambique tinham experiências de guerra muito recentes no momento em que se deflagrou o conflito entre o governo socialista da FRELIMO, que estava no poder, e as forças contra-insurgentes da RENAMO (Resistência Nacional de Moçambique), logo depois da independência. O conflito entre a FRELIMO e a RENAMO, iniciado logo após a independência nacional, em 1975, e que durou até a assinatura dos acordos de Roma em 1992, foi particularmente brutal e destrutivo.

Após a independência de Moçambique, a FRELIMO substituiu as autoridades tradicionais por um sistema de "jovens". Os cidadãos mais idosos, bem como os praticantes de medicina tradicional tinham, muitas vezes, que se subordinar a jovens funcionários da FRELIMO vindos da cidade. O novo "nós" devia ser antitradicional e antiétnico. A RENAMO contrariamente definia-se como apoiante das estruturas do poder tradicional. Isso levou-a a cometer excessos, tais como a destruição de postos de saúde e escolas, infraestruturas nas quais a FRELIMO investira muito para a sua expansão (Walter, Efraime Júnior, Riedesser 2011).

O conflito entre a FRELIMO e a RENAMO não uniu os moçambicanos contra um agressor comum estrangeiro, como havia ocorrido nas guerras coloniais. Os conflitos internos, que as políticas socialistas da FRELIMO podem ter engendrado em seu governo, logo após a independência, foram alimentados por segregações regionais e a política da guerra fria global que almejava promover a desestabilização por todo o sul da África. Pelo temor à presença de um forte governo negro, nacionalista e socialista, simpático a forças anti-apartheid, a RENAMO foi inicialmente apoiada pelo governo branco sul-rodesiano (até 1980) e, subsequentemente, pelo governo racista da África do Sul. A FRELIMO, por outro lado, havia sido apoiada pelo bloco socialista oriental e, assim, sofreu as repercussões económicas e políticas de sua escolha de aliança nas relações Este-Oeste.

Embora FRELIMO e RENAMO tenham assinado um acordo de paz em 1992, e organizado eleições democráticas multipartidárias em 1994, o conflito cobrou um tributo não só material, como psicológico e espiritual das crianças, de suas famílias e comunidades. As repercussões psíquicas da atuação das forças políticas específicas por trás do conflito foram especialmente sérias, pois a campanha de desestabilização regional tinha como um dos seus objetivos a destruição do tecido da vida social e da estabilidade comunitária (Vines 1991). O conflito custou quase um milhão de vidas humanas, sendo 45% delas crianças com idade abaixo de quinze anos. Um milhão e meio de moçambicanos teve que buscar refúgio em Zâmbia, Zimbabwe, Malawi, Tanzânia e África do Sul. E ainda, outros três milhões se tornaram internamente "deslocados de guerra", na medida em que as comunidades rurais foram forçadas a migrar para centros urbanos ou lugares militarmente mais seguros. Seiscentas mil crianças foram privadas do acesso à escola devido à destruição de 2.655 escolas primárias, 22 secundárias e 36 internatos em áreas rurais (Richman & Ratilal 1989). Ao fim do conflito, dois milhões de minas antipessoais ainda estavam espalhadas pelo país. Em 1988, a UNICEF estimou em quase duzentas e cinquenta mil as crianças moçambicanas que sofriam de traumas físicos e psíquicos. Estas crianças tinham sido testemunhas da morte de seus pais e famílias, haviam sido obrigadas a deslocar-se de seus lares em busca de abrigo seguro, e tinham sido submetidas a várias formas de abuso, inclusive rapto e violência sexual. Inúmeras famílias foram dizimadas ou separadas.

As crianças também foram usadas como soldados por todos os lados envolvidos no conflito. De acordo com a UNICEF, em 1988, cerca de dez mil crianças ainda estavam sendo usadas em combate pelas forças guerrilheiras da RENAMO. Um número desconhecido de crianças foi forçado a integrar-se nas "milícias populares", forças paramilitares locais dirigidas pela FRELIMO. Muitas crianças foram também usadas como soldados no exército do governo. Os dados reunidos durante os esforços de desmobilização, ao fim do conflito, revelaram que 27% (cerca de 25.498) dos soldados desmobilizados tinham menos de dezoito anos na época de seu recrutamento. Destes, 16.553 pertenciam às forças governamentais da FRELIMO e 8.945 à RENAMO (Efraime Júnior 2007).

Nesta minha comunicação gostaria de falar dos efeitos da guerra em crianças usando um exemplo de uma paciente minha, que vou chamar de Felismina, uma das crianças com as quais trabalhei na ilha Josina Machel.

As experiências do povo da ilha Josina Machel representam um microcosmo do que ocorreu em muitas comunidades ao longo do conflito. A ilha está situada a cerca de 130 km ao norte da cidade de Maputo e tem aproximadamente doze mil habitantes. As experiências iniciais na região com o conflito RENAMO-FRELIMO começaram em 1984, quando a RENAMO invadiu a área. Ao fim, a ilha Josina Machel se encontraria situada entre duas das maiores e mais importantes bases militares da RENAMO. Entre 1984 e 1987, a ilha esteve submetida a ataques noturnos de surpresa, nos quais as tropas da RENAMO incendiavam as casas, roubavam os produtos agrícolas e aterrorizavam a população local. Por volta de 1987, os ataques de surpresa envolviam também raptos da população local, que era levada para as bases; muitos desses adultos e crianças eram, posteriormente, forçados ao combate ou, em caso de mulheres e meninas, abusadas como escravas sexuais e no trabalho agrícola para as tropas da RENAMO.

Em resposta a esses ataques, a população local começou a colocar minas ao redor dos limites das aldeias, e a dormir no mato, à noite, longe de seus povoados. Cada vez mais, eles retornavam a suas aldeias somente por poucas horas no dia, para cuidar de seus campos. Entre 1987 e 1992, a área esteve sob absoluto controlo da RENAMO. As forças da FRELIMO só conseguiam manter o controlo sobre a região por algumas horas, durante o dia. À medida que o conflito se prolongava, a FRELIMO passou, também, a realizar ataques de surpresa às aldeias, procurando recrutas potenciais para seu exército, inclusive crianças. No início da década de noventa, no entanto, a maior parte daqueles que não haviam sido raptados ou forçados ao combate ou à escravidão sexual tinha abandonado seus povoados e sido obrigada a fugir para a cidade mais próxima, Xinavane.

Como ocorreu em todo o território de Moçambique, as crianças de Josina Machel foram expostas a uma série de situações que as puseram sob risco de desenvolverem distúrbios psicotraumatológicos. Somando-se aos medos e tensões por estarem em estado constante de perigo para si próprios e seus familiares, algumas perderam famílias inteiras. Outras, ainda, foram raptadas e postas ao serviço das forças militares da FRELIMO ou da RENAMO. As crianças da ilha eram usadas em uma variedade de funções, incluindo as de espião, de carregadores de munição, como soldados em missões de combate, como trabalhadores escravos para a produção de alimento para os soldados, e como concubinas sexuais. Meninas formavam a maioria nestes dois últimos casos.

O impacto da violência vivenciada pelas crianças durante o conflito militar em Moçambique continua a repercutir-se até aos presentes dias. O caso de Felismina mostra a profundeza das feridas psíquicas criadas pela guerra, que neste caso, aliados a distúrbios criados no desenvolvimento da personalidade e na dinâmica da família, criaram uma situação complexa.

Felismina é uma paciente minha. Ela vive na ilha Josina Machel. Atualmente ela tem trinta e três anos de idade e é mãe de três crianças. Felismina foi raptada pelos guerreiros da RENAMO em 1990, quando tinha doze anos de idade. Ela foi explorada sexualmente e como mão-de-obra escrava. Felismina relatou que, quando chegou à base militar, onde ficou por onze meses, ela e as outras meninas foram colocadas numa palhota que servia de prisão. À noite um soldado foi buscar uma menina que se encontrava com ela no cativeiro, de sete anos de idade. O soldado tentou violar sexualmente a menina e, não o conseguindo, fez um corte profundo com uma baioneta na vagina da criança. Violou sexualmente em frente das outras prisioneiras e depois deixou-a esvair-se de sangue até morrer. Felismina aprendeu que na base militar ela e as outras meninas se haviam transformado em meros objectos, sem direito à vontade própria, e que os soldados tinham o poder de vida e de morte sobre elas. Felismina sobreviveu porque se tornou, durante a sua permanência no cativeiro, em "esposa" forçada de um dos soldados. Assim, ela passou a ser violada apenas por aquele soldado, o que a "protegia" da violação e dos abusos dos outros soldados.

Muitas das suas feridas são reabertas, quando ela enfrenta situações psiquicamente críticas, como foi a tentativa de violação sexual sofrida pela sua filha. Esta experiência reabriu as feridas de Felismina. Ela fugiu de casa, abandonando sua família e negando-se a aceitar a realidade à sua volta. Ela refugiou-se num mundo de álcool e drogas, acrescido de uma acentuada autoagressão que se manifestava em automutilações. Numa sessão de psicoterapia ela referiu-se ao facto de haver fugido de casa: a tentativa de violação sofrida por sua filha lhe fizera recordar as suas experiências traumáticas durante a guerra e as atrocidades que vivenciara.

No momento em que a sua filha precisava de Felismina como mãe, para a proteger e apoiar no processo de elaboração da experiência traumática sofrida, Felismina abandonara a filha, pois se sentia impotente perante o sofrimento da filha. Felismina foi assolada pelo medo e ansiedade proveniente da sua própria experiência traumática ainda não elaborada.

Finkelhor (1984) descreve na sua tipologia de violência sexual a dinâmica do tipo de violência sexual sofrida por Felismina destacando que, quando as fronteiras do corpo da criança são violadas, a sedução da criança ocorre através do uso da violência ou da manipulação e a criança não se sente capaz de parar a exploração. As consequências psíquicas são um sentimento de grande vulnerabilidade das fronteiras do corpo, medo, baixo sentimento de autoeficácia, desenvolvimento de uma autoimagem como vítima, e identificação com o agressor. Alguns dos comportamentos demonstrados são a depressão, a dissociação, o comportamento agressivo não-controlado e o comportamento de perpetrador para ganhar controlo sobre a impotência vivenciada.

Felismina beneficiou-se em 1993 de tratamento em cerimónias tradicionais de cura desenvolvidas. Essas cerimónias permitiram a sua reintegração na sua comunidade, tendo constituído algo similar a rituais de passagem: Felismina, participando na cerimónia, deixava de ser ex-criança soldado e tornava-se outra vez a criança que fora antes da guerra, ou melhor antes do rapto. A cerimónia fazia como que de uma forma mágica desaparecer o tempo e as experiências acontecidas durante a guerra, pois estas experiências fazem perigar a vida da comunidade. Se, por um lado, esses rituais são de extrema importância para a reconciliação social e política das antigas forças beligerantes, particularmente num país, como Moçambique, onde não houve processos de reconciliação política, como as comissões de paz e verdade na vizinha África do Sul, por outro lado, como no caso de Felismina, as experiências traumáticas foram sequestradas e encapsuladas, ficando como um objecto estranho introjetado na personalidade sem ter sido elaborado.

Muitas meninas que foram usadas como soldados não regressaram às suas aldeias de origem e ao convívio familiar e comunitário, após o fim da guerra, pois resultante da exploração sexual a que foram submetidas, elas temiam uma estigmatização social, e preferiram ficar com os soldados e/ou decidiram reconstruir a sua vida noutras comunidades.

Algumas meninas, como foi o caso de Felismina, regressaram às suas aldeias. Nas aldeias, as meninas-soldado foram confrontadas com o trauma dos seus próprios pais: "os meus pais não queriam falar ou ouvir falar do que aconteceu comigo e com as outras meninas. Eles não queriam ouvir falar das ameaças de morte, das violações sexuais que sofremos, da fome (...). Eles diziam que tivemos sorte de termos sobrevivido"[1] (Felismina).

Nestes casos tratava-se de uma repressão das memórias traumáticas. Os pais sentiam ter falhado no seu papel de pais e protetores dos seus filhos, ao não terem podido evitar o rapto e o abuso destes como

1. Notas do autor retiradas dos registos da psicoterapia.

soldados. Assim, reprimiam as memórias do acontecido, e criavam um tabu à volta desse tema. Esse tabu protege os pais da confrontação com o passado, mas por outro lado não lhes permite, bem como à criança, elaborar esses acontecimentos. Isso leva, em muitos casos, a recriminações mútuas, frustrações e congelamento do luto da perda das fantasias de omnipotência por parte dos pais (Fischer & Riedesser 2003) e das fantasias de proteção por parte dos filhos. Para as crianças, a realidade foi pior ainda que as suas piores fantasias agressivas.

Na comunidade, os recursos de cura tradicionais, em muitos casos ajudam a manter o manto do silêncio e da repressão das memórias dolorosas. Vários ritos tradicionais promovem essa repressão como, por exemplo: as meninas colocam simbolicamente os seus problemas numa garrafa e atiram essa garrafa para o rio. O rio leva consigo todos os seus problemas e elas ficam livres deles. Uma outra variante é o atirarem a garrafa para uma encruzilhada de caminhos. Dado que naquela comunidade as pessoas acreditam simbolicamente que os caminhos nunca mais se cruzarão, os problemas também nunca mais retornarão. Elas não podem contudo olhar para trás, onde ficou a garrafa.

As memórias traumáticas podem, como no caso de elaboração positiva de uma crise (Winicott 1996), servir para um novo começo. O ritual consiste em fazer um buraco, nele enterrar a garrafa e sobre essa cova colocar uma planta. Das memórias dolorosas do passado crescerá simbolicamente uma planta, uma nova vida.

Socialmente, as meninas correm o risco de ser estigmatizadas caso se torne conhecido que elas foram violentadas sexualmente. Os possíveis futuros maridos não estariam interessados em se casar com elas ou exigiriam pagar um *lobolo* baixo, dado que as meninas haviam sido exploradas sexualmente. *Lobolo* é dote que a família do noivo dá à família da noiva. Consiste normalmente em cabeças de gado, dinheiro, roupas e bebidas.

Assim, devido a essa repressão das memórias do passado, as meninas são dificilmente abrangidas pelas poucas ações de reabilitação psicoterapêutica e psicossocial existentes.

Na ausência de um espaço político e social para a elaboração das atrocidades cometidas durante a guerra em Moçambique, e sendo o trabalho psicoterapêutico realizado pela ARES uma exceção, importa referir a ação dos praticantes de medicina tradicional, como uma importante contribuição no processo de reconciliação nacional e de elaboração dos traumas de guerra.

A psicoterapia ocidental e as terapias tradicionais

Nas culturas das populações do sul de Moçambique, os médicos tradicionais são os agentes de cura para distúrbios psíquicos, bem como também físicos. Algumas congregações religiosas com grande influência da medicina tradicional também realizam cerimónias de cura.

Durante a guerra, os praticantes de medicina tradicional e líderes religiosos faziam cerimónias de proteção dos seus clientes.

> As pessoas, quando alguém da família deles tinha sido levado para a base, vinham ter comigo. Traziam a roupa dessa pessoa e eu então fazia cerimónia com velas e pombos, para a pessoa lá onde ela estivesse ficasse protegida e pudesse fugir sem que os seus captores a vissem [2](Bispo Tovela 1997).

No final da guerra, as famílias realizaram cerimónias familiares restritas nas quais um membro da família com poderes para tal, podia informar os espíritos do regresso ou do reencontro entre parentes. Ele pedia para que os membros da família e os espíritos dos ancestrais se perdoassem e perdoassem aos outros. No final os membros da família eram simbolicamente lavados de todos os males. Esta cerimónia é conhecida pelo termo tradicional *Ku Phaha* e consiste em um membro da família tomar por herança o poder para se comunicar com os espíritos que protegem a família, estabelecer comunicação com eles na presença dos parentes que desejam beneficiar-se desta cerimónia e de outros que queiram apenas testemunhar tal facto. Nessa cerimónia deve haver sempre aguardente tradicional e rapé (tabaco). O membro da família que fala aos espíritos sorve um pouco da bebida e cospe-a na terra, debaixo de uma árvore que a família usa habitualmente como altar para os seus antepassados e explica aos antepassados a razão das cerimónias.

2. Notas do autor retiradas dos registos da psicoterapia.

Outras famílias vão ao praticante de medicina tradicional e este, através de um ritual chamado *Ku femba*, estabelece contacto com os espíritos "maus". Esses espíritos são normalmente responsáveis pelos distúrbios na família. Eles são espíritos da etnia *ndau*, de guerreiros mortos pelos *ngonis* durante as guerras de expansão do império de Nguni no sul de Moçambique. Pode também ser o espírito das pessoas a quem se fez mal. Muitas vezes as cerimónias do "Ku Phaha" e do "Ku femba" são seguidas de rituais de limpeza simbólica.

A descrição que se segue foi colhida por mim de uma sessão de psicoterapia na qual um cliente, que chamo aqui de Ricardo, narrou o acontecido numa consulta que ele e seus pais fizeram a um praticante de medicina tradicional, que aqui decidi chamar de Macuacua. Macuacua atuou como o médium que permitiu a Ricardo falar diretamente com uma das suas vítimas, a quem Ricardo chamava de tio Cossa:

> Eu não te posso ajudar, pois tu sabes bem quem são essas pessoas que te perseguem nos teus sonhos. O que eu vou fazer é tentar que eles falem diretamente contigo (Praticante de medicina tradicional, Macuacua, 1995, ilha Josina Machel)[3].

O praticante de medicina tradicional mudou de roupas, colocou muitos colares de missangas no pescoço e pegou num rabo de boi. Aproximou-se do paciente, Ricardo, e começou com o seu nariz a procurar as almas dos mortos. De repente ficou como que paralisado. A sua ajudante veio ao seu encontro e, cantando em voz baixa, pegou nele e deu-lhe algo para inspirar. Tirou-lhe o rabo de boi das mãos. A fisionomia do praticante de medicina tradicional estava totalmente alterada. Ele era um médium e através dele uma alma exprimia-se:

> –Tu conheces-me. Sou eu que não te deixo dormir. (Macuacua)
> –Mas que mal é que eu fiz? (Ricardo)
> –O quê? Tu não sabes o que me fizeste? (Macuacua)
> –És aquele homem de Xinavane que apanhamos ali depois de Bobola? (Ricardo)
> –Parece que estás já a te recordar... (Macuacua)

3. Notas do autor retiradas dos registos da psicoterapia.

–Mas se és tu, tu sabes que, aquilo que aconteceu, tinha de acontecer. Se eu não fizesse aquilo, o comandante ter-me-ia morto. (Ricardo)

–Mas afinal quem é este? O que é que tu fizeste? (Mãe de Ricardo)

–Conta-lhe, conta-lhe tudo... (Macuacua)

E Ricardo começou a narrar que se havia passado. Ele pertencia a um grupo de guerrilheiros que eram responsáveis por assaltar carros na estrada nacional número um. A missão era de cortar a comunicação entre o centro do país e a capital do mesmo, a Sul. A técnica usada era de assaltar carros, queimá-los, roubar os bens e matar os passageiros.

Durante um dos ataques, um senhor saltou do autocarro e fugiu para o mato. O comandante ordenou a Ricardo que fosse atrás do fugitivo. Ricardo foi e apanhou-o quando aquele tentava esconder-se no mato. Mandou o homem levantar-se. Quando o ia matar reconheceu tratar-se de uma pessoa que ele conhecia, embora não tivessem um relacionamento familiar direto. Era também vizinho da banca de uma tia de Ricardo que vendia produtos no mercado de Xinavane. Ricardo tratava-o inclusive por tio Cossa.

Ricardo ficou hesitante, e não matou de imediato o homem. Nisso, veio um outro soldado e Ricardo disse que não iam matar o homem ali, mas que o iam usar como carregador. Obrigaram o homem a transportar os sacos de produtos alimentícios que haviam pilhado no assalto e caminharam três dias.

Na marcha, caso os prisioneiros-carregadores andassem devagar, seriam mortos de imediato. Uma senhora que também vinha no autocarro trazia um bebé às costas e um filho de uns doze anos. Como ela andava devagar, devido ao fardo que transportava na cabeça, acrescido do peso do bebé nas costas, um soldado disse-lhe que deixasse o bebé ficar no meio do caminho, pois ela estava a retardar a marcha. A senhora negou. O soldado arrancou-lhe o bebé e pegando-o pelos pés, esmigalhou a cabeça do bebé num tronco de uma árvore.

Todos olharam petrificados para o corpo inerte do bebé; a mãe e o filho de doze anos, chorando. Um homem deixou cair o fardo e tentou atacar o soldado que havia morto o bebé. O homem recebeu uma coronhada e caiu, contorcendo-se de dores. Nisso veio o comandante, querendo saber o que se passava. Inteirou-se da situação e, virando--se para os carregadores, disse a um jovem para pegar no fardo que estava no chão. Virou-se para Ricardo e ordenou-lhe que matasse o prisioneiro que estava no chão, que o degolasse com uma faca, pois se disparasse poderia denunciar a presença deles naquela zona. O degolamento deveria servir para aterrorizar os outros carregadores.

Foi apenas quando tinha uma catana na mão que reconheceu que o homem que ele tinha que matar era aquela pessoa de Xinavane, o vizinho da banca da sua tia, o homem a quem ele tinha salvado a vida três dias atrás.

Ricardo hesitou. O comandante, nervoso, aproximou-se dele, perguntando o que se passava. Ricardo não conseguia olhar para os olhos do homem, estendido no chão, que ele devia degolar. Evitando olhar o homem nos olhos, desferiu um golpe certeiro na garganta do homem. O golpe não foi suficientemente profundo para separar a cabeça do resto do corpo. Um espirro de sangue toldou a vista de Ricardo. O comandante pegou na catana e desferiu mais um golpe. Ricardo começou a chorar.

> Aqueles olhos, os olhos... a cabeça do homem junto ao corpo do bebé continuam a perseguir-me nos meus sonhos. (...) Se eu não fizesse aquilo, o comandante ter-me-ia morto ali mesmo. (...) Eu até já havia salvado a sua vida, titio, eu salvei-lhe quando lhe encontrei no mato... Eu não queria... (Ricardo começa a chorar.)
>
> –Mas tu mataste-me. Eu não posso agora tomar conta da minha família. Como é que queres que eu te deixe em paz? Quem é que teve pena de mim? Eu não sou um animal selvagem, para ser morto como fui e deixar-me no meio do caminho sem um enterro decente. (Macuacua)

Ricardo chora, não respondendo.

> –O que querias que ele fizesse? Ele era apenas uma criança. Ele também foi raptado pelos matsangas lá no Incoluane. Eles é que lhe obrigaram a fazer essas coisas feias. (Mãe de Ricardo)
>
> –O que vamos fazer? (Pai de Ricardo)
>
> –Vão ter com a minha família, levem a minha roupa e façam um enterro para mim. Depois quero que este rapaz (apontando para Ricardo) vá lá ficar um ano com a minha família, ajudar-lhes na machamba. (Macuacua)

Ricardo e sua família cumpriram as exigências do morto. Ricardo foi viver em Xinavane com os familiares do homem que ele tinha morto. O enterro foi realizado.

Um ano mais tarde, Ricardo participou durante seis meses em sessões de psicoterapia imaginativa com um fundo psicodinâmico.

Este modelo de psicoterapia que foi adaptado pela ARES, é realizado em changane, uma das línguas bantu usadas no sul de Moçambique. Nas primeiras sessões, tem como objectivo estabilizar o cliente, reforçar os seus mecanismos de defesa psíquica. Nessas sessões o paciente deve encontrar alguém imaginário que o ajuda, um lugar imaginário seguro, um lugar imaginário seguro que funcione como um cofre, entre outros. Na segunda fase ele é confrontado com as memórias traumáticas e, na terceira, ocorre a estabilização do cliente e o fecho das sessões. Depois disso o cliente pode ainda receber algumas sessões de psicoterapia, duas vezes por mês, por um período de seis meses adicionais. Através deste modelo terapêutico consegue-se integrar no processo de cura os símbolos, as significações da cultura do cliente.

Ricardo, como outros pacientes, falou da pessoa imaginária que o ajuda, referindo-se a um parente poderoso já falecido, o seu avô paterno, o parente que lhe deu o nome tradicional. Ele acredita que este parente é quem o protege: na terapia este parente transformou-se na pessoa imaginária a quem ele podia recorrer para buscar ajuda e conselhos. Ele acredita que esse parente está de certa forma reencarnado nele. Os espaços entre os vivos e os mortos sobrepõem-se muitas vezes.

Ricardo e sua família beneficiam-se ainda de um aconselhamento familiar, no domicílio uma vez por mês. Esse aconselhamento é feito por um ativista. O paciente pode também participar em atividades de auto-ajuda no domínio da agricultura, da pesca, de construção de escolas e de costura.

Mensalmente tem lugar uma sessão de discussão de casos clínicos, no qual participam os terapeutas, os ativistas, e são convidados também os praticantes de medicina tradicional e os líderes religiosos que trabalham ou trabalharam com o paciente. Esse é um espaço de diálogo entre a psicoterapia moderna e os praticantes de medicina tradicional. Devereux (1981) explica que a cultura não pode existir sem indivíduos que funcionem como seus portadores. Isso implica que o material cultural deve ser interiorizável ou seja transformável em representações psíquicas. Assim, no diálogo terapêutico procuramos encontrar as definições usadas para os distúrbios, as suas causas e as formas usadas para tratar os distúrbios. A experiência mostrou-nos que é possível construir uma linguagem comum entre os praticantes de medicina tradicional e os psicoterapeutas psicodinâmicos da ARES. Isso acontece quando nos questionamos sobre a função do distúrbio que, de acordo com Fischer e Riedesser (2003), representa um compromisso entre os aspectos ameaçadores da situação traumática, ou seja o esquema do trauma e os mecanismos de defesa do cliente, que são parte do esquema compensatório do trauma.

Essas discussões de casos permitem a criação de uma significação comum da razão dos distúrbios, das imagens apresentadas na terapia pelo paciente, dos sucessos e insucessos da terapia. Criam um espaço de troca entre os diferentes terapeutas. Nesse espaço, todos os participantes têm direito a apresentar a sua opinião e esta pode merecer esclarecimentos adicionais, associações por parte dos outros participantes, sem que o objetivo seja contudo que os outros participantes concordem com ela.

Trauma é definido de uma forma simbólica, como um "beco sem saída". Cada um pode sugerir uma saída, uma hipótese de elaboração do trauma. Contudo, tendo em mente a dimensão subjetiva do trauma, o facto de cada criança e jovem haver vivido o seu trauma, as hipóteses de elaboração psíquica apresentadas na discussão de casos são apenas sugestões, que o terapeuta e o paciente podem usar ou rejeitar.

Contrariamente à Felismina, numa avaliação realizada em 2003 para testar o sucesso da terapia que a ARES desenvolveu com as ex-crianças soldados, Ricardo mostrou uma maior capacidade de lidar com os seus conflitos internos. Ele revelava uma grande aceitação de si próprio, que havia quebrado com a indoutrinação da guerra e a pseudoidentificação como criança-soldado, e assumira responsabilidade para consigo próprio e para com sua família. Ele conseguia ser um pai "suficientemente bom" para seus filhos (Efraime Júnior 2007).

O estudo mostrou que a criação de espaços – sejam eles sociais e políticos – que permitam reconhecer o sucedido na guerra e buscar significação para as atrocidades cometidas, quando acompanhada de uma possibilidade de uma elaboração psicológica dos traumas vividos, são importantes determinantes para a prevenção da transmissão transgeracional do trauma.

Em Mocambique as facções beligerantes mantiveram simbolicamente seus nomes (Frente de Libertação de Moçambique e Resistência Nacional Moçambicana), relíquias de tempos onde os conflitos de interesse eram resolvidos pela guerra. Ao desafio de uma verdadeira reconciliação e o de ambas facções se tornarem parceiras para a estabilização da paz, da promoção do desenvolvimento e da democracia, elas mantiveram os objetivos anteriores, que as nortearam nos conflito militar: compelir a outra facção a abandonar suas pretensões ou objeções pela via da força, da intimidação, da exclusão, da repressão policial, por um lado, e das ameaças de divisão do país e da promoção de revoltas, por outro. Prevalece em ambas facções a fantasia da eliminação física do outro como solução das diferenças e diferendos políticos. Esse mecanismo operante não cria o espaço necessário para a reconciliação nacional e a elaboração das feridas psíquicas abertas pela guerra.

Bibliografia

EFRAIME JUNIOR, Bóia (2007): *Psychotherapie mit Kindersoldaten in Mosambik: auf der Suche nach den Wirkfaktoren*. Aachen: Shaker Verlag.

FINKELHOR, David (1984): *Child Abuse. New Theory and Research*. New York: Free Press.

FISCHER, Gottfried & RIEDESSER, Peter (2003): *Lehrbuch der Psychotraumatologie*. München: Ernst Reinhardt GmbH & Co KG Verlag, 3. Auflage.

MARTÍN-BARÓ, Ignacio (1990): "La violência política y la guerra como causas del trauma psicosocial en El Salvador", in: Ignacio Martín-Baró (ed.), *Psicología Social de la Guerra*. El Salvador: UCA Editores.

OCHBERG, Frank (1988): "Post-traumatic therapy and victims of violence", in: Frank Ochberg (ed.). *Post-Traumatic Therapy and Victims of Violence*. New York: Brunner/Mazel Publishers.

Punamäki, Raija-Leena (1989): "Factors affecting the mental health of Palestinian children exposed to political violence", in: *International Journal of Mental Health*, 18, 63-79.

Richman, N. & Ratilal, A. (1990): *The Effects of War on Teachers in Mozambique: Preliminary Findings*. Maputo: Ministry of Education. Mimeographed.

UNICEF (1989): *Children on the Front Line: Update*. Mozambique, Swaziland, New York: UNICEF Annual report.

Vines, A. (1991): *RENAMO: Terrorism in Mozambique*. London, Bloomington and Indianapolis: Centre for Southern African Studies in association with James Currey and Indiana University Press.

Walter, Joachim; Efraime Junior, Bóia & Riedesser, Peter (2011): "O homem é como uma casa – deve-se olhar para dentro dela", in: Efraime Júnior, Bóia (ed.): *Psicologia e Violência Sexual contra a Criança*. Maputo: Imprensa Universidade Pedagógica, 25-56.

Winnicott, Donald Woods (1996): *Aggression. Versagen der Umwelt und antisoziale Tendenz*. Stuttgart: Klett-Cotta.

PRÁCTICAS ARTÍSTICO-CULTURALES: ¿ANTÍDOTO DE LA VIOLENCIA?/ PRÁTICAS ARTÍSTICO-CULTURAIS: ANTÍDOTO DA VIOLÊNCIA?

Break Dance contra a segregação. Sociabilidade entre os dançarinos das favelas da Maré (Rio de Janeiro)

Otávio Raposo
Pesquisador do CIES-IUL, Lisboa

Introdução

Não são raras as favelas do Rio de Janeiro cujos moradores são obrigados a conviver com grupos armados ligados ao tráfico de drogas. Os constantes conflitos entre traficantes, agravados pela ação truculenta da polícia, impõem fronteiras que constrangem as sociabilidades das suas populações. Na Maré, um bairro de dezesseis favelas com mais de 140 mil habitantes (Ceasm 2003) localizado na zona norte da cidade, as rivalidades entre as diferentes quadrilhas do tráfico produzem divisões territoriais que dificultam a livre circulação dos moradores pelo seu território, particularmente dos jovens[1].

1. Quando iniciei o trabalho de campo (julho de 2009) havia três quadrilhas a dominar distintas localidades da Maré, além da presença de milícia (grupo paramilitar composto por policiais, bombeiros e militares que exercem o mesmo controle violento e territorial que o desenvolvido pelo tráfico). Por quase seis meses ocorreram intensos confrontos armados entre duas quadrilhas rivais, que resultaram em cerca de quarenta pessoas mortas no bairro (muitas delas sem qualquer envolvimento no tráfico), segundo informações de moradores e ONGs da Maré.

Maré imensidão. Foto Otávio Raposo.

Na contramão dessa dinâmica, cerca de quarenta dançarinos de *break dance* (dança pertencente à "cultura *hip hop*[2]") reúnem-se em diferentes locais da Maré para ensaiar. Contrariam, assim, as forças que os querem isolados e fragmentados, ampliando os seus percursos e as suas redes de amizade para fora dos limites impostos pelo tráfico. A adesão à dança legitimou o fluxo desses jovens para o conjunto das favelas da Maré, permitindo-lhes alterar o modo de apropriar e representar o bairro.

Simultaneamente, esse grupo passou a frequentar o circuito de *break dance* da cidade, o que lhe permitiu pôr-se em contato com jovens de outras classes sociais e "bagagens culturais". Neste processo, o estilo *b-boy* (dançarino de *break dance*) tornou-se um instrumento de acesso

2. O *hip hop* é um movimento cultural urbano que nasce na década de 1970 em Nova York com o objetivo de canalizar a violência dos jovens, organizados em gangues, para o desenvolvimento das diversas vertentes que o integra (*rap*, *djing*, *break dance* e *graffiti*), no qual poderiam exprimir suas angústias com a política e as instituições do Estado através da recriação artística, e construir alternativas às adversidades socioeconômicas e raciais.

à cidade e uma arena de disputa informal sobre os significados de se ser jovem, pobre e morador de favela, contribuindo para subverter os estereótipos a que são comumente associados.

A criação de um grupo de pares

Quando conheci os jovens do *breaking*[3] da Maré – fiz trabalho de campo entre julho de 2009 e dezembro de 2010 – eles tinham entre 13 e 30 anos, mas a grande maioria situava-se entre os 16 e os 20. Quase todos eram filhos de pais e/ou mães migrantes, principalmente vindos dos estados do Nordeste. A maior parte tinha ascendência negra, contudo a mescla de tons de pele era a marca predominante. Eram quase exclusivamente rapazes, só havia uma menina no grupo, situação que não era exclusiva da Maré, já que se estendia a outros grupos de dançarinos dentro e fora do Rio de Janeiro, como pude comprovar nos campeonatos onde estive presente (nestes, as raparigas não chegavam a ¼ dos participantes).

Embora pertencessem a uma classe social desfavorecida, havia uma relativa diversidade econômica entre eles. Os que tinham pais com empregos estáveis, mesmo que desvalorizados socialmente, gozavam de maior estabilidade para seguir os estudos e aceder ao vestuário que caracteriza o estilo *b-boy*. No entanto, para a maior parte dos integrantes do grupo, as possibilidades de consumo eram restritas, o que forçava parte significativa deles a entrar precocemente no mercado de trabalho. Nos treinos de *breaking*, a maioria vestia bermuda ou calça jeans acompanhada de camisas coloridas com símbolos e frases associadas ao *hip hop* (por vezes dos campeonatos em que tinham participado) ou com desenhos de ícones da "música negra": James Brown e Bob Marley eram os preferidos. Os bonés de aba plana eram generalizados e, por vezes, continham inscrições do nome da *crew*[4] a

3. Os jovens da Maré utilizam as expressões *break dance* ou *breaking* para designar este estilo de dança. Por isso, optei por utilizar os dois termos ao longo do texto.
4. Muito comuns no *hip hop*, as *crews* são coletivos informais cujos integrantes se reveem em práticas comuns (neste caso o *break dance*), partilham um mesmo estilo de vida e, na maior parte dos casos, habitam o mesmo bairro.

que pertenciam. Alguns também punham lenços, gorros, óculos de aro largo (moda nos anos 1980) e outros adereços[5], além da joelheira e cotoveleira. Os tênis constituíam o objeto mais valioso dos dançarinos – Adidas, All-Star e Nike eram os preferidos –, essenciais para garantir a estabilidade durante a dança, tendo um valor simbólico para eles.

Os jovens que treinavam na Maré vinham de várias favelas do bairro, sendo poucos os que se conheciam entre si antes de aderirem ao estilo. A partilha de interesse pela dança foi a responsável pela reformulação das suas redes de amizade, tornando possível que moradores de extremidades opostas do bairro se tornassem grandes amigos. Essa questão tornava-se ainda mais relevante devido às pressões a que eram sujeitos pelo tráfico de drogas, que forçava parte significativa dos moradores, principalmente os jovens, a evitar áreas sob o controle de bandos rivais. O temor de ser confundido com membros de uma quadrilha "inimiga" causava restrições no direito de ir e vir, gerador de um "sufocamento" das suas redes de amizade e de vizinhança. Por isso, a maioria optava por transitar apenas nas favelas dominadas por traficantes da mesma facção da sua área de residência, o que intensificava a "experiência de confinamento territorial" (Silva 2008). Entre os jovens do *breaking* eram raros os que circulavam por todo o bairro ou que mantinham amizades fora da sua vizinhança até conhecerem este estilo de dança. Nos seus depoimentos, a ênfase à tensão e ao medo é generalizada:

> No começo, a minha área era restrita apenas à facção que na época comandava: ADA [Amigos dos Amigos]. O que acontecia? Só andava do Pinheiro para trás: Salsa, Vila do João e Conjunto Esperança. Desde sempre vinha aquela preocupação: você não pode passar para lá por causa da facção criminal tal, porque nêgo tá implicando. Realmente tinha altura que nêgo implicava mesmo. Lembro até hoje quando eu e rapaziada do *graffiti* fomos para Nova Holanda pela primeira vez. A gente chegou lá numa tensão total porque a gente era do Pinheiro. Fui eu, o Reis e uns alunos. O que acontece, eu moro aqui no Pinheiro (que é ADA): "tu vai saindo daqui para entrar numa área

5. Um dos jovens costumava utilizar uma mini K-7 amarrada ao pescoço, e outro tinha o seu apelido escrito no cinto que vestia.

do Comando Vermelho, você é louco?". A gente estava na Nova Holanda, e para ir para casa a gente ainda tinha que atravessar área de outra facção [Rômulo, 17 anos].

Parte do quotidiano dos jovens era afetado pelas rivalidades das quadrilhas do tráfico produtoras de uma ideologia que qualificava todos os que viviam no outro lado da fronteira como "alemães", isto é, malfeitores, pessoas não confiáveis ou merecedoras de respeito, independente de estarem ou não envolvidas com o tráfico da sua área de residência. Tal realidade acirrava as rivalidades entre jovens que viviam em favelas sob o domínio de diferentes quadrilhas, dificultando as oportunidades de encontro e convívio entre os jovens da Maré. A consequência desse processo era um fenômeno conhecido como "particularização", afunilador das experiências e dos percursos possíveis no bairro e na cidade (Silva 2006: 82). Não foi à toa que o *break dance* se desenvolveu na Maré a partir de três núcleos distintos localizados em áreas controladas pelas três facções da altura. Os núcleos iniciais de *breaking* na Maré foram:

- os jovens da Nova Holanda, favela sob influência do "Comando Vermelho" (CV), que passaram a dançar *break dance* nas oficinas promovidas pelo Centro de Estudos e Ações Solidárias da Maré (CEASM) naquela localidade;
- os jovens do morro do Timbau que, antes de dançar *breaking*, faziam aulas de *street dance* na Casa de Cultura, localizada nas proximidades do morro do Timbau. Este território era dominado pela facção "Terceiro Comando Puro" (TCP);
- os jovens da Vila do Pinheiro e da Vila do João, cujas primeiras noções de *breaking* foram ganhas na Ação Comunitária do Brasil, uma ONG que fica na Vila do João. Até meados de 2009 ambas as localidades faziam parte do domínio da facção "Amigos dos Amigos" (ADA), passando a "pertencer" ao TCP após intensos confrontos.

Foi no âmbito de uma parceria entre o CEASM e escolas da região em 2001 que o *break dance* surgiu na Maré pela primeira vez, quando uma das diretoras dessa ONG convidou Luck e Reis para dinamizar um projeto de *hip hop* no bairro[6]. Inicialmente, implementaram as oficinas em escolas públicas do bairro, só alargando no ano seguinte a atuação para a Nova Holanda, quando passaram a administrar aulas abertas de *break dance* e *graffiti* para os moradores interessados.

Desde o início desse projeto, centenas de pessoas tiveram contato com a dança, a maioria das quais por um período de curta duração. Esta situação não é incomum, pois na transição para a vida adulta os momentos de experimentações e de deambulações são constantes. Muitos jovens estão ainda a formar a sua identidade, e vagueiam pelos mais variados estatutos profissionais, conjugais, ou lúdicos. Esta "ética da experimentação" é a responsável, em parte, pelas descontinuidades e efemeridades no modo como alguns jovens se envolvem em certas atividades culturais e de lazer (Pais 1994:124). Não foi o caso de todos os que passaram pelo *breaking*, pois um grupo coeso de dançarinos foi formado nos primeiros anos de funcionamento das oficinas da Nova Holanda, quando criaram a *crew* "Ataque Brasil *Breaking*". No entanto, foi a partir de 2007 que ocorreu um grande ascenso no *break dance* da Maré, momento em que novos interessados passaram a abarrotar as oficinas da Nova Holanda. Nesse ano, alguns jovens manifestaram a vontade de ter um espaço próprio onde pudessem treinar mais vezes do que era permitido. Desejavam não estar submetidos ao restrito horário das oficinas de *breaking* do CEASM, tampouco a uma rigidez institucional.

Esta vontade só pôde ser concretizada quando souberam da existência do grupo de dançarinos de *break dance* do morro do Timbau. Nesta altura, eram raros os dançarinos da Nova Holanda que já tinham alguma vez lá ido. Todavia, a vontade de dançar mais vezes e de aprofundar o conhecimento sobre o estilo levou a que *b-boys* da Nova Holanda desafiassem o medo de ir para o Timbau. O encontro de

---

6. Naquela época, Luck e Reis desenvolviam atividades na Rocinha, favela onde moravam, e integravam o Grupo de *Breaking* Consciente da Rocinha (GBCR). O primeiro dedicava-se exclusivamente ao *break dance*, enquanto o segundo dividia o seu tempo entre a dança e o *graffiti*. Nas oficinas que levaram a cabo na Maré, o Luck era o responsável pelo *breaking*, enquanto Reis dinamizava a vertente do *graffiti*.

break dance organizado pelos professores Luck e Reis nessa localidade teve uma importância muito grande, pois não só reuniu pela primeira vez os *b-boys* da Nova Holanda com os do morro do Timbau, como os encorajou a circular para outras favelas da Maré. Aos poucos, passaram a frequentar localidades do bairro até então desconhecidas, e a serem identificados pelos traficantes locais como "pessoal do *hip hop*". Ganharam "passe livre" para o conjunto dos territórios da Maré, o que possibilitou uma nova compreensão do bairro onde viviam e a diminuição dos efeitos de fragmentação decorrentes da violência e da segregação. Transpor as fronteiras que o tráfico impunha foi algo paulatinamente conquistado, como revela o *B-boy* Renato:

> No começo, quando eu e o Igor íamos para o Timbau, a gente ia por fora com medo. Ou então a gente procurava ir com uma galera para não ir sozinho, mas com o tempo a gente foi vendo que os bandidos viam a gente como o "pessoal do *hip hop*". Então: "não mexe com eles não, eles só dançam". A gente procurava fazer apresentações na rua e eles viam que a gente dançava mesmo, que não tinha qualquer problema. A gente procurava ir para outras comunidades sempre acompanhados de algum morador. Por exemplo, eu não ia para a Vila do Pinheiro [favela da Maré] sozinho, ia com o Rômulo. Assim a galera começou a não implicar, começou a ver a gente sempre, e nunca pararam a gente para perguntar o que estávamos lá a fazer. Como até hoje foi tranquilo, a gente foi perdendo o medo graças ao *hip hop* [Renato, 18 anos].

A maioria dos jovens de ambos os grupos iniciou no *break dance* na mesma altura, o que favoreceu a união entre eles. Passaram a ensaiar num espaço cedido pelo grupo de capoeira Angola Ypiranga de Pastinha, no morro do Timbau, e descobriram em conjunto um novo universo cultural e performativo baseado na partilha de experiências na dança e de reflexões sobre a cultura *hip hop*. Essa intensa relação afetiva com o estilo unificou os grupos, transformando alguns deles em amigos inseparáveis. Para celebrar essa unificação, formaram uma *crew* representativa de todos os dançarinos de *break dance* do bairro: *Ativa Breaking*. A sua criação foi o resultado organizativo da afirmação da amizade entre os integrantes dos dois grupos, e servia para identificá-los nas disputas de campeonato ou quando participavam em eventos de *break dance*. Nas conversas, eles utilizavam o termo "família", repetidamente, para sublinhar que a *crew* de que faziam parte não era um mero aglomerado de dançarinos, mas um coletivo formado por amigos íntimos e unidos[7].

Estilo de vida b-boy

No período em que desenvolvi a pesquisa já não existia qualquer divisão entre os dois grupos iniciais de *break dance*, e o local de treino principal já não era no morro do Timbau, mas na Tecno, uma associação cultural ainda em processo de formalização localizada no Parque União, favela da Maré, vizinha à Nova Holanda[8]. O ambiente festivo e as conversas em tom jocoso caracterizavam os seus treinos, tornando claro que a Tecno não era apenas um local de ensaios de *break dance*. Durante os treinos vivia-se uma intensa convivialidade, cujos rituais e *performances* criavam um espírito de grupo entre os praticantes. Eram "sociabilidades desafogadas" (Pais 1994:115), sem a interferência e o controle de pais ou educadores, pois eram os próprios jovens a definir o formato dos treinos (movimentos a ensaiar, músicas a ouvir, horário dos ensaios, orientação dos iniciantes) e a garantir aspectos logísticos: limpeza e iluminação, sistema de som, etc.

Os treinos, mesmo quando centrados num exercício individual, eram coletivos, pois as trocas de impressões eram constantes: pediam para olhar o movimento um do outro, davam opiniões entre si e tiravam dúvidas sobre especificidades da dança. As risadas, os aplausos, os assobios e outras ações conectavam todos numa teia de cumplicidade dentro de um "ambiente de comunicação comum" (Schutz 1979:161). A maior parte dos jovens treinava individualmente. Uns concentravam-se num único movimento, geralmente mais acrobático

---

7. A relação com a maioria dos *b-boys* da Vila do Pinheiro e da Vila do João não era tão intensa, chegaram a treinar lá algumas vezes, embora houvesse dançarinos dessas localidades que integravam a *crew Ativa Breaking*.
8. Abandonaram o antigo local de treino no morro do Timbau devido a desentendimentos com um grupo de adeptos de rock com quem partilhavam o mesmo espaço.

(os chamados *power movies*). Outros criavam sequências de movimentos e alternavam entre aqueles feitos em pé numa cadência de *funk* estilizada (*top rock*), os movimentos executados no chão cujas mãos servem de apoio (*foot work*), e os *freezes*: quando o dançarino congela um determinado movimento numa pose difícil.

O salão onde treinavam oferecia a oportunidade de desfrutarem de uma certa proteção relativamente à violência do tráfico e da polícia, tal como das influências decorrentes da proximidade com um pujante mercado de venda de drogas. A presença de jovens fortemente armados, o grande número de "bocas de fumo" (local de venda de droga) a céu aberto e o risco de haver um tiroteio a qualquer momento tornava as ruas da Maré pouco atraentes para a maioria dos *b-boys*. Tal apreciação era agravada pela forte densidade populacional do bairro, incrementada pela constante circulação de motos nas suas ruas e pela falta de espaços públicos (praças ou jardins) que proporcionassem uma conversa tranquila e intimista. Os treinos na Tecno não só serviam de refúgio contra os riscos da rua, mas desempenhavam o papel de suporte para um determinado modo de viver a juventude, tornando especiais os momentos lá vividos.

Isso não quer dizer que houvesse um alheamento dos *b-boys* em relação à rua ou aos acontecimentos do bairro. Pelo contrário, era nos treinos de *break dance* que se ensaiavam estratégias inovadoras de aceder ao espaço público[9], criar novas representações sobre o bairro e desenvolver novos trajetos pela cidade. A vontade de participar de eventos e campeonatos de *break dance* tornava os treinos da Tecno a "rampa de lançamento" para saírem do bairro e realizarem as mais variadas incursões pela urbe. A perceção da importância do *hip hop* no incentivo à sua circulação para outros territórios da cidade era unânime entre eles, que assumiam pouco saírem da Maré antes de dançarem *breaking*. Tornou-se comum a participação deles em eventos e campeonatos em bairros nobres da zona sul ou noutras favelas,

9. Os meses em que treinaram numa das praças da Nova Holanda – queriam tornar a prática do *breaking* mais conhecida entre os moradores com o intuito de agregar novos seguidores – foram exemplares das inovadoras estratégias de reapropriar a rua e as áreas comuns do bairro, o que fazia diminuir os efeitos de "erosão do espaço público" (Fridman 2008: 83).

como a Rocinha e o Vidigal, ou irem a encontros de *break dance* na Praça XV, Estácio, Lapa (centro), na Tijuca (zona norte) e São Gonçalo, Niterói (subúrbios do Rio de Janeiro). Por isso, este estilo atuava como um instrumento de acesso à cidade, ao fomentar o fluxo dos jovens pelo espaço urbano, pondo-os em contato não só com jovens de outros bairros, mas também com os múltiplos repertórios, saberes e estilos de vida da metrópole.

Para a maioria dos *b-boys* da Maré, o *break dance* não é uma dança que possa ser desconectada de outras esferas da sua vida social. Pelo contrário, há uma permanente comunicação que faz com que dançar *breaking* seja mais do que uma atividade reservada às horas de lazer, promovendo alterações no modo como os dançarinos gerem o tempo, o espaço ou o próprio corpo. Essa comunicabilidade entre o *breaking* e as múltiplas dimensões das suas vidas foi assim expressa por Igor:

> Quando eu comecei a dançar breaking, eu comecei a pegar algumas coisas que aconteciam no *breaking* e levar para a minha vida; conforme foi passando o tempo virou um estilo de vida. (...) Numa apresentação você não vai poder ficar zoando para caraca, zoando e xingando. Você tem que ter uma certa postura para aquele ambiente, ter um certo comportamento. Então eu comecei a adquirir isso na minha vida, tipo: "se eu tenho um certo comportamento quando vou dançar porque eu não posso ter aqui também? Se eu falo desse jeito ali, por que eu não posso falar aqui também?" Então teve essas trocas que eu puxei do *breaking* e levei para a minha vida, e teve coisas da minha vida que eu levei para o *breaking*, como o meu caráter [Igor, 19 anos].

A pedagogia implícita na aprendizagem do *break dance* não se limita a transformar os corpos dos dançarinos – para serem capazes de realizar movimentos que exigem, simultaneamente, força, equilíbrio, elasticidade e destreza –, mas incute também novas subjetividades e modos de pensar o mundo. Eles faziam questão de reiterar a importância do conhecimento – o chamado 5º elemento do *hip hop*[10] – gerador de um

10. Adicionado por Afrika Bambaataa, um dos fundadores do movimento, o "conhecimento" passou a ser tido como o 5º elemento do *hip hop*, formado pelo *Mc, Dj, graffiti e break dance*.

Treino na Tecno. Foto Otávio Raposo.

conjunto de normas e valores associados não só a uma ética na dança[11], mas também incentivador das ideias de coesão e solidariedade entre os adeptos, de ser trabalhador e de ter uma boa postura perante a família e os vizinhos. As conversas que ocorriam na Tecno eram centrais nesse sentido, funcionando como uma educação não formal sobre os significados e responsabilidades de ser um *b-boy* ou uma *b-girl*.

A disciplina necessária para conseguir ser um bom dançarino implica uma frequência de treinos regular, em média três a quatro vezes por semana (cada sessão dura em média três horas), geralmente realizados após intensos dias de trabalho e de estudo. Essa perspetiva obrigava os dançarinos a lidar de uma forma diferente com o tempo, pois é imprescindível saber planear as várias atividades quotidianas para cumprir um determinado horário de treino. A incapacidade de se construir projetos de futuro de longo prazo (chamados de "presentificação"), fenômeno comum entre jovens das classes subalternas (Silva 2006: 81), era contestada por uma rotina de ensaios cuja motivação se baseava no objetivo de tornar-se um bom dançarino e parte integrante

11. Valorizavam o *top rock, foot work e freeze* – fundamentos básicos do *break dance* – criticando o modismo dos *b-boys* que priorizavam apenas os movimentos de impacto (*power movie*) e transformavam a dança em mera ginástica olímpica.

do panorama *hip hop*. Querer ser um *b-boy* reconhecido no circuito carioca de *breaking* é um projeto que exige anos de esforço e dedicação, constituindo-se como uma estratégia de investimento demorada e sem retorno imediato. O incentivo a um estilo de vida dotado de disciplina e rotinas regulares, aliado às novas redes sociais sustentadas a partir da ligação ao *hip hop* (os antigos professores de *breaking* tiveram um papel decisivo), estimulou os *b-boys* da Maré a incorporar projetos de vida (e de ascensão social) próximos ao das classes médias. As apostas de muitos deles na educação – alguns ambicionam entrar na universidade e em cursos profissionalizantes (vários estavam inseridos em cursos de fotografia, web design, informática etc.) – são exemplares no modo como a adesão ao *hip hop* alarga as suas referências temporais, servindo também de base para a construção de sonhos e projetos ambiciosos.

Conclusão

A prática de *breaking* não pode ser entendida sem estar associada à busca de um sentido para a vida e à realização pessoal. A sua adesão cria um repertório de símbolos e representações, compartilhados pelo grupo, que permitiu que projetos coletivos fossem concebidos e futuros alternativos almejados. Os jovens da Maré querem ser reconhecidos e respeitados como bons dançarinos, recusando a imagem de desempregados, marginais ou favelados. A adesão a uma *crew* de dançarinos respeitada no circuito *breaking* carioca deve ser entendida como um instrumento nesse sentido, pois é um símbolo de afirmação que proporciona um espaço de sociabilidade e de criatividade cultural. Ao criar um conjunto de imaginários que ampliam a capacidade de sonhar que "dias melhores virão", fomentam mundos subjetivos e relações de pertença que tencionam projetar a dança daqueles que as integram. Por isso, coloco a hipótese de as sociabilidades impulsionadas por este estilo de dança proporcionarem aos seus praticantes parâmetros existenciais que permitem a elaboração de novos "projetos individuais" e o alargamento do "campo de possibilidades" (Velho 1987).

É na relação com um território marcado pela violência policial e criminal que devemos compreender a adesão desses jovens ao *breaking*, o que torna este estilo um "farol de virtude" que resguarda contra as incertezas da vida. Numa sociedade que os quer condenar à subalternidade, o desejo de ser alguém é parcialmente materializado através da dança.

Bibliografia

CEASM (2003): *A Maré em dados: censo 2000.* Rio de Janeiro: Ceasm.

Fridman, Luis C. (2008): "Morte e vida favelada", em: Silva, Luiz A. M. (ed.): *Vida sob cerco: violência e rotina nas Favelas do Rio de Janeiro.* Rio de Janeiro: Editora Nova Fronteira, 77-98.

Pais, José M. (1994): "A geração yô-yô", em Actas das sessões temáticas do III Congresso Luso-Afro-Brasileiro de Ciências Sociais: *Dinâmicas multiculturais. Novas faces, outros olhares.* Lisboa: Instituto de Ciências Sociais da Universidade de Lisboa, 111-125.

Schutz, Alfred (1979): *Fenomenologia e relações sociais.* Rio de Janeiro: Zahar Editora.

Silva, Luiz A. M. (ed.) (2008). *Vida sob cerco: violência e rotina nas favelas do Rio de Janeiro.* Rio de Janeiro: Editora Nova Fronteira.

Silva, Jailson S. (2006): "A cultura da esperança", em Feghali, Janfira/Lemgruber, Julita (eds.): *Reflexões sobre a violência urbana. (In)Segurança e (Des)Esperanças.* Rio de Janeiro: Mauad Editora, 77-84.

Velho, Gilberto, (1987): *Individualismo e cultura: notas para uma antropologia da sociedade contemporânea.* Rio de Janeiro: Jorge Zahar Editor.

Kuduro, a batida de Luanda. O kuduro como prática cultural dos jovens dos musseques de Luanda

Francisca Bagulho
Mestrado Estudos Africanos, ISCTE, Lisboa

Breve reflexão sobre as dinâmicas atuais da juventude urbana angolana na construção social e política contemporânea através do fenómeno cultural Kuduro.

O Kuduro é um género de música e dança que surgiu nos *musseques* (bairros periurbanos de Luanda) na década de 1990 e representa a voz de uma imensa maioria da sociedade angolana. Iniciado como um processo marginal dos circuitos culturais institucionais (nasceu fora destes circuitos, mas foi posteriormente absorvido), e do mercado musical, o Kuduro é atualmente um fenómeno altamente globalizado.

Com uma grande percentagem de população jovem (dados de 2010 apontam para 44,7 por cento da população angolana com menos de 14 anos)[1], a guerra (que terminou apenas em 2002) e a ameaça da guerra moldaram a forma como os jovens viveram as suas vidas (Rodrigues, 2010).

No entanto, para lá de todas as dificuldades específicas dos jovens angolanos de hoje, muitas das quais comuns aos jovens do continente

1. ONU, 2010. [http://data.un.org/CountryProfile.aspx?crName=Angola]

africano, interessa refletir sobre o papel ativo da juventude na construção de novas referências e práticas sociais, políticas e culturais capazes de contribuir para a transformação da sociedade.

Como afirma Filip de Boeck, "os jovens em África participam ativamente no desenvolvimento social, económico e político e no processo de construção das suas próprias identidades" (De Boeck e Honwana, 2005: 1-2).

Musseques, espaços de resistência, inovação e criatividade

À semelhança de fenómenos idênticos de cultura urbana, como o Funk Carioca das favelas brasileiras ou o Kwaito das *townships* sul-africanas, o Kuduro angolano, manifestação cultural criada e inicialmente produzida e consumida "nos bairros", revela o dia-a-dia dos seus habitantes.

Os musseques de Luanda nasceram com a cidade: primeiro sob forma de quintais onde os traficantes de escravos acumulavam as suas "peças" para exportação, depois sob forma de aglomerados de cubatas (casas tradicionais) habitados por africanos, escravos e libertos (Amaral, 1968: 115-116). Após a 2.ª Guerra Mundial e os efeitos da abastança dos lucros da exportação do café, do investimento de capitais na construção civil e na indústria, a população de Luanda aumentou de cerca de 61.000 (em 1940) para 224.000 habitantes (em 1960), e a velha cidade modificou-se profundamente (Amaral, 1968).

Para lá ou apesar de todas as dificuldades, os musseques foram também espaços dinamizadores de rupturas, motores de inovação e mudança. Marissa Moorman, no seu livro *Intonations: a social history of music and nation in Luanda, Angola, from 1945 to recent times*, afirma:

> Durante a luta pela independência, os musseques foram a plataforma onde o imaginário nacional foi feito e refeito, o lugar principal de mobilização da resistência contra o Estado Colonial. Mais do que apenas uma etapa no processo da modernidade ou urbanização, os musseques foram um lugar onde várias gerações, classes, etnias, raças e sexos, conheceram e imaginaram um novo mundo, nas práticas da vida quotidiana. (Moorman, 2008: 55).

Os musseques foram, portanto, o centro de criação da cultura de resistência, o lugar de construção do imaginário da nação e da história contemporânea do país.

Em termos musicais, o exemplo mais emblemático desta época foi o grupo N'Gola Ritmos, que cantava em kimbundo como forma de subversão e cujos principais iniciadores, Liceu Vieira Dias, Amadeu Amorim e Zé Maria dos Santos, foram presos, em 1959, acusados de conspiração contra as autoridades coloniais portuguesas.

À proclamação de independência em Luanda pelo Movimento Popular de Libertação de Angola (MPLA), em 1975, sem acordo pacífico com as restantes forças, seguiu-se uma guerra civil (fortemente apoiada no contexto político internacional da Guerra Fria) que terminou em 2002, com a morte do líder da União Nacional para a Independência Total de Angola (UNITA), Jonas Savimbi.

O conflito armado provocou um impacto visível em todos os aspectos da vida social e económica do país. Estima-se que mais de um quarto da população angolana foi deslocada para a capital, estimulando o crescimento rápido e anárquico de grandes musseques e provocando "a ruptura total das condições de vida sobretudo nas áreas peri-urbanas da cidade" (Oppenheimer e Raposo, 2007: 19). Em 1975, a população de Luanda somava cerca de 700 mil habitantes e, em 2007, ascendia a 4 milhões, cerca de 1/4 da população total do país[2].

Entre 1975 e 1992, o MPLA governou como partido único. Durante esse período, a cultura foi suportada pelo estado angolano e, no caso específico da música, pela sua importância no diálogo com as populações, condicionou-se maioritariamente a mais um veículo de propaganda política, patrocinada pelo governo.

Com a assinatura dos Acordos de Bicesse, em 1991, houve uma curta trégua às hostilidades que, em sintonia com o contexto internacional do desmoronamento do Bloco Socialista e o fim da Guerra Fria, originou uma série de reformas políticas e económicas em Angola, concretamente os primeiros passos do processo democrático pluripartidário e da liberalização económica do mercado. No entanto,

2. Estimativa ONU _ Urban Agglomerations 2007. [http://www.un.org/esa/population/publications/wup2007/2007urban_agglo.htm].

a realização das primeiras eleições, em 1992, cujos resultados foram contestados pela UNITA, afundaram o país novamente na guerra.

É neste contexto que surge o Kuduro: uma capital densa, sobrelotada e caótica, de um país em plena guerra civil, que viveu os constrangimentos políticos de um sistema partidário único e que se abre a uma liberalização económica e política. O Estado diminui a interferência directa na produção cultural (concretamente deixa de suportar os grupos de música) num momento de abertura a novas influências, novas "liberdades", novas tecnologias.

No panorama musical mundial dos anos 1990 vive-se a massificação da música electrónica; e em Luanda ouve-se Hip Hop, House Music, Techno, Rap, entre outros. O Hip Hop, de grande influência no Kuduro, surgiu em Nova York, no bairro de Bronx, no final dos anos 1970, como revindicação social da juventude marginalizada da periferia, habitada essencialmente por imigrantes e afro-americanos. Não é de estranhar o impacto deste movimento nos jovens angolanos.

> As sociedades da periferia têm estado sempre abertas às influências culturais ocidentais e, agora, mais do que nunca. A ideia de que esses são lugares "fechados" – etnicamente puros, culturalmente tradicionais e intocados pelas rupturas da modernidade – é uma fantasia ocidental sobre a "alteridade": uma "fantasia colonial" sobre a periferia, mantida pelo Ocidente, que tende a gostar de seus nativos apenas como "puros" e de seus lugares exóticos apenas como "intocados" (Hall, 2003: 79-80).

Em Luanda surgiram grupos de Hip Hop, uns mais comerciais, mais agressivos e sexistas, outros mais *underground* e com maior consciência social[3], muitas vezes interditos de passar na rádio. À semelhança do que se verifica noutras metrópoles, o Hip Hop tem-se afirmado em Luanda, na última década, como um movimento relevante na reivindicação e consciencialização político-social, mas, em termos formais, é muito semelhante ao de muitas outras capitais mundiais. Apesar das

---

3. Destaca-se o estudante de filosofia MC Kapa, que se tornou um símbolo de resistência em Angola, depois de um jovem de 27 anos ter sido morto, pela guarda presidencial, por cantar uma das música do seu primeiro álbum: *Trincheira de Ideias (ou Petróleo Bruto para os piratas)*, 2002.

influências, o Kuduro não é Hip Hop. O Kuduro manifesta-se como uma linguagem própria e espontânea de Luanda, resultante de uma imensa fusão de sonoridades, ritmos e movimentos que, com forte uso de ironia, retrata os percalços do quotidiano dos musseques da cidade.

Contrariando algumas críticas à hegemonia ocidental nas culturas locais, o Kuduro pode ser um exemplo de como a tensão gerada pela globalização no encontro das culturas locais pode produzir novos factos, novas dinâmicas, renovadas afirmações. Como nos propõe Stuart Hall, podemos fazer uma nova leitura da pós-modernidade: "Em vez de se pensar o global como substituto do local, deve pensar-se numa nova articulação entre o global e o local" (Hall, 2003: 77).

Kuduro, a voz dos musseques

O som do Kuduro é uma fusão de influências que vão do Semba angolano ao Zouk congolês, ao Soca das Caraíbas, ou ao Techno, Hip-Hop e o House Music americanos. A esta mega-fusão rítmica são associados textos na linguagem oral urbana de Luanda, um calão também ele de fusão linguística sobretudo de kimbundo e português, mas também de lingala, inglês e outras línguas tradicionais e estrangeiras. Exemplo disso são algumas frases das estrofes da música *Angola bwé de caras,* de Dog Murras, em português, calão de Luanda, kimbundo e inglês:

> *Angola dos* ***kota bwé*** *que tem que pode* [calão]
> *Angola* ***tu banga kiebe****, casas de praia, carros de luxo* [kimbundo]
> *Angola* ***sukula zuata****, estradas é buraco e casas sem tecto* [kimbundo]
> *Angola dos* ***talé boss*** *comem sozinho e muita ambição*[4] [calão e inglês]

A dança Kuduro, tão importante como a música, foi inspirada, segundo Tony Amado (um dos que reclama a sua invenção), num filme onde o ator belga Jean-Claude Van Damme dança embriagado. Movimentos de dança tradicional angolana (Semba, Kilapanga, Sun-

4. Letra da música "Angola bwé de caras", de Dog Murras.

gura, Kabetula) são associados ao Break-Dance e ao Popping, em verdadeiras performances individuais ou em grupo, muito teatralizadas. Apesar de existir uma base de movimento comum, na dança Kuduro prima-se pela individualidade e cada um representa uma ação própria, com forte uso de expressão facial. É interessante verificar a predominância de movimentos associados à guerra ou aos seus efeitos numa espécie de catarse. Exemplo são os movimentos de rastejar no chão, dançar manco, atirar-se para o chão, revirar os olhos.

Podemos sentir a vibração da dança Kuduro na letra e na dança do vídeo-clip *Fogo no Musseque*, de Dog Murras:

Pisa tudo mangolé
A pista é tua mangolé
Olha a kasukuta a subir
Olha carnaval a subir
Olha só fervura a subir
Olha Fogo no Musseque
Madrugada é p'ra dançar
Pegou Fogo no Musseque[5]

Frequentemente, à semelhança do Break-Dance e de algumas danças tradicionais angolanas, a dança Kuduro processa-se em roda, na qual, individualmente e à vez, cada um toma o lugar central e dança. Quando termina, sai do centro e outro lhe toma o lugar. O género de dança Kuduro parece invocar uma espécie de transe característico das danças tradicionais, onde cada bailarino encarna um personagem com bastante humor.

Kuduro, a *batida*, os *toques* e as *dicas*

Como numa fase inicial, o Kuduro teve muita dificuldade de penetração na rádio e nos circuitos mais institucionais, os transportes semi-informais de Luanda, os Kandongueiros, converteram-se nas rádios

5. Letra da música "Fogo no Musseque", de Dog Murras.

oficiais de Kuduro e seus principais divulgadores. Os *zungueiros*, vendedores ambulantes da cidade, tornaram-se os postos de venda.

O Kuduro é o ritmo acelerado da cidade de Luanda, nas suas dimensões económica, política e social, refletido neste fenómeno de cultura urbana, de base rítmica também acelerada, não só no seu aspecto formal mas também na velocidade com que diariamente se reinventa. Surgem diariamente novas músicas que alimentam o vocabulário de Luanda de novas *dicas* (expressões), novas batidas (ritmos/sons) e novos toques (movimentos). Podemos apontar algumas expressões que surgiram com o Kuduro e integram hoje a linguagem corrente urbana da cidade: "tá malaiko", "vou te bater", "tá vir", "do milindro".

A música e a dança Kuduro foram alvo de diversas críticas na sociedade angolana. Uns criticam a sua forma musical por fugir à "tradição" melódica da música angolana, outros os seus movimentos, considerados obscenos, outros criticam a linguagem e a mensagem agressiva, associando o Kuduro à violência e aos gangues dos musseques.

Eu canto com muita coerência
sobretudo inteligência
mas não deixo de ser um "gangsta"[6]

À semelhança do Gangsta Rap americano, os temas das músicas de Kuduro são com frequência disputas entre bairros, e as letras contêm ameaças, mensagens agressivas e por vezes sexistas.

São habituais as associações de kuduristas ao mundo do crime e frequentes as tensões destes com as autoridades policiais. Um dos grupos de maior sucesso no Kuduro em Angola, os Lambas, tem sido alvo de diversos incidentes com a Polícia depois de um dos seus elementos, Amizade, ter sido morto por um agente policial, em 2005. Nagrelha, outro dos elementos do referido grupo, esteve preso diversas vezes, acusado de posse de droga, desobediência às autoridades, entre outros. Esses incidentes facilitaram a condenação do Kuduro por parte da im-

6. Letra da música "Sound of Kuduro", Buraka Som Sistema, rimas de Puto Prata, disco *Black Diamond*, 2007.

prensa e entidades públicas. Num artigo do *Jornal Angolense*, de julho de 2007, intitulado "Que futuro para os kuduristas?", podemos ler:

> É bem verdade que é difícil estabelecer a fronteira entre os criminosos e aqueles que apenas querem brilhar no mundo da música, já que os dois vivem no mesmo bairro e enfrentam as mesmas dificuldades.
>
> Contudo, em alguns casos os cantores estão mesmo relacionados com o mundo do crime, com os seus nomes aterrorizantes, como são os casos dos "Kalunga Mata" ou "Granada Squad", com as suas músicas repletas de mensagens criminosas, onde enfrentam a polícia, ameaçam rebentar tudo, enfim, deixam claro em que lado estão. (Jornal Angolense, 2007).

Além destas críticas, há também alguns exemplos de incómodos, mesmo nas mais altas esferas de poder, quando através do Kuduro se expõem as preocupações e dificuldades do quotidiano angolano e se faz alguma crítica social. Exemplo disso é a letra da música de Dog Murras, "Angola bwé de caras":

> *Angola do petróleo, do diamante e muita madeira*
> *Angola do paludismo, febre tifóide e muita diarreia*
> *Angola dos talé bosses comem sozinho e muita ambição*
> *Angola que é da gasosa, corrupção tapa visão*
> *Angola dos herdeiros que não fazem nada e tem bwé de massa*
> *Angola do kota honesto, que bumba bwé e não vê nada*[7]

A música "Angola bwé de caras" foi interditada na Rádio Nacional e alvo de diversas críticas, entre as quais um artigo, divulgado nos jornais angolanos, de Tchizé dos Santos[8], uma das filhas de José Eduardo dos Santos. Citando o escritor angolano José Eduardo Agualusa numa reportagem sobre Kuduro, *Kuduro, a voz da periferia de Angola*: "Um dos aspectos mais interessantes (do Kuduro) tem a ver com a forma como se vem afirmando, não apenas à margem do poder, mas em muitos casos contra o poder instituído" (Viana, 2009).

---

7. Letra da música "Angola bwé de caras", de Dog Murras, 2008.
8. Tchizé dos Santos escreve artigo em resposta à música de Dog Murras", Uaue, 4 Fevereiro 2008, disponível em: http://desabafosangolanos.blogspot.pt/2008/02/estimados-leitores-no-me-possvel.html. Consultado em junho de 2014.

Todas estas opiniões de adesão e polémica, no seio da população angolana, são de extrema relevância na reconstrução e no questionamento da sociedade atual. Se durante a luta pela independência os musseques foram a plataforma onde se construiu o imaginário nacional e o lugar principal de mobilização da resistência, na Luanda de hoje estes bairros são os pilares da atividade social de parte significativa da população. Serão ainda o lugar de alguma crítica activa às tensões actuais?

Kuduro: dos musseques para o mundo

Em Angola, assim como na maioria dos países africanos, o informal está disseminado em todas as atividades, sejam económicas, sociais e culturais, e são inúmeras as articulações, pontos de contacto e interdependências entre o formal e o informal. Conforme tem sido enfatizado por diversos autores, a economia informal apresenta-se como resposta efetiva à reduzida capacidade dos sectores públicos e privados de assegurar emprego e fornecimento de bens e serviços, e sobretudo o garante de sobrevivência da grande maioria da população.

O Kuduro inscreve-se nesta dinâmica, sendo criado e produzido em precários e informais estúdios de gravação nos musseques e rapidamente difundido através dos Kandongueiros, zungueiros e, mais tarde, nas rádios, YouTube, TV, etc. Como relata bem o documentário *Luanda, fábrica da música*, de Inês Gonçalves e Kiluanje Liberdade, no exemplo do musseque Coca-cola, os miúdos juntam 1000 Kwanzas e fazem fila à porta do estúdio de DJ Buda (um quarto na sua casa) onde cada um grava os seus poemas com os ritmos eletrónicos que DJ Buda compôs.

> Cada miúdo tem a sua história, faz o seu retrato gritado, exprime o espírito da sua rua, marca o seu território. Gravar é tão importante para o crescimento destes miúdos como é ter uma namorada ou fumar um primeiro cigarro. Se não gravas, não és ninguém. Tal como qualquer adulto, que se afirma pelo que é capaz de fazer. O resultado destas *Buda Sessions* é uma música a que se chama Kuduro, cujo *best of* é compilado num CD e vendido nos

> mercados. Semanalmente. Eles querem ouvir-se. E dançam. As festas que o DJ Buda organiza são um sucesso: há comes e bebes e muita dança pela noite fora. (Gonçalves, Liberdade, 2009).

Interessa destacar também a importância da democratização do acesso às novas tecnologias que alteraram consideravelmente a velocidade dos meios de produção e de circulação da informação. No caso, permitiram uma rápida difusão e proliferação do Kuduro não só em nível nacional como internacional.

Utilizando inicialmente tecnologias muito rudimentares e meios completamente informais, o Kuduro é hoje um fenómeno cultural profundamente globalizado. Surgindo como um processo marginal dos circuitos culturais institucionais e do mercado musical, o Kuduro é hoje música e dança habitual nas pistas de dança europeias e entre os grupos de música e DJ's de todo o mundo.

Dos muitos exemplos do nível de internacionalização do Kuduro, pode destacar-se o álbum *Kuduro Sound System* (2007), do músico francês Frédéric Galliano, com a participação de Dog Murras, Pai Diesel, Tony Amado, Gata Agressiva, entre outros.

Associado a este processo há também que considerar a importância das diásporas na criação (e recriação) dos movimentos culturais, mas igualmente no seu consumo e divulgação. Exemplo é o sucesso do grupo de Lisboa Buraka Som Sistema, sobretudo com a música "Sound of Kuduro" (do disco *Black Diamond,* 2007), com a participação da artista britânica M.I.A. entre os kuduristas angolanos: DJ Znobia, Puto Prata e Saborosa. Este álbum foi um dos principais responsáveis pela divulgação e reconhecimento do Kuduro em nível mundial, com *tops* na MTV e concertos com milhares de espectadores.

Podemos sentir o carácter híbrido da geografia do Kuduro produzido pela diáspora em Lisboa:

> *Estou com Buraka / abro a fronteira*
> *Não digo lixo / nem digo asneira*
> *No microfone sou a primeira / Vou levantar a minha bandeira*
> *Angola o mundo cobiça / Mas é povo que te enfeitiça*
> *A Pong no beat capricha / Porque sou rara tipo welwitchia*
> *Sou mesmo eu a Dama Ngaxi muito agressiva*

Me derrubar nem com macumba / sou criativa
[...] Rima pesada tipo embondeiro
Eu faço o que eu quero
Canto para Angola e para o mundo inteiro
No Kuduro impero
Sou palanca negra gigante[9]

Numa construção e reconstrução do novo imaginário angolano concebido com uma geografia que engloba em si as diásporas e o mundo, o Kuduro é uma expressão da Angola contemporânea.

Questões e linhas de análise futura

O objetivo desta reflexão é enquadrar este fenómeno nas dinâmicas criativas dos jovens dos musseques de Luanda e avaliar a forma como essas dinâmicas são absorvidas ou rejeitadas, contestadas ou legitimadas, nos contextos nacionais e internacionais.

Pretendo estudar o contexto de criação e a cadeia de produção do Kuduro desde a sua gravação (os estúdios, os CD, as letras e as músicas) à sua divulgação (nos kandongueiros, nas praças, zungueiros, Internet ou televisão); perceber a importância destes processos de produção, comercialização e difusão específicos do Kuduro, discutindo a relevância do seu grau de informalidade na liberdade criativa e autonomia. O aprofundamento do conhecimento relativamente a este fenómeno pode contribuir para o debate sobre as dinâmicas culturais da juventude das cidades africanas contemporâneas e respectivas articulações simbólicas, sociais, políticas e económicas.

O Kuduro teve um percurso de afirmação desde a década de 1990 até aos dias de hoje, no qual se tornou um fenómeno incontornável na sociedade angolana. Alguns dos kuduristas que se iniciaram nos musseques são hoje grandes estrelas em Angola e internacionalmente. Muitos dos que começaram por fazer alguma crítica social, fizeram posteriormente trabalhos mais institucionalizados, comerciais ou

---

9. Letra da música "Kalemba (Wegue Wegue)", Buraka Som Sistema, disco *Black Diamond*, 2007.

mesmo partidários (por exemplo, os Lambas editaram uma música de apoio à Juventude do Movimento Popular de Independência de Angola (JMPLA)). No entanto, o Kuduro continua a ser reinventando diariamente. Apesar de ser um fenómeno grandemente globalizado, subsiste como forma de se "tirar a temperatura" da sociedade angolana atual e, mais especificamente, das tensões sociais no seio dessa grande maioria de jovens que vivem nos musseques. Citando Paulo Flores, no documentário de Jorge António, 2007, *Kuduro, Fogo no Musseke*:

> O Kuduro representa uma voz de uma nova Angola. Uma Angola que quer ser ouvida, e mais que isso, tem de ser ouvida. Angola dos jovens, Angola dos bairros, da periferia... Angola que tem uma mensagem para dizer e para contar. Parece que a única forma de nos conhecermos a nós próprios é se tivermos esse espaço para ouvir os outros (António, 2007).

Bibliografia

AMARAL, Ilídio (1968): *Luanda (Estudo de geografia urbana).* Lisboa: Memórias da Junta de Investigações do Ultramar, 2ª ser. Nº 53.

ANGOLENSE (2007): "Que futuro para os kuduristas?". *Jornal Angolense*, 23 Julho 2007 <http://angonoticias.com/full_headlines_.php?id=15695> (Julho 2010).

DE BOECK, Filip e Alcinda HONWANA (2005): "Children and youth in Africa: Agency, identity, and place", em De Boeck, Filip e Alcinda Honwana (eds.): *Markers and breakers. Children and youth in postcolonial Africa.* Oxford e Dakar: James Currey and CODESRIA.

HALL, Stuart (2003): *A identidade cultural na pós-modernidade.* Rio de Janeiro: DP&A Editora.

MOORMAN, Marissa (2008): *Intonations: a social history of music and nation in Luanda, Angola, from 1945 to recent times.* Ohio: Ohio University Press.

OPPENHEIMER, Jochen e Isabel RAPOSO [coord.] (2007): *Subúrbios de Luanda e Maputo*, Lisboa: Edições Colibri e CESA.

RODRIGUES, Cristina Udelsmann (2009): "Youth in Angola: Keeping the pace towards modernity", em Bordonaro, Lorenzo e Clara Carvalho (coord.): *Youth and Modernity in Africa, Cadernos de Estudos Africanos* (18/19). Lisboa: Centro de Estudos Africanos do ISCTE - Instituto Universitário de Lisboa, 165-179.

VIANA, Natalia (2009): "Kuduro, a voz da periferia de Angola". <www.operamundi.com.br/reportagens_especiais_ver.php?idConteudo=1517> (Julho 2010).

Documentários

ANTÓNIO, Jorge (2007): *Kuduro, Fogo no Museke* (60 min.). Produção Mukixe e Lx Filmes, vídeo documentário (DVD).

GONÇALVES, Inês e Kiluanje LIBERDADE (2009): *Luanda, fábrica da música* (60 min.). Produção Noland Filmes, vídeo documentário (DVD).

Importância da vida cultural para reinventar a vida

Marta Lança
Editora do portal BUALA (www.buala.org), Lisboa

Neste artigo, tento defender a importância das dinâmicas culturais para o desenvolvimento do pensamento crítico, entre a grande maioria da população, os jovens, em articulação com outras gerações e legados, apontando formas criativas de contornar as carências estruturais. Este pequeno levantamento foca a realidade de países africanos de língua portuguesa, nos quais podemos reconhecer momentos históricos e processos políticos paralelos, tais como o colonialismo português (ainda que com diferentes composições) do qual conquistaram a Independência em 1975, o regime de partido único de inspiração socialista até 1991, a abertura aos mercados e o início do multipartidarismo (em 1992) e, no caso de Moçambique e de Angola, uma violenta Guerra Civil (até 1992 e 2002, respectivamente). Cabo Verde e S. Tomé terão outras cumplicidades, nomeadamente a sua configuração de arquipélagos, a forte relação de exploração no tempo colonial (com os contratados para as plantações das roças) e a situação atual de muita descendência cabo-verdiana em S. Tomé. Outra característica comum é a ligação a processos transnacionais – mais ou menos impostos ou voluntários. Integrada numa ideia de lusofonia no mundo pós-colonial, verifica-se a relação com Portugal, de alguma forma desigual, mais notória no caso de Angola e Cabo Verde do que Moçambique, que comunica mais com a sua sub-região, com a África do Sul à cabeça.

Em termos de situação social há muitas diferenças, mas diagnosticamos algumas práticas de aproveitamento de poder da parte das elites destes países, tanto maior quanto menos justa é a distribuição da riqueza, num processo de naturalização das hierarquias que não dispensa os preconceitos classistas e raciais. O grande capital entrou em força nas taxas de crescimento económico sem isso significar uma correspondência na distribuição de riqueza ou de investimento em setores fundamentais como a educação e saúde. Grande parte da população vive numa lógica de autossubsistência ou na dependência de apoios caritativos.

No entanto, muita coisa de positivo acontece: classes médias vão surgindo, restabelecem-se as feridas e o tecido social das guerras, uma ínfima juventude tem vindo a despertar na reivindicação das liberdades e de uma voz atuante. E, atravessando tudo, a criatividade e solidariedade dão resposta a muitos problemas do dia-a-dia.

Transversal também a vários momentos da vivência coletiva, ainda que com realidades muito diferentes no que diz respeito à nivelação dos direitos dos cidadãos e desenvolvimento da sociedade civil, a memória e as práticas da violência, assim como a exploração têm estado presentes na vida de muitos jovens das cidades de Luanda, Maputo e Mindelo. Em que medida a expressão artístico-cultural tem acompanhado e fortalecido a inscrição dos jovens como voz ativa na sociedade civil e que meios culturais estão ao seu dispor ou exigem ser inventados? É parte daquilo que desejamos averiguar.

Este levantamento e considerações provêm de uma prática e experiência de colaboração pessoal no sector cultural nestas três cidades, onde residi por períodos longos (entre os anos de 2004 a 2010). Limito-me assim a trazer alguns indicadores sobre os universos culturais, reunindo elementos soltos, que poderão potenciar um contacto mais perspectivado e aproximado a estas realidades e suas conjunturas.

Representações da juventude crescem na vida social[1]

Como noutras partes do mundo, o recente conceito de juventude – momento transitório entre a infância e a vida ativa – vai-se estenden-

1. Muitos dados foram retirados do artigo http://www.buala.org/pt/a-ler/os-lugares-da-juventude-no-contexto-urbano-de-cabo-verde, de Filipe Martins.

do no tempo, e crescem as representações da cultura juvenil em vários sectores da sociedade. Assim, a informalidade característica de uma certa concepção de "ser jovem" tem vindo a expandir-se no mundo lusófono: na maneira de andar e vestir, na natureza das relações, gostos musicais, forma de dançar e falar, o perfil dos ícones dos *media* e da cultura *pop*. Apesar do *generation gap* em termos de referências e de histórias de vida, os adultos que se sacrificaram em nome de um projeto nacionalista, a quem foi vetado viver livremente a sua auto-expressão (prisões, guerra, escassez ou exílio), reivindicam agora uma juventude tardia, porém muito ligada à sociedade de consumo, para quem a juventude é uma categoria indispensável.

No entanto, há um diálogo de surdos e tensões difíceis entre estes dois mundos. Descredibiliza-se a juventude num sentido preconceituoso, fazendo uma associação automática entre jovens e problemáticos. A capacidade de entendimento intergeracional deve apreender-se no contexto de cada geração, com as suas demandas, incertezas e desafios. Os jovens fazem coisas de adultos mais cedo, por exemplo saem à noite, têm filhos, bebem álcool. Porém, não têm acesso à estabilidade adulta: trabalho, casa própria e família estável (situações de poligamia, família monoparental), o que provoca uma dependência económica dos pais, mas alguma distância afetiva. Acresce que a "autoridade" moral e o capital simbólico das gerações acima – cultura do mais-velho comum na "tradição africana" – continua a ser um forte ascendente. Descredibilizam-se de alguma forma as vozes mais novas. Apresentando-se constantes as comparações ("no meu tempo havia respeito") e partindo de uma descredibilização das causas atuais, acontece o movimento inverso, os jovens culpam a geração anterior pelos problemas herdados ("antes combatentes da liberdade, agora combatentes da fortuna", diz a música do *rapper* moçambicano Azagaia). De facto, as lutas, mais ou menos ideologizantes, os projetos sociais e os instrumentos de cada geração são muito diferentes. Mas é preciso criar um diálogo entre ambas.

Cultura como pensamento e reinvenção da vida

A cultura não é um *per se* que contagia de bondade toda a ação humana, muito menos defendemos um tipo de cultura apaziguadora dos problemas e desafios que estes jovens enfrentam na sua vida, pois não é só à área cultural que compete resolver os conflitos e os antagonismos que estão na base das desigualdades. É, pois, importante esclarecer o posicionamento contra uma visão assistencialista da cultura como entretenimento ou mediação, que camuflam programas de controlo atenuando raivas e dificultando a capacidade de luta pela emancipação.

A cultura e a informação fornecem elementos de esclarecimento e, nesse sentido, são ferramentas indispensáveis para a dita emancipação. Ao compreendermos os conflitos, entendendo as suas razões, sabemos melhor defender-nos e encontrar alternativas. A partir deste pressuposto, o passo seguinte será transformar a informação em conhecimento e a cultura em crítica, no sentido que trabalha a sensibilidade e a maturidade, contribui para criar uma voz própria, defende contra a violência psicológica e a arrogância. Trabalha pela tolerância, disciplina, curiosidade pelo outro, pode construir-se numa forma de relativizar sem perder o espírito crítico. Diria que pode ser uma plataforma de aproximação, um modo negocial para ganhar mais horizonte de vida.

No que respeita a preocupações económicas, e embora não sendo particularmente adepta da mercantilização da cultura, considero que as práticas culturais colaboram para revigorar a economia, proporcionando qualificações e emprego aos jovens, criando novos universos de trocas e saberes.

Em relação a sociedades nas quais a violência desempenhou um papel muito marcante, ou infelizmente ainda está muito presente, a experimentação artística poderá recuperá-la pela desconstrução, exercitando a capacidade de denunciar responsabilidades, e eventualmente transformá-la noutra matéria. O desenvolvimento de práticas culturais contribui para a auto-estima, e subverte o afro-pessimismo ao criar novas leituras das realidades, contextualizando a situação geopolítica de África e criando uma exigência de melhores condições de vida. É também uma forma de interpretar a história, ao integrar as combinações culturais e sincretismos e as várias influências sem romper com o lugar de enunciação de onde se produz determinada expressão, convocando a interpenetrabilidade cultural que caracteriza o nosso mundo globalizado, assim como os efeitos e legados culturais nas sociedades e culturas colonizadas e colonizadoras.

Para uma leitura mais política desta proposta, seria interessante fazer um pequeno parêntesis remetendo para a relevância da cultura no projeto anticolonial. Na segunda metade do século XX, com o início da reivindicação do direito à autodeterminação e à independência total por parte das antigas colónias europeias, resgatava-se assertivamente todo um sistema de valores culturais que estariam na base das lutas pela emancipação e autonomia. A evocação da negritude (movimento de afirmação da identidade negra ou africana), associada a uma consciência pan-africanista, levou ao questionamento radical da ordem mundial da época. A ambição para a descolonização fora e dentro da Europa, fez-se nomeadamente através do questionamento das narrativas eurocêntricas, da luta pela independência, bem como pela criação de uma via alternativa aos dualismos da Guerra Fria, recriando a noção de Terceiro Mundo. O carácter transnacional da negritude e do pan-africanismo gerou uma tensão produtiva com a afirmação dos nacionalismos anticoloniais que vale a pena revisitar na era das globalizações.

Na verdade, queremos sobretudo salientar esta forte relação entre as questões culturais e políticas, que passou pela tomada de consciência, por um desejo de desalienação (de que falava Sartre), pelo Movimento da Negritude (1938), pelo apelo ao universo cultural no resgate de referências e valores africanos e da cultura negra como ideário de identificação e luta comum.

Os anos sessenta coincidem com o início das descolonizações em África. Dois grandes eventos culturais seriam o marco desta articulação entre cultura e política – o Festival das Artes Negras de Dakar (1966) e o Festival Pan-Africanista de Argel (1969). Em ambos pudemos ver os líderes dos movimentos independentistas, lado a lado com estrelas musicais e o grande impulso e demonstração de culturas aparentemente não ocidentalizadas.

Relembremos no texto de Amílcar Cabral "Libertação Nacional e Cultura"[2] o "valor da cultura como fator de resistência ao domínio estrangeiro." Defensor da cultura como um instrumento de li-

2. Pode ler-se integralmente aqui http://www.buala.org/pt/mukanda/libertacao-nacional-e-cultura

bertação, lembra que "a subestimação dos valores culturais dos povos africanos, baseada nos sentimentos racistas e na intenção de perpetuar a sua exploração pelo estrangeiro, fez muito mal à África". Interessa assim pensar as culturas africanas enquanto troca de saberes da nossa contemporaneidade para que não se perpetuem hegemonias e uniformizações que conduzem a uma posição de subalternidade nas relações seculares de dominação. Continua a ser muito necessário conhecer a África que produz conhecimento e que contrapõe outros modelos de sociedades (por exemplo, não baseadas na economia do excedente).

Internacionalização da arte africana

É visível que, nos últimos anos, o continente africano tem vindo a inscrever-se no mapa e nos circuitos da arte contemporânea, reconhecendo-se algum interesse em especial por alguns dos seus países. Acompanha este fenómeno o *boom* global das artes não-ocidentais, em grande parte motivado pelas economias emergentes como as da China, Índia, Brasil ou a de vários países africanos, nomeadamente Angola e África do Sul. O fenómeno económico incentiva, não necessariamente pelas melhores razões, o entusiasmo com o "outro".

Podemos referir algumas estruturas de internacionalização da arte africana em termos de exposições, festivais, produções, livros. Bienais de arte como Dacar, Bamako, Cidade do Cabo, Cairo, a Trienal de Luanda; programadores e produtores mostram, em muitos países africanos, europeus, sul-americanos, norte-americanos, as criações originárias de África ou da diáspora africana. Na Europa há mais de setenta festivais de cinema africano. Em África salientamos o Fespaco no Burquina Fasso (na 22ª edição), o Dockanema em Moçambique, o Festival de Durban (DIFF), Cidade do Cabo (Encounters), Cartago (Tunísia), AFRIFF (Nigéria), Blue Nile (Etiópia), Cairo e Luxor African Film Festival (Egito). Também contamos com inúmeros encontros e festivais de música e dança africana, assim como festivais de Música do Mundo, cuja programação incide muito no continente.

Algumas publicações como *Revue Noire, Drum, Présence Africaine, Transition, CoArt News, Chimurenga* têm contribuído para que a discussão da arte africana contemporânea deixe de ser uma abstração ou um debate feito pelos outros, produzindo discurso a partir de África e posicionando-se perante o mundo. A Internet, plataforma de comunicação intercultural e transnacional, tem sido igualmente uma ferramenta poderosíssima, com fóruns de discussão, como montra de trabalhos numa autoprodução que possibilita chegar a públicos mais amplos e anular a figura do intermediário. O desenvolvimento da tecnologia, facilitadas as ferramentas técnicas como máquinas digitais e telemóveis, acelera e aumenta o acesso à produção e o volume de comunicação e partilha da mesma.

Panoramas artísticos/visibilidade

Para percebermos o peso das áreas culturais em determinado contexto, temos de ter em conta o perfil desigual e heterogéneo conforme os mesmos, de acordo com fatores como: o grau de democratização, a presença de artistas e escritores autodidatas, a opção pela escrita em línguas universais ou em línguas locais, os diferentes impactos na comunidade internacional, etc. A criação artística, a formação e a produção não são necessariamente dependentes do Estado, mas muitas vezes refletem a vontade política de desenvolver humana e culturalmente o país. No entanto, nunca se pode confundir a relação entre desenvolvimento económico e produção cultural com aspectos ligados à criatividade que é, muitas vezes, até uma resposta à ausência de "políticas culturais". A cultura pode de facto ajudar a mudar a percepção redutora sobre África: os artistas colocam os seus países nos debates contemporâneos e globais, invertem imagens negativas e desconhecedoras, denunciam realidades sociais com complexidade, apresentam visões e interrogações para o futuro.

As novas gerações, desprendidas de uma arte mais ideológica mas nem por isso acrítica, lançam desafios estéticos e formais, numa abordagem *glocal* entre os contextos locais onde atuam e a cultura mundial, com a qual crescem e dialogam.

Ser artista

Novas questões de identidade se colocam para os artistas africanos de hoje. O argumento da autenticidade torna-se anacrónico e deslocado, as identidades negoceiam-se e vão-se superando, pela multiplicidade de elementos com os quais se confrontam, como globalização, pós-colonialismo, migrações. Noções como hibridismo, crioulização, subalternidades, contra-hegemonia e indeterminação subvertem as heranças eurocêntricas e a ontologia e epistemologia ocidentais.

Nos seus países, alguns artistas viveram conflitos, dificuldades, guerras ou privações. O movimento de pessoas para dentro e para fora do continente acentua-se: de áreas rurais para áreas urbanas, de espaços nacionais para transnacionais. As diásporas são incluídas no pensamento do "ser africano" que transcende, pois as fronteiras do continente, para a experiência múltipla de uma espécie de "comunidade africana", imenso património cultural que, mesmo longe do seu lugar de origem, pode recriá-lo e transformá-lo. O contacto com o mundo, pela emigração, e integrado numa cultura global (a música, os ídolos, as referências, a internet), está sempre muito presente.

No entanto, o vocábulo "artista" é ambivalente em termos simbólicos. Ser artista pode ser um atributo depreciativo para certas mentalidades. O facto de não corresponder a um trabalho sério, pois não há qualificação – "qualquer um pode ser"–, nem dá necessariamente dinheiro, torna-se sinónimo de diletantismo, ociosidade, marginalidade (julgamento pelos sinais exteriores: usar rastas, fumar erva). Sintomático disso é a expressão "é um grande artista" que se usa no sentido de "ter esquemas". Contudo, para o jovem que se autodenomina artista há uma promoção e orgulho nesse estatuto, mesmo que seja artista não necessariamente de obras de arte. "Compre esta máscara, esta caixinha de pau-rosa, este demónio de pau-preto. Eu sou o artista. O meu pai é artista. É para apanhar chapa" (disse-me um jovem em Moçambique).

Protagonizar atividades artísticas pode ser também uma forma de reconhecimento e de visibilidade, a possibilidade ainda que remota de fazer carreiras nas indústrias culturais, a única oportunidade para a internacionalização: abertura ao mundo, viajar e conhecer gente. Por outro lado, ser artista acarreta ainda uma responsabilidade de peso: os artistas tornam-se uma espécie de mensageiros de uma África atual e participante. E não será de somenos a exclusividade na revelação do talento: "alguma coisa especial que só eu sei fazer".

Sem condições, mas esforço pessoal

Não havendo profissionalização de artistas nem ensino formal de arte, propriamente dito, consolidado, apesar da existência de algumas escolas, enveredar pelos caminhos artísticos não é fácil. Sem qualquer incentivo nem educação artística, na falta de padrões e referências estéticas, a concretização da vontade de uma carreira artística passa muito pelo esforço pessoal.

É fácil ver jovens que andam pela rua com um instrumento musical às costas, cadernos com versos a tentar patrocínio para um livro de poesia ou para tocar nalgum lado. Os circuitos de produção e de distribuição são muitas vezes autogerados (exibição de filmes, estúdios de rádio), assim como a organização de eventos (concertos, leitura de poesia).

Voz ativa?

Alguns grupos de jovens informais atuam nas áreas da cultura, desporto, atividades comunitárias, danças tradicionais, peças de teatro, atividades voluntárias, solidariedade com os excluídos, questões ambientais, outros estão muitos ligados a Igrejas. Outro tipo de ação e postura de vida crítica mais ligada à expressão musical é o movimento *hip hop*. Em Luanda o *hip hop underground* trouxe consciência social e temáticas que andavam esquecidas no meio artístico angolano[3]. Os *rappers underground* diagnosticam as contradições da sociedade angolana na vontade poético-política de crescer num país onde a liberdade

3. Veja-se também, neste volume, o artigo de Francisca Bagulho.

e a justiça sejam possíveis. É uma cultura popular onde a juventude se revê e questiona os destinos da nação.

Mc Kapa, Kheita Mayanda, Phay Grande, Leonardo Wawuti, Flagelo Urbano, Condutor, Ikonoklasta, e Conjunto Gonguenha são nomes desta corrente de resistência feita de "soldados da paz" e "trincheiras de ideias" que traduz as preocupações da nova geração que habita no centro e na periferia de uma cidade globalizada, e lembra, nas palavras de Mc Kapa estampadas em centenas de *t-shirts* que desfilam por Luanda, que "o país não tem dono, Angola é de todos nós". A crítica destes *rappers* destina-se, antes de mais, a alertar as consciências, sobretudo dos jovens. É o *hip hop underground*, convictamente demarcado do *hip hop* comercial, agressivo, consumista e misógino, exaltador de valores alheios à realidade angolana numa quase tradução das letras de *rappers* americanos. Entenda-se *underground* como uma filosofia, a postura do artista em relação ao mercado e ao seu público, o *hip hop* que "o grande público desconhece, de artistas cuja primeira preocupação é comunicar as suas ideias", como nos descreve o músico Kheita Mayanda.

Ausência de sociedade civil ativa, opinião pública tímida e parcial, saturação do discurso paternalista ocidental e das ONG's, negligência do Estado. Neste contexto a expressão social é de extrema importância. Há concertos de *hip hop*, de participação espontânea, que se transformam em autênticos comícios, os MC's interpelam e diagnosticam os problemas de forma quase sociológica, recuperando um espaço que lhes é vedado nos circuitos oficiais ou institucionais da cultura e da política. Em espaços informais da cidade, encontram-se artistas e tribos urbanas, as vozes vão-se sucedendo no microfone aberto, é o *hip hop* no seu esplendor com rap, dança e *grafitti*.

Também envolvendo *rappers* e questões políticas, gostaria de recordar o episódio dos conflitos em Maputo, de 1 de Setembro 2010, quando a população dos subúrbios, maioritariamente jovem, saiu à rua para protestar pelo aumento dos preços dos bens essenciais (transporte, leite, pão, farinha, etc.) e teve violentos confrontos com a polícia. As críticas que mais se fizeram ouvir referiam a falta de organização e de lideranças na luta (confusão entre protesto e violência), e eram argumentos maniqueístas. Da parte dos jovens que falaram à imprensa, os argumentos passavam pela má gestão do património comum, fome, ausência de representatividade, ociosidade, precariedade dos jovens, excesso de dependências, falta de indústria transformadora para os recursos nacionais, pouco investimento em áreas como agricultura, saúde, transportes, educação e cultura. Criticavam também os baixos salários que levam à corrupção[4], a corrupção dos políticos que é transversal à sociedade, a repressão através de métodos de amedrontar, como a brutalidade policial e a chantagem financeira, o racismo nas zonas turísticas, as desigualdades entre a cidade de cimento e os bairros periféricos.

Resumindo, o discurso destes grupos de jovens, subversivos, ativistas, ou como quisermos chamar-lhes, era um discurso preocupado com o social e o político da sua comunidade.

Teatro amador

Proliferam grupos que produzem peças teatrais com grande aceitação e visibilidade, apresentadas em espaços públicos, em salas improvisadas e clubes de bairro. Esses grupos escrevem os seus textos dramáticos, recorrem muito à improvisação e autoencenação. Os ingredientes principais são o entusiasmo, o voluntarismo, o talento e a persistência. Na falta de meios técnicos, quase sem cenários e desobedecendo às convenções teatrais de tempo e espaço, reconhecida a falta em formação e de escola, sem esquecer o desconhecimento da história universal do teatro e o facto de raramente poderem assistir a outro tipo de peças, os modelos são limitados: as mesmas técnicas, personagens-tipo e fórmulas de sucesso repetem-se até à exaustão, numa visão estereotipada. Por exemplo, arrancar da plateia muitas gargalhadas com cenas da vida doméstica num tom pedagógico: pancadaria, se a mulher não cozinhou a xima, ou as trapalhices durante o comba (óbito) ou libolo (alambamento), os sarilhos da vida extraconjugal ou as manobras do

4. *Se pudesse, o que mudaria no mundo?* Resposta: *Acabava com o assédio dos professores às alunas; aumentava o salário dos polícias e dos médicos que têm nossa vida nas suas mãos.* Jovem atriz, num exercício de um *workshop* de teatro (fonte direta, Maputo 2009).

feitiço. Temas recorrentes são ainda críticas aos poderosos, a acusação à delinquência juvenil, a violência doméstica, o álcool, a droga e outros problemas sociais.

O que continua a atrair muitos jovens para o teatro, além do imenso gosto e talento, é o reconhecimento público das artes performativas (dali podem ganhar experiência para a televisão / cinema), a busca pessoal de desenvolvimento e uma oportunidade de expressão. Também entram na balança as ações de formação e preparação, pois muitas vezes os grupos são ligados a ONGs e praticam atividades de sensibilização remuneradas de vez em quando.

Algumas sugestões para o debate sobre a cultura nestes países

Interessa pensar o papel da cultura em determinados contextos que, não escapando obviamente ao contexto global dos fluxos migratórios, financeiros e mediáticos, terão as suas formas próprias de se conceber, de apropriar discursos, criar ou irromper consensos.

Alinhemos algumas representações e sugestões para desenvolver mais criteriosamente estas áreas. Nestes contextos a cultura é sobretudo entendida como garante de valores nacionais e de tradição, havendo alguma desconfiança em relação a novas linguagens e posturas menos institucionalizadas. Por exemplo, a crítica ao desvirtuar de uma certa autenticidade, criando resistências ao diferente (o comentário "vieram do estrangeiro?").

Não havendo uma indústria cultural estruturada e em contextos políticos nos quais persiste um certo controlo social sobre aquilo que se cria, não basta a iniciativa pessoal para algum artista se poder profissionalizar independentemente de interesses políticos, mesmo para publicar um livro. É assim necessário incentivar na escola e em casa, nas famílias e entre amigos, numa comunidade que cultive a autoestima dos jovens (valorizando a criatividade, a opinião e o pensamento próprio). Promover concursos de Literatura e Música, Artes Plásticas e Teatro, publicações, exposições, no interesse de os artistas verem os seus trabalhos publicados e desenvolver-se também o espírito crítico.

A profissionalização cultural, no sentido de haver condições de produção e de autorrecriação, ajudaria a pensar as sociedades contribuindo para combater uma visão assistencialista e paternalista em relação a África.

Concertar políticas culturais e estratégias de produção, e incentivar o apoio público e privado com critérios mais dirigidos. Fomentar mecanismos de sustentabilidade, pequenos mercados, impulsionando a produção interna. Por exemplo, nas áreas da música e cinema. Teríamos todos interesse que se produzisse ficção sobre assuntos sociais a partir de uma perspectiva de dentro.

Democratizar o acesso aos bens de consumo cultural (cinema, livros, exposições).

O turismo cultural tem sido bem visto por algumas entidades, na sua capacidade para rentabilizar a economia. O exemplo do Festival da Baía e do Carnaval do Mindelo, os quais eram manifestações culturais que não foram projetadas a pensar no turista, mas foram ganhando esse estatuto ao longo dos tempos.

Promover mais trocas culturais no espaço lusófono, sendo ainda comum algum desconhecimento entre si.

Em jeito de conclusão diria que os países africanos, em reconstrução e com muitas carências – permeáveis a oportunismos, desde os governos aos interesses estrangeiros, eternos cúmplices do subdesenvolvimento – contribuiriam para o seu desenvolvimento, se apostassem mais na cultura e educação.

LA VIOLENCIA PUESTA EN ESCENA/ ENCENAÇÕES DA VIOLÊNCIA

Rimas malandras: del narcocorrido al *narco rap*

Enrique Flores
Instituto de Investigaciones Filológicas, UNAM

Performance

La "puesta en escena de lo real": esa es la nueva realidad estética que inunda al arte y a la vida en México en la era de la guerra del narco. Triunfo de la *sociedad del espectáculo* que no tiene su escenario en Televisa, la televisora monopólica, sino en *youtube*, como lo define el escritor mexicano Juan Villoro en una crónica que recibió el Premio de Periodismo Rey de España y que se titula "*La alfombra roja*. El imperio del narcoterrorismo". Un concepto –"puesta en escena de lo real"– que, paradójicamente y no obstante su exactitud, comienza por excluir al género discursivo, poético-musical, narrativo, bailable, más ligado desde hace años al narco, y a esa "puesta en escena" que es la guerra del narco, y condenando, como la política oficial, la creación y difusión de *narcocorridos*, herederos, no lo olvidemos, de otra "puesta en escena de lo real": la de la Revolución. Y es que si Emiliano Zapata mantenía a sueldo a un corridista "por encargo", como los jefes del narcotráfico –y como los príncipes medievales–, Pancho Villa, protagonista de corridos realmente anónimos, prefirió dirigir él mismo las "tomas" cinematográficas de sus acciones revolucionarias. Cuando Villoro habla del "dudoso prestigio de lo ilegal", o de los "deprimentes acordeones" que "acompañan una saga de rapiña que no resiste la comparación con Robin Hood", recuerdo las censuras a mis trabajos sobre los corridos y exvotos de Jesús Malverde, el "santo de los narcotraficantes":

> La narcocultura amplió su radio de influencia a través de los narcocorridos, muchas veces pagados por los mismos protagonistas. En la confusión ambiente, los trovadores vinculados al crimen gozan del dudoso prestigio de lo ilegal [...]. Sus deprimentes acordeones acompañan una saga de la rapiña que [...] no resiste la comparación con Robin Hood [...]. *El narco ha contado con la anuencia de las estaciones de radio y con la empatía antropológica de quienes sobreinterpretan el delito como una forma de la tradición* (Villoro 2010: 27-28).

Sin embargo, los narcocorridos forman parte de una tradición poética popular: la de los antiguos *romances de ciego*, las baladas de crímenes y bandoleros, o de ajusticiados.

La idea que me gustaría sostener es la de "la puesta en escena de lo real". O, en vista de las *performances* del narco, la puesta en escena *en* lo real. Porque lo que se expone, lo que se exhibe morbosamente, en una "puesta en escena" simbólica que alude a un código esotérico, pero que, en última instancia, se refiere a "lo real", que es lo *imposible*, lo que no podemos soportar, y que los cuerpos desmembrados, los cadáveres castrados y decapitados, las cobijas ensangrentadas de los narcos y los ahorcados y colgados de los puentes urbanos, con mensajes aterrorizantes, no cesan de exhibir. Si las puestas en escena de los narcos se caracterizan por proyectar los fantasmas más terribles, poseedores de una "eficacia mágica" según Lacan –"imagos del cuerpo fragmentado", "imágenes de castración, de eviración, de mutilación, de destripamiento, de devoración, de reventamiento del cuerpo" (Lacan 2009: 110)– en *lo real*, las *performances*/instalaciones de artistas contraculturales como las sinaloenses Rosa María Robles y Teresa Margolles extraen sus materiales de *lo real* para proyectarlo en galerías habaneras o palacios venecianos, apropiándose, por ejemplo, de cobijas de víctimas de crímenes en Sinaloa, o absorbiendo con sábanas la sangre, para trapearla en los suelos de mármol, de los crímenes del narco en Ciudad Juárez. ¿Otro ominoso "regreso de lo real"? ¿Lo que el curador Cuauhtémoc Medina llama *necropolítica* o "violencia sacrificial"[1]?

1. Véase "Espectralidad materialista", en el catálogo de la muestra: ¿De qué otra cosa podríamos hablar? (Margolles 2009).

Marcola

Y algo así es lo que ya se vislumbraba en la famosa entrevista apócrifa de Marcola, jefe del PCC brasileño ("Primer Comando de la Capital", vanguardia, no del proletariado, sino de las clases criminales paulistas), inventada por el escritor carioca Arnaldo Jabor. Dice Marcola:

> Soy una señal de nuevos tiempos. Yo era pobre e invisible. Ustedes nunca me miraron, durante décadas... Y antiguamente era fácil resolver el problema de la miseria [...]. ¿Qué hicieron? Nada [...]. Ahora somos ricos, con la multinacional de la droga. Y ustedes se están muriendo de miedo. Nosotros somos el comienzo tardío de su conciencia social. ¿Vio? Soy culto. Leo a Dante en la prisión (Jabor 2007: s/p).

"¿Solución?", pregunta Marcola. "No hay solución, hermano... La propia idea de solución ya es un error". Y agrega: "¿Ya vio el tamaño de las 560 favelas de Río? ¿Ya voló en helicóptero por la periferia de São Paulo?". Costaría millones e implicaría una mudanza psicosocial profunda en la estructura sociopolítica. "O sea: es imposible. No hay solución." Muerta la ideología, imperan el miedo, la pulsión de muerte, las premoniciones infernales:

> Ustedes son los que tienen miedo de morir, yo no. Aquí en la cárcel ustedes no pueden entrar y matarme, pero yo puedo mandar matarlos a ustedes allí afuera. Nosotros somos hombres-bomba. En la *favela* hay cien mil hombres-bomba. Estamos en el centro mismo de lo Insoluble. Ustedes en el bien y yo en el mal, y en medio, la frontera de la muerte, la única frontera. Somos una nueva especie, otros bichos diferentes a ustedes. La muerte para ustedes es un drama cristiano en una cama, un ataque al corazón. Para nosotros es un fiambre diario tirado en una zanja. Ustedes, intelectuales, ¿no hablaban de lucha de clases, de *Sea marginal, sea héroe*? Pues ¡ya llegamos! ¡Somos nosotros! No esperaban a estos guerreros de la droga, ¿verdad? [...]. Ha surgido un nuevo lenguaje...

Seja marginal, seja herói: lema de un famoso cartel del artista neoconcreto Hélio Oiticica, dedicado en 1968, a *Cara de Cavalo*, "el último bandido romántico", que robaba a los ricos para dar a los pobres, como Robin Hood y los "bandidos sociales" de Hobsbawm. *Cara de Cavalo* fue asesinado a los 23 años en la favela del Esqueleto tras ser cazado implacablemente durante cuatro meses, entre mayo y agosto de 1964, por dos mil policías, y acribillado con más de cien tiros, veinticinco nada más en la región del estómago. Más que un poema, el homenaje de Hélio Oiticica[2] era una "imagen-poema", un "poema-protesta" que representaba, para él, un "momento ético", una "actitud anárquica", un canto a la "revuelta individual social", una visión del crimen como "búsqueda desesperada de la felicidad auténtica". Ya todo caduco:

> Es otra lengua. Estamos ante una especie de posmiseria. Una posmiseria que genera una nueva cultura asesina [...]. Es la mierda con *chips*, con *megabytes*. Mis soldados son una mutación de la especie social. Hongos de un gran error sucio.

Con sus métodos calcados de las guerrillas urbanas y las bandas terroristas de los años sesenta y setenta, el PCC invertía la lógica ortodoxamente postulada por Hobsbawm: la transformación de la "rebeldía primitiva" en conciencia y organización de clase (2001). Nada de eso asoma, por supuesto, en los cantos de sicarios pandilleros, provenientes de ese universo primitivo que atrae y repele al observador, y que impone su lógica violenta –de una manera no prevista por los *happenings* de los sesenta, contraria a ellos y *decepcionante*– en otra idea de la Revolución, irredimible y bárbara. Es "el aquí y el ahora de la muerte", como escribía el novelista mexicano José Revueltas. Son cantos primitivos, rituales, ofrecidos como *exvotos* y dedicados a santos *fuera de la ley* –como el *Gauchito* Gil o Malverde–, vueltos fetiches o amuletos mágicos, trasladados al Infierno como en la *Entrada de Lampião a los infiernos*.

---

2. Véase el catálogo de la exposición *Whitechapel Experience*, así como las memorias de Caetano Veloso.

Narco rap

En un reportaje de Juan Ramón Peña publicado en julio de 2010, "El *narco rap* gana terreno al narcocorrido en México", los miembros de *El Cártel de Santa* –trío de raperos del municipio de Santa Catarina, en Monterrey, Nuevo León, una de las zonas más convulsas del norte del país–, declararon:

> No sólo de corridos vive el narcotraficante y, con el cambio generacional y la cada vez mayor juventud de los ejércitos de la droga, algunos comienzan a preferir que les compongan un *rap* en lugar de un tradicional narcocorrido [...]. El nuevo narcotráfico... están chavalones, ya no son esos viejones que les gustaban los corridos.

No rechazan encargos ni revisan "lo limpia que esté la hoja de servicios del patrón": "He hecho canciones que me han pedido los narcos. Hay una ahí que se llama *El Tigre*, en internet [...]. No me involucro más allá de la música, y no voy a pedir a quien me contrate una carta de antecedentes penales".

Componer corridos por encargo de los narcotraficantes ha sido una práctica común (véase Lobato 2003). El *rapero* reconoce que "es un riesgo", pero "no teme que los alcance el destino 'emplomado'" de muchos cantantes de corridos, más de diez en los últimos años. Él mismo conoció la cárcel, sentenciado por un crimen que –dice accidentalmente cometió:

> Las letras de *El Cártel de Santa* no giran siempre en torno a lo violenta que está una ciudad por el ruido de las metralletas del narcotráfico, pero beben con intensidad de esa estética de fiesta, rivalidad, drogas y lujo propia del *gangsta rap* [...]. *Babo* cumplió condena en la cárcel por el homicidio accidental de un ayudante de la banda, en una trifulca con otra persona. Disparó al suelo, la bala rebotó, y mató al ayudante. En sus meses en prisión conoció a las nuevas generaciones de los cárteles. La mayoría, dice, tiene entre quince y veinte años, y el más viejo ha cumplido apenas treinta. "Son chicos del barrio. No hay tanto ex policía o maleante experimentado como antes", apunta. "A la raza no le dan jale porque está tatuada, pelona o lleva aretes. Los únicos que les dan jale son estos grupos del crimen organizado."

El Tigre

Con su estrambótica ortografía y su presentación en líneas extendidas que obedecen más al ritmo de la enunciación –el *flow*– y la respiración que a la métrica del canto, la letra de este *rap* de encargo de *El Cártel de Santa*, está dedicado a *El Tigre*, uno de los jefes de sicarios del Cártel del Golfo, al servicio de *Tony Tormenta*, líder de esa banda criminal (Medellín 2009):

No temas a dond vayaz q as de morir donde debes loco

No temas donde vayas,
que has de morir donde debes,
loco.

Eso lo dice El 12,
y espero lo recuerden.

Como en los corridos populares y como en los antiguos *romances de ciegos*, el *rap* va a elogiar la patria chica de los bandidos, su respeto a los valores tradicionales –familia y camaradería, valentía y ciega obediencia al jefe, dominio del negocio y las armas, riqueza y patriotismo–, en una cadena de coplas que reproducen la *lengua* y la ética de los sicarios. Esto en los términos de una sumisión a la métrica tradicional, la del corrido, aunque se llene a veces de transgresiones y de una jerga marginal y local que identificamos con la *norteña*:

Él nació en Matamoros,
frontera tamaulipeca,
donde quienes desde morros
ya le jalan a la metra.

El vato es de a neta,
controla al cien su plaza,
y es reconocido
por ser chido con su raza [...].

Es buen camarada
de quien se lo merece,

y es que no es por nada
que el patrón lo trae de jefe.

Anda buscando el eje
pero nunca lo halla;
su gente lo protege
con matracas y granadas [...].

Chingón en el volante,
ya se ha dado a la fuga,
y anduvo en las peloteras
antes de amasar fortuna.

Bueno pa la suma,
cabrón pa hacer billetes,
mañoso hasta la tumba,
mexicano hasta la muerte.

Siempre al cien con su gente
nunca voltea bandera;
tiene a sus pistoleros
listos pa la balacera [...].

La Maña anda pesada,
moviendo muchos billetes;
nunca se había wachado
un mañoso como este.

Pero la cosa no para ahí. La segunda parte de la pieza de *El Cártel de Santa* –o del *corrido-rap* "encargado" por un sicario, *El Tigre*– es como una despedida con saludos para todos los miembros de la *tribu.* O de la *banda*, pero en un vocabulario pandillero o policial:

Como amigo es decidido,
también agradecido,
y por eso me pidió
saludos pa sus bandidos.

Como en los corridos,
pero a lo malandro;

gracias pa *El 50*,
que siempre lo anda cuidando.

También pa *El 7-7*
y pa *El 16*,
de parte de *El 12*,
por estar al cien con él.

Y para el mero güeno,
su jefazo con Sierra;
también pa *Halcón 21*,
siempre listo pa la guerra.

Que no falte el patrón,
el mero chingonón,
de quien no se dice nombre
pero es el que da control.

Pa todos los mañosos
de la compañía,
de parte de *El Tigre*,
que sigue andando bien pilas.

Corrido, pues, aunque bajo la forma performática del *hip hop*. Y aquí como vimos, todo es *performance* –comenzando por las obediencias y rituales de las sociedades secretas y las *tribus* urbanas, o de las narco-pandillas–. "Como en los corridos, pero a lo *malandro*."

Gansta rap

En su libro *El rap: una estética fuera de la ley* (1999), Christian Béthune comienza por definir ese género poético-musical como una forma enraizada en el ámbito de la *oralidad* –folclórica y tradicional, urbana–, aunque fundada en una lógica "profundamente letrada y tecnológica" (ibíd.: 36). Pero lo que se juega aquí no es mera sociología, sino una "estética de la violencia", una "poética de la violencia", la estética y la poética del *rap* (ibíd.: 131). Violencia en estado bruto que después se convierte en "espectáculo", aunque sea espectáculo de lo *real*:

> El 5 de marzo de 1997, Christopher G. Wallace, alias *Notorius Big*, autor controvertido de una premonitoria *Ready to die*, es alcanzado por tres balas de gran calibre y muere durante su traslado al hospital. A punto de partir a Europa, el músico venía a promocionar su nuevo álbum: ¡Life after Death! Unos meses antes, su enemigo íntimo *Tupac Shakur* había también encontrado la muerte en circunstancias análogas, a la salida de una pelea de Mike Tyson en Las Vegas. Dos ejemplos en medio de una larga lista víctimas (ibíd.: 132).

Porque el vínculo de los raperos con el crimen recuerda al de los narcocorridistas:

> De *Onyx* a *Boss*, pasando por el *Doctor Dre* y por *Kool G. Rap* [...], todos los raperos están armados, y no solamente en sus videos. Jamás en la historia del arte los artistas y su público se hallaron implicados hasta ese punto en un clima de violencia tan radical (ibíd.: 132-133).

Esas "jactancias exageradas de actos criminales" no pueden considerarse "descripciones literales de actos de violencia o agresión" (ibíd.: 140):

> Supremacía del Sindicato de la Rima [*Rhyme Syndicate*] sobre todas las asociaciones de malhechores: las palabras se escuchan mejor que los disparos. Y como en este mundo la música es también una mercancía: "La rima paga".
>
> [*Rhyme pays:*
> *Crime pays*]
>
> (ibíd.: 142).

En el centro de esta "estética de la violencia", particularmente del *gansta rap*, está la figura del gánster o el pandillero, del pistolero o el asesino, herederos de una "tradición oral vernacular" (ibíd.: 85), cuyo antihéroe marginal, transgresor *–badman* o *trickster–*, se arraiga en la *outlaw culture*, una "cultura fuera de la ley" (ibíd.: 89) que absorbe el "simbolismo poético" tradicional en una "realidad criminal" (ibíd.: 103). "Nacer *gangster*, nacer poeta o artista, desde ese punto de vista aparecen como las dos caras de una misma moneda" (ibíd.: 95). Como explica Béthune, en el capítulo del libro titulado "Problemática del *gangster*", el gánster no ejerce solamente una violencia real: domina "todo un abanico de juegos de lenguaje"; es capaz de valerse, como "los héroes simbólicos de la tradición oral" y en virtud de un "dominio de las palabras" y los "juegos simbólicos", de las "trampas" o "ardides verbales" inventados en la "jungla urbana" (ibíd.: 97). El *gansta* emerge de un fondo simbólico, mitológico, aunque el deseo de revuelta se transforme en "operación de *marketing*"; disolviendo el *hardcore* –su "nudo duro de inspiración poética", que existe– en burda y sangrienta visión de *nota roja* (ibíd.: 105).

Artistas Asesinos

Para el cineasta hondureño Mario Jaén, autor de un documental que registra la difusión de las pandillas *Barrio 18* y *Mara Salvatrucha –MS13–* en su país, "las pandillas son la nueva guerrilla urbana sin ideología"; los dueños del país aplican contra ellas "las mismas tácticas que utilizaron con las guerrillas". Y concluye: "Hay más pandilleros ahora que guerrilleros hace veinte años [...]. Están mutando" (Lara Klahr 2006: 149). Su violencia equivale a la de "las guerras civiles" (ibíd.: 197). Hay "perversidad" y "rebelión" (ibíd.: 161). Los pandilleros son verdugos y víctimas (ibíd.: 175). Una académica salvadoreña dice que "pasamos del miedo a los indígenas, a los comunistas, los guerrilleros, los terroristas, y de ahí al miedo a los *mareros*". "Y ojo", agrega, "ahora hay [...] más *mareros* que miembros del ejército" (ibíd.: 210). "Nuevos soldados" del *narco*, al servicio de cárteles como los de Ciudad Juárez y Sinaloa, por no hablar hoy de los *Zetas* (ibíd.: 279). Verdaderos "ejércitos" pandilleros (ibíd.: 281). Para volver a Ciudad Juárez –"la ciudad más violenta del mundo"–, allí donde el pandillerismo alcanza su límite absoluto, su "mutación" radical, con lo que esto implica de anarquía, guerra civil, vuelta al primitivismo de una violencia *tribal*, territorial, están *Los Mexicles*, los *Artistas Asesinos* o *Gente Nueva*" (Dávila 2010: 13), mientras *Los Aztecas* y sus seis mil seguidores", manejan miles de *picaderos* en Juárez y forman un verdadero "ejército de sicarios" que pasaron de ser consumidores y distribuidores de droga a transportistas, "ejecutores" y *amos* potenciales del tráfico (ibíd.: 15).

Metro 3

En Tamaulipas la situación es extrema. Es uno de los territorios, tomados por el *narco*, que el gobierno se niega a reconocer como espacio autónomo *canalla* de implantación –política y económica, territorial, policial, periodística, cultural– de lo que un reportero anónimo por razones de seguridad (ya que allí la información es controlada, también, por el *narco*) llama "El otro poder" (Anónimo 2010: 20-27). Un ejemplo extremo de lo que son los cantos de los pandilleros al poder, o sus *cantos de guerra*, es un *rap* dedicado al *Metro 3*, el *guarura* del llamado *Mata Amigos*.

El *rap* es de *Cano & Blunt*, que lo llaman "El corrido de Samuel" (Flores Borrego) y declaran: "Pal comandante *Metro 3* de parte de *El 90*, una dedicación. Puro *flow* de Cali". A continuación, los raperos identifican al bandolero diciendo que "era del gobierno" y "ora es de la banda". Y añaden: "tiene chingo de gente / que donde quiera manda". *Metro 3* es el Diablo en una tierra sin ley, que, con *cuerno de chivo* o arma corta, "te manda pal infierno":

Uno de los buenos,
en Reyno, su terreno,
con la corta, con el cuerno,
te manda pal infierno [...].

Saludos a esa gente
que a prisión ha ido,
y mucho respetos
a los guerreros caídos.

Sobres, gente,
la gente como es;
viene dedicada
paral señor Metro 3.

Hombre decidido,
aquí no hay paniqueos:
salen comendados
por San Juditas Tadeo.

Son puros guerreros,
soldados de la mafia;
listos para el topón,
donde quieran se estampan.

Esta va pal *3*,
con estilo malandro;
para uno de los buenos,
en Reynosa controlando.

Cano & Blunt

"Como en los corridos, pero a lo *malandro*", explicaba un *rap* del *Cártel de Santa*. A eso le cantan los *malandros* de Reynosa, *Cano & Blunt* –"banda sonora del horror", dice una noticia que circula en internet hace un tiempo–. La cadena CNN se refiere a ellos diciendo:

> A primera vista, no parecería tener mucho *glamour* cortar en pedazos a un rival o decapitar a un enemigo con un garrote casero. Pero no es así como lo ven dos jóvenes mexicanos, que se hacen llamar *Cano y Blunt*. Viven en la ciudad fronteriza de Reynosa, y para sumergirnos un poco en su mundo, viajamos a su barrio, situado muy cerca del aeropuerto. *Cano y Blunt* no son narcotraficantes o sicarios, sino raperos que se ganan la vida componiendo canciones para los narcos. Su música, que ellos llaman *narco rap*, idealiza los asesinatos, a los *capos* y la camaradería de luchar juntos, codo a codo, en la guerra contra el Ejército y los Federales [...]. Pero los tiempos han cambiado. Ahora tienen coches de lujo, admiradoras y fama en las calles. "Si los críticos vienen y me dan dinero por no cantar, dejaré de hacerlo. Pero si no ofrecen nada, que se callen" (Penhaul 2010: s/p).

"Nosotros nomás cantamos lo que vemos, lo que se refleja en las calles", explica *Cano*. "La gente se identifica con estas canciones porque nos escuchan y ven lo que sucede. Esa es la realidad". "Por la noche este lugar está lleno de trocas llenas de gente", le cuenta a su entrevistador, "todos enmatracados". Y Karl Penhaul describe la realidad de los raperos:

> Su barrio está controlado por el Cártel del Golfo. No nos hubieran dejado entrar sin su tácito consentimiento. Un vehículo rojo con cuatro hombres a bordo, uno de ellos con un *walkie-talkie*, estaba estacionado a la entrada del vecindario. Minutos después apareció una camioneta negra y se detuvo a su lado.
>
> *Cano* me cuenta que componen muchas de sus canciones a pedido, aunque no revela quiénes se las encargan [...]. "Ellos me mandan listas y piden una canción sobre esto o aquello, y la hacemos". No me va a decir quiénes son *ellos*. Pero queda claro al escuchar su música. Son los miembros del Cártel del Golfo (Penhaul 2010: s/p).

El fotógrafo que acompaña al reportero de CNN, Carlos Villalón, no tiene una idea muy romántica del pandillerismo –o la guerra civil o mafiosa– reinante en Reynosa. O en el "Reyno" de Reynosa. Él mismo relata, en una red, la paranoia que acompañó su trabajo:

> –Veámosnos en el parqueadero de una cadena de hamburguesas cerca del aeropuerto.
>
> Llegué en un taxi y esperé. A los pocos minutos sonó mi teléfono. Era Cano, uno de los dos raperos.
>
> –Periodista, vamos un poco atrasados, espéranos unos cinco minutos que ya llegamos.
>
> A los dos minutos aparecieron tres carros de la policía municipal de Reynosa. Varios tipos y una mujer se bajaron casi corriendo con sus armas, cortas y largas, desenfundadas y listas.
>
> –A ver, ¿quién mierda eres tú? –me gritaban–. Identifícate.
>
> –Soy periodista –les dije, mientras intentaba sacar del bolsillo mi credencial.
>
> –No te muevas –me gritó el que parecía estar al mando, mientras apuntaba su revólver–. Pégate al carro y muéstrame las manos.
>
> Después de que hicieron el debido *show*, chequearon mis credenciales y se alejaron sin decir palabra, a pesar de que intenté conversar un poco con ellos.
>
> A los pocos minutos de la partida de los "policías", Cano y Blunt aparecieron. Me llevaron a su barrio, cantaron algunas de sus canciones, hice al-

gunas fotos de ellos mientras me explicaban que en *Nazarith*, su barrio, ellos eran reyes, ya que estaban respaldados por los señores y nada ahí se movía sin que "Los Halcones" lo supieran.

–Nosotros comenzamos a hacer música hace tiempos ya, pero nadie nos buscaba. Luego de haber grabado "Reynosa la Maldosa", que se convirtió en un *hit* entre los jóvenes, nos cayeron los señores y comenzaron a patrocinarnos. De vez en cuando viene alguien, nos pasa un papel con las letras, nosotros las musicalizamos y ya. Ninguna casa disquera nos apoya, pero a nosotros no nos importa. Si el que sea nos da dinero, pues bienvenido sea.

Regresé a mi hotel en el centro de "Reynosa La Maldosa", como dice la canción. De ahí en adelante, los dos días que pasé en la ciudad me seguían carros en la calle, esperaban a la salida de mi hotel, hombres se comunicaban por *walkie-talkies* desde sus vehículos, con las ventanas abiertas, en un gesto claro de que era seguido constantemente.

En el aeropuerto, feliz de salir de ahí, me dije. Eso será lo más cercano que estaré en mi vida al Cártel del Golfo: sicarios disfrazados de policías y "juglares" modernos que trabajan para ellos (Villalón 2010: s/p).

Penhaul, el periodista, también contribuye a la creación del mito de los "criminales justicieros", como ha sucedido desde hace mucho con romancistas, novelistas y periodistas:

> Las versiones de estudio de algunas de las canciones de *Cano* y *Blunt* [...] están mezcladas con sonidos de ametralladora y explosiones. En una de sus últimas composiciones, tan nueva que ni siquiera tiene título, rinden tributo a otros de los líderes locales del Cártel del Golfo y se refieren a los sicarios de la banda como "guerrilleros". Guste o no, pese a las macabras imágenes que nos ofrece la guerra contra el narcotráfico en México, para muchos jóvenes, los líderes de estas bandas son verdaderos héroes locales. En muchos sentidos, los narcos y sicarios exitosos parecen representar el triunfo de los pobres frente a los ricos y frente a un gobierno que, dicen, se ha olvidado de ellos (Penhaul 2010: s/p).

"La zona en la que viven *Cano* y *Blunt* está llena de viviendas sociales. Los únicos trabajos legales que hay están en las maquiladoras que pueblan la zona de la frontera", dice el periodista. "Hay más de cien plantas ensambladoras en Reynosa. Y muchas más en otras ciudades fronterizas, como Ciudad Juárez." Los salarios son muy bajos; la estabilidad, nula. "Pero hay una alternativa", dimensiona Penhaul: "pueden apostarse en una esquina y vigilar la calle, y ganarse así 20 dólares diarios al servicio de un cártel". Como dice *Blunt*: "Y si no quieres trabajar en una maquila, tienes que ganarte la vida en otra parte. Es duro, pero así es la vida". "Mucha gente aquí prefiere trabajar para la *maña*. Es más dinero y menos trabajo."

> Pero estos jóvenes no sólo buscan dinero fácil. Si uno escarba, se sienten como desvalidos en busca de alguien que los lidere.
>
> En la esquina de una calle hay un gigantesco mural en el que se ve a un bandido enmascarado junto a Pancho Villa. Muy cerca de allí, otro mural en blanco y negro muestra a Pancho Villa junto a Emiliano Zapata (Penhaul 2010: s/p).

"Reynosa la Maldosa", la pieza más violenta de estos tiempos de guerras y drogas:

Reynosa, Tamaulipas,
frontera norte del país;
vironga a la mano,
pase por la nariz.

Tierra
de vatos decididos,
y si no me crees,
escucha los corridos [...].

Los cónvois de soldados,
Reynosa peligrosa,
te tienen vigilado
de aquí pa todos lados [...].

Aquí tú sí pifas;
si eres loco, la rifas;
somos puros dementes,
tumbándonos la grifa.

Violencia y desquiciamiento –crimen y locura– desarticulan una "épica" delirante:

Bienvenidos a mi Reyno,
Reynosa querida,
donde a diario la gente
se rifa la vida.

Gente que pesa, gente
que te vuela la cabeza;
ándate con cuidadito
o de balas te atraviesan.

Cuerpos mutilados
y tirados al canal;
demasiada maldad
pa caber en un penal.

En los barrios, las clicas
peliando su terreno,
y se arman los putazos
pa saber quién es el bueno.

Pleitos, robos,
vatos drogos,
con nada que perder
y pa ganarlo todo.

(*Cano & Blunt*: "Reynosa la Maldosa")

Narcopoéticas

Voici le temps des Assassins.
Arthur Rimbaud, *Les Illuminations* (1873)

La siniestra vinculación que existe hoy entre la guerra del narco y la cultura juvenil tiene su raíz en la significación antropológica de las pandillas. Marco Lara Klahr –de acuerdo con la teorización de Michel Maffesoli– historizaba esas "tribus urbanas" a través de sus ritos de iniciación y sus lenguajes rituales: del *Big Palabra* o "depositario de la palabra", como el *tlatoani* prehispánico, a los rituales criminales de descuartizamiento, que no pueden sino evocar las prácticas sacrificiales de los indios (Lara Klahr 2006: 21-27), pasando por muy distintas formas de gestualidad tribal (ibíd.: 79), de estilos, lenguajes y rituales (ibíd.: 178). Todos ellos combinan la etnicidad y la "letalidad" (ibíd.: 97), sujetos a "clonación" y transculturación (ibíd.: 179), articulando, en esa máquina de matar, cuerpo, lenguaje y poder por la vía de sincretismos culturales capaces de asimilar el fondo tribal de los piratas malayos o británicos y el mítico Aztlán de los aztecas a la gran urbe: Los Ángeles o *Los* (ibíd.: 266-268). Todo eso en "pandillas étnicas" emanadas de "barrios étnicos" y sumergidas en "guerras" o "guerrillas" en "territorios" étnicos urbanos (ibíd.: 45-56).

El *narco rap* –como poética marginal y "estética fuera de la ley" (Béthune 1999)–, por más que constituya una "ruta perversa" y nos subleve en lo más profundo, es parte de una antigua tradición poética criminal: una *etnopoética abyecta*. Más aún: de una *narcopoética* en que las poéticas alucinatorias o chamánicas, los cantos rituales asociados a ceremonias extáticas vinculadas a su vez al consumo de alucinógenos o enteógenos, se han convertido en mercancía ritual de sicarios y traficantes, que otro léxico, no místico sino policial, llama narcóticos o estupefacientes –ya al servicio del culto del *Narco*, amo despótico y absoluto.

El de esos "vatos drogos" no es el "desarreglo de los sentidos" de Rimbaud, que le hace decir en la *Carta del Vidente*: "Digo que hay que ser vidente, hacerse vidente. El poeta se hace vidente por un largo, inmenso y razonado desarreglo de todos los sentidos" (Rimbaud 2007a: 89). Pero es el "veneno" de "Mañana de embriaguez", de *Las Iluminaciones*: "Tenemos fe en el veneno. Sabemos dar nuestra vida entera todos los días. / He aquí el tiempo de los *Asesinos*" (ibíd.: 349). O en la versión original: "Nous avons foi au poison. Nous savons donner notre vie toute entière tous les jours. / Voici le temps des *Assassins*". Pues la palabra *assassins* se vincula, según la leyenda, a la palabra *hashisch* y al asesinato ritual, residuo de un antiguo culto originado en la Persia del siglo XII: los *Assassins* o "Consumidores de *Haschisch*", que inspiró, en el seno del Islam, Rashid al-Din Sinan, "El Viejo de la Montaña":

> [Era] una comunidad de fanáticos religiosos, con una filosofía a medio camino entre el Corán y las doctrinas neoplatónicas, que practicaba el asesinato como forma habitual de obtener sus objetivos. Los jóvenes aspirantes a *Assassin* debían consumir gran cantidad de *haschisch* para caer en trance. En ese estado eran conducidos por los hombres de confianza de Rashid al-Din Sinan al lujoso palacio que el anciano gurú tenía en las montañas, donde eran rodeados de lujuriosas doncellas y disfrutaban de todos los placeres y opulencias imaginables. "El Viejo de la Montaña" los convencía de que ese era el Paraíso, y a él retornarían para gozar durante toda la eternidad si morían cumpliendo sus órdenes [...]. Los *Assassins* no dudaban en arriesgar sus propias vidas, infiltrándose en los palacios de los enemigos del gurú y cometiendo los más crueles crímenes. O incluso, si así se los ordenaban, llegando al suicidio ritual. Con los adeptos de este siniestro culto nació el concepto de *asesinato* (Carvallal 2007: s/p).

Ahí, entre la muerte y el trance, entre el suicidio y la crueldad, viven los jóvenes asesinos. No en balde Rimbaud acabó su vida como traficante de armas. *Voici les temps des Assassins.*

Bibliografía

ANÓNIMO (2010): "Tamaulipas: el otro poder". *Proceso. La guerra del narco. Primera parte,* 28, 20-27.

BÉTHUNE, Christian (1999): *Le Rap. Une esthétique hors la loi.* Paris: Autrement.

CANO & BLUNT (2010): *Metro 3.* <www.musica.com/letras.asp?print= 1&letra=1764825> (4 de marzo de 2011).

— (2010): *Metro 3* (video). <www.youtube.com/watch?v=Ii4E6s0Qh6g> (6 de marzo de 2011).

— (2009): *Reynosa la Maldosa.* <www.musica.com/imprimir.asp?letra=178 3182> (2 de abril de 2011).

— (2009): *Reynosa la Maldosa* (video). <www.youtube.com/watch?v=uHEs Z5QiWyM> (15 de marzo de 2011).

CÁRTEL DE SANTA (2010): *El Tigre.* <www.musica.com/letras.asp?print=1& letra=1704290> (3 de marzo de 2011).

— (2010): *El Tigre* (video). <www.youtube.com/watch?v=tQnrgDAuGeY> (17 de abril de 2011).

Carvallal, Manuel (2007): "Los cultos homicidas". *Archivo del crimen.* <http://manuelcarballal.blogspot.com/2007_02_01_archive.html> (5 de marzo de 2011).

Cendón, José (2011): "Malas calles". *El País.* <http://www.elpais.com/fotogaleria/internacional/Balas/perdidas/Ciudad/Cabo/elpgal/20110429elpepuint_4/Zes/1> (29 de abril de 2011).

Dávila, Patricia (2010): "Ciudad Juárez: batalla sin destino". *Proceso. La guerra del narco. Primera parte,* 28, 8-15.

Flores, Enrique y Raúl Eduardo González (eds.) (2011): *Malverde: exvotos y corridos.* México: UNAM.

Flores, Enrique y Jacques Gilard (comps.) (2010): *Cantares de bandidos. Héroes, santos y proscritos en América Latina.* México: UNAM.

Hobsbawm, Eric (2001): *Rebeldes primitivos. Estudio sobre las formas arcaicas de los movimientos sociales.* Trad. de Joaquín Romero Maura. Barcelona: Crítica.

Jabor, Arnaldo (2007): "Entrevista dada ao jornal *O Globo* por Marcola, o líder do PCC". <http://www.opensourcesinfo.org/journal/2007/1/6/entrevista-dada-ao-jornal-o-globo-por-marcola-o-lder-do-pcc.html> (1 de marzo de 2011).

Lacan, Jacques (2009): "La agresividad en psicoanálisis". En: *Escritos 1.* 3.ª ed. Trad. de Tomás Segovia, Juan David Nasio y Armando Suárez. México: Siglo XXI.

Lara Klahr, Marco (2006): *Hoy te toca la muerte. El imperio de las maras visto desde adentro.* México: Planeta.

Lobato, Lucila (2003): "Chalino Sánchez: corridos de personaje". *Revista de Literaturas Populares,* III, 1, 87-116.

MacMasters, Merry (2009): "Protagoniza Rosa María Robles su versión fotográfica del Ángel de la Independencia". *La Jornada.* <www.jornada.unam.mx/2010/08/26/index.php?section=cultura&article=a05n1cul> (4 de abril de 2011).

Maffesoli, Michel (2004): *El tiempo de las tribus. El ocaso del individualismo en las sociedades posmodernas.* Trad. de Daniel Gutiérrez Martínez. México: Siglo XXI.

Margolles, Teresa (2009): ¿De qué otra cosa podríamos hablar? Pabellón de México. Bienal de Venecia. Ed. de Cuauhtémoc Medina. México: RM.

Medellín, Jorge Alejandro (2009): "Captura el ejército a *El Tigre,* jefe de escoltas de el Cártel del Golfo". *MéxicoDefense.com. Seguridad y defensa,* 5 de septiembre. <defensamexico.activoforo.com/t1344-captura-ejercito-a-el-tigre-jefe-de-escoltas-del-cartel-del-golfo> (26 de marzo de 2011).

Medina, Cuauhtémoc (2009): "Espectralidad materialista". En: Teresa Margolles. ¿De qué otra cosa podríamos hablar? Pabellón de México. Bienal de Venecia. Ed. de Cuauhtémoc Medina. México: RM, 15-30.

Penhaul, Karl (2010): "El *narco rap*, la banda sonora del horror en Reynosa". <http://mexico.cnn.com/nacional/2010/06/23/hfr-el-narco-rap-la-banda-sonora-del-horror-en-reynosa> (5 de marzo de 2011).

Peña, Juan Ramón (2010): "El *narco rap* gana terreno al narcorrido en México". <http://www.terra.com/musica/noticias/el_quotnarco_rapquot_gana_terreno_al_quotnarcocorridoquot_en_mexico/oci1009834> (3 de abril de 2011).

Rimbaud, Arthur (2007a): *Cartas del vidente*. Trad. de Ramón Buenaventur. Kaos, grupo de teatro. <http://www.kaosteatro.com.ar/articulos.htm> (2 de febrero de 2011).

— (2007b): *Obra poética completa. (Versión bilingüe)*. Pról. de Miguel Casado. Trad. de Miguel Casado y Eduardo Moga. Madrid: DVD.

Robles, Rosa María (2010): "Las *Navajas* de Rosa María Robles cortan La Habana". Entrevista de Ernesto Lozano. *La Razón*, 26 de septiembre. <www.razon.com.mx/spip.php?page=columnista&id_article=48191> (7 de marzo de 2011).

Veloso, Caetano (2004): *Verdad tropical: música y revolución en Brasil*. Trad. de Violeta Weinschelbaum. Barcelona: Salamandra.

Villalón, Carlos (2010): "Reynosa la Maldosa". *Nuestra Mirada. La red social de fotoperiodistas iberoamericanos*. <http://www.nuestramirada.org/forum/topics/retratando-al-narco?commentId=2072012%3AComment%3A100482> (27 de febrero de 2011).

— (2010): "Los narco-raperos Cano y Blunt posan para una foto en su barrio en Reynosa". <http://mexico.cnn.com/nacional/2010/06/23/hfr-el-narco-rap-la-banda-sonora-del-horror-en-reynosa> (5 de marzo de 2011).

Villoro, Juan (2010): "La alfombra roja". *Proceso*, 1735, 31 de enero, 26-29.

La voz lírica y la representación colectiva en la exposición *Cantos y cuentos colombianos* de Juan Manuel Echavarría

María del Pilar Ramírez Gröbli
Universität St. Gallen

Noel Gutiérrez

Eran las seis de la mañana compadre,
cuando sucedió un caso muy grave (bis).

Sonó un fusil, sonó una k
sonó una metralla, respondieron los paras
se pasaron a Bojayá y allá fue la cosa seria
se fue tejiendo el plomeo y la gente asustada (bis).

Pensaron en una idea de irse para la iglesia
porque estaban seguros de que allá nada les pasaba
como era un lugar de Dios el Señor los amparaba.

Compadre, pero qué tristeza allá lo ocurrido en Bojayá ¿no?
¡Mira que tanta muerte!

En una equivocación lanzaron una pipeta
cayó derecho en la iglesia
y acabó con muchas vidas

cayó derecho en la iglesia
y acabó con muchas vidas.

Como a los tres segundos
de ya haber estallado
muchos de nuestros parientes habían quedado destrozados (bis).

La gente corría, los niños lloraban
de ver cómo su pueblo lo acababan (bis).

Yo no lo puedo creer ni lo puedo imaginar
que eso allá en Bojayá, haiga podido pasar (bis).

Muchos hijos sin sus padres
muchos padres sin sus hijos
que por causa de la violencia
que acaba con el campesino.

Yo no lo puedo creer ni lo puedo imaginar
que eso allá en Bojayá, haiga podido pasar (bis)[1].

Acercarse a interpretar un texto, un relato o una canción como fragmento de la historia, de una "verdad", de una "realidad" resulta de por sí un ejercicio desafiante; y más todavía cuando ese relato nos confronta con un panorama de desolación revelado por una voz juvenil. El desafío se torna superior cuando no solo queremos acercarnos a interpretar esa realidad –conscientes de su carácter parcial– sino que además pretendemos escudriñar el caleidoscopio de impresiones captadas por nuestra percepción, tras apreciar rostros que aun si no tuvieran voz, hablarían. La presente reflexión expone algunas consideraciones sobre cómo se representa la violencia a través de la voz lírica y de qué manera se manifiesta el drama colectivo en la canción interpretada a capela por Noel, composición que forma parte de la exposición *Bocas de Ceniza*, realizada por Juan Manuel Echavarría.

1. Letra de la canción interpretada por Noel Gutiérrez. Transcripción tomada de la fuente suministrada en la página virtual de Juan Manuel Echavarría: <www.jmanuelechavarria.com>.

La exposición *Bocas de Ceniza*

El canto de Noel forma parte de una serie de canciones presentadas en la exposición *Cantos y cuentos colombianos* en Zurich, Suiza, en los años 2004 y 2005. El título *Bocas de Ceniza* hace extensiva su connotación tanto a un lugar geográfico que, en la costa atlántica colombiana, lleva ese nombre, como también a los vestigios producidos por el conflicto interno en Colombia. *Bocas de ceniza*[2] contiene siete cantos que han sido compuestos por hombres y mujeres que han tenido que experimentar de manera directa las agresiones causadas a su población, tras ser atacada por grupos armados en combate. Todas estas composiciones son creaciones individuales que están acompañadas de algún ritmo musical, sea vallenato, cumbia o una forma variada del hip-hop o del rap. La obra de Echavarría consiste en siete vídeos en los que los propios autores interpretan su composición. El artista ha optado por un primer y primerísimo plano, que privilegia la expresividad facial de los intérpretes.

Noel Gutiérrez es uno de los jóvenes compositores que narra en su creación musical los acontecimientos de una jornada de desasosiego y desesperación. La historia inicia con la descripción de un ataque armado entre dos actores en conflicto, quienes toman la población de Bojayá irrumpiendo en la tranquilidad del ambiente agreste.

El canto de Noel

La composición de Noel deja de ser una representación aislada, propia de una experiencia juvenil, y se convierte en una manifestación que describe la agudeza y la crueldad de la confrontación y especialmente los impactos causados a una población específica. Noel, un yo que comunica, se reconoce a sí mismo en la cadena de dolencias propias y

2. Bocas de Ceniza es un sitio geográficamente ubicado en la Región Caribe de Colombia. Es el sitio en donde el río Magdalena desemboca en el océano Atlántico. Este nombre le fue dado debido al color que toma el río al agregarse a las aguas caribeñas. Actualmente esta desembocadura está mediada por un canal artificial que fue construido en las primeras décadas del siglo pasado.

compartidas con la comunidad de la que él forma parte. Su canto es el resultado de un proceso de síntesis previa, cuyos elementos fundamentales obedecen a una reelaboración selectiva para articular la información, para plasmar el contenido y recrearlo a través de la música. En el marco de la exposición de la cual forma parte esta composición se pueden deslindar dos niveles. El nivel individual: Noel como compositor y cantante de una historia propia y compartida y el nivel del conjunto, es decir, la recopilación de cantos compuestos por miembros de la comunidad, organizados y presentados en la exposición por Juan Manuel Echavarría. En esta ocasión centraré mi análisis en el nivel de la composición individual realizada por Noel.

La canción está concebida como una historia cantada por un joven que se dirige a un interlocutor a quien le llama *compadre*. Este primer acercamiento instaura un ambiente de complicidad y alianza, desde donde se articula la situación comunicativa del canto. La calidad de *compadre* del interlocutor presupone la existencia de una visión de mundo compartida, enlazada a través de juicios, valores y creencias que los identifica a ambos. Noel canta contándole a su *compadre*, a su conocido o a su amigo, el sentimiento de perplejidad, de desasosiego y angustia del que él fue testigo. En el canto de Noel, tanto como en otras composiciones de la obra, se recupera la representación ilustrativa del relato que, acompañada de un ritmo musical, retrata en palabras las circunstancias del conflicto armado en Colombia y los efectos de la devastación que este ha causado en las poblaciones rurales, en este caso en Bojayá, un pequeño poblado ubicada en el departamento del Chocó en la región del Pacífico colombiano. En el año 2002 parte de su población fue duramente golpeada por el conflicto[3].

3. Durante un enfrentamiento, dos grupos armados lanzaron explosivos de fabricación rudimentaria, al parecer por equivocación, a la iglesia del pueblo en donde se encontraba mucha gente refugiada. La canción se refiere en especial a este hecho atroz, que deja de ser un incidente singular y se inscribe dentro de la historia de ataques armados en el territorio colombiano.

Rostros y voces en el canto

En la canción se representa un escenario en el que la población es víctima de los horrores a causa de lo irracional. La composición musical, su contenido y la presentación del canto como tal, captan la atención inicial del receptor, motivando un cúmulo de sensaciones que trasmiten la experiencia de la confrontación y la atrocidad. En la recepción del canto se dan dos procesos en cierta manera simultáneos. Por un lado, se obtiene la impresión trasmitida por el rostro cantor y, por el otro, se establece una comunicación a través del canto. El primer proceso, diríamos, proceso de captación, está relacionado con la percepción causada en (nosotros) los espectadores al tener en frente la imagen del rostro. De acuerdo con Niklas Luhman: "La percepción es, en primera instancia, un acontecimiento psíquico sin existencia comunicativa" (1995: 115; traducción nuestra). En su planteamiento existe una diferenciación tajante entre lo que es comunicación y lo que es percepción. A través de la expresión y gesticulación facial de Noel el espectador puede hacerse una impresión sobre el mundo representado por él y construir una imagen figurativa de la agresión. Un elemento fundamental en el primer plano, entendido como la unidad narrativa en el espacio audiovisual, es la distancia. La breve distancia entre los compositores de *Bocas de Ceniza*, en este caso Noel, y los espectadores refuerza una atmósfera de intimidad y confidencia. La aparición de los rostros tanto en primer como en primerísimo plano, en la obra de Juan Manuel Echavarría, contiene un vigor revelador que atrae al espectador, pues los rostros simbolizan la existencia de diferentes personajes: no solo es el joven, no solo el cantante, no solo se recrea al compositor sino que también está presente el drama humano. Además, elementos como la expresión de los ojos, los gestos y la interpretación a capela configuran un escenario de declaración-confesión.

El segundo proceso tiene que ver con la situación comunicativa en el canto. Ya hemos visto que en el relato del canto se reconoce a un destinatario, es decir, *el compadre* a quien Noel se dirige. Este destinatario solo escucha pero no interviene en el relato. ¿Por qué le canta y relata Noel su historia al *compadre* y no a otro personaje de la comunidad? En primera instancia el apelativo *compadre* alude al rol que se asume en un compadrazgo; es una forma de compromiso que está indirectamente vinculada con el concepto de lo sagrado, concepto que reaparece de nuevo en el canto a través de la imagen de la iglesia y su destrucción física. Por otra parte el *compadre* sugiere una relación de camaradería y afinidad, él es un punto de referencia que le brinda protección y comprensión a Noel el joven como se evidencia en la exclamación hecha por Noel al decir: "Compadre, pero qué tristeza allá lo ocurrido en Bojayá ¿no? / ¡Mira que tanta muerte!". Mientras en otras canciones contenidas en la obra de Juan Manuel Echavarría los compositores se dirigen al presidente de la República, Noel busca refugio en su *compadre*, así como lo hace la comunidad al buscar amparo en la iglesia. El *compadre* en el canto cumple la función de enlace entre el yo narrador-testigo y el nosotros-colectivo, es decir, es una figura que escucha, percibe, comparte y conoce las repercusiones que ese evento ha causado en la comunidad.

Representación

En las diversas formas de representación encontramos un vínculo directo entre un objeto representado y aquello que lo representa. Esa relación puede estar determinada por la semejanza que existe entre los dos objetos, o puede estar regida por un carácter simbólico, casi arbitrario. En lo concerniente a las formas de representación[4] en las artes, W. J. T. Mitchell (1995: 12) propone una estructura en forma cuadrangular que vincula diagonalmente al objeto representado con el que lo representa y otro eje que une al creador con el espectador de esa representación. Siguiendo este planteamiento, el *compadre* se localizaría en el eje diagonal y representaría en el canto los otros yos de la comunidad que han vivido el drama colectivo, a los que se integra la experiencia individual relatada por Noel. Los otros yos son campesinos(as), son creyentes, han sido desterrados de su hábitat, es gente común que asimismo ha sido golpeada por la violencia.

4. En su ensayo sobre la representación, Mitchell (1995) presenta un análisis detallado sobre el concepto de la representación en la literatura.

Sin embargo, se podría situar también al *compadre* en el otro eje de la representación sugerida por Mitchell, puesto que su rol dentro del universo narrativo del canto podría ser la representación de nosotros, los espectadores, ante quien(es) Noel expone su percepción y cuestiona los discursos ideológicos y políticos subyacentes tras las relaciones entre poder y subordinación. La dimensión de lo colectivo está simbolizada además por otros sujetos mencionados en la composición como *la gente, los padres, los hijos, el campesino* cuyas voces se incluyen en la voz del hablante lírico interpretado por Noel.

Espacio y representación

Los cantos de la exposición *Bocas de Ceniza*, en su conjunto, utilizan dos formas de representación literaria diferentes que se combinan entre sí. Por una parte, el género lírico a través del cual Noel, el hablante lírico, transmite sus sentimientos, sus emociones y sensaciones a través de la canción en cuya composición se alterna la expresión en verso y en prosa. Por otra parte, se halla presente también la representación a través del drama, pues en un fragmento corto se condensa la dimensión del infortunio que produce la crueldad del ataque. A través de actos ordenados en una secuencia progresiva se muestra un drama en miniatura en el que son identificables diversos estadios, a lo que me referiré más adelante. El espacio se convierte en un aspecto determinante y fundamental de la representación que contextualiza y actualiza las relaciones en las que se escenifica la adversidad. En el canto aparecen dos espacios escenográficos opuestos entre sí: el espacio abierto y el espacio cerrado. Los sucesos en el espacio abierto están relacionados con los elementos naturales tierra y aire. La tierra aparece como componente tópico asociado a las mutaciones, los desplazamientos y el caos: "la gente corría, los niños lloraban", lo que podríamos vincular al valor de objeto que adquiere la tierra dentro del canto. Además, la referencia al actor mayormente afectado: la población campesina, reitera con más fuerza el significado que tiene la tierra para la comunidad y la relación de interdependencia entre campesinado y tierra: "que por culpa de la violencia / que acaba con el campesino". La percepción sonora del espacio abierto representa también lo caótico, pero sobre todo la amenaza ante la destrucción. Esta aparece nutrida de referentes visuales y auditivos que relacionan el lugar real con el espacio ficcional: "Sonó un fusil, sonó una K / sonó una metralla". El espacio cerrado está representado por la iglesia como lugar delimitador, de supuesta protección. A través de este elemento se representa el espacio religioso y se muestra cómo ese lugar es invadido, violentado e incluso desacralizado por el dominio del espacio militar. Esta relación revela la ruptura del espacio abierto como integrador de lo público y por otra parte manifiesta que las dimensiones alcanzadas por el desorden y el caos en el tejido social afectan las esferas de lo privado, llegando incluso a alterar las representaciones simbólicas vinculadas al concepto de lo sagrado.

Noel testigo y relator

En el canto se introduce una presentación directa del hablante lírico, quien revela su propio punto de vista desde su percepción como joven. El drama que atrapa a este hablante es la destrucción y la pérdida de los referentes en la realidad representada. Las escenas expuestas tematizan ontológicamente esa pérdida y esa destrucción. En el discurso lírico se configura un universo emotivo que transmite las huellas dejadas por los efectos de los actos violentos y los impactos directos en las nuevas generaciones, concretamente en Noel. Allí se propone un rechazo a lo real: "yo no lo puedo creer, ni lo puedo imaginar". En el discurso mismo se manifiesta la profundidad de la tensión creada entre lo antes existente en contraposición a la destrucción resultante; sin embargo, en el canto no se hace manifiesta la posibilidad de una nueva realidad, ni de una utopía.

En Noel podemos identificar un yo con varios planos semánticos. En primer lugar es un "yo" joven testigo de hechos traumáticos. En su rol como espectador es claro el deslinde ente los deícticos temporales y espaciales *aquí* y *ahora* implícitos en "Yo no lo puedo creer (aquí-ahora) que esto [...] haiga podido pasar" que indica lo enunciado y el *allá* (en Bojayá) que remite a lo observado. Los roles que cumple Noel están dados por su papel como relator y testigo; la voz del relato aparece marcada por la particularidad que adquieren cada uno de esos roles a lo largo de los actos representados en el canto. En el canto, la voz relatora se retroalimenta de la voz testimonial y recrea un ambiente de simultaneidad temporal entre los roles de relator y testigo, por consiguiente entre lo enunciado y lo observado. Lo cual contribuye a actualizar en el espectador/oyente la temática del drama, especialmente la manera como el universo colectivo representado es destruido. Esa devastación es traumática para la comunidad y repercute intensamente en su entramado cultural, afectando todo el repertorio de particularidades, prácticas y formas de interacción que la definen como colectivo, y por lo tanto causando una ruptura al interior del tejido social.

La voz lírica configura el recorrido del relato en el canto dentro del marco temático consustancial de la violencia. Esa voz está matizada por las diferentes formas en las que se asimila la agresión, por ejemplo, lo que se sabe y lo que se ve: "la gente corría, los niños lloraban, de ver cómo su pueblo lo acababan". Retomemos ahora los estadios que se identifican en el drama relatado en el canto. Se trata de una estructura compuesta por etapas sucesivas que aparecen representadas de la siguiente manera: una fase inicial de alerta, hay una detonación: "se fue tejiendo el plomeo"; seguido por una fase de pánico: "la gente asustada"; a la que sigue una fase de escape-refugio: "pensaron en una idea de irse para la iglesia / porque estaban seguros de que allá nada les pasaba"; seguida a su vez por una fase de destrucción: "Como a los tres segundos de ya haber estallado muchos de nuestros parientes habían quedado destrozados"; para concluir en un estado final de perplejidad ante lo fatal e irracional: "Yo no lo puedo creer, ni lo puedo imaginar que esto allá en Bojayá, haiga podido pasar".

¿Catarsis?

Los estadios expuestos anteriormente sugieren la reelaboración de sucesos que han dejado huellas vitales profundas en el "yo" juvenil representado por Noel. ¿Podemos referirnos a un proceso catártico? El canto como forma de expresión provee un espacio de liberación a través de la palabra; podría incluso considerarse como lugar de eliminación de memorias angustiosas. De acuerdo con la cuarta acepción propuesta por el *Diccionario* de la Real Academia de la Lengua, catarsis se define así: "Eliminación de recuerdos que perturban la conciencia o el equilibrio nervioso". Como lo observó Hermann Herlinghausen en una conversación que sostuve con él en este simposio, si existe un proceso catártico en los cantos, este dista categóricamente de lo que se entiende por catarsis en el sentido aristotélico[5]. Pues aquí no se trata de la elección de una víctima de gran prestigio para castigar las bajas pasiones y así lograr una purificación efectiva. Por el contrario, las víctimas que aparecen representadas en el canto reflejan algunos de los sectores mayormente marginalizados dentro de un sistema esencialmente orientado al consumo. El proceso de eliminación de lo vivido ante la agresión y la violencia se convierte en un acto de comunicación que fusiona la experiencia integrando la palabra, el canto, el gesto para incorporar todos estos elementos como componentes vitales de la memoria colectiva. Además, estos cantos se alejan totalmente de la tendencia posmoderna a "hiperrepresentar" la realidad y cuyo objetivo es potenciar la cantidad de información a expensas de la calidad de la misma. Contrariamente a esa inclinación posmodernista, los cantos de *Bocas de Ceniza* apelan a una esencia íntima del ser que es irrepresentable. La simbología metatextual en la que se manifiesta la interacción entre el hombre y la violencia no se agota en la representación de lo tangible sino que la trasciende.

El joven como agente: medio y meta de la agresión

En el canto que presenta Noel, se describen en la escena tanto los actores en disputa como los mecanismos de barbarie y agresión utilizados por ellos. Desde la perspectiva de George Simmel (Coser 1972: 35), el conflicto, como tal, es valorado de manera positiva en tan-

5. En su libro *Violence without Guilt. Ethical Narratives from the Global South*, Herlinghaus proporciona elementos fundamentales para el análisis de baladas y canciones, que considero cruciales en la interpretación de los cantos en *Bocas de Ceniza*.

to que proporciona al tejido social una forma de cohesión intragrupal que refuerza la identidad de cada grupo; también es catalogado como elemento de diferenciación, que para algunos tiene una función de regulación social. En este sentido, el conflicto es entendido como una transacción en la que se produce la interacción entre los agentes en disputa. Sin embargo, en la mayoría de los escenarios en conflicto, esas interacciones suelen representarse y desarrollarse al interior de una matriz caracterizada por diversas formas de agresión, que bien pueden estar dirigidas a un objeto/sujeto causante de las mismas o bien pueden encauzarse hacia un objeto o un agente que sustituya el ejecutor primario.

En el ámbito de confrontación en Colombia, la orientación de las agresiones no solo se dirige a los grupos en disputa sino que se focaliza especialmente hacia agentes externos, ajenos a los orígenes del conflicto. Los jóvenes son uno de estos agentes en los que la agresión ha encontrado un sustitutivo. La juventud, especialmente aquella que se encuentra en condiciones de desarraigo y pobreza, constituye uno de los grupos sociales de mayor vulnerabilidad y termina convirtiéndose o en medio e instrumento de violencia o en un objetivo de la agresión. La voz lírica en este canto expresa las percepciones, juicios, saberes y diferentes tipologías de lo espacial y lo cognitivo desde la experiencia juvenil. El campo de visión de esta voz personifica al joven como agente social[6] con un ínfimo margen de acción en su comunidad, ya sea en el entorno rural o urbano. Otras composiciones de la exposición *Bocas de Ceniza* revelan la manera en la que los jóvenes o bien se ven obligados a engrosar las filas de grupos armados, o a involucrarse en actividades del tráfico ilegal ya sea como distribuidores, informantes o en otras tareas.

6. En un estudio realizado por Silke Oldenburg, el cual fue llevado a cabo en una de las zonas de alta conflictividad y mortalidad en la ciudad de Bogotá, Colombia, se suministran relatos de informantes jóvenes en los que se narra la manera como los jóvenes son o bien forzados por los actores en conflicto a engrosar sus cuadrillas o bien las condiciones de supervivencia les obliga a convertirse en miembros de las operaciones realizadas por los grupos armados locales.

Los jóvenes: construcción social del joven

La noción de joven resulta ser un constructo social que está determinado por parámetros constitutivos subyacentes en el imaginario colectivo y que se actualizan dependiendo de los cambios a los que esté expuesto el medio. A partir de esa construcción nace una concepción de lo que significa ser joven, de los deberes, los derechos, y también de las expectativas que el colectivo asocia con esa calidad. La situación descrita en la composición musical que aquí nos interesa rescata desde los ojos de un joven la percepción de momentos de horror que asombran, que escandalizan y paralizan. En esta expresión de la perplejidad no solo se halla presente una emoción profundamente sentida de lo que producen estas formas desposeídas de la violencia sino que se manifiesta también una gran inquietud en cuanto al quehacer del joven como actor social. En el canto de Noel aparece de manera explícita la incertidumbre al no poder explicarse la realidad representada a la que me he referido más arriba. Entender y concebir el joven, su rol, su acción, su creación como un actor fundamental dentro de la construcción sociopolítica implica reconocerle como agente constructor y transformador en contraposición a la mirada sesgada que ha predominado sobre el joven en el contexto colombiano (Martín-Barbero 2001: 156) y que se explica por dos razones: por un lado, debido a los vestigios que quedan de antaño, situando el valor de la juventud dentro de un esquema generacional que cumple la función de enlace entre el niño y el adulto; y por otro lado, con una cierta tendencia a "criminalizar a la figura social de la juventud".

Bibliografía

Coser, Lewis A. (1972): *Theorie sozialer Konflikte*. Neuwied/Berlin: Sammlung Luchterhand (Soziologische Texte, Bd. 30), 34-77.

Herlinghaus, Hermann (2008): *Violence Without Guilt: Ethical Narratives from the Global South*. New York: Palgrave Macmillan.

Luhmann, Niklas (1995): "Was ist Kommunikation?". En: Niklas Luhmann (ed.). *Soziologische Aufklärung 6. Die Soziologie und der Mensch*. Opladen: Westdeutscher Verlag, 113-124.

Martín-Barbero, Jesús (2001): *Al Sur de la modernidad.Comuniación Globalización y multiculturalidad.* Pittsburgh, PA: Instituto Internacional de Literatura Iberoamericana.

Mitchell, W. J. T. (1995): "Representation". En: Frank Lentricchia y Thomas McLaughlin (eds.). *Critical Terms Literary Study*. Chicago: The University of Chicago Press, 11-22.

Oldenburg, Silke (2010): "Zwischen Akzeptanz und Widerstand. Jugendliche Lebenswelten im Kolumbianischen Bürgerkrieg". En: Peter Imbusch. *Jugendliche als Täter und Opfer von Gewalt*. Wiesbaden: VS Verlag, 95-132.

Fuentes de internet

Diccionario de la Real Academia de la Lengua. <http://www.rae.es/drae>.

Echavarría, Juan Manuel (2003-2004): Bocas de Ceniza/Mouths of Asch. <www.jmanuelechavarria.com> (5 de septiembre de 2011).

Violencia juvenil/urbana en el cine. Cuestiones de ética, política y estética*

Martín Lienhard
Universität Zürich

La violencia, bajo todas sus formas conocidas y por conocer, es un tema permanente de la literatura, el cine y las demás prácticas narrativas. El fenómeno específico al cual nos referiremos aquí es el de la violencia criminal que en las últimas décadas se viene desarrollando con particular intensidad, pero no exclusivamente, en las ciudades del *Global South*. La enorme desigualdad socioeconómica que caracteriza esas ciudades se manifiesta inmediatamente en el contraste entre, en un extremo, las zonas lujosas de alta seguridad donde residen los sectores más adinerados y, en el otro extremo, los densamente poblados barrios marginales: el famoso *Planet of Slums* de Mike Davis (2006). Tales barrios son un escenario típico de la violencia aludida, una violencia a menudo asesina que culmina en espectaculares y sangrientos enfrentamientos entre grupos enemigos (gangs, *quadrilhas*, etc.) o entre estos y las fuerzas represivas estatales o paramilitares, pero que también permea, bajo formas más "cotidianas", las relaciones barriales, grupales, familiares y de pareja. Muchos de sus agentes, pero en gran medida también

* Una versión anterior de este trabajo salió en Rodrigo García de la Sienra (ed.), *La tradición teórico-crítica en América Latina: mapas y perspectivas*, México, Bonilla Artigas editores, 2013.

sus víctimas, suelen ser jóvenes y niños. Detrás de las manifestaciones concretas, "subjetivas", de la violencia urbana está, si damos crédito a Slavoj Žižek, la *violencia sistémica*, "objetiva", que emana del capitalismo globalizado: "it is the self-propelling metaphysical dance of capital that runs the show, that provides the key to real-life developments and catastrophes" (Žižek 2008: 11). Puede ser que la violencia "objetiva" o "sistémica" del capitalismo contemporáneo sea efectivamente la causa última de la violencia "subjetiva" observable, pero para explicar la dinámica y las formas que toma la violencia urbana actual cabe traer a debate factores más concretos[1]. Uno de los factores que propician, el surgimiento y la reproducción de situaciones de violencia en las ciudades del *Global South* es, sin duda alguna, la ausencia de perspectivas laborales y existenciales satisfactorias que afecta a la mayoría de los jóvenes que se van criando en situaciones de marginalidad; otro, la violencia estatal (en general) y policial (en particular) que se ejerce, a menudo indiscriminadamente, sobre estos mismos jóvenes[2]. Pero el desencadenante por excelencia de situaciones de violencia es, en la América Latina de las últimas décadas, el narcotráfico, que difunde en los barrios marginales el sueño del enriquecimiento inmediato y ofrece "trabajo" a muchos jóvenes dispuestos a entrar definitivamente en la ilegalidad.

No es sorprendente que las nuevas formas de la violencia urbana constituyan, en América Latina y en otros lugares, el referente y la temática de numerosas películas –de ficción y documentales– de las últimas décadas. Algunas de las de ficción han llegado a tornarse grandes éxitos comerciales. En América Latina, ejemplos recientes de cintas centradas en el fenómeno de la violencia urbana/juvenil son, entre

1. Véanse a este respecto, para América Latina, trabajos como los de de Roberto Briceño-León (2005), de Nelson Artega Botello (2002) y de Alba Zaluar (en este volumen).
2. En su "Critica de la violencia", Walter Benjamin (1965 [c. 1921]: 43-47) define la violencia policial por su naturaleza a la vez *rechtserhaltend* (garantizadora del derecho) y *rechtsetzend* (definidora del derecho). El "derecho" de la policía, explica Benjamin, "designa en el fondo el punto en el cual el Estado, sea por su impotencia o a raíz de las condiciones inmanentes del orden jurídico, ya no puede garantizar mediante el orden jurídico las metas empíricas que busca alcanzar a cualquier costo" (trad. mía). Esta observación esclarece bien, a mi modo de ver, las complejas relaciones entre el Estado "de derecho" y sus fuerzas represivas.

muchos otros, *Amores perros* de Alejandro González Iñárritu (México, 2000), *La virgen de los sicarios* de Barbet Schroeder (Colombia, 2000), *Cidade de Deus* de Fernando Meirelles y Kátia Lund (Brasil, 2002), el documental Ônibus 174 (Brasil, 2002) y la ficción *Tropa de elite* (Brasil, 2007) de José Padilha, *La vida loca* (El Salvador-Francia, 2008) de Chris Poveda –impactante documental sobre las maras salvadoreñas– y la ficción *Sin nombre* de Cary Fukunaga (EE. UU.-México 2009). Estas cintas de la primera década del siglo XXI fueron precedidas, entre otras, por *Pixote: a lei do mais fraco* (Brasil, 1981) de Hector Babenco, el documental *Uma avenida chamada Brasil* de Octávio Becerra (Brasil, 1988), la ficción *Hasta morir* de Fernando Sariñana (México, 1993) y el reportaje *Notícias de uma guerra particular* de João Moreira Salles y Kátia Lund (Brasil, 1999). También merece colocarse en todo este contexto una película como *María llena eres de gracia* de Joshua Marston (Colombia-EE. UU., 2004); casi sin mostrar actos violentos, esta última enfoca, en efecto, un universo de por sí permeado de violencia: el del narcotráfico internacional. Varios de los filmes mencionados comparten la presentación de un referente social en el cual el enfrentamiento entre diferentes grupos marginales y entre estos y las fuerzas represivas está a la orden del día.

Representación de la violencia y sensibilidad

Al centrarse, de una manera u otra, en la violencia urbana actual, todas estas películas tienen que resolver, de algún modo, el problema de la representación de la violencia –sobre todo de la violencia asesina– ejercida por seres humanos contra otros seres humanos. La solución de este problema a la vez ético (¿en qué medida es moralmente aceptable el espectáculo de la violencia extrema?) y político-ideológico (¿en qué medida las imágenes de la violencia pueden ser políticamente útiles?) pasa, forzosamente, por la estética cinematográfica.

La representación visual de cuerpos violentados es, desde tiempo atrás, objeto de debate ético. Particularmente impactante, en este contexto, ha sido la reflexión de Susan Sontag, desde *On Photography* (1977) hasta *Regarding the Pain of Others* (2003), libro publicado en los últimos meses de su vida. En este trabajo, Sontag alude a la atracción "erótica" que se desprende, según ella, de las imágenes de cuerpos torturados, heridos o despedazados: "La mayoría de las representaciones de cuerpos torturados o mutilados suscitan un interés sexual [...]. Todas las imágenes que muestran la violación de un cuerpo atractivo son, hasta cierto punto, pornográficas. Pero las imágenes de lo repulsivo pueden también resultar excitantes"[3] (Sontag 2003: 95). Con referencia a Platón y el filósofo dieciochesco inglés Edmund Burke, Sontag comenta el "unworthy desire", que traduciremos libremente por "deseo monstruoso", que toma posesión de los seres humanos ante el espectáculo del sufrimiento o la muerte[4]. De hecho, la fascinación que suscitan las imágenes del sufrimiento, el tormento, la mutilación y/o la ejecución de seres humanos es muy antigua. En Europa, desde la invención de la imprenta, las hojas volantes que preceden o acompañan la aparición de la prensa periódica se especializan en la presentación de imágenes de este tipo:

Muy a menudo, el cuerpo torturado o despedazado que atrae la atención del público es el de un (supuesto) criminal condenado a muerte. Cabe recordar que hasta entrado el siglo XIX, a veces más allá, la ejecución de criminales solía realizarse bajo la forma de diversión pública[5]. En el ahorcamiento de un (supuesto) criminal, como lo observó en 1828 en Montevideo el viajero inglés W. H. Webster, se dieron cita "numerosos espectadores, en su mayoría mujeres" que "lo considera-

3. "Most depictions of tormented, mutilated bodies do arouse a prurient interest [...]. All images that display the violation of an attractive body are, to a certain degree, pornographic. But images of the repulsive can also allur" (Sontag 2003: 95).
4. Sontag (2003: 96-97) refiere una anécdota narrada por Sócrates en *La República* de Platón, libro IV: "Pues un día que Leontios, hijo de Aglaion, volvía del Pireo a la ciudad, pasando detrás de la muralla septentrional, se dio cuenta de que cerca del verdugo había cadáveres acostados en el suelo; al tiempo que tenía ganas de mirarlos, se enojaba consigo mismo por sentir estas ganas; luchó, se cubrió la cabeza, pero, vencido por su deseo [ἐπιθυμία], abrió grandes sus ojos y corrió hacia los cadáveres: '¡Esto es –exclamó– lo que habéis de mirar, malditos! ¡Llenaos los ojos con este hermoso espectáculo!'" (Platón 1950: 1009; trad. del francés mía).
5. En su tratado *A propósito de la genealogía de la moral*, Nietzsche (1988 [1887]: 56), invirtiendo los términos, llega a decir que "no hace mucho era impensable imaginar bodas de príncipes o fiestas populares de máximo esplendor sin ejecuciones, tormentos o tal vez un auto de fe [...]" (trad. mía).

Descuartizamiento de una joven: Dirschenreyt [Tirschenreuth, Alemania], 1573 (Historisches Museum Bern).

ban un entretenimiento pues todos estaban alegremente ataviados para presenciar el espectáculo" (cit. en Barrán 2011: 53). Con el tiempo, sin embargo, tales espectáculos empezaron a ser vistos como perversos. En 1871, en el mismo Montevideo, un cronista, considerándolas "bárbaras" se eleva contra tales diversiones populares (ibíd.: 287). Algunas décadas antes, en Francia, el relato *Le dernier jour d'un condamné* de Victor Hugo (1829) ya había manifestado el surgimiento de una sensibilidad contraria no solo a las ejecuciones públicas, sino también a las condenas a muerte en general. Uno de los argumentos esgrimidos por los adversarios de las ejecuciones públicas se centra en la incalificable actitud de la muchedumbre, "que asiste –como dice José Pedro Ramírez en 1872 en *El Siglo* de Montevideo– a una ejecución como a una alegre corrida de toros" (cit. en Barrán 2011: 287-288).

Mondo cane

Varias de las películas que mencioné al comienzo de estas páginas parecen invitar al espectador a adoptar una actitud semejante a la de quienes asisten, gozosamente, a una ejecución. Es el caso, pienso, de *Uma avenida chamada Brasil* (Brasil, 1989) de Octávio Bezerra, cinta de hace más de tres décadas que le ofrece al espectador un denso y variado muestrario de situaciones y comportamientos criminales, abyectos o aberrantes, presentado por un locutor al estilo de los canales televisivos sensacionalistas o amarillistas. En una de sus secuencias se muestra incluso, como en un *snuff movie*, la ejecución en directo de un joven[6]. *Uma avenida...*, documental *trash*, busca, inspirándose en reportajes policiales en directo, provocar en el espectador un placer que es difícil no calificar de "monstruoso". Según lo que dice una sinopsis elogiosa[7], lo que esta película muestra es "o crime, o vício, as perversões, a polícia, os bandidos e a multidão de deserdados". Arbitraria, esta lista crea asociaciones tendenciosas entre los "desheredados", la "perversión" y el "crimen". Patrícia Rebello explica que *Uma avenida...* "mimetiza a narração de um famoso programa de rádio dos anos 1960, o Patrulha da Cidade, programa policial transmitido até

6. La puesta en escena en directo de la muerte o el asesinato es un viejo tabú del cine documental, transgredido por los productores de *snuff movies*.
7. Reproduzco aquí la presentación de *Uma avenida...* que aparece en la página de inicio de la Fundación Astrojildo Pereira <http://www.fundacaoastrojildo.org.br/filmes/filmes_abrir.asp?cod_filme=202> [consulta: 11 de abril de 2011]. "A larga Avenida que corta ao meio a periferia do Rio de Janeiro projeta-se, com seus gritantes contrastes, como microcosmo do próprio Brasil. Com sua intensa pulsação, é alma penada e danada de uma cidade que deixou de ser maravilhosa. Mergulhando a fundo no submundo das favelas que margeiam a Avenida Brasil, o filme nada contempla: é veraz, direto, real, sem meias palavras ou meias imagens. Sua câmera é extremamente realista, mostrando o crime, o vício, as perversões, a polícia, os bandidos e a multidão de deserdados –uma enorme população lutando pela vida– e tendo que conviver com o medo, as ameaças constantes e a morte. Durante seis meses o diretor e o fotógrafo Miguel Rio Branco, a bordo de um carro com rádio de polícia, circularam pelos 53,4 km da Avenida Brasil. Flagraram assaltos, crimes cometidos por esquadrões, a violência das batidas policiais, mães que vão trabalhar e deixam as crianças nos barracos. Uma Avenida Chamada Brasil é um filme sobre as diversas manifestações da violência urbana, respingos de uma caldeira pronta para explodir. Uma Avenida Chamada Brasil, é um grito desesperado, um golpe cortante, penetrando na consciência de cada um de nós".

hoje, que mistura jornalismo com rádio-teatro"[8]. A diferencia de una película de ficción como *Pulp Fiction* (EE. UU., 1994) de Quentin Tarantino, el documental de Bezerra no permite, pese al sarcasmo que manifiesta el locutor, una lectura en clave irónica. Por eso mismo, no fueron raros los espectadores que la relacionaron con *Mondo cane* (Italia, 1962), famosa cinta de Gualtiero Jacopetti que se regodeaba en la presentación de un catálogo arbitrario de comportamientos humanos aberrantes. Más evidente aún, posiblemente, es el parentesco con otra película del mismo cineasta italiano, *Africa addio* (Italia, 1966). En esta obra supuestamente documental, Jacopetti mostraba imágenes de africanos negros matándose unos a otros, contrastándolas, al final, con tomas idílicas de la Sudáfrica del *apartheid*. Respondiendo a quienes consideraban que hacía un cine fascistoide, Jacopetti solía –y todavía suele– afirmar que uno no puede cerrar los ojos ante los horrores cometidos por seres humanos en determinadas circunstancias. Ahora bien, entre "no cerrar los ojos" y cautivar al público con un muestrario arbitrario de tales horrores media una distancia considerable. Al no situar las escenas en su contexto histórico y social, *Africa addio*, resucitando a su modo las tesis racistas de la *etnología criminal* de Lombroso, insinúa el salvajismo congénito de los africanos. Con razón, *Africa addio* fue considerada, por la crítica de izquierda de la época, como una película fascistoide y colonialista.

Es cierto que a diferencia de *Africa addio*, la película de Bezerra, *Uma avenida chamada Brasil*, sí sitúa las situaciones mostradas en un contexto geográfico e histórico-social preciso. Según la sinopsis que acabo de mencionar, este filme "é um grito desesperado, um golpe cortante, penetrando na consciência de cada um de nós". ¿De veras? Pienso, por mi parte, que la acumulación de imágenes de aberraciones humanas y la representación complaciente de la violencia en acto no es forzosamente la opción político-estética más idónea para favorecer, en los espectadores, una toma de conciencia. Más bien se me ocurre pensar que lo que puede fomentar una película de este tipo es la nostalgia del "orden" –como el que hizo reinar, en Brasil, la dictadura

8. Patrícia Rebello [<http://www.faroisdocinema.com.br> consulta: 10 de abril de 2011].

militar de los años 1964-1985–. En rigor, *Uma avenida...*, igual que muchas películas latinoamericanas de los últimos tiempos, tiende a suscitar en el espectador ese placer ambiguo (*unworthy*, monstruoso) que Susan Sontag trató de definir en su ensayo sobre la fotografía de guerra.

Las fotografías y las películas que muestran actos o situaciones de violencia extrema suelen suscitar, como sucede también con las realidades correspondientes, reacciones ambiguas en los espectadores. A diferencia de la fotografía, que privilegia forzosamente el *resultado* de los actos de violencia, el cine, especialmente el cine de ficción, tiende a representar la violencia *en acto*, transformando así al espectador en *voyeur*: en partícipe o cómplice voluntario o involuntario de actos de violencia extrema, torturas y asesinatos. Al hacer de la violencia un espectáculo atractivo, muchas de las cintas mencionadas (amén de muchas otras), no permiten –ni pretenden, sin duda– que el espectador reflexione sobre las causas y las implicaciones de la violencia mostrada. Lo ejemplifica *Amores perros* (México, 2000), la exitosísima primera película de Alejandro González Iñárritu, que contrasta la historia casi hagiográfica de la redención de un exasesino a sueldo (por el amor que demuestra hacia unos perros maltrechos y, tardíamente, por su hija) con la de unos jóvenes que ganan dinero con monstruosas peleas de perros y la de las ridículas aventuras caninas de una odiosa pareja ligada al mundillo de la publicidad. En esta cinta "neonaturalista" de fondo melodramático, la representación de los actos de violencia se apoya en recursos típicos de los *mass media* actuales, por ejemplo (recuérdese la secuencia enmarcada por la canción "Sí señor" de Control Machete) en el clip musical al estilo de MTV. En esta secuencia como en varias otras, la violencia está a la vez en lo que se muestra (actos de violencia) y en el montaje efectista, "violento", de tomas que corresponden a diferentes escenarios y momentos. Con este tipo de montaje, la película no apela a la inteligencia del espectador, sino que tiende a narcotizarlo, a sumergirlo en un estado de trance. A lo largo de la cinta, las secuencias-clip alternan con otras mucho más lentas y caracterizadas por un melodramatismo semejante al de las telenovelas mexicanas. Como todos sabemos, las diferentes historias que se narran en *Amores perros* convergen en un choque de carros que se muestra y repite una vez tras otra. Una construcción narrativa tan banal como eficiente que no puede sino impactar en un público que reconoce, en la película, varios formatos en boga en los *mass media*. En gran medida, el éxito multitudinario del filme se puede atribuir, pues, al uso complaciente de recursos con los cuales el público, especialmente el público joven, está ampliamente familiarizado[9].

Desde luego, el cine tiene el derecho –y tal vez la obligación– de hablar de la violencia existente, de discutirla, de invitar a reflexionar sobre ella. Tampoco se le puede negar, en la medida en que esto contribuye a la reflexión, el derecho de mostrarla. El cineasta documental João Moreira Salles, después de criticar, en una entrevista de 2005, el "silencio visual", la ausencia de imágenes de la violencia en los medios de comunicación masiva (Araújo y Branco 2009), se quejó en 2009 del exceso de películas brasileñas sobre la violencia: "Sinto falta de um cinema menos explosivo. Tem muita tortura, muito grito, precisava ter mais reticências" (Bem 2009: s/p). Podemos sospechar que este cambio de perspectiva tiene que ver más con el "¿cómo?" que con el "¿qué?". Cabe analizar, en efecto, los medios que emplea el cine para "hablar" de la violencia, desentrañar los objetivos perseguidos por los cineastas y evaluar los efectos que sus películas pueden provocar en el espectador. Una película como *Notícias de uma guerra particular* del propio Moreira Salles demuestra que el cine puede, sin hacer del espectador un *voyeur* de la violencia ajena, construir un discurso crítico sobre la violencia. Y ya lo habían mostrado, en otros contextos y de diferente manera, películas de ficción como *Los olvidados* (México, 1950) de Luis Buñuel o *Tayô no hakaba* ('El entierro [o más bien el cementerio] del sol', Japón, 1960) de Nagisha Oshima.

El propósito de estas páginas consiste en echar una ojeada crítica a los recursos estéticos empleados por los cineastas en la representación de la violencia y en evaluar los efectos que su uso genera (o puede generar) en el espectador. Cualquier película, independientemente de las intenciones de su autor, puede ser considerada como una *operación ideológica* que implica, inevitablemente, una actitud ética y una

9. Para los amantes de sarcasmos, véase la demoledora reseña de *Amores perros*, ejemplo de "tercerinmundo tremendismo chafa", por Jorge Ayala Blanco (2001: 482-486).

perspectiva política. Esa actitud y esa perspectiva pasan por el uso y la combinación de determinados recursos cinematográficos, es decir, estéticos. Por eso mismo, el análisis estético de una película no es un ejercicio gratuito. No es mi objetivo, en cambio, juzgar las películas a partir del criterio de su "adecuación" o "fidelidad" a la realidad aludida. Una película, aun cuando se trata de un documental, traduce en primer lugar la visión y los propósitos específicos de quien la creó.

En torno a *Cidade de Deus*

En sus declaraciones públicas sobre *Cidade de Deus*, una obra paradigmática en nuestro contexto, el cineasta Meirelles y su guionista Mantovani afirmaron, entre falsamente inocentes y verdaderamente inconscientes, que su obra no se apoyaba ni en un "proyecto estético" ni en "debates éticos" previos (*Folha de São Paulo*, 30/08/2002). Puntualizaron que en *Cidade de Deus* se habían limitado a traducir el punto de vista de un *garoto*, de un muchacho incapaz de entender el contexto en el cual se desarrolla la guerra que se muestra en la película. Si esto fuera cierto, se trataría de una opción estética interesante: paradójicamente, tanto en el cine como en la literatura, la limitación del campo de visión o de la capacidad de entendimiento de quien narra u observa contribuye a ampliar y a tornar más aguda la visión del espectador o del lector. En el caso de *Cidade de Deus*, sin embargo, se descubre inmediatamente que la película no cumple, o solo por momentos, con el propósito anunciado: las imágenes que vemos no corresponden sino en parte a la perspectiva de Buscapé, el narrador del filme. Para empezar, Buscapé está ausente de muchas de las escenas filmadas y no puede, por lo tanto, imprimirles su perspectiva. Aún cuando aparece en el cuadro, la cámara no se acerca sino de vez en cuando a lo que podría ser su ángulo de visión. En las últimas secuencias de la película asistimos a una guerra que opone, en un primer momento, a Zé Pequeno, el traficante que aterroriza el barrio, y a Mané Galinha, su adversario. Muerto este, la pelea será entre Zé Pequeno y un grupo de muchachos muy jóvenes. Estos terminan matándolo: empezará un nuevo período de violencia homicida. Buscapé, el "narrador", logra sacar fotos que

Fotograma de *Cidade de Deus*.

denuncian la actuación de la policía, pero él, para no poner en peligro su carrera de fotógrafo, solo publicará la foto de Zé Pequeno muerto. En toda esta secuencia, lo que vemos y oímos no corresponde sino muy parcialmente al ángulo de visión de Buscapé.

En un sentido estricto, las únicas imágenes que retoman su punto de vista son sus fotos y las tomas, relativamente escasas, en las cuales la perspectiva de su cámara y la dirección de su mirada coinciden con la de la filmadora. Por otro lado, Buscapé, en tanto voz narrativa en *off*, se limita a resumir sucesos que la película prefiere obviar o para endilgarle al espectador explicaciones de tipo histórico o sociológico. Su función narrativa resulta, pues, subalterna o accesoria. De todas maneras, en las películas de ficción, aun en aquellas que se apoyan, como *Cidade de Deus*, en una voz narrativa, la mayor parte de la información que recibe el espectador pasa por las imágenes, el diálogo, la música y el sonido. (En *Cidade de Deus*, casualmente, la música desempeña un papel decisivo para arrastrar a los espectadores, para favorecer su "despegue").

Con sus constantes y rápidos cambios de posición de cámara o de perspectiva y un montaje vertiginoso al estilo clip, *Cidade de Deus* nos ofrece una imagen multifocal de la guerra entre los bandos enfrentados y con la policía. Verdadera fuente de información de todo lo que vemos y oímos es, en rigor, la película misma, *toda* la película, en tanto medio múltiple que se apoya en el potencial de las imágenes, la actuación, la puesta en escena, la música extradiegética y una banda de sonido que reproduce el ruido de balazos y motores. En resumen, *Cidade de Deus* no es, pues, el "testimonio" (ficticio) del *garoto* Buscapé, sino un ejemplo de *cine de acción*.

Casualmente existe, en el cine brasileño sobre violencia juvenil/urbana, una película en la cual sí se observa un esfuerzo mayor por acercar la perspectiva del filme al punto de vista de uno o varios *garotos*. Me refiero a *Pixote: a lei do mais fraco*, realizada en 1981 entre São Paulo y Río de Janeiro por Héctor Babenco. La película empieza con una secuencia documental en que se presenta la favela donde vive el niño Fernando Ramos da Silva, el futuro Pixote o, más exactamente, el futuro actor protagónico de la historia que narra la película. Lo que la cinta, en tanto ficción, muestra a continuación, es el proceso que transforma a un niño pobre en un asesino *malgré lui*. Un proceso cuya etapa decisiva es un reformatorio para menores delincuentes, un infierno dirigido por un grupo de hombres siniestros y asesinos para quienes un niño pobre *bueno* es un niño pobre *muerto*. Este reformatorio, típico escenario de violencia estatal, es una verdadera escuela de la delincuencia. Los niños o jóvenes, quieran o no, se ven precipitados en una espiral de violencia y contraviolencia. Una violencia que no parte de ellos mismos, sino que late en todo el universo enfocado por la película. Pixote, por lo menos al comienzo del filme, es un niño ingenuo. Muchas secuencias de *Pixote* nos obligan a ver el mundo a través de sus ojos, sus comentarios y sus comportamientos a menudo infantiles. Tomadas por una cámara "objetiva", tales secuencias nos permiten medir la distancia que existe entre su percepción infantil y la realidad que evoca la película. Cuando los niños se instalan en la casa de la prostituta Sueli, Pixote cree que ella está "enferma". Nosotros, viendo lo mismo que él ve sin entenderlo, comprendemos que Sueli está mal porque acaba de abortar en su baño. El propio Pixote,

Fotograma de *Pixote*.

hacia el final de la película, empieza a adoptar, aunque con enorme dificultad, una perspectiva de adulto. Su perplejidad ante la realidad "adulta" –una realidad dominada por el engaño y la violencia– aparece en la expresión de sorpresa que su cara en *close-up* toma cada vez que pierde algo de su inocencia inicial. Ningún espectador puede olvidar la sorpresa que muestra su cara cuando "entiende" que acaba de matar, por equivocación, a uno de sus amigos. Cabe señalar, por fin, que *Pixote* sigue los principios de una estética realista semidocumental, "neorrealista", prescindiendo de "glamourizar" la pobreza y la violencia, de transformarlas en espectáculo consumible.

Antes de volver a *Cidade de Deus*, quiero todavía aludir al documental o reportaje fílmico *Notícias de uma guerra particular* (1999), realizado por João Moreira Salles y Kátia Lund. Las dos películas comparten, si prescindimos de la historia específica que se narra en *Cidade de Deus*, el mismo referente: la "guerra" en las favelas de Río de Janeiro. *Notícias...*, documental que privilegia –si adoptamos la terminología de Bill Nichols (1991)– el *modo expositivo*[10], empieza presentando a los protagonistas voluntarios o involuntarios de esta guerra: los narcotraficantes, la policía y los habitantes de la favela. La película se basa en entrevistas con personas que pertenecen a estos tres grupos. Las imágenes los muestran en sus contextos respectivos: la propia favela, diversos lugares de entrenamiento de la policía, el gigantesco almacén de armas confiscadas.

No podemos saber en qué medida los testimonios representan el modo de pensar de los grupos a los cuales pertenecen los testigos; lo que sí resulta evidente es que lo que estos dicen es lo que pretendían comunicarles a los futuros espectadores de la película. Desde luego, la selección de los testigos y el montaje de los testimonios se hicieron en función de los propósitos, conscientes o inconscientes, de los cineastas. Los entrevistados privilegiados son Hélio Luz, en aquel entonces jefe de la policía civil de la ciudad de Río de Janeiro, y el capitán Pimentel. Al final de la película se señala que Luz dimitió de su función policial para tornarse diputado (del PT, el partido de Lula). A este personaje no solo se concede un tiempo de palabra mayor que a los demás; su discurso también "hegemoniza" la película. Por un lado, las declaraciones o explicaciones de Luz "orientan" al espectador en cuanto a la manera como cabe entender las imágenes mostradas. Por otro, muchas de las imágenes (aunque no todas) tienden a ilustrar su discurso. Las declaraciones del capitán Pimentel, otro testigo fundamental, complementan el discurso del jefe de la policía. El título de la película, *Notícias de uma guerra particular*, retoma un comentario de Pimentel: la guerra es una guerra particular, privada, entre los traficantes y la policía. Es lo que Hélio Cruz también afirma cuando declara, más de una vez, que la policía es un organismo "corrupto", un grupo represivo que no persigue sino su propio beneficio. Al hablar, desde el título, de una *guerra particular*, la película hace suyas, pues, las tesis en este aspecto convergentes de Cruz y Pimentel. Cabe anotar que la película no glorifica en ningún

10. Nichols (1991: cap. II) distingue, en los documentales, cuatro modos de representación de la realidad: "expository mode" ('modo expositivo'), "observational mode" ('modo observacional'), "interactive mode" ('modo interactivo') y "reflexive mode" ('modo reflexivo'). No hay ejemplos, entre las películas mencionadas en este trabajo, de los dos últimos modos.

momento la violencia ni se regodea en ella. No cumple ni pretende cumplir con las expectativas de quienes, sedientos de ver el espectáculo de la "guerra", se entusiasman con las películas de acción. En resumen y esquemáticamente, esta película formula, a través de las entrevistas y las imágenes, un *discurso* sobre la violencia en las favelas; un discurso basado en numerosos testimonios, pero en definitiva un discurso político, que acusa a las autoridades, sin mayores rodeos, de "defender una sociedad injusta por medio de una policía injusta"[11].

Si el personaje "hegemónico" de *Notícias de uma guerra particular* es un responsable policial a punto de entrar en disidencia con las autoridades, el personaje que domina la acción en *Cidade de Deus*, el traficante Zé Pequeno, aparece, desde el comienzo, cuando todavía se llama Dadinho, como alguien que asesina por placer. No por acaso, este personaje –el "malo" de la película– es un negro. Características de este filme son, además de su *parti pris* ideológico (la asociación favela-negros-violencia), una historia basada en una sucesión interminable de actos de violencia, la casi ausencia de momentos de distensión, la representación detallada y complaciente de la violencia en acto, un montaje rápido y "brillante", al estilo clip, de tomas breves e impactantes y un ritmo de samba que arrastra, desde los primeros segundos, a los espectadores. Al optar por el género "cine de acción", los cineastas decidieron dar prioridad al espectáculo de la violencia, renunciando de antemano a invitar a los espectadores a una reflexión crítica sobre el por qué y el cómo de la guerra en las favelas. *Cidade de Deus* estableció, según Rafael Araújo y Priscilla Alves Teixeira Branco (2009: 74-75), "uma separação entre aqueles que acham que o realismo das imagens de violência contribui para reafirmar o espetáculo e aqueles que acreditam que o cinema comercial também pode, por meio do entretenimento e da polêmica, incitar o debate social". Si bien no cabe excluir de antemano que una operación ideológica (a mi modo de ver nefasta) como la que representa *Cidade de Deus* pueda suscitar un debate útil, es importante denunciarla por lo que es. En palabras de Ivana Bentes (2007: 252), "un espectáculo consumible de los pobres que se matan entre ellos".

---

11. Frase pronunciada por Hélio Cruz en la película.

En la película de Meirelles (realizada en colaboración con Kátia Lund), la violencia de las imágenes, que teóricamente podría contribuir a una toma de conciencia (como sucede por ejemplo en el cine de Eisenstein o de Glauber Rocha), sirve tan solo para tornar más espectacular –y por lo tanto menos idónea para suscitar la reflexión– la representación de la violencia. Algo que favorece la adhesión de los espectadores es su enfoque aparentemente "realista": como en el cine neorrealista de Nelson Pereira dos Santos (*Rio 40°*, 1955; *Rio Zona Norte*, 1957), y a diferencia de las películas de acción convencionales, la historia contada se apoya en la realidad histórica y/o visible; los escenarios son "auténticos" y los actores se reclutan, básicamente, en la población enfocada. La elección de un referente conocido y su representación "realista" incitan al espectador a tomar al pie de la letra todo lo que ve. Su reacción no será, pues, la misma que ante una película de acción convencional: al enfrentarse con una película de tipo kungfu, para dar un ejemplo, ningún espectador confunde el espectáculo de la violencia que se le pone delante con alguna realidad existente, mientras que *Cidade de Deus* insinúa, por su "realismo" (que podríamos calificar de "neonaturalismo"), la veracidad de lo que muestra. Una "veracidad" de hecho más que dudosa: como lo puntualizó Alba Zaluar, el filme *Cidade de Deus*, apoyado en la novela homónima de Paulo Lins (1997), tergiversa la realidad histórica en diversos aspectos: "Nunca existiu, por exemplo, aquele bando de meninos ainda com dente de leite dando tiro nas pessoas. Isso é mentira, e é muito sério porque cria uma imagem sobre as crianças que vivem nesses locais que não é verdadeira" (Gois 2004: s/p). Gracias al poder de la ficción, *Cidade de Deus* nos da la impresión de ponernos en contacto directo con delincuentes jóvenes. Si bien la película, en tanto "discurso", enfatiza el sinsentido de la guerra entre pandillas, no deja de convertir a algunos de sus protagonistas, en particular a Zé Pequeno, en figuras cercanas a los "héroes" (malos) que pueblan desde siempre la épica popular[12].

12. Recomiéndase, en cuanto a este tema, la lectura del artículo de Enrique Flores que se encuentra en este volumen.

Un punto de partida bastante diferente es el que observamos en *La vida loca* (El Salvador-Francia-España, 2008), película documental de Chris Poveda, cineasta francés que acompañó, durante año y medio, a la Mara 18 en San Salvador[13]. Los mareros que aparecen en esta cinta son auténticos, como lo son las historias particulares evocadas y las situaciones "típicas" que pautan la historia: entierro de pandilleros asesinados por la policía, fiesta de cumpleaños, sesión de tatuaje, registro policial, sesión de tribunal, cárcel, momentos del proceso de "reinserción", etc. Los mareros, como se sabe, no son ciertamente jóvenes inofensivos, pero *La vida loca* no los muestra (ni podría hacerlo fácilmente en tanto documental) cometiendo actos ilegales y/o violentos. La violencia que se ve, en acto o en cuanto a sus resultados, es la violencia que otros ejercen contra los mareros. A partir de este *parti pris* del cineasta, ellos aparecen, ante todo, como víctimas: víctimas de una situación socioeconómica desastrosa, de la discriminación social y de la violencia estatal. La película no manifiesta abiertamente ese *parti pris*: al adoptar, si nos atenemos a la terminología de Bill Nichols, el "modo observacional", *La vida loca* parece retratar la vida marera "tal como es" o, para decirlo de manera tal vez más exacta, tal como sus protagonistas desean mostrarla al público. La cámara se mueve entre ellos con toda "naturalidad", sin llamar la atención del espectador. Gran parte de las imágenes muestran a los mareros en *close-up*, actuando –como sucede en las obras de ficción– sin prestar atención a la presencia del cineasta. Algo paradójicamente, el espectador se queda, pues, con la sensación de hallarse ante una película de ficción, sensación reforzada todavía por un montaje sin rupturas perceptibles y, también, por la presencia obsesiva de una música hip-hop extradiegética contribuida por Sebastián Rocca, rapero de origen colombiano que fundó en Nueva York, tras años de vida parisina, el grupo que canta en la película: "Tres Coronas". Con esta música ajena al contexto salvadoreño y a la historia narrada[14], *La vida loca*, tal vez para poder ingresar al circuito *mainstream* internacional, rompe con

13. Una excelente introducción al fenómeno de las maras centroamericanas es *Hoy te toca la muerte* de Marco Lara Klahr (2006).

14. Algo que notaron y criticaron muchos de quienes consultaron *La vida loca* en YouTube.

una de las leyes no escritas del documental "observacional" moderno: la prohibición de usar música extradiegética. Ahora bien, esta película, más allá de sus aspectos discutibles, constituye, al atribuir a los mareros la calidad de seres humanos, un aporte nada desdeñable a la discusión sobre la violencia juvenil/urbana –un aporte que no parecen haber apreciado quienes, mareros o policías, mataron a Poveda en 2009–. A diferencia de *Cidade de Deus*, filme "neonaturalista" que opera con las viejas categorias de "malos" (Zé Pequeno) y "buenos" (Buscapé), *La vida loca* nos enfrenta con un universo de pesadilla en el cual tales categorías no tienen sentido. Puede ser que esta película, al no enfatizar la naturaleza violenta de una pandilla como la Mara 18, favorezca la identificación del espectador con los jóvenes delincuentes (o ex delincuentes dispuestos a dejarse "reintegrar"), pero lo hace sin caer en el otro extremo, en la apología del "marerismo".

Buñuel

El ancestro incontestable del cine sobre violencia urbana es, y no solo para América Latina, *Los olvidados* (México, 1950) de Luis Buñuel. Con esta película, Buñuel, al mismo tiempo que los grandes fotógrafos Nacho López y Héctor García, descubre y le revela a un público burgués o pequeñoburgués los barrios marginales de la Ciudad de México (y eso en el momento exacto en que algunas zonas de esa ciudad empiezan a dotarse de signos llamativos de modernidad urbanística y arquitectónica). En *Los olvidados*, Buñuel optó por mostrar una cara de la ciudad que el desarrollismo trataba de hacer olvidar: los tugurios, muchos de ellos situados en pleno centro, que constituían el hábitat de los olvidados (del "progreso"). La pandilla que protagoniza la película no es una organización criminal vinculada a algún tipo de tráfico ilegal, sino un grupo de jóvenes y niños hambrientos y sin perspectivas. Por eso mismo, *Los olvidados* no tematiza la guerra entre grupos criminales sino la violencia que enfrentan cotidianamente los sectores urbanos pobres o marginales. En este sentido, el filme de Buñuel se emparenta con el cine neorrealista, desde *Sciuscià* (Italia, 1946) de Vittorio de Sica y Cesare Zavattini hasta *Rio Zona Norte* (Brasil, 1957) de Nelson Pereira dos Santos, o todavía con una novela como *Una vita violenta* de Pasolini (1959). A diferencia de las películas que acabo de mencionar, la de Buñuel, pese a inscribirse sin rodeos en el cine de ficción, prescinde de una historia propiamente "novelesca"[15]. En este sentido, *Los olvidados* cumple mejor con los principios defendidos por los ideólogos del neorrealismo que el propio cine neorrealista, de hecho siempre amenazado por el melodrama. En *Los olvidados* no encontramos un mundo dividido entre "buenos" y "malos" ni tampoco a un grupo de "buenos" luchando por la justicia. Todos o casi todos –adultos, jóvenes y niños; hombres y mujeres– se muestran capaces de cometer actos violentos. La secuencia protagonizada por el músico ciego, una de las más típicamente buñuelescas de la película, permite ejemplificar la manera como Buñuel se acerca a la problemática de la violencia. Este músico, que termina siendo víctima de la pandilla de jóvenes, es un personaje "excluido" a la vez por su ceguera y su pobreza. En una película melodramática, inevitablemente, se hubiera enfatizado su condición de víctima, su incapacidad para defenderse contra sus agresores. Buñuel, al contrario, lo muestra como un hombre capaz no solo de responder a la violencia por la violencia, sino también de servirse de ella para alcanzar fines injustificables (como cuando acosa sexualmente a una menor, la niña Meche). La película lo designa, además, como representante de una ideología reaccionaria, o sea, como cómplice de la "violencia sistémica". D. Carmelo, en efecto, alaba en su corrido la dictadura de Porfirio Díaz, denuncia la emancipación de las mujeres y denigra a los jóvenes. De alguna manera, pues, el ciego se hace merecedor del castigo que recibe por parte de los jóvenes pandilleros. Estos, desde cierta perspectiva, pueden parecer "malos", pero su violencia, como lo insinúan muchas secuencias de la película, no responde sino a la violencia con la cual son tratados por los mayores, víctimas, a su vez, de una violencia que los trasciende. En el universo de *Los olvidados*, todos, o casi todos, están contaminados por la violencia que los circunda. Cuando el ciego agrede sexualmente a Meche, esta (hasta ahí un personaje "inocente") saca su navaja; el otro "inocente",

15. Aunque poco "novelesco", el filme de Buñuel se inspira en la novela *Los olvidados* de Jesús R. Guerrero (1944), reeditada en versión facsimilar por el Instituto Politécnico Nacional (IPN) de México (2009).

el niño campesino Ojitos, la anima con gestos elocuentes a matar de una vez a su acosador. Un solo personaje, el director de una escuela para menores difíciles, prescinde de cometer actos de violencia, pero su abstinencia resulta inútil. Esa escuela se asemeja hasta cierto punto al reformatorio de *Pixote*, pero contrariamente a sus colegas brasileños, su director desea realmente "reeducar" a los jóvenes, darles un chance. Empresa a todas luces imposible, porque el espacio de la escuela no escapa a la violencia omnipresente en el universo mostrado. O para decirlo de otra manera, la "violencia sistémica" (del capitalismo "tercermundista", en este caso) no autoriza la existencia de espacios "autónomos".

Una particularidad de la película de Buñuel son sus momentos "surrealistas", en particular la secuencia que evoca un sueño de Pedro (el muchacho internado en la correccional). En esta escena onírica, filmada en ralentí, Pedro descubre debajo de la cama a Julián, echando sangre por la boca (Julián ha sido asesinado en presencia de Pedro, por el Jaibo, el jefe de la pandilla); a continuación, la madre de Pedro, que en la vida real no le demuestra ningún amor, le tiende a su hijo hambriento un enorme pedazo de carne cruda, pero antes de que el muchacho consiga agarrarlo, se lo arranca el Jaibo, que surge desde debajo de la cama. "Los sueños –explicó el propio Buñuel– concentran los elementos que nos han impresionado en la vigilia, aunque enmascarándolos, presentándolos de otra manera" (Colina y Pérez Turrent 1996: 89). En *Los olvidados*, como podemos constatarlo a través de esta secuencia, la violencia, o más bien la experiencia de la violencia, se cuela en el inconsciente, donde sigue causando sus estragos.

Walter Benjamin dijo alguna vez que la máquina fotográfica era incapaz de fotografiar un tugurio o un basural sin transfigurarlo; que la fotografía había logrado, gracias a sus técnicas de seducción, transformar la pobreza abyecta en objeto de placer[16]. Gabriel Figueroa, el responsable de la fotografía en *Los olvidados*, hubiera podido ser, sin duda alguna, la persona ideal para "estetizar" la pobreza y la violencia, pero Buñuel no le dio esa oportunidad. La pobreza y la violencia que se ven en la película no tienen nada de atrayente; las imágenes

16. Véase Sontag 1990 [1977], "The heroism of vision".

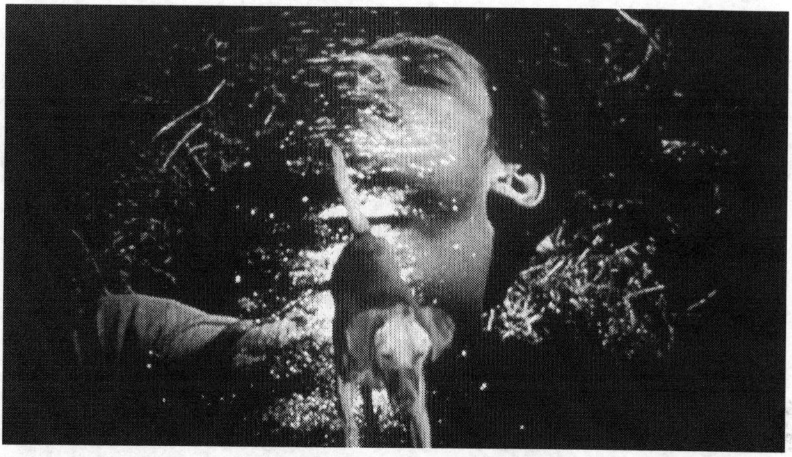

Fotograma de *Los olvidados*.

que muestran o sugieren actos de violencia prescinden de cualquier "glamour". De hecho, el innegable impacto de la película no se debe principalmente a la violencia mostrada ni tampoco a un montaje "violento". A diferencia de películas efectistas como *Cidade de Deus* o *Amores perros*, por no hablar de un documental *trash* como *Uma avenida chamada Brasil*, la "violencia" que *Los olvidados* ejerce sobre el espectador es de tipo intelectual. Al espectador se lo obliga a hacerse la pregunta de si la violencia es una consecuencia inevitable del "sistema" (¿qué sistema?) o, peor aún, si lo es de mecanismos poco menos que inalterables que rigen, desde siempre, las sociedades humanas. Si varias de las películas comentadas o mencionadas tienden a insinuar que la eliminación del narcotráfico y/o de los jóvenes "malos" bastaría para acabar con el problema de la violencia, *Los olvidados* sugiere que las raíces de esta se han de buscar en la organización injusta de las sociedades humanas.

Más allá de América Latina

Para ampliar este debate sobre cine y violencia urbana/juvenil quisiera ahora acercarme a dos películas realizadas fuera del espacio latinoamericano. Diez años después de *Los olvidados*, el cineasta japonés Nagisha Oshima estrenó la película *Tayô no hakaba* (Japón, 1960). Más de una vez, esta película ha sido comparada con *Los olvidados* de Buñuel[17]. En *Tayô no hakaba*, Oshima pretendió revelar la cara oculta del Japón de los años 1950, país perdedor de la Segunda Guerra Mundial, ocupado por los norteamericanos y en vías de modernización galopante. Esa cara oculta es la profunda miseria en que se debatían los habitantes de los barrios marginales de las grandes ciudades japonesas. Lo que nos muestra *Tayô no hakaba* es una "favela" de Osaka, dominada por la lucha entre diferentes mafias, la prostitución y, por encima de todo, una violencia endémica. Sus habitantes son víctimas de una política de exclusión, pero para sobrevivir no dudan en oprimir y estafar a sus vecinos. A diferencia del universo genéricamente pobre de *Los olvidados*, el de *Tayô no hakaba* aparece directamente vinculado al sistema capitalista reinante. Varios personajes están involucrados en la lucha por el dominio del comercio más lucrativo del momento, que no es la droga sino la venta de sangre para la industria cosmética. La sangre destinada a la venta aparece periódicamente en el cuadro, a la vez para recordar el negocio turbio que mueve el barrio y para simbolizar la violencia que lo permea. Otra "sangre" que fluye en el barrio es el dinero: los billetes, físicamente presentes (como en *Amores perros*) en muchas secuencias. Las mafias se constituyen y se deshacen en función del dinero. Una de las secuencias más impactantes del filme enfoca a Batasuke, un hombre pobre que vende, para escapar a la miseria, su partida de nacimiento, su identidad, transformándose así en un ser inexistente. Si en la leyenda de Fausto, el protagonista vendía su alma al diablo para obtener una vida de placer, Batasuke, al enajenar su identidad, no aspira sino a sobrevivir.

17. En el pasaje reproducido a continuación, Jonathan Rosenbaum (2010: 163) busca definir afinidades y diferencias entre las dos películas, y entre Buñuel y Oshima: "If *The Sun's Burial* (1960) – an early shocker about rival street gangs in an Osaka slum – was partly inspired by Buñuel's *Los Olvidados* (1950), as the British DVD's liner notes maintain, the notion of Oshima showing any tenderness toward his doomed punks, as Buñuel does toward his Jaibo, is unthinkable – even if Oshima is not less outraged by corpses being dumped like garbages".

Fotograma de *Tayô no hakaba.*

Tayô no hakaba no es una película de acción ni un melodrama. Con la excepción de la seductora protagonista femenina, Hanako, que parece salida de una cinta de la *nouvelle vague* francesa, los personajes constituyen una pequeña muchedumbre andrajosa, grotesca y picaresca que se mueve sin rumbo evidente. La música extradiegética (guitarra clásica) de Riichiro Manabe forma un curioso contrapunto con el universo que muestran las imágenes del filme. Más que cualquiera de las películas que estamos considerando aquí, *Tayô no hakaba* profundiza la relación que existe entre capitalismo y miseria y entre miseria y violencia. Esta –la violencia– aparece bajo todas las formas imaginables, tanto físicas como morales o verbales, pero sin nunca servir de pretexto para escenas al estilo del cine de acción. Aunque la ciudad moderna solo aparece en algunas tomas que muestran chimeneas de fábricas o la emblemática torre Tsutenkaku, reconstruida en 1956, el filme evoca insistentemente la simbiosis contradictoria que existe entre el "país moderno" y su cara oculta, un mundo opaco en el cual, literal y metafóricamente, casi no penetra la luz. Como en la Ópera de los tres pesos (o "centavos") de Brecht, este mundo picaresco es una imagen, vista como a través de un espejo deformante, de una sociedad totalmente enajenada y sometida a la violencia sistémica del capitalismo.

La última obra que deseo introducir en este panorama es la película francesa *La haine* (Francia, 1995) de Mathieu Kassovitz. Por su escenario, una *cité* de la *banlieue* de París, sus protagonistas (jóvenes adultos "excluidos" y sin perspectivas de ningún tipo) y la represión policial omnipresente, *La haine* muestra cierto parentesco con *Cidade de Deus*. Se trata, sin embargo, de un parentesco superficial, porque en *La haine*, rodada siete años antes del filme brasileño, el acercamiento a la vida de los jóvenes "excluidos" es radicalmente diferente. Aunque no prescinde de escenas violentas, su meta no consiste en entretener al espectador con imágenes de la violencia, sino en inducirlo a reflexionar sobre la insidiosa dinámica de la violencia que se desarrolla en los "guetos" (Bronner 2010) que circundan la ciudad de París. El dato inicial, presentado bajo forma de noticiero televisivo, es una noche de enfrentamiento violento entre la policía y los jóvenes de uno de esos "guetos". Un joven árabe, herido, queda entre la vida y la muerte en un hospital. Por otro lado, un policía ha perdido su arma en los enfrentamientos; casi hasta el final se ignora quién se la apropió. Lo que veremos en la película son las andanzas de tres amigos, un árabe (Saïd), un judío (Vincent) y un negro (Hubert)[18]. Ellos se sienten solidarios con el jóven árabe hospitalizado. Vincent, el más impulsivo de los tres, es quien ha rescatado el arma perdida por el policía; su intención declarada es vengar la muerte previsible del joven herido por las fuerzas represivas.

La haine nos presenta básicamente una serie de encuentros más o menos casuales entre los tres jóvenes y otros jóvenes marginales, la policía (más de una vez), un excéntrico amante de armas, burgueses que asisten a la inauguración de una exposición de arte "vanguardista", *skinheads*, locos y noctívagos. Entre burlescas y violentas, estas escenas, repartidas en un eje temporal de 24 horas, aparecen en el filme como otros tantos *happenings* filmados al estilo del *cinéma vérité*. Al optar por un estilo semidocumental en blanco y negro, *La haine* se autodefine de entrada como película independiente, "de arte" o "de autor", destinada principalmente a un público cinéfilo o de éli-

18. Dígase *en passant* que Hubert Koundé, el actor que hace el papel de "Hubert" en *La haine*, fue posteriormente contratado por Fernando Meirelles para un papel secundario en su thriller *The constant gardener* (Gran Bretaña, 2004).

Fotograma de *La haine*.

te. (Esto no obstaculizó, casualmente, su éxito comercial). En una secuencia significativa, ubicada aproximadamente en el medio de la odisea urbana de los tres jóvenes (los intertítulos la sitúan entre las 20:17 y las 22:08), dos policías acostumbrados a torturar psíquica y físicamente a los jóvenes de los guetos urbanos le enseñan sus artes a un policía todavía inexperto e "inocente". Las víctimas de este ejercicio son Hubert y Saïd, detenidos sin razón particular. Nosotros vemos la escena como a través de los ojos perplejos del policía joven. Como él, vamos entendiendo poco a poco cómo un joven marginal, a través de experiencias humillantes como la que estamos viendo, se va llenando de odio contra el "sistema" y sus agentes represivos.

Particularmente importante en esta película, aunque no en la escena que acabo de mencionar, es el diálogo –o más bien el constante desafío verbal y gestual– entre los tres amigos. A lo largo de sus ora jocosos ora iracundos debates en torno al racismo, la violencia y la represión, el espectador se va familiarizando con ellos y termina entendiendo su manera de actuar y de situarse en el mundo. De esta manera, *La haine* permite que el espectador se identifique, en gran medida, con los protagonistas del filme. Al tomar partido por los jóvenes y contra el Estado y sus fuerzas represivas, este filme es declarada y abiertamente "político". Le explicó Kassovitz en 2005 al ministro francés del Interior Sarkozy: "El odio atiza el odio"[19] (Kassovitz 2005).

A modo de conclusión

Es obvio que no se puede equiparar sin más la vida de los jóvenes en los barrios marginales de México en 1950, de Osaka en los años 1950, de París en 1995, de Río de Janeiro entre 1980 y 2000 o de San Salvador hacia 2008. Por eso mismo, en parte, pero más todavía por la diferencia de enfoque cinematográfico, las situaciones que se evocan en las películas que acabo de reseñar son muy diversas. Extremadamente diversas fueron también las condiciones (y los costos) de producción de las cintas comentadas. Aun así, nada nos prohíbe analizar, comparativamente, de qué manera los diferentes cineastas se acercan, en términos político-éticos y estéticos, a la problemática de la violencia urbana/juvenil, temática central de todos estos filmes. Las obras comentadas se distinguen, como se ha podido ver, en cuanto al tipo de "realismo" que practican, la perspectiva narrativa adoptada, la elección de la historia por contar, la dinámica y el resultado de los acontecimientos narrados, la construcción y la posible transformación de los personajes, el manejo del diálogo, la técnica del montaje, la función de la música intra y extradiegética y, también, por la presencia o la ausencia de un mensaje "político" más o menos explícito.

La relación que las películas comentadas establecen no con "la realidad", sino con determinadas realidades sociales verificables, resulta muy diferente de una película a otra. En una primera aproximación, podemos distinguir entre los documentales (*Uma avenida chamada Brasil*, *Notícias de uma guerra particular* y *La vida loca*) y las ficciones. Si el primero de los documentales pertenece al tipo *trash* (o *Mondo cane*), irreductible a las cuatro categorías de Nichols, el segundo (*Notícias...*) es un ejercicio clásico de documental "expositivo", un

19. Sarkozy, como sabemos, sería presidente de 2007 a 2012.

reportaje cercano a una investigación de tipo sociológico que explica, convincentemente, los entretelones de la "guerra particular" que se desenvuelve en las favelas cariocas. El principal aporte de *La vida loca*, documental "observacional", está en la presentación, en *close-up* y "sin comentario", de la vida de un grupo de jóvenes pandilleros que sufre un ostracismo o rechazo mediático radical. En cuanto a las ficciones, *Cidade de Deus* y *Amores perros*, son obras en las cuales la adopción del género *cine de acción* y el uso complaciente de recursos cinematográficos de probado atractivo comercial –montaje vertiginoso, melodramatismo, música entre narcótica y excitante– limita o anula el alcance de la reflexión histórico-social (*Cidade de Deus*) o filosófico-política (*Amores perros*) que constituye, en apariencia, el "fondo" de las historias narradas. *Pixote*, tragedia neorrealista, y *La haine*, ficción que retoma el realismo documental y la técnica narrativa (secuencias de tipo *happening*) del *cinéma vérité*, enfatizan el papel nefasto de la violencia estatal. En ambas, la mirada del cineasta demuestra, como en el documental *La vida loca*, cierta empatía para con los jóvenes. De todas las películas mencionadas, *La haine* es la más abiertamente "política": una especie de *J'accuse* dirigido contra la política racista del Estado francés. *Los olvidados* y *Tayô no hakaba* son ficciones que inauguran, por su referente y sus escenarios, el cine que tematiza la violencia en el *planet of slums*; las dos, sin embargo, trascienden claramente esa temática. Gracias a la distancia temporal que nos separa de la época de su producción, podemos apreciar mejor lo que las distingue de las ficciones y los documentales actuales que enfocan la violencia juvenil/urbana. Tanto *Los olvidados* como *Tayô no hakaba* se refieren a un espacio y a una época concretos, pero ninguna de estas obras se limita a mostrar o a "explicar" un fenómeno local de violencia urbana. Al enfocar determinadas realidades empíricas, ambas parecen aludir a un más allá de esas realidades: a las fuerzas "ocultas" que las producen. Hablando de *Los olvidados*, Octavio Paz (1974 [1951]: 184-186), tras subrayar que esta obra es "algo más que un filme realista", sugiere que lo que se oculta detrás de la realidad mostrada es el "destino" o la "fatalidad". Una fatalidad "despojada de sus atributos sobrenaturales" y que necesita la "complicidad humana" para llegar a sus fines. Esa "fatalidad" recuerda retrospectivamente "lo Real" tal como Žižek, reinterpretando a Lacan, lo definió: "[...] la inexorable lógica 'espectral' del capital, que determina lo que ocurre en la realidad social"[20]. Lo que muestra (o cuando menos sugiere) *Tayô no hakaba*, el filme de Oshima, es que la lógica del capital, igual que la lógica de la "fatalidad" descubierta por Paz en *Los olvidados*, necesita, para desplegar sus efectos, la "complicidad humana".

Bibliografía

ARAÚJO, Rafael y Priscilla Alves Teixeira BRANCO (2009): "A polêmica sobre a violência em *Cidade de Deus* e *Tropa de Elite*". *Revista Aurora*, 5, São Paulo, 59-75.

ARTEAGA BOTELLO, Nelson (2002): *Una década de violencia en México: 1990-2000*. Tesis de la Universidad de Alicante.

AYALA BLANCO, Jorge (2001): *La fugacidad del cine mexicano*. México: Océano.

BARRÁN, José Pedro (2011): *Historia de la sensibilidad en el Uruguay. La cultura bárbara (1800-1860). El disciplinamiento (1860-1920)*. Montevideo: Ediciones de la Banda Oriental.

BRONNER, Luc (2010): *La loi du ghetto. Enquête sur les banlieues françaises*. Paris: Calmann-Lévy.

BEM, Daniela de (2009): "Moreira Salles abre Jornada contra a Violência" <http://www.jornalja.com.br/2009/06/16/moreira-salles-abre-jornada-contra-violencia-e-por-justica-social/> [consulta: 1 de febrero de 2011].

BENJAMIN, Walter (1965 [c. 1921]): "Zur Kritik der Gewalt". En: *Zur Kritik der Gewalt und andere Aufsätze*. Frankfurt: Suhrkamp, 29-65.

BENTES, Ivana (2007): "Sertões e favelas no cinema brasileiro contemporâneo: estética e cosmética da fome". *ALCEU*, VIII, 15, jul.-dic., 242-255.

BRICEÑO-LEÓN, Roberto (2005): "Urban violence and public health in Latin America: a sociological explanatory framework". *Debate/Debate*, XXI, 6, Rio de Janeiro, nov.-dic., 1629-1664.

COLINA, José de la y Tomás PÉREZ TURRENT (1996): *Luis Buñuel. Prohibido asomarse al interior*. México: IMCINE/CONACULTA.

DAVIS, Mike (2006): *Planet of Slums*. London/New York: Verso.

20. "[...] the inexorable, 'abstract', spectral logic of capital that determines what goes on in social reality" (Žižek 2009: 11).

FOLHA DE SÃO PAULO (2002): "Diretor de *Cidade de Deus* enfrenta críticas e minimiza a sua pretensão" <http://www1.folha.uol.com.br/folha/ilustrada/ult90u26965.shtml]> [consulta: 2 de febrero de 2012].

GOIS, Antônio (2004): "'Hipermasculinidade' leva jovem ao mundo do crime. Entrevista de Alba Zaluar concedida à Folha de São Paulo em 12 de julho de 2004". <http://antropologiatres.blogspot.com/2007/11/antropol-urbana-alba-zaluar-cidade-de.html> [consulta: 3 de febrero del 2012].

HUGO, Victor (1989 [1829]): *Le dernier jour d'un condamné*. Paris: Le livre de poche.

KASSOVITZ, Mathieu (2005): "La France d'en bas " <http://ac2.tours.free.fr/spip.php?article78 (29-03-2012)> [consulta: 29 de marzo de 2012].

LARA KLAHR, Marco (2006): *Hoy te toca la muerte. El imperio de las Maras visto desde dentro*. México: Planeta.

LINS, Consuelo y Cláudia MESQUITA (2008): *Filmar o real. Sobre o documentário brasileiro contemporâneo*. Rio de Janeiro: Zahar.

LINS, Paulo (1997): *Cidade de Deus*. São Paulo: Companhia das Letras.

NICHOLS, Bill (1991): *Representing Reality. Issues and Concepts in Documentary*. Bloomington/Indianapolis: Indiana University Press.

NIETZSCHE, Friedrich (1988 [1887]): *Zur Genealogie der Moral*. Stuttgart: Reclam.

PASOLINI, Pier Paolo (1959): *Una vita violenta*. Milano: Garzanti.

PAZ, Octavio (1974 [1951]): "El poeta Buñuel". En: *Las peras del olmo*. Barcelona: Seix Barral, 2.ª ed., 183-187.

PLATÓN (1950): "La République". En: Œuvres complètes, I. Paris: Gallimard.

ROSENBAUM, Jonathan (2010): *Goodbye Cinema, Hello Cinephilia: Film Culture in Transition*. Chicago: University of Chicago Press.

SONTAG, Susan (1990 [1977]): *On Photography*. New York: Anchor Books.

— (2003): *Regarding the Pain of Others*. New York: Picador.

ŽIŽEK, Slavoj (2008): *Violence. Six Sideways Reflections*. New York: Picador.

VIOLENCIA URBANA EN LA NARRATIVA Y LA POESÍA/ VIOLÊNCIA URBANA NA NARRATIVA E NA POESIA

Dos maneras de re/presentar la violencia juvenil en Latinoamérica. Los relatos periodísticos *No nacimos pa' semilla* de Alonso Salazar y *Cuando me muera quiero que me toquen cumbia* de Cristian Alarcón[1]

Stefan Hofer
Universität Zürich

I

Según el sociólogo alemán Heinrich Popitz, la violencia se define como una "acción de poder que lleva a la deliberada lesión física de otro"[2]. La violencia es, por ende, una interacción social que precisa de

1. Quiero agradecer a Claudia Rojas y a Heidi Krucker Valderrama por su contribución, indispensable en la redacción de este ensayo.
2. Traducción propia; versión original: "Gewalt meint eine Machtaktion, die zur absichtlichen körperlichen Verletzung anderer führt" (Popitz 2004: 48).

dos actores como mínimo: el delincuente o infractor y la víctima. A pesar de lo claro y sencillo que parece este planteamiento, una observación más detenida deja ver cierta dificultad a la hora de determinar los roles, en la medida en que los dos protagonistas pueden intercambiar sus roles según el caso, las circunstancias, los motivos o la percepción[3]. Sea como sea, el acto de violencia es llevado a cabo mediante la participación de ambos en sus respectivos roles.

Aunque no necesariamente hace falta la intervención de un cómplice para realizar el acto de violencia, es muy frecuente la presencia de un tercer elemento: el testigo, observador o espectador (según el discurso que se emplee). Este puede ejercer su función voluntariamente. Tal es el caso, por ejemplo, de las celebraciones del primero de mayo en Suiza, que suelen estar acompañadas por violencia juvenil y donde muchos curiosos siguen las batallas entre los manifestantes y la policía. Este tercer elemento puede ejercer también su papel involuntariamente, como ocurre en el caso del terrorismo. En muchas ocasiones este "tercero" tiene cierta influencia en el ejercicio mismo de la violencia: puede estimularla, matizarla o también finalizarla.

Hasta aquí tenemos lo que en palabras de la socióloga Angela Keppler se llama "triada de la violencia" (Keppler 1997: 380): delincuente, víctima y eventualmente testigo o espectador. El papel del tercer elemento de la "tríada" resulta también complejo, ya que en muchos casos se ve amplificado o multiplicado. Me refiero a todas las presentaciones o transmisiones mediáticas de la violencia, bien sea por medios de comunicación de masas o bien a través de otro emisor. Cada presentación mediática crea cierta imagen del caso específico de violencia e interviene con su manera de narrar, poner en escena o interpretar. Dicho en otras palabras: cada artículo de prensa, cada telediario, cada reportaje presenta el respectivo recorte de la realidad según ciertos criterios del medio en cuestión y de los autores de la información; es decir, lo representa a su propio estilo o modo. Matiza de esta manera la realidad retratada y así desempeña obviamente un

3. Véase también Hassemer/Muñoz Conde 1989: 29 ss.

rol indudablemente importante en la definición de la noción de la violencia dentro de la sociedad[4].

En este ensayo voy a examinar dos relatos periodísticos que describen la cultura de las bandas juveniles en los suburbios de Latinoamérica. Se trata de dos textos que parten de la realidad de estas culturas, captada a través de entrevistas e investigaciones. A partir de los relatos entresacados de estas entrevistas se evoca la dura y severa cotidianidad de estos jóvenes, altamente marcada por la violencia, ejercida a su vez de diferentes formas.

Los dos textos hacen referencia a casos reales de violencia con un enfoque periodístico y corresponden exactamente, por ende, a las características de las presentaciones mediáticas anteriormente esbozadas. A lo largo del ensayo me centraré en estas características.

Mi objetivo con este ensayo consiste en encontrar respuestas a las siguientes preguntas:

- ¿Cómo representan, evocan o narran los dos autores las culturas juveniles?
- ¿Qué estrategia emplean para organizar el discurso sobre la violencia?
- ¿Qué opciones de percepción nos sugieren estos dos relatos? O, en términos más generales, ¿qué efecto producen en nosotros como lectores?

II

No nacimos pa' semilla, de Alonso Salazar, y *Cuando muera quiero que me toquen cumbia*[5], de Cristian Alarcón, son, a primera vista, dos relatos bastante diferentes. El primero, publicado en 1990, se sumerge en la cultura de las bandas juveniles de la comuna nororiental de Medellín y retrata el período de los años 1980. Describe la situación de

4. En relación con el papel que ejercen los medios de comunicación en el proceso de la violencia, véase también el ensayo de Martín Lienhard, publicado en el presente tomo.

5. En adelante: *No nacimos* y *Cuando me muera*.

la sociedad y especialmente de los jóvenes sacudidos por los azotes del narcotráfico, la guerrilla, las autodefensas y el sicariato en un mundo vuelto grotescamente convertido en violento. Cabe preguntarse por consiguiente: ¿Cómo puede convertirse un joven de 15 o 16 años en matón profesional[6]?

El segundo libro, publicado en 2003, se enfoca en la situación de los así llamados "pibes chorros", los jóvenes ladrones, en el conurbano bonaerense a finales del siglo xx, durante el período de la presidencia de Carlos Menem, con la crisis del 2001 a la vuelta de la esquina. La obra se centra en la miseria, la pobreza y la delincuencia. Algo más 'común', más frecuente, más visto en otras partes. Si bien la violencia es intensa, no es tan absurda como en el Medellín de *No nacimos*. Adicionalmente, el libro trata de responder a la siguiente pregunta de investigación: ¿Por qué y cómo se convierte un joven delincuente de 17 años, Víctor Manuel Vital, llamado "El Frente", después de su muerte a manos de la policía, en una especie de "ídolo pagano" (*Cuando me muera,* 13) al que veneran sus amigos y la gente de su villa?

En todo caso, a pesar de las diferencias geográficas, nacionales, políticas e históricas, y a pesar de los diferentes enfoques de los dos libros, abundan aspectos comunes, las coincidencias. Empezando por los protagonistas: los jóvenes delincuentes y sus contextos sociales; sus precarias condiciones de vida; sus códigos de honor; sus vidas en pandillas, entre armas, drogas y rumbas despilfarradoras.

Adicionalmente se puede mencionar la violencia que se manifiesta en homicidios, abusos sexuales, guerras de bandas, venganzas, tortura, penas carcelarias, peleas con la policía y balas perdidas que matan a inocentes.

De la misma manera, el objetivo general de los dos relatos consiste en contribuir, desde el punto de vista periodístico, a la formación de opinión pública. Para conseguirlo, dejan hablar a los jóvenes, a los excluidos, evocan su "voz propia" (*No nacimos,* 18) y la de sus familias, sus amigos, su entorno social. Esto lleva al rasgo lingüístico de conservar lo mejor posible el hablar auténtico, sirviéndose de todo tipo

---

6. Véase Salazar 1998: 193. Para lecturas alternativas del trabajo de Salazar, véase los ensayos de Gloria Lorena López y de Hermann Herlinghaus en el presente tomo.

de jerga callejera, lo que concede a los dos textos un aire brusco, recio y hasta brutal[7].

Finalmente, los dos autores coinciden en la forma de describir su acercamiento a un mundo tan cercano y al mismo tiempo tan ajeno y desconocido. Concuerdan por lo tanto en el proceder de su labor investigativa[8] y en los problemas que esto lleva consigo. Alonso Salazar lo describe así: "Para el recién llegado, el barrio es un laberinto indescifrable" (*No nacimos,* 61), mientras que Cristian Alarcón habla de una "incursión a territorio al comienzo hostil, desconfiado como una criatura golpeada a la que se acerca un desconocido" (*Cuando me muera,* 13).

Con esto dejamos los aspectos comunes y continuamos con las diferencias más tajantes entre los dos libros, a mi modo de ver: por un lado, la manera en que son organizados los frutos de la investigación y por el otro, cómo relatan los autores las vidas y violencias de los protagonistas y qué efectos provocan en los lectores.

III

El autor de *No nacimos* presenta su trabajo de la siguiente manera: comienza el libro con un prefacio, le sigue un prólogo y una presentación, esta última escrita por el propio Salazar. Luego sigue el texto mismo, dividido en seis capítulos, de los cuales los cinco primeros recogen las voces de ocho personas: el sicario Toño; su mamá; Don Rafael, un humilde obrero que se ve obligado a fundar una autodefensa del barrio para liberarlo cruelmente de los "desechables"; Ángel, un joven que le ayuda a este último; un criminal veterano sin nombre; Mario, un preso; Juancho, su amigo estudiante; y un cura. La parte principal se cierra con un sexto capítulo titulado "La resurrección de Desquite", en el cual Salazar presenta "algunos elementos de re-

7. La dificultad que muchas veces implica entender la jerga callejera es lo que justifica la presencia de un sumario al final del libro de Salazar (213ss.).
8. Véase *No nacimos,* 13.

flexión" (*No nacimos,* 18). El libro termina con un glosario de la jerga callejera empleada.

Al lado de la voz del autor, el libro se basa, por lo tanto, en la voz de estos ocho personajes, que a manera de ejemplos representativos pretenden dibujar el panorama de la cultura de las bandas juveniles de los suburbios de Medellín. En los capítulos uno a cinco, apenas conectados entre sí, el autor no interviene casi, entrega, por decirlo así, el micrófono a sus protagonistas. Por ejemplo, el capítulo de Toño comienza de esta manera:

> Cuando yo estaba pelado me mantenía por ahí jodiendo con un trabuco, hasta que llegaron los finados Lunar y Papucho que me patrocinaron con armas buenas. Entonces empecé a robar y matar en forma. Uno se pone violento porque hay mucho man que quiere cascarlo y monopolizarlo, porque es pelado. Pero uno no puede ser bobo, tiene que sacar las alas. Yo saqué las alas y a volar; todo el que tocaba conmigo le iba mal (*No nacimos*, 25).

El autor se limita a organizar los relatos, "buscando cierta coherencia y fluidez" (*No nacimos,* 18), como él mismo dice en la presentación. El texto adquiere de este modo la cualidad de un testimonio, con todo lo que implica este género. Sin embargo, con el último capítulo, en el cual Salazar ordena e interpreta los "datos" y ofrece una lectura de su propio trabajo, el autor interviene de tal forma que lo ya elaborado pierde valor. Los relatos ejemplares y testimoniales se reducen, a partir de ahí, a un mero corpus de textos, un corpus que es preciso interpretar. Y es la propia labor del autor, Salazar, de interpretar sus datos, la que de alguna manera dispensa o impide al lector sacar sus propias conclusiones. Es decir, esta labor del autor impide que la lectura de la parte testimonial de libro produzca efecto duradero en el lector. El autor se fía, por ende, más del análisis, de la reflexión y de la capacidad de los dos para explicarle al lector la vida atroz de los jóvenes en cuestión, que de darle solamente espacio a las voces propias de sus interlocutores, de organizarlas de manera retórica y estética –y por tanto de ofrecer la posibilidad a los lectores de sacar sus propias conclusiones.

Por su parte, el camino que Cristian Alarcón escoge para organizar su relato se diferencia notablemente del de Salazar. Su trabajo consta de nueve capítulos, encabezados por un prólogo y sellados por un epílogo. Los dos últimos están escritos por el propio autor. Además, los dos forman parte esencial del relato sobre los pibes chorros, al cual el autor le da el carácter de "viaje de aventura": empieza con la llegada del autor a la villa y termina con su partida. En el intervalo de dos años, Alarcón llega a conocer profundamente el conurbano norte y sus habitantes, entabla amistades y participa con ellos en acontecimientos relevantes. Reflexiona el autor: "Me vi sumergido en otro tipo de lenguaje y de tiempo, en otra manera de sobrevivir y de vivir hasta la propia muerte. Conocí la villa hasta llegar a sufrirla" (*Cuando me muera,* 14) El relato de los pibes chorros entonces no solo habla de sus vidas, sino también de esta inmersión, dado que el autor está frecuentemente presente en el relato. El autor otorga la palabra a sus personajes, pero interviene mucho en los discursos, organizándolos y componiéndolos, agregando información sobre los personajes y las circunstancias y marcando su papel de portavoz de los pibes. Un ejemplo de esto es el siguiente:

> Para no morir en seguida, para resistir en la calle al poner el cuerpo es que algunos pibes le ruegan al Frente. "Antes de salir a laburar le doy un beso a la foto que tengo en un marco con los colores de Tigre", me contó Chaías sentado contra la pared de los nichos de cemento, bajo la misma sombra que llega a la tumba del milagrero. Chaías, un flaco casi raquítico, pelo carpincho siempre con gomina, cejas tupidas, labios gruesos, hablar lento, dieciocho años y padre de dos niños, se enorgullece de que él y el Frente tenían el mismo "estilo" (*Cuando me muera,* 46).

El grado en que cada autor –y con él el lector– se acerca y se asemeja a su "objeto de investigación" o no, se puede observar a través de dos ejemplos de los dos relatos que narran acontecimientos violentos.

En *No nacimos*, la violencia llega al lector a través de los relatos de los ocho protagonistas o voces. En el ejemplo que sigue habla Don Rafael sobre la violencia política:

> Sobre el puente estaba la tropa con 30 detenidos. Alcancé a ver también a un señor Gonzalo Arredondo, que era de la zona, amolando un machete al lado del puente. Al momentico vi que cogieron uno de los detenidos y le pusieron la cabeza sobre la baranda y este señor Gonzalo le hizo el corte de fra-

> nela, se la cortó con la peinilla. Así siguieron con cada uno, la cabeza caía de una vez al río y enseguida tiraban el cuerpo (*No nacimos*, 67).

La novela presenta los hechos, por decirlo así, sin filtrar, sin voz de narrador que los sitúe y, por tanto, también sin hilo conductor. A pesar de que el ejemplo es impactante, los relatos de violencia son tan abundantes y aparecen de manera tan fragmentada en la obra, que en su conjunto pierden, en mi opinión, el efecto de impactar o afectar al lector a largo plazo. Tampoco se tematiza de manera específica la presentación mediática de los hechos. El lector no se ve forzado a reflexionar sobre su propio papel de lector-observador de los episodios violentos retratados.

Además, las voces narran muchos de estos relatos en tono muy lacónico, lo que le quita al hecho relatado lo trágico y duro. He aquí un ejemplo:

> Al Lunar también lo mataron rápido; es que era muy trentero, no se arrugaba por nada. Era un gozón tremendo, repetía todo el día que estábamos en el tiempo extra. Y gozando se murió: estaba bailando tres cuadras abajo y le empacaron tres tiros por la espalda. Andaba fresco porque en esos lados no tenía liebres. El pelado que le dio, murió más rápido de lo que canta un gallo. Esa misma noche le montamos la cacería, y se fue pa' la otra galaxia (*No nacimos*, 27).

"Mientras en las páginas de *No nacimos* mueren docenas y docenas de personas, en *Cuando me muera* la cantidad de relatos de sucesos violentos es inferior, pero estos sucesos están descritas de una manera muy detallada, cosa que intensifica la impresión en el lector." Un ejemplo de esto es cuando Brian, un chico de las denominadas y despreciadas "ratas", delincuentes sin código de honor, se enfrenta a todo el barrio:

> Brian saltaba con los brazos abiertos, como una langosta pero sobre el mismo lugar, sobre sí mismo, golpeándose el pecho para mostrarle a sus vecinos armados para la guerra el blanco al que debían disparar sin asco. Brian, dieciséis años, el pelo corto y rubio, el torso de una criatura de doce, la cara palpitando como endemoniada por el efecto de tres días de pastillas y alcohol

> [...]. Frente a él, a lo ancho del asfalto, multiplicándose, lo insultaba la turba dispuesta a sacrificarlo. Los hombres de cada pasillo, los jóvenes y los veteranos, rescataron las armas de los roperos y del fondo de los cajones con ganas de liquidarlo (*Cuando me muera,* 101).

En esta cita se aprecia claramente cómo la violencia en ciertos casos apela a la presencia de espectadores o cómo incluso depende de ella. Además, resulta aquí muy especial la posición del autor, pues este se encuentra ahí mismo, es observador y testigo del crimen –y lo tematiza–: "Yo miraba desde la retaguardia absoluta de la lucha. Había quedado, medio agachado, en una posición poco elegante, [...] escondido, pero sujeto a la vida [...]" (*Cuando me muera,* 112). El autor se encuentra en esta situación al mismo nivel de sus personajes, como sus informantes; resulta ser un personaje más del relato, además de que reflexiona críticamente sobre su acción: "Observaba no sin morbo la situación [...]" (*Cuando me muera,* 112). Él invita e incluso obliga con estas palabras al lector a reflexionar también sobre lo que le aportan escenas como estas y por ende a reconsiderar la posición de cada uno como "espectador-lector" en la "tríada de la violencia". Invita a recapacitar sobre lo que involucra tal "complicidad" con la violencia ejercida y narrada. Alarcón incita así al lector a tomar conciencia, a no perderse en imágenes violentas presentadas en forma de entretenimiento o de espectáculo, sino a reflexionar y sacar sus propias conclusiones.

En este sentido, el acercamiento del autor de *Cuando me muera* al mundo de la villa es, sin duda, destacable. Continuando con el caso de Brian, enfrentando la muchedumbre, llega tan lejos que incluso actúa e interviene, cuando cuenta: "A nadie se le ocurría llamar a la policía. Hablé con Sabina. La convencí de que era mejor que se lo llevaran, que lo golpearan en la comisaría, antes de dejarlo morir así, pidiendo que lo mataran" (*Cuando me muera,* 114). La violencia que se evidencia en la villa se ve en esta escena activamente influenciada por el autor del libro. Esta escena confronta al lector con la incómoda pregunta: ¿Cómo hubiera reaccionado yo? ¿Hubiera llamado la policía o me hubiera dejado llevar por el morbo sensacionalista?

Sin embargo, esta influencia o intervención ejercida no pasa de un cierto límite, la brecha entre investigador e investigados se mantiene y se marca, como vemos en la siguiente cita:

> De aquello ya habían pasado más de seis meses cuando ese sábado Tincho jugó a usarme de escudo humano, poniéndome en el lugar des sus víctimas, enseñándome que a pesar de nuestra creciente cercanía, más allá de la particular relación que íbamos construyendo entre mis preguntas y sus respuestas, yo seguía siendo un potencial asaltado, un civil con algunos pesos encima; y ellos continuaban siendo excluidos dispuestos a tomar lo ajeno como fuera para salvarles por unas horas, arriesgando el resto de vida [...] (*Cuando me muera,* 104).

IV

En el caso de *No nacimos*, el autor pretende –haciéndose en gran parte invisible– dejar hablar a los jóvenes a través de sus propias voces, sin prestar atención a la presentación mediática de esta realidad. El lector comparte de esta manera "directamente" la visión de las figuras o personajes que cuentan y comentan los acontecimientos y las violencias cometidas en sus barrios. Con todo, hay dos aspectos que debilitan el efecto de estos relatos. Por un lado, la acumulación de hechos violentos y su presentación frecuentemente lacónica por parte de los voceros, y, por el otro, el encuadre del "testimonio" así organizado con interpretaciones y análisis. De esta manera, el enfoque del libro de Salazar se centra, en mi opinión, en el testimonio, pero se ve contradicho por paratextos que mitigan el efecto; el libro adquiere, así, un estatus extrañamente híbrido entre testimonial y periodístico, sin convencer del todo en ninguno de los dos ámbitos.

Entre tanto, en el caso de *Cuando me muera*, el autor se acerca mucho más tanto a las figuras de su relato que observan la violencia, como a las que la realizan y la cuentan, pero que no encuentra culpables, llegando a identificarse en buena parte con ellos. Pareciera que el proceso de investigación hubiera generado como "efecto colateral", por llamarlo así, un proceso de identificación y de empatía. Y esta identificación y esta empatía las puede compartir el lector, ya que el autor ejerce la función de "guía" y abre camino a esta villa, inaccesible para la mayoría de los lectores.

El proceso de identificación del autor se puede apreciar claramente al final del epílogo. Tras el entierro de un conocido, el autor va a visitar con los amigos a Víctor, el Frente, en el cementerio. El relato termina delante de la tumba:

> Cada uno besó la foto. Yo también. Cada uno se persignó. También lo hice. Y luego todos nos quedamos callados durante un buen rato. Lloramos hasta que Sabina nos dijo que partiéramos. Volvimos a la villa La Esperanza. Comimos juntos. Luego, al atardecer, me alejé hacia la estación (*Cuando me muera,* 171).

En este "final abierto" se destaca la renuncia del autor a no hacer ningún comentario sobre esta acción suya absolutamente cuestionable: venerar y honrar a un criminal muerto que no respetaba la vida de otros. El autor entrega con ello al lector la labor de opinar y tomar posición al respecto.

Este relato se asemeja entonces al estudio de un antropólogo que lleva a cabo su investigación empleando el método de observación participante[9]. Al igual que el antropólogo invierte toda su energía en participar observando, como efecto, el yo del autor periodista se desvanece en el nosotros del grupo entero. El autor renuncia de esta manera a interpretarnos la realidad que evoca mediante su relato. En rigor, nos muestra y nos permite sentir –lejos de justificar la violencia ejercida por los pibes chorros o de aceptar sus condiciones de vida– cómo cualquier ser humano puede ser capaz, a partir de interesarse por el prójimo, de producir tal empatía que le haga percibir como normal, incluso una verdad tan atroz como la cotidianidad de estos jóvenes. En definitiva, Alarcón no opta en su trabajo sobre violencia juvenil por la mera reflexión o el análisis científicos, ni tampoco por el espectáculo y el entretenimiento de los medios de comunicación de masas. Su relato periodístico toma rotundamente posición por una

9. La técnica investigativa y narrativa de Alarcón recuerda no sólo el trabajo de escritores-periodistas como Rodolfo Walsh o Truman Capote, sino en cierto modo también la "descripción densa" de Glifford Geertz. Cabe señalar en este contexto que el sociólogo alemán Trutz von Trotha califica al método de Geertz como muy prometedor respecto a la tarea de establecer una "sociología de la violencia" por su enfoque en entender y no solo analizar fenómenos culturales como la violencia.

estética de la empatía –y articula por lo tanto una profunda posición ética.[10]

Bibliografía

ALARCÓN, Cristian ([3]2010): *Cuando me muera quiero que me toquen cumbia. Vidas de pibes chorros.* Investigación periodística de Silvina Seijas. Buenos Aires: Grupo Editorial Norma.

GEERTZ, Clifford (1992): *La interpretación de las culturas.* Barcelona: Gedisa.

HASSEMER, Winfried y Francisco MUÑOZ CONDE (1989): *Introducción a la Criminología y al Derecho Penal.* Valencia: Tirant Lo Blanch.

KEPPLER, Angela (1997): "Über einige Formen der medialen Wahrnehmung von Gewalt". En: Trutz von Trotha (ed.). *Soziologie der Gewalt.* Köln: Westdeutscher Verlag (Kölner Zeitschrift für Soziologie und Sozialpsychologie 37), 380-400.

LESSING, Gotthold Ephraim, Moses MENDELSSOHN y Friedrich NICOLAI (1972 [1756-1757]): *Briefwechsel über das Trauerspiel.* Ed. de Jochen Schulte-Sasse. Mannheim: Winkler.

POPITZ, Heinrich ([2]2004): *Phänomene der Macht.* 2., stark erweiterte Auflage. Tübingen: J. C. B. Mohr.

SALAZAR JARAMILLO, Alonso ([11]1998): *No nacimos pa' semilla. La cultura de las bandas juveniles de Medellín.* Bogotá: CINEP.

SCHILLER, Friedrich (1984): Über die Schöne und die Kunst. München: Deutscher Taschenbuch Verlag.

VON TROTHA, Trutz (1997): "Zur Soziologie der Gewalt". En: Trutz von Trotha (ed.). *Soziologie der Gewalt.* Köln: Westdeutscher Verlag (Kölner Zeitschrift für Soziologie und Sozialpsychologie 37), 9-55.

10. El enfoque de Alarcón evoca tanto la "teoría de la empatía" del autor alemán Gotthold Ephraim Lessing como la posición ética-filosófica que su compatriota Friedrich Schiller esboza en su ensayo "Sobre lo sublime". Sería especialmente interesante indagar más en estos conceptos de la Ilustración y del Idealismo alemán y vincularlos con las reflexiones sobre la representación mediática de la violencia.

Las mujeres de la mafia: una visión de la mujer colombiana en la narrativa sobre el narcotráfico

Gloria Lorena López
Universität Zürich

Introducción

En las novelas colombianas que narran historias sobre el sicariato, aparecidas a finales de los años ochenta y comienzos de los noventa, los personajes centrales son hombres. Las mujeres carecen totalmente de autonomía narrativa. La figura femenina está representada principalmente por la madre de Dios –la virgen–, y la madre del protagonista, la novia o amante del sicario se menciona apenas fugazmente. A partir de la segunda mitad de los años noventa, las mujeres se inmiscuyen con expresión propia en los relatos hasta convertirse, en los libros más recientes, en el centro de las tramas.

La base para este estudio es un grupo de novelas colombianas con el narcotráfico como referente central, o como generador de los conflictos narrados en estas, como son los que conciernen al sicariato. Se han analizado solamente obras colombianas de gran popularidad, requisito determinable teniendo en cuenta su éxito de ventas, su reedición o el hecho de haber sido llevadas al cine o a la televisión, siendo este último criterio el más relevante considerando el alcance de divulgación que alcanzan los medios audiovisuales. El personaje femenino se examinó en un corpus conformado por *No nacimos pa' semilla,* de Alonso Salazar Jaramillo, *Sangre ajena,* de Arturo Alape, *La virgen de los sicarios,* de Fernando Vallejo; *Rosario Tijeras,* de Jorge Franco Ramos, "El arriero"[1], de Alfredo Molano, *Sin tetas no hay paraíso,* de Gustavo Bolívar, y *El cartel de los sapos*, de Andrés López López.

Se ha observado el rol de la mujer en libros muy representativos de las dos últimas décadas de narrativa colombiana marcada por tráfico de drogas, cárteles y mafiosos, para constatar un drástico ascenso de implicación de la mujer en este tipo de relatos, así como una imagen constante de ella a la que se acude crecientemente repitiendo ciertos estereotipos que se comentarán a continuación.

La madre celestial y la terrenal

> Un tumulto llegaba los martes a Sabaneta de todos los barrios y rumbos de Medellín adonde la Virgen a rogar, a pedir, a pedir, a pedir que es lo que mejor saben hacer los pobres amén de parir hijos. Y entre esa romería tumultuosa los muchachos de la barriada, los sicarios (*La virgen de los sicarios,* 10).

En las obras del sicariato, precursoras de la narconarrativa, los asesinos a sueldo tienen mucho más presente en sus vidas a la divinidad femenina que al dios padre. Hecho explicable por el lugar que ocupa la presencia materna en sus vidas. La mayoría de estos jóvenes provienen de hogares compuestos por la madre y los hijos, mientras que el progenitor no ocupa un lugar fundamental en la estructura familiar. La virgen es digna de su devoción porque, más que una autoridad, es una entidad benefactora y dadivosa, a la que se le pide protección de los perseguidores, bendición para que las balas atinen en los blancos humanos requeridos y paz a la hora de la casi siempre prematura muerte.

Alonso Salazar, en el epílogo de su obra *No nacimos pa' semilla* (1990: 155), afirma que en la religión de los sicarios "Dios ha sido destronado. La Virgen le ha dado golpe de Estado". De la misma ma-

1. Relato incluido en *El rebusque mayor: relatos de mulas, traquetos y embarques* (1997).

nera como la virgen es el ídolo en el cielo, la madre lo es en la tierra. Es evidente que en sectores de la sociedad en los cuales el padre está ausente –bien sea por muerte, cárcel o su propia decisión–, la madre, como la virgen, es la receptora de todo el agradecimiento y apego por parte de sus hijos, debido a su fortaleza como cabeza del hogar. Ramón Chatarra, personaje principal de *Sangre ajena*, cuenta una situación común en su entorno al recordar a su madre:

> Entonces llegaba con frutas, pan, ropa, zapatos... y lo que ganaba de sus botellas y sus papeles, con ese dinero y ese sudor era que nos dejaba nuestro diario... En cambio a mi papá cuando le pagaban la quincena los viernes, desaparecía en la noche y volvía a aparecer con los ojos enrojecidos el lunes en la tarde, sin un peso en el alma y con el hambre que aullaba en su estómago voraz (*Sangre ajena*, 24).

El binomio virgen-madre representa los valores tradicionales que se esperan de una mujer: la madre, sinónimo de abnegación, amor, fidelidad y pureza; quizás la única persona que para los sicarios representa lealtad. Su imagen se puede paragonar con la de la virgen porque ambas están caracterizadas por ser los seres que permanecen hasta el final al lado del hijo, siendo que por el resto de la sociedad han sido rechazados. Esa veneración por parte del hijo se cristaliza también ante la disposición de sacrificio de los sicarios a cambio de que su familia pueda adquirir bienes materiales para mejorar su calidad de vida. Con relación a esto, Salazar en su análisis dice:

> Ese apego existencial a la madre puede explicar en parte el riesgo que los sicarios asumen cuando realizan un trabajo, su actitud suicida: "Si mi cucha queda bien, yo muero tranquilo". Los últimos hechos que han conmovido al país demuestran que esa expresión, que se escucha con frecuencia a los jóvenes de las barriadas, no es solo una pose sino una sorprendente opción de sacrificio por el bienestar de la madre y la familia (*No nacimos pa' semilla,* 157).

Novia, esposa y amante

El segundo rol femenino que se puede identificar en las obras de la sicaresca, es el de la novia del sicario: con ella se casa, si es que llega a contraer matrimonio, y se procrea. El estatus de la novia es especial porque tiene privilegios que en las narraciones se perciben como de carácter materialista (dinero, joyas, ropa), favoreciendo su dependencia económica del novio sin establecer realmente una diferencia ante otras mujeres, pero también tienen el derecho a exclusividad, aunque no sea fácil detectar lo que esto realmente significa. A cambio de lo anterior, tiene que cumplir también con deberes que reconfirman las expectativas del rol femenino: la mujer debe "ser seria", lo cual en estos casos significa no imitar a su pareja dejándose seducir por otros hombres pero comprendiendo la promiscuidad del novio ocasionada por la tensión de los gajes de su oficio. La pareja debe aceptar a otras amantes como simple instrumento de placer a sabiendas de que su novio después de cada trabajo cumplido exitosamente se va a emborrachar, drogar y acostar con otra u otras mujeres que viven de los triunfos y derroches del narcotráfico. Normalmente, la novia, aunque tiene conocimiento de las actividades delictivas de su compañero, se mantiene alejada de ellas.

> Mi novia, que se llama Claudia, es una pelada seria, sabe lo que hago, y hasta me apoya, pero no le gusta meterse en nada. Ella trabaja en una fábrica de confecciones y llega todos los días temprano a casa. Tiene sus caprichos y yo la complazco en todo. Le gusta estrenar mecha, tener joyas y darse sus lujos. [...] es una hembrita linda, pero sobre todo me gusta porque es seria (*No nacimos pa' semilla*, 39).

Hasta este punto la mujer sigue figurando el orden y el respeto, tan escasos fuera del hogar, en la vida de un sicario. Ella es quien encarna los valores y sentimientos ante los que un asesino a sueldo debe ser inmune al salir a cumplir sus cometidos. La esposa se mantiene alejada de ese mundo violento y complicado en el que abundan otro tipo de mujeres, que aunque todavía no jueguen un rol importante en la literatura del narcotráfico, empiezan a ser mencionadas. Muchas veces se les da un nombre genérico despectivo y en pocas ocasiones se habla de una en especial:

> Comenzamos a ir a sitios donde estaban las sucias, muy sentaditas, y con la vitrina abierta en exhibición de todo lo que tienen para la venta. ¿Y cómo más se le puede decir a una mujer de ésas? (*Sangre ajena*, 97).

Ir donde las prostitutas o llamar a un grupo de ellas a los pisos francos para celebrar la culminación exitosa de un negocio es un ritual de masculinidad no exclusivo del mundo del narcotráfico.

A partir de la segunda mitad de los años noventa se empieza a notar una tendencia en las novelas que posiciona a la mujer en un lugar más relevante, con caracterización en el relato y más actividad tanto narrativa como diegética. Es en este momento cuando se desplaza al sicario a un segundo plano –o se ignora– y el protagonismo recae sobre la espectacularidad del narco y su ilimitado poder adquisitivo sobre todas las cosas comprables e incomprables, como la vida de las personas. La mujer se convierte en coprotagonista o hasta se tejen los argumentos alrededor de su figura. Se le abre paso a la mujer prepago.

La chica prepago

Según María Cristina Arango Posada, el término prepago surgió para designar la prostitución y compañía pagadas de jóvenes mujeres con alto nivel educativo, pertenecientes a la clase media o alta, y que implicaba tanto una mayor inversión económica, como un mayor estatus por parte y para el comprador del beneficio. El fenómeno:

> [...] se presenta en algunas jóvenes universitarias de estratos socioeconómicos medio/altos, e implica la utilización de espacios educativos, residencias, hoteles entre otros lugares públicos de la cuidad que no son zonas de tolerancia de esta problemática social (Arango Posada 2006: 12).

Las reinas de belleza, modelos, actrices y presentadoras de televisión eran objeto de las ofertas más impresionantes. Fue un proceso de *branding*[2] y, como es normal, las marcas –en este caso las mujeres– más exclusivas eran las mejores pagadas. Paulatinamente la expresión se fue generalizando y se ha tornado un eufemismo que se aplica a las relaciones de servicios sexuales y de acompañantes por los que se de

2. Creación de una marca.

sembolsan grandes sumas de dinero, y en las cuales no necesariamente la persona que recibe la remuneración se dedica de lleno a este tipo de ocupaciones o debe poseer alto nivel educativo o social.

Rosario Tijeras, creación de Jorge Franco Ramos en la novela homónima, es la primera chica prepago de la narconarrativa. Aunque en esta obra no se utilice el término, es ella la figura de transición entre la novela sicaresca y la narconovela. Es quien encarna también el paso del protagonismo masculino al femenino en la sicaresca, resumiendo en una sola figura a los personajes de clase baja que en el contexto de la mafia, de la noche a la mañana podían darse lujos de ricos: el sicario, pagando con la muerte de otros, y la amante de un mafioso, pagando con sus actuaciones sexuales. La naturaleza vengativa de Rosario, buscando constantemente los extremos y el peligro, en alternancia con su sensualidad y coquetería; la referencia a Eros y Tánatos siendo que besa al tiempo que le dispara a su víctima; el paso de una herramienta con connotación femenina, las tijeras, con las que castra a su violador, al revolver, usado para asesinar por dinero; y hasta su nombre híbrido: todo esto contribuye a formar un conjunto de contrastes y lo que en este trabajo llamamos "transiciones". En la literatura en cuestión, Rosario Tijeras es el primer personaje femenino con un carácter desarrollado. El argumento es aparentemente sencillo: una sicaria entabla amistad con Antonio y noviazgo con Emilio, dos jóvenes de clase privilegiada, quienes entran en su mundo sin saber nada sobre él, al comienzo como si fuera una aventura, al final como triángulo amoroso que transcurre dentro de un ciclo autodestructivo alimentado por drogas, sexo y violencia. El narrador de *Rosario Tijeras*, Antonio, quien, más que enamorado, vive obsesionado con ella, la sitúa bien en su contexto sociofamiliar, ataviándola además con miedos, ambiciones, debilidades, fortalezas, encantos y miserias que Rosario a través de su poco permeable y volátil modo de ser, poco a poco le va desvelando. Ella posee una opinión sobre los hombres, sobre Dios, la vida, la muerte, la amistad y sobre ella misma. Sin embargo, también el joven narrador burgués la hipersexualiza al enfatizar muy insistentemente en el poder de seducción de la muchacha y comparando a las mujeres de su propia clase (alta) con las de la clase (baja) de ella:

> Mujeres desinhibidas, tan resueltas como ellos [los narcos], incondicionales en la entrega, calientes, mestizas, de piernas duras de tanto subir las lomas de sus barrios, más de esta tierra que las nuestras, más complacientes y menos jodonas. Entre ellas estaba Rosario (*Rosario Tijeras*, 31).

Desinhibidas, calientes, resueltas, incondicionales, complacientes son las chicas prepago en novelas posteriores que, al igual que la anterior, han sido recreadas en los medios televisivo y cinematográfico, alcanzando récords de sintonía pocas veces vistos en Colombia. En *Sin tetas no hay paraíso*, Catalina se empeña en conseguir los recursos para someterse a una mamoplastia de aumento, porque sin embargo que es bella, joven (tiene 14 años) y carece de escrúpulos para complacer a los hombres en la cama, le falta lo que a sus clientes potenciales, todos activos en el negocio de las drogas, les atrae por encima de todo lo anterior: unos senos grandes. Catalina lucha por su sueño en un ajetreo desesperado por obtener aquello que los narcos han definido como esencial en una mujer. La adolescente sacrifica su salud, educación, dignidad, juventud, sus relaciones familiares y amorosas, persiguiendo el paraíso prometido que nunca encuentra. En este libro, como en los de Andrés López López, todas obras llevadas a la televisión con éxito rotundo entre el público local e internacional, la imagen recurrente de las protagonistas es la de niñas y mujeres muy jóvenes, lucidoras de figura perfecta, vestidas con ropa de marcas costosas, adornadas con accesorios finos, seguidoras asiduas de todo lo cuanto la moda dicta como imprescindible de adquirir, hacer o visitar, resumiéndolo todo en un concepto de hermosura y sensualidad máxima según el ideal de belleza reinante en Colombia.

Aquí las chicas prepago no son pobres pero tampoco se pueden resistir a subir de estatus social y disfrutar de los placeres del lujo a cambio de sexo. No le temen a las consecuencias de los riesgos a los que se exponen al entrar en el mundo del narcotráfico ni a relacionarse con toda clase de delincuentes. Al contrario, lo ven como un privilegio; no tienen una buena relación con su madre y absolutamente ninguna con su padre; no cuentan con una amiga verdadera, se desenvuelven en un ambiente de rivalidades y competencia por el capo más adinerado y/o poderoso que les proponga matrimonio aun soportando malos tratos; no se plantean lo que están arriesgando, no piensan en el futuro, no piensan, en general. Es una mujer que fracasa en su intento de realización, ya que orienta su vida en pro de los deseos, fantasías y necesidades, que inventan en torno a ellas los hombres. La chica prepago es, con base a lo anterior, una mujer elaborada, artificial y vacía, un artículo de lujo de primera necesidad del narcotraficante.

> Esa misma pregunta se la hicieron cinco típicas exponentes del gremio, es decir, hermosas mujeres con pelo largo rubio con extensiones, pechos a reventar cubiertos con una diminuta camisa ombliguera, cintura de avispa y pantalón intravenoso o una microminifalda que dejaba claro que el *derriére* solo podía ser fruto de cuatro horas diarias de gimnasio o de una corta sesión de 2 000 dólares con Angie, la gran maestra de la prótesis de silicona para las nalgas en Cali (*El cartel de los sapos*, 75).

Otra característica constante es su deslealtad hacia otras mujeres. Impera la intriga, el engaño, la envidia y la traición en las relaciones intrafemeninas. La pelea, no por el amor, pero por la preferencia sexual del mafioso, es una lucha inescrupulosa. A diferencia de las obras sobre el sicariato, en las historias de narcotraficantes aun la novia se cae del pedestal y no se salva de la estereotipación que la reduce a una muñeca o un objeto de adorno y de consumo.

> Que, sin embargo, de todas las mujeres con las que salían existía una, solo una, a la que además de apartamento, carro, operaciones de busto, nalgas, pómulos, labios, diseño de sonrisa con alargamiento de los dientes delanteros, rinoplastia, liposucción, lipo-escultura, ropa de marca, flores, perfumes franceses, joyas, zapatos, gafas, relojes, botas en cantidades industriales y mercados para sus familias, ellos le entregaban su corazón (*Sin tetas no hay paraíso*, 31).

Las madres, antes descritas como bondadosas y sufridas, son aquí las causantes de muchas de las desgracias de las chicas e incluso son sus rivales. Doña Ruby, progenitora de Rosario, no presta atención a su hija cuando le cuenta que uno de sus maridos la ha violado; Virginia, en "El arriero", "era hija de una vieja dañada y corrompida que traficaba con mujeres"; la mamá de Vanessa en *Sin tetas no hay paraíso*, también hace caso omiso a las quejas de su niña tras haber sido víctima del abuso sexual de su padrastro. En el caso de Ximena, la abuela aparece como corresponsable del abuso sexual del que fue víctima:

> A Ximena la violaron los miembros de una pandilla del barrio "El Dorado" una noche cuando su irresponsable abuela, que la estaba cuidando desde los dos años cuando su mamá la abandonó, la mandó a comprar cigarrillos a una tienda a la que se llegaba atravesando una cancha de fútbol, sin grama y embarrada en épocas de lluvia (*Sin tetas no hay paraíso*, 24).

La mamá de Catalina aprovecha los reiterados fines de semana de ausencia por trabajo de su hija para seducir al novio de esta, lo cual contribuye a la desintegración total de la familia, cuando el hermano de Catalina luego de haber sido destronado como cabeza de hogar por su joven padrastro con quien no se lleva bien, abandona la casa siguiendo el camino de la delincuencia, para encontrar la muerte poco después.

Estas mujeres también son autoras de graves delitos. Rosario Tijeras es una asesina a sueldo que soluciona sus problemas personales de la misma forma como con sus víctimas; Catalina ajusta cuentas causando directamente la muerte de los hombres que abusaron de ella o la engañaron, o provocando que sus amantes de turno tomen represalias en su lugar; Virginia, la esposa de Ancísar en "El arriero", es su mano derecha y aprende el negocio del tráfico de estupefacientes tan bien o más hábilmente que él (lo mejora contratando exclusivamente a mujeres como mulas[3]); Lorena Henao en *El cartel de los sapos*, después de que asesinan a su esposo recurre a la violencia para ganarse el respeto en el medio y manda a asesinar a quienes no la aceptan.

Al final de las obras todas las mujeres mueren excepto Lorena, quien termina en prisión: Rosario es abaleada, Catalina se hace matar en una forma poco convencional de suicidio y a Virginia le disparan sicarios antes de que su esposo Ancísar pudiera hacerlo para vengarse de ella. Subyace en todas estas historias una idea determinista, no hay salida.

---

3. Trasportador de cocaína u otras drogas ilegales.

Reflexión final

Se ha corroborado que por medio de un narrador masculino, la mujer, en el corpus analizado, es una figura hipersexualizada que incursiona cada vez más en el mundo de la mafia al servicio del hombre, expiando al final sus delitos con la muerte o la cárcel, restableciendo de tal manera el orden y el final justo. Esto responde a una violenta mirada masculina que busca confirmar estructuras patriarcales con la represión (muerte) de una fuerza desestabilizadora femenina. La versión actual y, se podría decir, de exportación, de la mujer de la mafia confirma jerarquías y patrones masculinos que solo aparente o temporalmente se ven quebrantados, reafirmándose generalmente al final de las novelas.

La *femme fatale* se manifiesta no en las acciones de la mujer sino en las percepciones masculinas que existen sobre ella, en el miedo que produce, y en una subsiguiente necesidad de erradicarla. Por lo mismo, si representa una amenaza para el hombre, su muerte, desaparición o inactividad recomponen el orden tradicional. Foucault (1979) afirma que la recepción del espectáculo del poder y el castigo radica en un proceso de restitución del dominio de estructuras tradicionales masculinas y burguesas.

Cabe distinguir las obras primeras sobre el fenómeno del narcotráfico, en las que los autores proponen un acercamiento a sus actores y al medio, a veces con carácter etnográfico de las historias más recientes en las que se exalta y parodia la estética cursi y violenta de la narcocultura, que se ha ido extendiendo por todos los sectores de la sociedad. Esta representación se puede analizar desde el concepto de capital simbólico que plantea Bourdieu (1998): el autor propone que en la sociedad capitalista de orden patriarcal los hombres no solo acumulan capital material sino también capital simbólico que les da estatus frente a otros, y en el que uno de los elementos que genera más prestigio, es el acceso a mujeres. Cuando se señala a la mujer, en estos casos como delincuente o prostituta, transgresora de los valores consuetudinarios y entregada al hedonismo, se justifican las acciones delictivas masculinas y la violencia.

Bibliografía

ALAPE, Arturo (2000): *Sangre ajena*. Bogotá: Seix Barral.

ARANGO POSADA, María Cristina: *La prostitución universitaria. Las prepagos*. Trabajo de grado (inédito), para optar al grado de psicólogo. Universidad Pontificia Bolivariana, Medellín, 2006. <http://eav.upb.edu.co/banco/files/TesisLasPrepagos.pdf> [02.02.2012].

BOLÍVAR MORENO, Gustavo (2005): *Sin tetas no hay paraíso*. Madrid: Nombre latino.

BOURDIEU, Pierre (1998): *La dominación masculina*. Barcelona: Anagrama.

FOUCAULT, Michel (1979): *Discipline & Punish: The Birth of the Prison*. Trad. de Alan Sheridan. New York: Vintage Books.

FRANCO RAMOS, Jorge (1999): *Rosario Tijeras*. New York: Siete Cuentos.

LÓPEZ LÓPEZ, Andrés (2008): *El cartel de los sapos*. Bogotá: Planeta Colombiana S.A.

MOLANO, Alfredo (1997): *El rebusque mayor*. Bogotá: Intermedio.

SALAZAR JARAMILLO, Alonso (1990): *No nacimos pa' semilla. La cultura de las bandas juveniles en Medellín*. Bogotá: CINEP.

VALLEJO, Fernando (1994): *La virgen de los sicarios*. Bogotá: Alfaguara.

“La guerra se había convertido en un texto indescifrable”: la escritura de la violencia en *Radio Ciudad Perdida* de Daniel Alarcón

María Victoria Albornoz
Saint Louis University, Campus de Madrid

En un país sin nombre, aunque manifiestamente inspirado en el Perú de finales del siglo xx, la radio se convierte en el único vínculo esperanzador entre los sobrevivientes de una guerra y sus desaparecidos. *Radio Ciudad Perdida* es el nombre de un programa radial que llega a todos los puntos de la geografía nacional. Lo hace a través de los mensajes llenos de esperanza de madres, hijos o esposas que buscan a un ser querido, por lo general, a un familiar que emigró durante los años de la guerra y nunca regresó[1]. Si bien el objetivo del programa es el de

1. Este programa parece estar basado en “Busca Personas”, un espacio radial dirigido por el periodista Miguel Humberto Aguirre. Este es un programa que, según explica en su página web, “ha resuelto más de 1 000 casos reales a nivel nacional e internacional con un solo fin, unir a los peruanos separados por las diversas etapas que a todos nos toca vivir en algún momento” (ver <http://radio.rpp.com.pe/buscapersonas/%C2%BFdesea-conocer-el-sistema-de-buscapersonas/#more-518>). Interrogado sobre la influencia de este programa en su libro, Alarcón declaró: “Escuchaba ese programa cuando vivía en Lima, y fue, por su-

reunir a las familias tras años e, incluso, décadas de separación, hay paradójicamente, un tema prohibido. Un asunto del que no se habla: la guerra.

La novela *Radio Ciudad Perdida* fue publicada en el año 2007 por Daniel Alarcón, un autor que, junto con Santiago Roncagliolo, ha sido etiquetado bajo el nombre de "hijos de la guerra"[2]. Con este rótulo se pretende enfatizar la influencia que ejerce la violencia sobre la obra de algunos escritores jóvenes del Perú. El caso de Alarcón, sin embargo, es particular, ya que a pesar de haber nacido en este país, creció y se educó en Estados Unidos, donde reside en la actualidad, si bien ha mantenido los vínculos con su país natal[3]. Tal vez en parte por este motivo, aunque la novela tiene como trasfondo histórico la atmósfera de violencia política que envolvió el Perú en las últimas décadas, el autor se cuida muy bien de adjudicarle un nombre al país de la ficción. Al respecto, Alarcón ha declarado que:

> [L]a novela es un intento de describir una realidad, una historia muy difícil que sucedió en el Perú. No es historia, es ficción. No he querido tampoco meterme en los detalles, ver ideologías o hablar de cómo fueron los hechos, sino mi novela es un país que he creado en la imaginación. Un país basado en el Perú, una ciudad basada en Lima, que no es Lima, ni Perú. Es más divertido como escritor de ficción inventármelo siempre (Escribano 2007: s/p).

---

puesto, parte de lo que me inspiró a escribir *Radio Ciudad Perdida*. Me fascinó, y se me ocurrió que ese programa funciona perfectamente como un símbolo de lo que sucedía en Lima en aquella época [...] Siento que la radio, a diferencia de la televisión, por ejemplo, es el medio que más se parece a la literatura, y por eso me atrae" (Alarcón 2008: 55).

2. Daniel Alarcón y Santiago Roncagliolo fueron invitados de honor en la Feria Internacional del Libro Líber 2007, organizada en Barcelona, en la cual Perú fue invitado de honor. La conferencia en la que participaron los dos escritores se tituló "Hijos de la guerra: la nueva literatura peruana", tal como registró Enrique Planas en su artículo "Hijos de la violencia", publicado por el diario *El Comercio.com.pe.*
3. La novela, de hecho, está escrita en inglés (*Lost City Radio)*, al igual que su colección previa de relatos *War by Candlelights: Stories* (2005), traducido como *Guerra a la luz de las velas* (2006). *Radio Ciudad Perdida* fue declarada mejor libro de 2007 por los diarios *Washington Post* y *LA Times*.

En estas páginas, me propongo explorar la representación de la violencia en *Radio Ciudad Perdida*. Me interesa, en particular, analizar la ciudad, la nación y el cuerpo como textos que se reescriben, se rearticulan, se transforman a través de la guerra. Mostraré cómo la violencia no solo deja su impronta en las plazas dinamitadas, en los cuerpos mutilados de soldados, insurgentes o civiles, o en los desaparecidos que solo viven en el recuerdo de los supervivientes, sino también en las palabras que afirman, niegan o desfiguran dicha realidad antes, durante y después del conflicto armado.

Susana Rotker, en *Citizens of Fear*, establece una analogía entre la sociedad y el cuerpo al afirmar:

> Si la sociedad puede ser entendida en términos del cuerpo humano, en el cual cada individuo es un "miembro" (cabeza, corazón, piernas, brazos), lo que emerge lentamente es un ser humano, un cuerpo con sus propias enfermedades, equilibrio, desviaciones y anormalidades. Las ciudades, también, tienen sus males, sus zonas cancerosas que deben combatirse o, al menos, aislarse en vecindarios específicos. La Modernidad dividió las grandes ciudades en zonas muy demarcadas: alto y bajo, limpio y sucio. Aunque estas zonas aún existen, hay una sobrepoblación de violencia que desestabiliza todas sus márgenes, penetrando vecindarios y borrando cuerpos y miembros. La violencia reescribe el texto de la ciudad y rige el juego. Ésta debe entenderse como una forma de resistencia que [...] atraviesa el espacio y las fronteras, borrando los límites que separan adentro de afuera (Rotker 2002: 18; mi traducción).

En la novela de Alarcón, la ciudad, cabeza de ese complejo cuerpo que es la nación, aparece en permanente oposición a la selva. Mientras la primera se representa como un lugar sucio, caótico y sobrepoblado, aunque también como un espacio idealizado por los habitantes de la selva, esta última, en cambio, es un territorio "inabarcable", despoblado, colorido, la "última frontera" y, también, "el lugar perfecto para desaparecer, para ocultarse de los ojos de la ley" (262)[4]. A pesar de la

4. Foucault señala que la transparencia o visibilidad social, condición absolutamente ausente en el medio selvático, había sido el sueño de Rousseau y sus seguidores: "[T]he dream of a transparent society, visible and legible in each of its parts, the dream of there no longer existing any zones of darkness, zones established by the

distancia entre los dos espacios, hay un elemento que los conecta: la guerra. La violencia reescribe el texto de la capital y de las provincias a través de las migraciones que suscita, así como de las muertes, torturas y desapariciones que siembra a su paso.

Todo empieza cuando Víctor, un niño de 11 años, llega a la emisora radial ubicada en la capital del país. En la mano lleva una lista de desaparecidos. El niño, huérfano y proveniente de un pueblo remoto de la selva, ha sido abandonado en las puertas de la estación por su tutor. El director de la estación se muestra entusiasta frente a la inesperada llegada de Víctor. Su historia trágica de abandono tras un largo viaje de la selva a la ciudad, piensa, será capaz de conmover a la audiencia y de subir, así mismo, los niveles de sintonía. Decide dedicar, entonces, un programa especial al niño y a su lista de desaparecidos, por lo que, durante algunos días, lo deja bajo el cuidado de Norma, la locutora a cargo del programa *Radio Ciudad Perdida*. Norma es conocida en todo el país, ya que es su voz la que sirve de mensajera o intermediaria entre los oyentes y sus seres queridos desaparecidos durante la guerra. Este servicio público, no obstante, enmascara también su propia búsqueda: la de Rey, su esposo, desaparecido durante los últimos años del conflicto. Al estrechar el contacto con Víctor, descubre dos cosas importantes que transformarán su vida: primero, que el niño es hijo de Rey, su esposo; y segundo, que el nombre de este figura en la lista que lleva el pequeño. Cuando el director de la estación se entera de esto, decide cancelar el programa dedicado a Víctor: Rey estuvo involucrado en el pasado con el grupo insurgente de la Insurgencia Legionaria (IL), por lo que leer su nombre al aire, así como los de los demás desaparecidos

privileges of royal power or the prerogatives of some corporation, zones of disorder" (1980: 152). En la selva densa, enmarañada, opaca, sin embargo, no hay condiciones de visibilidad, por lo que el crimen queda oculto en su espesura impenetrable. Para el Estado encarna, así, un valor ambivalente: puede resultar un espacio amenazante, por un lado, donde se oculta el enemigo, o un espacio, también, donde le es posible encubrir sus propios crímenes. Por una parte, "el gobierno aprendería a no perder de vista a quienes transitaban por las regiones selváticas de la nación. Había hombres que transportaban armas y otros que transportaban drogas" (Alarcón 2007: 262). Pero, por otra parte, también, utiliza muy bien las condiciones de invisibilidad de la selva para realizar allí sus propias torturas en La Luna, a donde lleva a todos los sospechosos de conspirar contra sus intereses (302).

que, al igual que este, podrían ser colaboracionistas, podría poner a la emisora en una situación comprometedora. El dilema que intentará resolver Norma a lo largo de la novela será si obedecer la orden dada por su superior, y de esta forma no comprometerse como ha venido haciendo hasta ahora, o desobedecerla y tomar partido por primera vez, a pesar de las consecuencias que esto conlleve.

La emisora se sitúa, así, en medio de una tensión que atraviesa la novela de comienzo a fin: la memoria y el olvido. Más específicamente, entre el anhelo de los supervivientes de recordar a sus muertos y a sus desaparecidos, por un lado, pues es su forma de mantenerlos con vida, y, por otro, las medidas adoptadas por el gobierno para enterrar el pasado en el silencio como estrategia para reconstruir el país y continuar. Aquí no ha pasado nada. Lo que no se puede nombrar, no existe ni existió. Estrategia esta bastante popular, por otra parte, entre las dictaduras latinoamericanas, así como en los períodos de transición. El silencio se traduce en una negación del pasado a varios niveles. Para empezar, el gobierno establece una fuerte censura sobre los medios de comunicación a través de la tortura y la intimidación:

> La suya era la única emisora de radio nacional que seguía funcionando desde el final de la guerra. Luego de la derrota de la IL, se encarceló a periodistas [...]. Se los llevaron a La Luna, algunos desaparecieron, y sus nombres, al igual que el de su esposo, fueron prohibidos. Cada mañana, Norma leía noticias ficticias aprobadas por el gobierno; cada tarde, enviaba los titulares propuestos del día siguiente para que fueran aprobados por un censor (23).

La guerra se convierte, así, en un tema tabú. Es lo innombrable, lo incómodo, aquello de lo que no se habla, como si al no nombrar las cosas, la historia pudiera reescribirse y el pasado desaparecer. No hablar de ella obliga, también, a reinventar el pasado, a ficcionalizar la historia y el presente. Paradójicamente, Norma, cuyo programa consiste, precisamente, en conectar a las familias separadas durante la guerra, no permite que se la mencione al aire: "si le parecía que [los oyentes] estaban resueltos a hablar de la guerra, Norma los interrumpía. Siempre era mejor evitar temas desagradables. En vez de eso, les preguntaba por el aroma de la comida de su madre" (22). Así como se prohíbe la mención de la guerra y la de los nombres de los sospechosos, los nombres antiguos de los pueblos se suprimen de los mapas y de los libros, sustituyéndoselos por números. De esta manera, tanto los pueblos como muchos muertos y desaparecidos pasan a ser solo una cifra sin nombre, sin un rasgo que los individualice:

> Cuando la guerra terminó, el gobierno confiscó los mapas antiguos. Los retiraron de los estantes de la Biblioteca Nacional, recolectaron los que estaban en colecciones particulares, los recortaron de los textos escolares y los quemaron [...]. El pueblo de Víctor alguna vez había tenido un nombre, pero éste ahora se había perdido (16).

Más desalentador aún es que incluso las universidades, pensadas como centros de reflexión, se contagien de la misma amnesia. Cuando Norma va a la universidad en donde trabajaba su esposo para averiguar sobre su paradero, se le niega sistemáticamente la existencia de la IL. El grupo insurgente nunca existió, afirman sus antiguos colegas: "Fue una invención del gobierno, un fraude. Algo que urdieron los yanquis para asustar" (65). "[L]a IL no era real", insisten, y su esposo "volvería a casa... era sólo una cuestión de tiempo" (67).

El olvido feliz de la posguerra choca, sin embargo, con un obstáculo insoslayable: los cuerpos de los desaparecidos, por un lado, así como los efectos psicológicos y físicos de la guerra no solo en la geografía y la apariencia física de las ciudades, sino también en sus propios habitantes. Cuando Norma piensa en el efecto que tendrá la capital sobre Víctor, habituado solo a la selva, concluye que ella misma se siente como una extranjera en sus calles, debido a las profundas transformaciones que sufre la ciudad durante el conflicto:

> Lo cierto era que todo había cambiado. Ni siquiera ella la reconocía... Ciertas partes de la ciudad habían sido abandonadas, la IL había hecho estallar edificios, el ejército había incendiado barrios enteros en busca de subversivos. Los Grandes Apagones, la batalla de Tamoé: heridas tan severas que incluso les pusieron nombres. 1797 tampoco se había salvado (27-28).

La tensión entre la ciudad antes y después de la guerra es continúa a través de innumerables analepsis que nos llevan al pasado de Norma y de Rey, el cual hace parte del pasado violento de una nación país que apenas empieza a superar la guerra, pero cuyas heridas, sufrimientos y conflictos sociales de fondo están muy lejos de la cura o la resolución. La ciudad se ha reestructurado. Antes de la guerra, recuerda Norma, "la gente todavía no había abandonado el centro de la ciudad; había bodeguitas aún abiertas, en las que vendían chicles, plátanos asados, aspirinas y cigarrillos..." (33). Era una ciudad limpia, luminosa, ilustrada e incapaz de aceptar la guerra como una realidad. Una ciudad que aún no sufre la migración masiva de los desplazados, quienes se organizan, ahora, en las chabolas o barriadas de la periferia:

> Todo en la capital era diferente cuando empezó la guerra, tan limpio y ordenado –antes de que fuera creado el Asentamiento, antes de que la Plaza fuera arrasada y reemplazada con la Plaza Pueblo Nuevo, cuando las barracas eran realmente un grupo de barracas y no una barriada expandiéndose a paso furioso por el extremo norte de la ciudad–. Era... una capital, un centro urbano en diálogo constante con el mundo. Pero no sólo eso: la guerra misma era un insulto a las clases ilustradas... la guerra, todas las realidades desagradables del país fueron suprimidas de periódicos y revistas, y su mención en la radio, totalmente prohibida (179-180).

Así como la ciudad de los comienzos de la guerra se negaba a aceptar la realidad del conflicto, la de la posguerra rehúsa de plano reconocer las huellas impresas en ella por la escritura de la violencia. La ciudad palimpsesto de la posguerra quiere ser de nuevo la ciudad anterior al conflicto armado, es decir, una urbe que, bajo el velo de la nostalgia, nos parece sospechosamente idílica. Sin embargo, el caos, el ruido, la suciedad, el descontrol de la capital actual niegan el antiguo orden. El gobierno ha ganado la guerra, pero aun así está lejos de recobrar el control[5]. El

5. El caos en la novela se percibe de manera negativa, no en el sentido bíblico y positivo que señala Jesús Martín-Barbero en su artículo "The City: Between Fear and the Media": "In contrast to the narratives that identifies chaos with disorder and violence, chaos in the biblical tales precedes order and is designated as that which will serve to form the cosmos, or in other words, the world. Following the narratives of origins, the city is connected to Cain and Abel. Cain, the murderer of his younger brother, Abel, has been condemned by God to wander and to wear on his forehead a mysterious sign that, even as it marks him as an assassin, protects him from being killed, and thus ensures that he who is condemned to err will

que antaño fuera un lugar habitable, se ha transformado en un espacio sucio, ruidoso (24-25), maloliente (204), sobrepoblado (69), que contrasta, bruscamente, no solo con la ciudad ordenada que, al parecer, algún día fue, sino también con la ciudad de la nostalgia, que pervive en la memoria de los citadinos, y con la del ensueño, esto es, la de los niños de la selva, que crecen anhelando un espejismo de perfecciones que solo existe en su imaginación (83). La suciedad y el caos que se expanden por ella no son sino símbolos del descontrol social. Tal como afirma Mary Douglas (1996: 2): "la suciedad es esencialmente desorden [...]. La suciedad ofende al orden". Así, aquellos que son percibidos como amenazas para el Estado se consideran gérmenes o virus susceptibles de desestabilizar el orden precedente. El presidente se refiere así a los simpatizantes de la IL como "¡esa insurgencia legionaria de demagogos que provocan el caos y alteran el orden público!" (30). Volviendo a la metáfora de la sociedad como cuerpo, los opositores al régimen serían considerados, así, patologías sociales, enfermedades amenazantes para la salud de la nación. Rey, por ejemplo, es torturado en La Luna, un terreno en medio de la selva donde el Estado tiene carta blanca para torturar a quienes considera sus enemigos. Cuando Norma le pregunta por qué lo han llevado allí, contesta simplemente: "A curarme... me llevaron a la Luna y me reformaron" (66). Refiriéndose a la enfermedad como metáfora del desorden político, Susan Sontag ha afirmado:

> La preocupación más antigua de la filosofía política es el orden, y si es plausible comparar la polis con un organismo, también lo es comparar el desorden civil con una enfermedad. Las analogías clásicas entre desorden político y enfermedad [...] presuponen la clásica idea médica (y política) de equilibrio. La enfermedad nace del desequilibrio. La finalidad del tratamiento es

build the first city. Over time, men will try to construct a city that reaches the sky but, condemning them again for their pride, God blurs languages, hindering the construction of the city that will be built anyway, and that will be named Babel, which means confusion and dispersion. In the Bible, the founding myths of the city could not be more expressive: while Cain´s designate violence, Babel's designates disorder. But, like chaos, both will serve as the basis for the society that will find its form in the city" (2002: 25-26). Si bien el caos y la violencia sentarán las bases de la urbe de *Radio Ciudad Perdida*, lo harán ante todo en un sentido negativo, como elementos destructores de un orden.

restaurar el equilibrio justo –lo que en términos políticos sería la justa jerarquía– (2003: 106).

En el caso de la novela, el equilibrio justo no se restaura. Si la IL es finalmente derrotada, no se debe tanto al éxito del Estado en su misión de reinstaurar el orden de la nación, como al desgaste de la rueda de la violencia. Al círculo sin sentido de la violencia contestada con más violencia. Al margen de todo plan político o proyecto de país, esta sigue girando indefinidamente, alimentada por su propia inercia. Los insurgentes pierden la guerra cuando dejan de representar una alternativa de cambio y cuando su único argumento es el terror instaurado a través de atentados, bombas, masacres, ataques a estaciones de la policía, emboscadas y secuestros:

> ¿Qué significaba todo esto? Piénsese en cuán improbable era todo: que las diversas quejas de un pueblo pudieran de alguna manera consolidarse en un acto –en cualquier acto– de violencia. ¿Qué dice un coche-bomba acerca de la pobreza? [...] Sin embargo, Rey había sido parte de ello durante nueve años. La guerra se había convertido en un texto indescifrable, si no lo había sido ya desde un inicio [...]. ¿Había comenzado todo con una elección anulada? ¿O con el asesinato de un senador popular? ¿Quién podría recordarlo ahora? [...] nadie creía aún en eso, ¿o sí? La guerra había engendrado un agotamiento generalizado. Era ahora una ciudad de sonámbulos, un lugar en el que una bomba más pasaba casi desapercibida, donde los Grandes Apagones ocurrían ahora cada mes (298-299).

Tal como afirma Hannah Arendt: "la violencia puede ser justificable, pero nunca será legítima" (1969: 52). Las muertes de víctimas inocentes tanto por parte del ejército como de la IL son incontables cuando la guerra degenera. Si la IL por un lado recurre a la "masacre de inocentes, o [a] la desaparición de algún importante y apreciado simpatizante" (298), el Estado, por su parte, tiene La Luna, ese espacio dentro de la selva que le sirve de sala de torturas, y, para los más rebeldes o peligrosos, el mar, donde los cadáveres son arrojados sin compasión (302)[6]. El

6. Al cubrir sus propios crímenes, el Estado previene la denuncia por parte de los medios. Lo que se dice y lo que se calla (la denuncia o el silencio) están vinculados a las condiciones de visibilidad e invisibilidad. Como dice François Hartog,

conflicto alcanza tal grado de deshumanización, que los cuerpos son considerados objetos que es necesario suprimir. Estos muertos-cosa sirven como ejemplo de que la violencia es un fenómeno íntimamente vinculado a la cosificación del 'otro', como reflexiona John Keane:

> [L]a violencia es un acto relacional en el cual la víctima [...] es considerada, involuntariamente, no un sujeto cuya otredad es reconocida y aceptada, sino más bien un mero objeto digno potencialmente de ser lastimado o, incluso, aniquilado [...]. [L]a violencia siempre se corporiza. Es palpable. Toca directamente el cuerpo de la víctima aun cuando [...] le tome tiempo dejar en él su marca (2004: 36; mi traducción).

Si bien el Estado consigue derrotar bélicamente al grupo insurgente, tiene menos éxito en el proceso de reconstrucción del país, como ya dije, fundamentalmente por su empeño en borrar el pasado, que a su vez es un reflejo de su empeño previo en deshacerse de cadáveres y enemigos. La guerra ha dejado demasiadas cosas a la vista como para olvidarla tan fácilmente: está la ausencia de los muertos y los desaparecidos, por ejemplo, una ausencia sólida, casi corporal, que no está hecha de la materia del olvido; están los huérfanos, las viudas, las madres a quienes les fueron arrebatados sus vástagos; están también los edificios dinamitados, las plazas destruidas, los espacios transformados durante

---

hay una relación entre lo visible y lo "decible" (lo que se puede decir): "I see, I say; I say what I see; I see what I can say, I say what I can see" (1988: 269). Una medida innecesaria en este caso, sin embargo, ya que los medios, intimidados tras la desaparición de varios periodistas, optan por una falsa "neutralidad". Es lo que defiende, Elmer, jefe de Norma, al justificarse por no querer hacer pública la lista de desaparecidos que lleva Víctor, en la cual aparece uno de los nombres prohibidos por el gobierno, el de Rey: "[...] neutralidad era la palabra que Elmer repetía una y otra vez. Que no debe ser confundida con indiferencia, pensaba Norma. Ella debía tener muy en claro que la gente desaparecía por todo tipo de razones, y que el programa no debía convertirse en una caja de resonancia para teorías sobre conspiraciones o denuncias contra tal o cual facción [...] El programa, sermoneaba Elmer a Norma, era un riesgo, pero un riesgo calculado [...]. Con el programa, podían administrar pequeñas dosis de esperanza a las multitudes de refugiados que ahora vivían en la ciudad. Ellos no querían hablar sobre la guerra, suponía él, querían hablar sobre sus tíos, sus primos, sus vecinos en aquellos pueblos que abandonaron hacía tanto tiempo" (330).

el conflicto, que nos hacen pensar en un país mutilado, lisiado, todavía doliente; y están los heridos de guerra, los que han perdido las manos, por ejemplo, como Zahir, un habitante del pueblo 1797 que fuera colaborador del gobierno durante la guerra, y que pierde las extremidades, en represalia, cuando los de la IL se enteran. Los dos bandos son igual de brutales. Su enfrentamiento ha dejado demasiadas heridas para pasar por alto. El miedo aún está vivo. El texto de la violencia se escribe con una grafía clara, legible e imborrable en la memoria de quienes la han sufrido. Quizás por esto, Norma decide, finalmente, hacer públicos los nombres de la lista de desaparecidos que ha llevado Víctor desde la selva. Permite que el niño los lea al aire. Nombrarlos es una forma de otorgarles la existencia que les ha sido arrebatada, y de reafirmar el presente sin negar el pasado. Es su manera particular de escribirle a la guerra y a su relación con Rey un epílogo diferente al silencio, a la neutralidad o a la indiferencia. El olvido es un espacio sin palabras, sin nombres. Y combatirlo, incluso mediante un acto pequeño, constituye un desafío a la autoridad que no es, en absoluto, despreciable.

Bibiografía

Aguirre, Humberto Miguel (2011): *Busca personas.* < http://radio.rpp.com.pe/buscapersonas/%C2%BFdesea-conocer-el-sistema-de-buscapersonas/#more-518> (10 de septiembre de 2011).

Alarcón, Daniel (2006): *Guerra a la luz de las velas*. Madrid: Alfaguara.

— (2007): *Radio ciudad perdida*. Madrid: Alfaguara.

— (2008): "Daniel Alarcón Lima, 1977". *Nuevo Texto Crítico*, 21, 51-58.

Arendt, Hannah (1969): *On Violence.* San Diego: Harcourt Brace & Company.

Douglas, Mary (1996): *Purity and Danger*. London: Routledge.

Escribano, Pedro (2007): "No es que acabó la guerra y somos Suiza". *La República.* <http://www.larepublica.pe/archive/all/larepublica/20070721/pasadas/3711/38144> (10 de septiembre de 2011).

Foucault, Michel (1980): *Power/Knowledge. Selected Interviews and Other Writings 1972-1977.* Ed. de Colin Gordon. New York: Pantheon Books.

Hartog, François (1988): *The Mirror of Herodotus: The Representation of the Other in the Writing of History*. Berkeley: University of California Press.

KEANE, John (2004): *Violence and Democracy.* Cambridge: Cambridge University Press.

PLANAS, Enrique (2007): "Los hijos de la violencia". *El Comercio.com.pe.* <http://elcomercio.pe/edicionimpresa/html/2007-09-29/imecluces 0791363.html> (10 de septiembre de 2011).

MARTÍN-BARBERO, Jesús (2002): "The City: Between Fear and the Media". En: *Citizens of Fear: Urban Violence in Latin America.* Ed. de Susana Rotker. New Jersey: Rutgers University Press.

ROTKER, Susana (2002): "Cities Written by Violence". En: *Citizens of Fear: Urban Violence in Latin America.* Ed. de Susana Rotker. New Jersey: Rutgers University Press, 7-22.

— (2003): *La enfermedad y sus metáforas. El sida y sus metáforas.* Madrid: Punto de Lectura.

"Yo no soy un gánster": empatía y percepción de la violencia en la poesía de Domingo de Ramos

Riccardo Badini
Università degli Studi di Cagliari

Como reacción a la ola de violencia institucional y subversiva que asoló al Perú en la década de 1980, un grupo de poetas decidió lanzar su propuesta estética desde un lugar de enunciación subterráneo. Adoptaron el nombre Kloaka[1], subrayando con la letra *k* el apego a los códigos orales juveniles urbanos, y enfatizaron la percepción de una Lima-laboratorio, meta de los aluviones migratorios internos, donde se manifiestan de forma tajante los contrastes del país, originando nuevas formas culturales, la imagen de un flujo subterráneo[2] en que se descomponen y recomponen los elementos deteriorados del sistema.

Eran jóvenes que se criaron con el gobierno de Juan Velasco Alvarado, el cual, a pesar de ser un régimen militar, había protegido la economía nacional, favorecido la educación pública y redistribuido

1. Componentes del grupo las poetisas Mariela Dreyfus y Mary Soto, los poetas Róger Stantiváñez, Guillermo Gutiérrez, Domingo de Ramos, José Velarde, Julio Heredía, el narrador Edián Novoa y el pintor Carlos Enrique Polanco.
2. La imagen del *flujo subterráneo* es de José Mazzotti, en cuyo libro *Poéticas del flujo* (2002) hay todo un capítulo dedicado al Movimiento Kloaka.

las tierras. Habían podido imaginarse el fin de los capitalismos feroces, una educación de buen nivel, una vida aceptable para las clases obreras y posibilidades de ahorro para la clase media. Con el gobierno militar de Francisco Morales Bermúdez (1975-1980) y los presidentes democráticos que lo siguieron, sin embargo, les tocó asistir al fracaso de todo proyecto nacional. A partir de los años 1980, el país fue lanzado por sus gobernantes al mercado libre, con todas las consecuencias que eso conlleva para los países marginales en la escena mundial. En esos mismos años, a la percepción oscura de un futuro que negaba a los más jóvenes el derecho al estudio y al trabajo empezó a sumarse la atmósfera de la caída en una verdadera espiral de violencia. Los movimientos subversivos que habían suscitado en un primer momento cierto interés, el MRTA y, sobre todo, Sendero Luminoso, entrados en clandestinidad a finales de la década precedente, caerían en los años siguientes en estrategias del terror con ejecuciones de masas campesinas acusadas de colaborar con el gobierno y homicidios de exponentes de organizaciones humanitarias. Habían además buscado alianzas con los narcotraficantes y los atentados se dirigían siempre más hacia la capital con la técnica del coche bomba. Cuando el Estado abdicó su función civil dejando campo libre al ejército con sus feroces medidas represivas y permitió, con la declaración del estado de emergencia, la reclusión y la eliminación de los sospechosos, a los jóvenes de esa generación les tocó familiarizarse con la idea de la muerte, intelectual, civil, cuando no física.

El Movimiento Kloaka se formó en 1982 después de unas cuantas reuniones en bares y cafés bohemios y marginales, y decidió actuar en la realidad político-social del país asaltando el circuito literario con actitud neovanguardista y sin eximirse de la degradación circundante, más bien con la nítida percepción de producir poesía desde el infierno de Lima. Nada de nihilismo en las propuestas del grupo sino anhelos de liberación recorriendo los caminos del deseo, de la liberación sexual y del uso de drogas como respuesta a un Estado que negaba la vida. Con actitud típica de los movimientos juveniles, con un ímpetu revolucionario inspirado en las vanguardias históricas, la dimensión utópica se unía con el compromiso político-social. En el programa de los poetas subterráneos se encontraba la negación del individualismo y de la injusticia social, la emancipación de obreros y campesinos, la propuesta de formas comunitarias de convivencia libres de las frustraciones burguesas y la recuperación del tema surrealista del *amour fou.* En un pronunciamiento del febrero de 1983 sobre la masacre de Uchuraccay[3] llegaron hasta autoproclamarse conciencia vigilante en la observación de la realidad contemporánea del país y en la denuncia del sufrimiento individual y social provocado por el sistema político.

Una mezcla de actitud neovanguardista y performativa con recitales públicos y música rock subterránea[4] unida a tendencias anarcoides iba transformándose en una nueva forma de compromiso con la realidad de una metrópoli asediada por la violencia. En el texto que fue publicado como manifiesto: *Nor Kloaka -para acabar con el juicio de Dios,* se anuncia:

> [...] la liberación integral (económica, psicológica, social y cultural) de los hombres y mujeres de nuestro país, quienes durante siglos han padecido la explotación, discriminación y marginación por parte de los capitalistas-burgueses culpables absolutos de haber convertido la sociedad peruana en una Cloaca Infernal (Zevallos Aguilar 2002: 77).

También se encuentra, en el mismo título del documento, una evidente referencia a la obra escrita y realizada por Antonin Artaud para la radio francesa, *Pour en finir avec le jugement de dieu,* censurada en 1948, que representa el último aporte teórico sobre el teatro de la crueldad. Con el autor disidente del surrealismo francés los miembros de Kloaka comparten el lúcido conocimiento de que no hay forma de obviar la cruda realidad, que la violencia se instala en la memoria del cuerpo y que la única posibilidad de representación para el autor es infundirla a través del lenguaje en el cuerpo mismo del público, como real y existente en el momento de la fruición estética. A esta forma renovada de realismo se unía una disposición hacia la escritu-

---

3. En 1983 fueron asesinados ocho periodistas peruanos que habían llegado a la comunidad andina de Uchurraccay para investigar sobre una masacre cometida por Sendero Luminoso en un municipio vecino.
4. El rock subterráneo fue todo un movimiento musical juvenil en que se adaptaban tendencias rock, punk, ska a la sensibilidad local.

ra totalmente contraria a la linealidad literaria. En otra proclama del 1984 con el título *Vallejo es una pistola al cinto,* además de poner énfasis en el más grande innovador del lenguaje poético en español del siglo pasado, se lee en el primer párrafo: "Es decir: no atender sino a las bellezas estrictamente poéticas, sin lógica, ni coherencia, ni razón" (Zevallos Aguilar 2002: 89), declaración que deja en claro la distancia respecto al código narrativo-coloquial utilizado por un rico filón de poesía latinoamericana que buscó el compromiso con las cuestiones político-sociales.

Entre los integrantes del movimiento el autor que más investiga en los mecanismos de la violencia es Domingo de Ramos, seudónimo de Rómulo Domingo Ramos (Ica, 1960). Procedente del barrio pobre de San Juan de Miraflores en las afueras de Lima, estudiante de sociología en la Universidad de San Marcos en el período de las manifestaciones y huelgas continuas, De Ramos pone en acto un asalto al *establishment* culto de la capital desde posiciones marginales urbanas, representando una voz inédita en el circuito literario. Sus primeros libros poéticos se publican en los años 1988 y 1993 con los títulos emblemáticos de *Arquitectura del espanto* y *Pastor de perros.* A partir de ellos se delinean los rasgos de su quehacer poético y una capacidad empática con los contextos degradados y marginales en que el poeta entra, absorbe, parece perderse y sale para vehicular al lector hacia una percepción sórdida de la ciudad y de los núcleos donde se generan los circuitos de la violencia. Lo que le permite filtrar realidades incómodas en los textos es, por una parte, su capacidad estética para elaborar imágenes complejas, visionarias, a veces cultas, junto con detalles temporales o espaciales que repentinamente ubican al lector dentro de los hechos, y, por otro, un lenguaje que refleja el habla popular de Lima después de la media noche, según una feliz definición de Róger Santivañez, otro miembro del grupo. Un poema programático es "Yo no soy un gánster", que aparece por primera vez en una antología del 2006: un viaje por la metrópoli con ritmo de tráfico latinoamericano y el yo poético al volante de una *combi,* uno de los medios de transporte más populares, informal y tristemente famoso por su peligrosidad. Los pasajeros son llevados a sus respectivos destinos "como si los tuvieran", y asimismo los lectores a cruzar la ciudad como si fuera un río infernal;

una ciudad que el imaginario visionario del poeta logra reflejar nítidamente. Descripciones crudas como la de una joven mujer "violada y panzuda" que el poeta-conductor recoge en la *combi* especificando no ser un buen samaritano pero tampoco un gánster, se unen a recuerdos visuales de procedencia culta como la pintura de Duchamp *Desnudo bajando una escalera.* En el proceso de objetivación de las sensaciones contrastantes producidas por la degradación urbana, las referencias a las artes plásticas musicales o cinematográficas participan en una transcodificación hacia otros niveles perceptivos que permanece anclada en la realidad descrita sin ninguna posibilidad de evasión. Las imágenes más bien matizan el imaginario del poeta y su participación emotiva en los hechos queda como suspendida, recordando el final del poema "Considerando en frío imparcialmente" de César Vallejo donde, después una enumeración de miserias humanas, de consideraciones sobre cómo el sistema, el trabajo, la burocracia fagocitan al hombre, el poeta se abre a la solidaridad y, considerando la naturaleza animal del ser humano, sus actitudes serviles, su tendencia a contentarse con hacerse buen carpintero, sudar, matar, abotonarse, se abre a un tímido abrazo "emocionado, Qué más da! Emocionado emocionado". Así, los pasajeros que en la parada avisan de su presencia levantando un dedo "sin yema" y pasan el viaje durmiendo y babeando en las ventanillas, son personajes sórdidos de las noches limeñas. Entre ellos están los burócratas "que en su tiempo libre fueron rebeldes", "asesinos en uniforme", "coimeros", personas lóbregas pero también cualquiera de nosotros en una noche que no hace distingos, en fin almas que el poeta-conductor lleva a la cintura "como una hernia", en un viaje que evoca imágenes grotescas como los retratos de Goya pero también un "desgaste amical", "una borrachera", "un beso esquivo", "una punzante compasión en el estómago". Los lectores participan de estas visiones encontrándose en el corazón de una noche popular limeña y sufriendo su sórdida fascinación. En rechazo de un orden lineal narrativo-realista, el viaje de la *combi* se desplaza hacia espacios visionarios y concretos al mismo tiempo, eligiendo siempre lugares de enunciación marginales. Desde el comienzo del poema los pasajeros y los lectores cruzan el Anidris, río sin agua que toca la ciudad invisible de Amaurote. Estamos en la utopía que no se encuentra en ningún lugar, presente y ausente. la misma que Thomas More ubicó en el Nuevo Mundo y donde ahora el poeta-conductor es esclavo de Ademus el príncipe sin población, y está encapuchado "por hablar otro idioma, por orar echado, por sudar arcaicamente y gritar desde una torre": alusión a los prisioneros musulmanes en Guantánamo o a la cárcel de Abu Ghraib en el período en que estaba controlada por Estados Unidos. El desplazamiento hacia el espacio imaginario y real del conflicto en Irak o Afganistán y sus consecuencias, evoca subterráneamente la inspiración estadounidense de la política neoliberal peruana. El poeta-conductor se mueve desde posiciones contrarias al sistema establecido: "en vilo", "esposado", "como un reo en contumaz", culpable de estar en ese tiempo y espacio de la noche limeña sin cerrar los ojos ante la drogadicción o la prostitución, y dejándose atravesar empáticamente por las sensaciones provocadas por esas realidades. La ciudad invisible de Thomas More muestra su lado distópico revelando los mecanismos globales de marginación y segregación, mientras Lima, paralelamente, se colorea de rasgos apocalípticos con escenas de guerrilla urbana y un terror sin fin interiorizado, como en la parte final del poema en que el poeta-conductor lee *Los adoradores del fondo del mar,* traducción del cuento *Dagon* de Howard Phillips Lovecraft, padre del género del horror, y se pregunta si tendrá algún fondo.

En el flujo subterráneo de la Lima-laboratorio con su alta concentración de quechuahablantes inmigrados de todo el Perú, Domingo de Ramos enfrenta la cuestión étnico-cultural desde una perspectiva urbana. El informe de la Comisión de la Verdad y Reconciliación señaló en 2003 que más del 70% de las 70 000 víctimas –número espantoso– del conflicto interno peruano de los años 1980-2000 eran hablantes del quechua. Es impresionante cómo hoy, igual que en el pasado colonial, el país sigue estructurándose sobre la negación y la cancelación física de las poblaciones autóctonas. Para Domingo de Ramos, hijo de una madre nacida en Ayacucho, el componente indígena es uno de los elementos de una personalidad que fagocita el pasado y la heterogeneidad cultural contemporánea de una metrópoli globalizada. Faltas de concordancia de género y número, giros sintácticos típicos del castellano andino se fusionan en sus textos con el lenguaje popular limeño, ubicando la voz poética en los sectores suburbanos meta de la inmigración interna del país. La fluidez cultural urbana no produce ningún ocultamiento del conflicto, sino que los rasgos culturales andinos se proyectan hacia la modernidad a través de un proceso de extrañamiento visionario que los inserta en la percepción actual de las supercherías como elementos de continuidad en el ciclo de la violencia. En el poema "Su cuerpo es una isla en escombros", el cronista indígena Felipe Guamán Poma de Ayala que en su *Nueva Coronica y Buen Gobierno* nos ha dejado un documento único sobre la conquista y la colonización de Perú desde una perspectiva indígena, es asimilado a un inmigrante, a un peón de albañil contemporáneo que trabaja en la construcción de Machu Picchu, a un vendedor ambulante, a un posible autor de atentados que termina su existencia como uno de los muchos desparecidos latinoamericanos o como un indígena víctima de masacres colectivas, mientras la Coca-Cola intenta apropiarse de su imagen. Entre las líneas del texto se encuentran precisas referencias a la feroz represión de los detenidos acusados de terrorismo en la cárcel de San Juan de Lurigancho, que se habían sublevado en las cárceles del Frontón y Santa Bárbara en 1986 y que había causado alrededor de 300 víctimas. La fiesta andina de "El cortamonte" se transforma en una visión sanguinaria con las cabezas de los prisioneros quc cuelgan da las ramas del árbol ritual. Gracias a un marco mitológico con un conjunto de imágenes procedentes del mundo indígena y mestizo, procesadas a través de un filtro visionario, el poeta opera el traslado de los abusos perpetrados en el período colonial por parte de la Corona de España sobre las modernas víctimas de la violencia:

Su cuerpo es una isla en escombros

Vuela
1500 o 1600 Huamán Poma de Ayala
nos cuenta de sus amoríos
de sus vísceras recientemente disecadas para nuestro museo
en nuestros textos de historia
Huamán Poma con su antigua indumentaria
representa una casta de artículos para el turismo
y las razas sociales y económicas en la tierra que
ahora pisa y sus dibujos y la crónica

se pueden leer en los noticieros
y también lo anuncian por
la Coca Cola en un periódico de izquierda
Huamán Poma habla quechua
vende diarios
y papas
trabaja en una construcción como la
de Macchu Picchu
Prepara su estrategia
de cómo inmolarse ante el sol
con una carga
de TNT en los costados sin antes darse un paseo
por el centro de Lima intentándolo en la Torre
pero duda de acertar su objetivo
y toma un microbús para irse al
mar que acaba de conocer
y que le da mareos y vomita
toda la cerveza mientras bailaba chicha con su chica
en un cortamontes de donde pendían
las cabezas de los que murieron en 1986 aproximadamente
cuando cayó el imperio por el virrey de Lurigancho
Y ese día lo tuvo
entre las manos
La mar una serpiente salada
que volaba entre las nubes
Que coronaba su cabeza
monolítica
Y montó en cólera e hizo un mural al
Dios Sol y el mundo volvió a nacer
entre los despojos que salían de las brasas
El Sol preguntó averiguó su paradero
se enteró que lo apresaron por las cercanías del palacio
ató sus cadenas en las columnas
iluminó sus bóvedas
oscuras donde un pulpo estrangulaba una presa y lo devoró
pero Huamán Poma fue torturado vaciado al mar
depositado en una fosa y finalmente
su cuerpo es una isla en escombros.
(*Arquitectura del Espanto,* 1988)

La institución y su ejercicio del poder connotados en forma represiva aparecen identificados como la parte adversa, en el poema "Banda Nocturna": un recorrido en las ansias juveniles de la generación contestataria de los años 1980. Cercados por la policía, expuestos al riesgo de la degradación, al grupo nocturno le queda solo vivir entre los escombros de una ciudad después de la guerra o dejar el país. Aunque con rasgos completamente distintos de la escritura testimonial[5] el poema ofrece una crónica de la desbandada juvenil enfocada desde el interior. La escritura lineal resulta insuficiente para explicar el movimiento de entrada y salida de los contextos violentos que la generación de Domingo de Ramos llevó a cabo. Las jóvenes noches robadas a una generación crecida entre deseo y toque de queda están marcadas precisamente por la negación del principio de realidad a través de la contestación, del uso de las drogas, de la liberación sexual. En esta línea los recursos literarios empleados por el poeta reflejan formalmente la negación del orden establecido y permiten adoptar la percepción interna de la voz poética con la complexidad de elementos que conlleva y que se mueve entre alteración, cultura popular, referencias cultas. La música chicha[6], la imagen de Sarita Colonia[7], santa popular no reconocida por la religión oficial y que el poeta ahora acerca al mundo de la droga y al rock and roll, las casas de estera como las de los pueblos jóvenes, configuran el escenario de una posible degradación juvenil que se percibe con una emoción estética. La misma que sienten los lectores al final del poema frente a la fugacidad de la juventud y de la belleza en el último verso tomado en préstamo del célebre soneto de Góngora "Mientras por competir con tu cabello", y escrito en forma de escala como subrayando la posible caída:

---

5. El aspecto testimonial de los poemas del Movimiento Kloaka es desarrollado por Zevallos Aguilar (2002: 32-3).
6. La música chicha ha sido un fenómeno muy popular en el Perú de los ochenta. Se trataba de una fusión de música cumbia, de rock con influjos de música andina tradicional.
7. Para profundizar sobre el fenómeno de Sarita Colonia, véase Eduardo González Viaña, *Sarita Colonia viene volando*, Lima, Copé, 2004.

mientras mi banda se aleja
en tierra
en humo
en polvo
en sombra
en nada...

En la disposición tipográfica del mismo verso confluye, finalmente, otra intertextualidad de tipo visual conexa con el riesgo y la fascinación por la locura y procedente del "Poema del manicomio" de Carlos Oquendo de Amat, poeta puneño de la generación vanguardista:

Tuve miedo
y me regresé de la locura
Tuve miedo de ser
una rueda
un color
un paso [...]

Es en el poema "Clímaco", del libro *Dorada Apocalypsis* (2008), que Domingo de Ramos llega a tocar los núcleos generativos de la violencia. El título se refiere a un terrible hecho de crónica del 2001, cuando con 44 martillazos un joven de nombre Clímaco mató a una muchacha de 16 años. En el largo e impactante poema se reconstruye el imaginario del asesino, mientras el poeta parece perseguir los pasos de una locura subterránea hasta el momento mismo en que se realiza el crimen. Otro viaje dentro del horror guiado por una voz poética que, en lugar de juzgar, ilumina los rincones oscuros de la realidad y reinterpreta los elementos culturales que los pueblan. De los pishtakos[8] andinos a los mangas japoneses, De Ramos pone en acto toda la heterogeneidad de una "olla común" globalizada con referencias al cine (Bela Lugosi, el actor-intérprete clásico de Drácula, las películas de horror *Cape Fear* y *Angel Heart*), al mundo clásico griego (Tántalo), a perso-

8. El pishtako o pishtaco es un ser mitológico andino que se identifica con un hombre grande de rasgos occidentales que mata a los viajeros para robar su grasa.

najes de fantasía de los juegos virtuales en la red (los funestos desuellamentes), como rastreando los símbolos de una monstruosidad cotidiana que reside en el variopinto imaginario contemporáneo. Gracias a la técnica del *flash-back*, a algunos detalles temporales y espaciales diseminados a lo largo del poema, los lectores se encuentran repentinamente frente a la acción cruenta, para ser llevados al poco rato dentro la mente enferma del asesino en un recorrido, alucinado, inventando por el poeta, pero verosímil.

Con el poema "Clímaco", Domingo de Ramos, sin ninguna complacencia ni filtros morales, encara otra vez la ambigüedad de tratar desde una perspectiva estética el argumento de la violencia. Lo hace mediante un pasaje de la dimensión colectiva, político-social, a la esfera del acto individual que vuelve la operación más difícil aún. Con actitud parecida a la de Vallejo hacia la miseria y el dolor humano, el poeta rompe los mecanismos de la cotidianidad en todos los niveles, sabe leer la violencia y otorga espesor a su percepción, sustrayéndola a los mecanismos de cancelación o al contrario de espectacularización.

Esta actitud resultaba incómoda a la cultura oficial en los años 1980, cuando los integrantes del grupo poético eran considerados unos personajes marginales que vivían fuera de la sociedad civil. Sorprende cómo aún hoy, cuando los poetas de Kloaka tienen una trayectoria y una madurez artística reconocida, hay sectores de la sociedad peruana que se niegan a aceptar su contribución al debate político y cultural nacional. En 2012, cuando las celebraciones para los treinta años de la fundación del Movimiento Kloaka ya estaban anunciadas para el mes de agosto y auspiciadas por Petroperú, improvisadamente –con la complicidad de un programa televisivo de matriz conservadora en el que los poetas han sido ridiculizados por los periodistas–, la institución retira su participación al evento dejando entrever los mecanismos modernos de la censura. La respuesta artística a la violencia en el Perú de los años 1980 y 1990 fue también una forma de sobrevivir que hoy vuelve a ser negada con bajos mecanismos mediáticos que dejan vislumbrar el intento de cancelar los espacios ideológicos abiertos.

Bibliografía

Poemas de Domingo de Ramos

Poesía (1986). Paris: Kloaka Internacional.
Arquitectura del espanto (1988). Lima: Asaltoalcielo editores.
Pastor de perros (1993). Lima: Asaltoalcielo editores/Colmillo blanco.
Luna cerrada (1995). Lima: Asaltoalcielo editores.
Ósmosis (1996). Lima: Copé.
Las cenizas de Altamira (1999). Lima: La noche.
Erótika de clase (2004). Lima: El Virrey.
Pastor de Perros (2006). Lima: Estruendo mudo.
Dorada Apocalypsis (2009). Lima: Intermezzo Tropical y Tranvías Editores.
Cartas desde la azotea (2011). Lima: Grupo Editorial Mesa Redonda.

Textos críticos

BERNARDONI, Rodja (2010): "L'identità e la memoria. Scrittura e violenza nella letteratura peruviana negli anni del conflitto interno". Pisa, Tesis doctoral. <http://etd.adm.unipi.it/theses/available/etd-06292010-170321/>.

CARTA, Federica (2007): "Poesia e violenza nel Perù della 'guerra sucia'". Cagliari, Tesis de licenciatura. <http://www.tesionline.it/default/tesi.asp?idt=19550>.

CHUECA, Luis Fernando (2001): "Consagración de lo diverso. Aproximación a la poesía peruana del 90". *Lienzo*, 22, Lima.

LIMA, Paolo de (2003): "Violencia y 'otredad' en el Perú de los 80: de la globalización a la 'Kloaka'". *Revista de Crítica Literaria Latinoamericana*, XXIX, 58, Poesía y Globalización.

MAZZOTTI, José Antonio (2002): *Poéticas del flujo*. Lima: Fondo Editorial del Congreso del Perú.

PAU, Stefano (2009): "Conflitti culturali in Perù: La letteratura della violenza ed altre rappresentazioni artistiche della 'guerra sucia'". Cagliari, Tesis de licenciatura.

RONCHEZ, Vladimir (1983): "En la Kloaka. Una revolución poética que nace en los desagües". *Caretas*, 747.

ZEVALLOS AGUILAR, Ulises Juan (2002): *Kloaka, 20 años después*. Lima: Ojo de Agua.

— (2009): "Pensamiento crítico y necropolítica en el Movimiento Kloaka". *Revista Canadiense de Estudios Hispánicos*, XXXIV, 1. <http://fis.ucalgary.ca/ACH/RCEH/34/ZEVALLOS.pdf>.

De *Los inocentes* a los *Matacabros*: estética y violencia juvenil en la narrativa limeña

Annina Clerici
Universität Zürich

¿Cómo comunican los relatos literarios la violencia juvenil urbana en la segunda mitad del siglo xx? ¿Existe una "estética de la violencia" o se vislumbran transformaciones en la percepción y la representación de la violencia? Esteban, el protagonista del cuento "El niño de junto al cielo", es acaso el primer personaje literario de la narrativa peruana que sufre la violencia urbana ejercida en las calles limeñas. El relato de Enrique Congrains, publicado en su colección de cuentos *Lima hora cero* (1954), anticipa el papel de la gran urbe en la pérdida de la inocencia infantil. "El niño de junto al cielo" refiere la ruda inmersión en la capital peruana de un niño migrante, recién llegado a las barriadas del Cerro El Agustino. Engañado gracias a una artimaña por un supuesto amigo, quien lo despoja de sus diez soles encontrados en la carretera, Esteban se inicia en la ley de la calle: "Cansado de esperar, dejó el muro, mordisqueó una galleta y, desolado, se fue a gorrear el tranvía de vuelta. Lima le había dado su primera lección y él la aprendió bien" (Congrains 1992: 101). Asimismo, Oswaldo Reynoso destaca en sus "relatos de collera", publicados en 1961 bajo el título *Los inocentes*, el rol de la gran urbe en la pérdida de la inocencia juvenil. Las fechorías cometidas por los adolescentes de estos cuentos se explican con la precaria condición socioeconómica de los barrios limeños habitados por la baja clase media, cercana al lumpen.

La prosa de Congrains y Reynoso, ambos protagonistas de la llamada generación del cincuenta, da cuenta de los cambios socioeconómicos relacionados con la modernización. Las migraciones masivas y, por consiguiente, el crecimiento urbano a partir de la segunda mitad del siglo XX provocaron el deterioro de la seguridad social en las ciudades, como lo indica José Matos Mar en su estudio *Desborde popular y crisis del Estado*:

> Las condiciones de seguridad de la urbe se deterioraron aceleradamente, al mismo ritmo en que la lucha por la supervivencia se va haciendo implacable y se agravan la corrupción e ineficacia de las fuerzas policiales. En asentamientos populares y residenciales proliferan los mercadillos de drogas y la prostitución clandestina. Los asesinatos, los asaltos domiciliarios y callejeros, el robo de locales comerciales, industriales y bancarios, ya ni siquiera hacen noticia de primera plana en los diarios, a pesar de su frecuencia y escala. La violencia se convierte en un estilo de vida que se termina aceptando resignadamente (Matos Mar 1985: 88-89).

Sin embargo, la violencia urbana evocada por Congrains y Reynoso poco tiene en común con los hechos violentos narrados a partir de los años noventa en textos como *Al final de la calle* (1993) de Oscar Malca y *Matacabros* (1996) de Sergio Galarza.

Inocencia

En 1961, Oswaldo Reynoso (nacido en 1931) publica la colección de cuentos *Los inocentes*: *Lima en Rock*. José María Arguedas elogia el estilo del escritor arequipeño en el suplemento dominical de *El Comercio* del 1 de octubre de 1961: "Reynoso ha creado un estilo nuevo: la jerga popular y la alta poesía reforzándose, iluminándose. Nos recuerda un poco a Rulfo, en esto" (Reynoso 1991: 15). Los cinco relatos de collera –así el subtítulo– analizan el mundo de la baja clase media, cercano al lumpen. Los cuentos son interconectados, sirviéndose de los mismos personajes. Cada relato está dedicado a uno de los muchachos de la collera, su nombre figurando como título. Cara de Ángel, el Príncipe, Carambola, Colorete y el Rosquita se caracterizan por una fundamental ambigüedad entre su apariencia y su ser. Consciente del contraste entre cómo se debería mostrar frente a sus pares de la collera y cómo se siente en su profundo interior, el Colorete admite: "Mi campo es la calle. La Collera... Ahí soy atrevido. En la calle soy el capazote Colorete. Pero en los tonos me achico. Soy un cobarde" (ibíd.: 68).

Expresándose en jerga, estos jóvenes desearían ser hombres ya mismo. Ante la presión de la collera se exhiben como muy "pendejos", valientes, que fuman, beben, roban, faltan al colegio, se divierten en los prostíbulos, pero por adentro son adolescentes sensibles, tímidos, necesitados de amor. Compensan su profunda soledad con un rudo machismo. En una especie de síntesis interpretativa, el yo-narrador del último cuento presenta al Rosquita, el menor del grupo, como un niño triste cuya bondad está destinada a corromperse a causa de la sociedad y la ciudad en que le ha tocado vivir:

> Pero tú quieres ser bueno: lo sé. Si en algo has fallado ha sido por tu familia, pobre y destruida; por tu Quinta, bulliciosa y perdida; por tu barrio, que es todo un infierno y por tu Lima. Porque en todo Lima está la tentación que te devora: billares, cine, carreras, cantinas. Y el dinero. Sobre todo el dinero, que hay que conseguirlo como sea. Pero sé que eres bueno y que algún día encontrarás un corazón a la altura de tu inocencia (ibíd.: 77-78).

El segundo cuento, titulado "El príncipe", muestra por su elaborado sistema de enunciación una alta preocupación estética. Construido en forma analéptica, como un relato policial, "El príncipe" refiere el asalto y el robo cometido por su protagonista. Una noticia del diario *La Tercera*, incluida en el cuento, hace hincapié en la exageración de los medios de comunicación. Según el periódico, el Príncipe había asaltado a un indefenso cobrador, robándole diez mil soles. Más tarde, en su versión, el Príncipe culpa a este señor por haber hecho público la suma que llevaba en su cartera y por descender del bus en la misma esquina que él. El Príncipe admite no haber podido resistir la tentación al tiempo que revela que en la cartera solo había cinco mil soles.

Mientras que la primera parte del cuento gira alrededor de la descripción periodística del crimen y la envidia que suscita entre los amigos, quienes admiran al Príncipe por haber logrado el interés de la prensa, la segunda parte se dedica a la perspectiva del protagonista mismo. La cercanía entre el lector y los rocanroleros que el narrador crea en la primera parte mediante el discurso directo y el lenguaje popular, es reforzada en la segunda parte en la que establece una íntima complicidad con el protagonista. Al ser interrogado por la policía, el Príncipe contesta con monosílabos. De todo lo que sabe y a propósito calla nosotros nos enteramos gracias a los paréntesis ofrecidos por el narrador.

En estos paréntesis, el Príncipe se convierte en yo-narrador, invirtiendo la relación de poder en juego. La policía, aparente dueña de la situación, no recibe ninguna información. Para comunicarnos la versión del Príncipe, el narrador otorga la palabra al joven marginado de la sociedad, quien termina el relato con una constatación lacónica: "Sí, soy un cojudo [...]. Siempre con la misma vaina: eres un Príncipe, eres un Príncipe. ¿Y cómo, en la Ciudad de los Reyes, un Príncipe sin auto y sin plata?: la hueva, compadre" (ibíd.: 53).

Volviendo a la apreciación de Arguedas, me gustaría yuxtaponer esta última frase, como ejemplo de la jerga popular utilizada por Reynoso, a una descripción del atardecer limeño. Las imágenes poéticas a las que recurre el narrador demuestran la preocupación estilística del autor

> Llueve, llueve, llueve fino. Llueve líquido algodón. Silueta azul, sudorosa y agitada, torea autos y tranvías. Morado pálido el viento frío [...]. El asfalto brilla negro y el jebe de los zapatos amarillos resbala en el cemento. La neblina se deshace en la boca como helado de leche [...]. Olor a lluvia: transpiración densa de barro y cemento; vaho tibio de gasolina y asfalto [...]. El corazón está lleno de azúcar congelada [...]. La ciudad despierta de la neblina oscura y entra bulliciosa a la noche iluminada (ibíd.: 39).

Estas imágenes despiertan los cinco sentidos del lector, sumergiéndolo con todo su ser en el crepúsculo limeño. Para acentuar que la ciudad está regida por sus propias leyes, el narrador usa el oxímoron. En vez de animarse por la mañana, la ciudad despierta por la noche y la neblina transparente, gris, se convierte en oscura. La noche, en cambio, privada de la oscuridad, se ilumina. El ritmo de la vida se transforma para los protagonistas, quienes, fundamentalmente ociosos durante el día, se despabilan con el ocaso para lanzarse en la bulliciosa vida nocturna de la urbe, cuya actividad no cesa nunca. A mi modo de ver, es en el cuento "El príncipe" donde mejor podemos apreciar el virtuosismo de Reynoso en la combinación de la jerga popular y la alta poesía que menciona Arguedas.

Cabe enfatizar que los jóvenes retratados por Reynoso aún tienen sueños, son sensibles y necesitados de ternura. Además, aunque provengan de familias conflictivas, gozan de la solidaridad intergeneracional en el barrio. Como el título de la colección lo indica, Reynoso los considera "inocentes". Es más bien la sociedad la que, por un lado, los corrompe y, por otro, los mantiene en desamparo. Los actos delincuentes cometidos por el Príncipe y sus amigos deben servir a dos fines: adquirir dinero para, por ejemplo, comprarle algún regalo a la muchacha admirada y, sobre todo, recibir un poco de atención. En ningún momento Reynoso los presenta disfrutando sus fechorías.

Seducción

A partir de la última década del siglo XX, en un contexto sociohistórico dominado, según el filósofo chileno Martín Hopenhayn, por una "epidemia" de la droga y la violencia en la metrópoli latinoamericana, la narrativa limeña busca otros recursos literarios para reflexionar sobre estos fenómenos. Para Hopenhayn, los dos "fantasmas" –la violencia y la droga– han surgido por la acelerada expansión urbana, la pésima distribución del ingreso, la exclusión de la población joven tanto de la política como también del empleo y un creciente "desarraigo existencial" (Hopenhayn 2002: 69).

Es justamente sobre la precariedad del empleo y la perspectiva *no future* que versan *Al final de la calle* (1993) de Oscar Malca (nacido en 1958) y la versión fílmica *Ciudad de M* (2000), dirigida por Felipe Degregori. La quinta edición del libro, divulgado en el mismo año en que se estrena la película, incluye un prefacio con el título "Ciudad de M". Este corto texto de apenas cuatro páginas fue publicado en la revista *Debate* en diciembre de 1989 como testimonio autobiográfico. Malca, quien había crecido y vivido mucho tiempo en Magdalena del Mar, un barrio de clase media baja, había sido expulsado de los colegios, acabando en la calle a los 17 años, sin haber terminado la secundaria. Para él, Lima se reduce a una "jungla de cemento" (Malca 2000: 9) en la que solo los más fuertes sobreviven:

> En Lima quienes son –espiritual o físicamente– débiles, no sobreviven. Si uno no pertenece a la raza de los tiburones, tiene que ser suficientemente mosca como para no ser atrapado por sus fauces insaciables. Paradójico destino de la especie humana: al cabo de tantos siglos de civilización, vivimos otra vez como salvajes. Sólo la decoración ha cambiado. Seguimos siendo bárbaros (ibíd.: 10).

Mientras Reynoso evoca Lima como un lugar de ensueño, que estimula los sentidos y las esperanzas de los personajes, Malca presenta la ciudad como un espacio regresivo, donde sus habitantes se comen unos a otros. La veintena de secuencias narrativas que componen *Al final de la calle* refieren el inmenso aburrimiento del protagonista M y sus amigos: el Coyote, el Caníbal y Pacho. El tema principal es la búsqueda de trabajo de M y su indecisión de participar en el transporte de drogas hasta el aeropuerto de Miami. Los jóvenes de la collera de M matan el tiempo con alcohol, partidos de fútbol, drogas y con música rock. Desde el inicio, la búsqueda de trabajo está destinada al fracaso. No es solo la escasez de empleo, sino también la poca voluntad de M de esforzarse en un trabajo serio, pero duro y mal pagado. M y sus colegas sueñan con el dinero fácil del narcotráfico y una mejor vida en Miami.

No obstante, como lo dice el narrador, la "apatía y deterioro, violencia y seducción del barrio impide realizar estos sueños" (ibíd.: 175). Tanto la versión literaria como también la cinematográfica muestran la violencia con cierto cinismo, mas no hablan de una brutalidad ciega. El intento de violación colectiva, por ejemplo, es interrumpido porque la víctima, una prostituta, sufre de repente de un ataque epiléptico. Los personajes de Malca tienen escrúpulos siquiera mínimos. *Ciudad de M*, la película, recalca, en especial, la mala conciencia de su protagonista por haber participado en este intento de violación colectiva. No queda tranquilo hasta saber que la víctima no había muerto.

En la película *Ciudad de M* los personajes son seducidos por la violencia y la usan para incitar la amistad. La escena en la que M y el Coyote esperan en casa de Pacho luz verde para transportar la cocaína a Miami es clave en este sentido. Buscando algo que beber, el Coyote encuentra una pistola. Los siguientes minutos en los que el Coyote apunta el arma contra su amigo revelan la ambigüedad en que se hallan estos jóvenes. Completamente entregados al momento, con una inocencia casi infantil, el Coyote y M oscilan entre una actitud lúdica y una postura violenta al discutir, por un lado, conceptos profundos como la amistad y la traición y, por otro, el fracasado intento de violación colectiva. De un segundo a otro entran y salen del juego, gracioso y peligroso a la vez, desconcertándose. Aunque entrampados en el torbellino de la delincuencia, el poder, el dinero fácil y la violencia, no son capaces de desvincularse de los resultados de sus actos criminales. La posible muerte de la prostituta que la noche anterior habían intentado violar les preocupa de la misma manera que las consecuencias de su participación en el narcotráfico. Es preciso resaltar que los jóvenes evocados por Malca y Degregori muestran una preocupación ética. Aunque la violencia les seduzca, no les absorbe del todo. Aun bajo la influencia de las drogas, son capaces de arrepentirse, de desear una vida mejor y de mantener la solidaridad entre ellos.

La actitud cínica del protagonista se manifiesta, sobre todo, en el episodio que narra un atentado terrorista. Un "cochebomba" estalla mientras M y sus amigos se divierten en una discoteca. El pánico los hace salir y en este momento M se encuentra, frente a frente, con uno de los terroristas. Como si no hubiera visto nada, regresa a la discoteca. Poco después oye otra detonación. Recién entonces se lamenta de no haber pensado en la recompensa: "[…] cómo no pensé en la recompensa por los terrucos, carajo" (ibíd.: 113). Acordémonos de que en los dos años anteriores a la publicación de *Al final de la calle*, Sendero Luminoso cercaba la ciudad de Lima. Como bien dice Carmen Tisnado en su ensayo sobre *Al final de la calle*, el cinismo "es un mecanismo que puede atenuar el sentimiento de miedo incontrolable". Cuando la violencia forma parte de la vida cotidiana se requiere de estrategias de autodefensa eficaces. Según el sociólogo Gonzalo Portocarrero, el cinismo es una postura corriente entre la juventud urbana peruana, especialmente entre los grupos marginales (Tisnado 2010: 24).

En comparación con los relatos de Reynoso, la obra de Malca presenta una elaboración estilística diferente. Las imágenes poéticas utilizadas por Reynoso en el retrato de la gran urbe contrastan con el laconismo de Malca, quien constata en su testimonio autobiográfico que "Lima es tal como es y punto" (11). El narrador de *Al final de la calle* describe la noche limeña de manera seca, aludiendo a la "jungla de cemento" con sus eternas luchas por la supervivencia: "El cielo negro no exhibía una sola estrella, apenas unos densos nubarrones que tapaban y destapaban la media luna. Sobre el techo de uno de los altillos de la cuadra, [M] distinguió el lomo arqueado de un gato que se preparaba a luchar con otro animal que no logró identificar" (52). A nivel discursivo Malca logra recrear el nihilismo de sus personajes. Sus personalidades indecisas y constantemente bajo la influencia de las drogas encuentran su expresión en la estructura inconexa, arbitraria de los fragmentos narrativos. El final de la narración cristaliza este proceder estilístico:

> Qué mierda, tenía que decidir algo. Estaba harto de la vida que llevaba, pero Coyote tenía razón, ni él mismo sabía qué era lo que bloqueaba su capacidad de decisión, manteniéndolo en esa especie de hibernación de la voluntad con que cotidianamente hacía frente a su destino; de hecho no sólo era el miedo lo que lo paralizaba (219-220).

M es incapaz de tomar alguna decisión: lo invade el sinsentido de una vida sin futuro. El narrador dice que no son solo el miedo y la inercia lo que evitan la toma de decisión. No nos dice, sin embargo, qué es aquello otro. Quizás porque tampoco lo sabe.

Violación

Sergio Galarza (*1976) tenía veinte años cuando publicó *Matacabros* (1996), su primera colección de cuentos. Los ocho relatos de la colección tematizan luchas de pandillas callejeras, robos, vandalismo, narcotráfico y suicidio. Los jóvenes evocados se sumergen en excesos de droga, alcohol y violencia. "Esperando a Alice" refiere, por ejemplo, una violación colectiva, donde la monstruosidad del grupo transforma la empatía inicial del yo-narrador en indiferencia. Demasiado borracho para defender a la muchacha de la que está enamorado, el narrador solo tiene una vaga idea de lo que hacen sus colegas de la pandilla. Cuando el narrador regresa a su barrio después de haber pasado un año en España, se encuentra con el padre de Alice. Por él se entera de que Alice, efectivamente, había sido violada aquella noche de fiesta. Según el padre habían tenido que internarla en una clínica porque "se pasó de vueltas y le reventó el cerebro" (Galarza 1998: 32). El destino de la chica que alguna vez le había inspirado sentimientos amorosos no le causa la menor impresión. Su única reacción es dirigirse al baño para meterse "un par de tiros de coca" (ibíd.: 32).

Los personajes de *Matacabros* se caracterizan por su falta de sensibilidad, de valores éticos, de culpa y arrepentimiento. "Matacabros", el último y emblemático relato de la colección, condensa la brutalidad ciega y el cinismo de estos personajes. Un viernes o sábado por la noche, sin saber a qué dedicarse, algunos jóvenes pasean en coche por las avenidas de Miraflores, buscando pleito. Para subrayar la ausencia de sentimientos el narrador se sirve de un tono escueto. La descripción de la noche limeña se limita a una reflexión breve sobre la oscuridad: "Polo se queda en el carro. Observa el cielo oscuro, sin una estrella que ilumine las calles, ni lluvia que moje las veredas. La luna tampoco ha salido, ¿o es que está tan lejos que no puede verla?" (79). El narrador sugiere que estos jóvenes, envueltos en la oscuridad de sus andanzas turbias, ya no logran ver la luz. Acaso la luna permanece invisible para ellos. De puro aburrimiento y por el placer de la violencia, terminan masacrando un travesti:

> Lucy está en el suelo. El resto se le tira encima y comienza a golpearlo.
> –¡Toma, cabro de mierda!
> –¡Muere por maricón!
> –¡No queremos volver a verte!
>
> Están eufóricos. [...] Lagarto se baja la bragueta y orina apuntando a la cabeza de Lucy. Polo y Apache lo imitan. Ríen como enajenados, como hue-

> vones que no entienden qué les pasa, fuera de sí. Hasta que sus miembros erectos dejan de chorrear y se suben las braguetas (ibíd.: 80-81).

Mientras la posible muerte de la prostituta genera preocupación en los personajes de *Al final de la calle*, los jóvenes de "Matacabros" no dan ninguna muestra de mala conciencia o arrepentimiento frente a la muerte de Lucy: "Suben al carro. Desde allí observan el cuerpo inerte de Lucy, su cabellera negra con rayitos de sol, su rostro, o lo que queda de él. Lucy, Lucy muerta como un gato arrollado" (81). Muy seco, el narrador presenta a unos jóvenes ajenos a la empatía con la especie humana o la vida en general.

Por su estilo escueto que remite a Bukowski los críticos literarios peruanos vinculan a Galarza con el *Dirty realism*[1]. En "Letter from Peru: Pathways of the New Peruvian Narrative", Ricardo Sumalavia Chávez destaca que la narrativa del *realismo sucio peruano* –encabezada por Oscar Malca– encontró rápidamente seguidores como Galarza:

> Under the influence of authors like Charles Bukowski, Bret Easton Ellis, or Douglas Coupland, and emulating Latin Americans, Peruvian narrators of the nineties, headed by Oscar Malca, assimilated a prosaic and irreverent discourse, as well as a thematic structure in which the marginalized characters, the youth without space for development, protest and change what will be their new moral (Sumalavia Chávez: s/f).

Como bien señala Sumalavia Chávez, el vínculo entre Malca y Galarza, estos *neorrealistas exacerbados* como los llama Ricardo González Vigil, y la prosa de Oswaldo Reynoso en *Los inocentes* queda patente. No obstante, la narrativa limeña dedicada a la representación de la violencia

1. El *Dirty realism* fue acuñado por Bill Buford en la revista *Granta*: "Granta 8: Dirty Realism" (1983): "Dirty realism is the fiction of a new generation of American authors. They write about the belly-side of contemporary life – a deserted husband, an unwed mother, a car thief, a pickpocket, a drug addict – but they write about it with a disturbing detachment, at times verging on comedy. Understated, ironic, sometimes savage, but insistently compassionate, these stories constitute a new voice in fiction" (<http://www.granta.com/Magazine/8>, 18.07.2011). Sobre la influencia de Bukowski en Galarza, véase Ágreda (2005) y Bossi (2001).

juvenil ha pasado por un proceso de transformación estética a lo largo de la segunda mitad del siglo xx. Reynoso retrata a jóvenes inocentes, viviendo en una sociedad que les corrompe y los hace violentos. El estilo de Reynoso se caracteriza por la virtuosa combinación de la jerga popular y la alta poesía. Su función es presentar al lector la complejidad y la fragilidad del mundo juvenil en una sociedad agresiva. En la narrativa de Malca los jóvenes son seducidos por y conscientes de su accionar violento en respuesta a una sociedad que, aunque no les provee de oportunidades, no cuestionan. El laconismo, la estructura inconexa y la arbitrariedad de los fragmentos narrativos están al servicio de la recreación de la mentalidad nihilista de la juventud urbana. Finalmente, en los relatos de Galarza la sociedad desaparece, dejando a los personajes a merced de su propios impulsos. Los jóvenes son la violencia y gozan la violación. El estilo anecdótico, irreflexivo, intensivo en el uso del lenguaje peyorativo, tiene como función reproducir la urgencia y el hedonismo de estos jóvenes sin ninguna perspectiva para el futuro.

Bibliografía

Ágreda, Javier (2005): "Galarza de vuelta al barrio". *LaRepública.pe*, 2 de abril. <http://www.larepublica.pe/02-04-2005/galarza-de-vuelta-al-barrio> (31 de agosto de 2011).

Bossi, Sandro (2001): "Bukowski y su malsana influencia". *Ciudad Letrada* 4. <http://www.librosperuanos.com/autores/sandro-bossio3.html> (31 de agosto de 2011).

Congrains, Enrique (1992): "El niño de junto al cielo". En: Jonathan Cavanagh (ed.). *El libro de oro del cuento infantil peruano*, tomo II. Lima: Peru Reporting, 87-101.

Galarza, Sergio (²1998): *Matacabros*. Lima: San Marcos.

Hopenhayn, Martín (2002): "Droga y violencia: fantasmas de la nueva metrópoli latinoamericana". En: Mabel Moraña (ed.). *Espacio urbano, comunicación y violencia en América Latina*. Pittsburgh: IILI.

Malca, Oscar (⁵2000): *Al final de la calle*. Lima: Libros de Desvío.

Matos Mar, José (1985): *Desborde popular y crisis del Estado*. Lima: IEP.

Reynoso, Oswaldo (⁴1991): *Los inocentes, relatos de collera*. Lima: Colmillo Blanco.

SUMALAVIA CHÁVEZ, Ricardo (s/f): "Letter from Peru: Pathways of the New Peruvian Narrative". *Context,* 16. <http://www.dalkeyarchive.com/book/?fa=customcontent&GCOI=15647100103320&extrasfile=A1261005-B0D0-B086-B6B6103774F22A9D.html> (31 de agosto de 2011).

TISNADO, Carmen (2010): "Al final de la calle: Lima, Ciudad de M". *Dissidences. Hispanic Journal of Theory and Criticism*, 6&7, primavera, 1-36.

Além das margens. A literatura e a favela

Roberto Francavilla
Universidade de Génova

Premissas

Esta minha contribuição nasce sobretudo como "pro-memória" para questões que estão a ser enfrentadas no debate atual e de outras que, a meu ver, mereceriam ser enfrentadas, sobre o relacionamento entre o conceito "favela" e o campo da Literatura, segundo o eixo desenhado pelo discurso da exclusão. A estrutura deste artigo constrói-se a partir de três linhas principais (tematologia, *corpus* e legitimação) e visa a investigar a literatura de favela como texto de militância social, texto de esperimentação, texto de comunicação intertextual com as linguagens quer da cultura erudita quer da cultura popular, nomeadamente as conexões com a improvisação poética e o fenómeno do assim chamado "cordel urbano".

A minha abordagem, portanto, não é sociológica nem antropológica, embora neste caso o campo literário se abra forçosamente para uma análise que não pode prescindir destes instrumentos. Porém, o enfoque sobre esta matéria é sobretudo literário, isto é, temático, formal, com atenção à dimensão intertextual, à história da literatura brasileira (as matrizes, as correntes, a construção da identidade nacional e do imaginário) e finalmente à questão da voz e da representação: quem fala, quem escreve, a quem pertence a voz, com que legitimidade essa voz representa a marginalidade e com quais instrumentos essa voz (ou, se quisermos, esse "discurso") obtém acesso ao campo literário.

São perguntas afins ao exemplar "*can the subaltern speak?*" com que Gayatri Spivak animou o debate dos *Cultural Studies* e dos *Subaltern Studies* dos últimos vinte anos e mais. A esta pergunta será também interessante acrescentar outra: "*how does the subaltern speak?*".

A partir duma reflexão sobre a questão do conflito social através da representação da marginalidade e sobre o subproletariado urbano como símbolo da degradação e das contradições que minam o desenvolvimento do Brasil, a favela pode ser lida como espaço de alienação, deterioração do tecido coletivo, de toxicomania, banditismo, violência, mas também como laboratório cultural em contínua efervescência e como espaço de criação de novas linguagens e modos da representação.

Cada dia no mundo mais de duzentas mil pessoas deixam as próprias casas e as próprias terras para mudarem-se para uma grande cidade, sem qualquer recurso, tornando-se assim "abusivos". A comunidade de abusivos no mundo é enorme: uma em cada seis pessoas. Em 2030, serão uma em quatro pessoas.

Sobre a favela: exclusão, marginalidade, criatividade

A exclusão passa pela palavra. Os excluídos são subjectividades/cidadãos que pertencem ao lugar do "fora", segundo a concepção topológica da cultura e da sociedade bem analizada por Alain Touraine e por Michel Foucault. A filosofia política debate ainda hoje uma velha questão: como é que os excluídos chegaram a ocupar este espaço, como foram levados a esta posição? Quais as dinâmicas dum processo histórico e político de vulnerabilização social, de desestabilização progressiva que levaram para a construção do lugar que chamamos "fora" e que, simbolicamente, utiliza a margem como limite também semântico desta condição? No conceito de margem e de exclusão estão inevitavelmente implicadas experiências de poder e de hegemonia. "Nós" (o sujeito autorreferencial, burguês, ocidental) estamos colocados aquém da margem.

Na Idade Média, por exemplo, a exclusão colocava (com um corte definitivo) fora da sociedade o leproso, o apestado, o herético. Hoje a exclusão (através de dinâmicas só aparentemente menos brutais) afeta os prisoneiros e ameaça afetar os homossexuais e mais uma vez os doentes epidémicos (por exemplo os de SIDA), os migrantes, os vagabundos (*sans papier, homeless*). Em geral, os que não têm poder suficiente para se manifestarem e – em termos culturais – para representar a própria identidade. A questão de base é de facto o poder. Como no caso do colonialismo, a exclusão social dos favelados é um exemplo clássico de dominação hegemónica que implica exercício do poder, controle e marginalização. Em suma: *Les damnés de la terre*, para citar um clássico de Frantz Fanon.

Foucault, interrogando uma cultura sobre as suas experiências-limite, fala do "dehors", do "fora", elaborando uma leitura da exclusão através das instituições, das regras, do saber, da tecnologia e dos seus dispositivos, entre eles, em particular, a língua. Por isso, no meu ver, insisto na literatura como um dos territórios mais importantes onde estas dinâmicas se põem em ação e se tornam legíveis ("ler" é de facto o nosso trabalho). Na palestra que inaugura o seu ciclo no College de France, o filósofo afirma: "Dans toute socicté la production du discours est a la fois contrôlée, selectionée, organisée et redistribuée par un certain nombre de procédures qui on pour rôle d'en conjurer le pouvoirs et les dangers, d'en maîtriser l'événement aléatoire, d'en esquiver la lourde, la redoutable materialité" (Foucault 1971: 10).

Salvo raras exceções, a projetualidade urbanística funciona perfeitamente como espelho dum sistema hierarquizado. Paul Virilio, em *Ville Panique* (*Cidade pânico*, título terrivelmente paradigmático), retoma uma frase antiga mas ao mesmo tempo muito atual de Pierre Mac Orlan, que em 1924 disse: "A cidade futura não será outra coisa se não a ampliação solene duma sala de tortura". Hobsbawm (1972), em *Os Revolucionários*, lembra também que, seja o que for, a cidade é contemporaneamente uma concentração de pobres e, na maioria dos casos, o lugar onde se exercita o poder político que determina as suas vidas. Estes dois conceitos contêm, como é óbvio, uma potencial explosividade.

Para citar o caso duma grande metrópole brasileira, hoje, no Rio de Janeiro, uma população superior a dois miliões de pessoas é favelada. O surgimento da *neofavela*, conceito recente a que voltarei em breve, representa de facto o fracasso do planejamento urbanístico e do seu relacionamento implícito com a sociologia e a economia: a favela funciona como agregação de marginalizados cujo traço comum é a pobreza, e os pobres são uma categoria da exclusão por antonomásia (embora hoje favelado não signifique necessariamente pobre). Fala-se aqui da pobreza na sua vertente não idealizada, como condição social que cria violência.

Darcy Ribeiro (em *O Dilema da América Latina*) lembra-nos que as massas dos marginais não são reservas de mão de obra, mas sim excedências de força-trabalho que o sistema produtivo moderno não consegue absorver. Neste sentido, são seres humanos não ocupados porque não 'ocupáveis' (Ribeiro 1971). Roberto Schwarz acrescenta uma hipótese interessante e talvez provocatória: a sociedade atual cria cada vez mais "sujeitos monetários sem dinheiro" que, paradoxalmente, são o resultado não do atraso, mas sim do progresso.

Roberto Schwarz (1999) utiliza de propósito (como o escritor Paulo Lins) o termo "neofavela" para se distanciar do conceito antigo da favela: o morro do *Orfeu Negro*, o "pintoresco" mulato de enorme sucesso, ainda hoje, na imagologia brasileira (e estrangeira). Ao contrário, a neofavela é o território do narcotráfico, da corrupção e da conivência entre bandidos e parte da polícia, um lugar que escapa a qualquer forma de maniqueísmo. Em *Cidade de Deus* (Lins 1997), um dos textos paradigmáticos da relação favela-literatura, existe sempre uma sobreposição (e não uma alternância) do bem e do mal. Bem e mal são contidos no mesmo evento, na mesma personagem. No mesmo romance, a própria estrutura topográfica da favela, que retoma a traça do gueto medieval (os becos, as esquinas), provoca e evoca o sentido de medo e o risco que incumbe sempre, cada vez que uma personagem se movimenta, dando origem a uma espécie de coreografia da ânsia e de repetitividade obsessiva: tiroteio, violação, consumo e venda de droga, vingança, fuga, assassínio, traição, roubo. Afirma Schwarz:

> As fugas e as perseguições mostram a favela como uma sucessão de muros precários, quintais e becos, onde quem dá volta para surpreender o ou-

> tro pelas costas topa de frente com o terceiro que não queria encontrar etc. A intensidade e o perigo das ações, bem como a nitidez do cenário, como que concebido sob encomenda, criam uma certa empatia, a que entretanto a brutalidade monstruosa logo tira o sabor de aventura. Sobra uma espécie de compreensão atônita (Schwarz 1999: 164).

Quando a sociologia norte-americana dos anos 1960 começou a se interessar pelos problemas dos guetos negros, tornaram-se evidentes algumas contradições e algumas linhas de reflexão válidas ainda hoje. As patologias do gueto se autoperpetuam e dali nasce um mundo de instabilidade cujas imediatas consequências são a delinquência, a toxicomania, a violência. Mas não obstante tudo isto, sobressai-se outra vertente fundamental, ou seja o outro lado da moeda. Kenneth B. Clark (1965) lembra-nos que o gueto é fermento, paradoxo, conflito e dilema; e todavia, dentro da sua patologia, existe uma surpreendente e humana faculdade de recuperação. O gueto é esperança e desesperação, aspiração para a mudança e apatia. É colaboração e suspeita. Outro importante conceito sugerido pelo sociólogo é que, ao lado do sobrepovoamento, da construção civil de tipo ínfimo, da alta mortalidade infantil, da alta percentagem de crimes e doenças, existem comportamentos grandiosos que constituem uma espécie de irónica compensação: um bom exemplo é a construção autorreferencial da personagem do bandido.

Tematologia

A construção autorreferencial da personagem do "bandido" é de facto um dos pontos mais relevantes na tematologia da literatura de e sobre favela, e ao mesmo tempo uma das possíveis respostas às perguntas seguintes: como narram, como representam os favelados esta sua condição? Quais os temas que participam da construção do texto literário que os representa?

Dum ponto de vista tematológico, portanto, podemos enfocar alguns tópicos: a identidade do favelado, entre autorreferência e discriminação não raramente racial; a estereotipização do banditismo como "estilo de vida" (no cinema os mafiosos de Coppola, no Brasil, em forma mais grotesca, os bandidos de Rogério Sganzerla) que têm a ver com a aquisição da fama (e portanto de identidade), com a afirmação que chega quando a favela "fala" do bandido. São evidentes as analogias com o "ABC" do cordel (pensemos na personagem de Balduíno no romance *Jubiabá*, de Jorge Amado) e com os jagunços do sertão. No fundo, a linha da violência unida ao banditismo é a mesma que se afirma no tema da jagunçagem na narrativa regionalista dos anos 1930. E também naquela forma de "violência inofensiva" que é mais desafio à autoridade e valorização do etos da malandragem, como bem lembra Tania Pellegrini (2008), como possibilidade concreta de representação de um certo caráter nacional: pensemos em *Macunaíma*, mas também nas personagens dum precursor como João Antônio, com a oposição entre otários/integrados e malandros/marginais, ou ainda na *Ópera do Malandro*, de Ruy Guerra e Chico Buarque. Em 1966, o artista Hélio Oiticica (que quatro anos mais tarde iria lançar o provocatório manifesto "Seja marginal, seja herói") realizou uma homenagem ao bandido mais procurado do Rio, Cara de Cavalo: a obra continha imagens do bandido executado pela polícia com apenas vinte e dois anos. Oiticica afirmou: "Eu quis homenagear o que penso que seja a revolta individual social: a dos chamados marginais. Tal ideia é muito perigosa mas algo necessário para mim: existe um contraste, um aspecto ambivalente no comportamento do homem marginalizado: ao lado de uma grande sensibilidade está um comportamento violento e muitas vezes, em geral, o crime é uma busca desesperada de felicidade" (Duarte 1998: 63).

Deste tema faz parte também uma certa romantização do crime e, na sua representação, os limites implícitos duma ambígua "estética da violência" (com a objetivização enfática e obsessiva das piores torpezas humanas, não raro com derivas escatológicas e pornográficas). Como havia intuído Barthes: o real como fetiche.

Outros temas são ainda o do racismo, o da crítica à burguesia progressista nas suas frágeis posições entre paternalismo, exotismo e radical cegueira para com as mais evidentes provas de conivência entre favela e cidade formal. Num texto de Preto Ghoéz, "Cultura e Poder" (Ferréz 2005), emerge nítida a crítica para com uma certa atitude "trendy" ("todo o mundo quer ser favela!"), citando até o caso de algumas agências francesas como Exotictours e Favelatours que organizam visitas às favelas do Rio e de São Paulo assim como outras organizam viagens nas zonas de guerra, alimentando o *voyeurismo* atroz de estrangeiros curiosos e excitados porque "sentem" por perto a presença do perigo.

E mais: a análise dos símbolos eventuais como o lixo, tão típico do imaginário pós-moderno e núcleo duma lógica binária em que ao diferente relacionamento com o lixo corresponde a posição na hierarquia social. Afirma José Carlos Rodrigues (1995: 75): "Uma sociedade higienizada é uma sociedade hierarquizada e quanto mais próxima do centro do poder, mais distante da sujeira, e quanto mais periférica em relação ao centro, tanto mais íntima com a sujeira". Este universo dicotómico (a que correspondem as oposições "barraca/casa de alvenaria", "luz/sombra", "brancos/negros", "integrados/marginais", "lixo/luxo" é evidente num texto como *Quarto de Despejo*, diário da favelada Carolina Maria de Jesus, que cata lixo e papel para sobreviver.

A este propósito surge outro tema fundamental: o lugar. O deslocamento rápido, transitório e funcional do bandido que sai da favela ("descer" mais do que "sair" seria o verbo mais utilizado especialmente no caso do Rio), age (ou seja "ataca") e desaparece da cidade para a não-cidade, numa topografia quase medieval do espaço.

E finalmente: as correspondências reais ou não entre realidade, imaginário brasileiro e a fruição exotista-paternalista por parte de leitores estrangeiros (análise imagológica) de textos sobre favela escritos por estrangeiros (reportagens, diários de viagem). No Brasil quarenta e cinco mil pessoas por ano morrem vítimas de violência na favela: isto claramente não condiz muito com o mito da cordialidade e da não-violência do brasileiro.

Corpus

Quando falamos de literatura e favela temos obviamente que considerar um *corpus* textual heterogéneo, afim ao que ainda Bernard Mouralis (1975) e pouco mais tarde o sociólogo inglês Dick Hebdige definiam como "contra-literaturas" ou "atividade de escrita *underground*", em que o termo *underground* absorve a grande carga simbólica do subterrâneo, do obscuro, do baixo, do "fora" foucaultiano e que tem, entre as suas raízes, o "*underworld*" da época elizabetiana.

Podemos tentar traçar uma história do género a partir do início, mas temos que manter clara a linha de separação entre, por esquematizar de forma aproximativa, textos sobre a favela escritos por escritores não favelados e textos escritos por favelados. Neste segundo *corpus*, salvo expressões de menor relevância, serão incluídos apenas três casos: Carolina Maria de Jesus, ainda em 1960, e mais recentemente Paulo Lins e Ferréz (anos 1990 e início do século XXI).

O *corpus* da literatura sobre favela contém a narrativa propriamente dita, ou seja contos, romances ou também peças teatrais como *Feliz Ano Novo*, de Rubem Fonseca, livro sequestrado pela censura no final dos anos 70, entre os primeiros a explicar, dum lado, a mais crua representação da violência e, do outro, as evidentes alterações do idioleto; ou ainda antes os contos de *Os Prisoneiros*, que segundo Alfredo Bosi inauguram a narrativa chamada brutalista e que António Cândido definiu "realismo feroz"; e também a dramaturgia de Plínio Marcos (*Navalha da Carne*, 1967) e em particular obras como *Barrala* (proibida pela censura durante 21 anos, escrita no final dos anos 50), e *Dois Perdidos numa Noite Suja*, em 1966.

Outro género, desta vez pertencente à literatura escrita *por* favelados e não *sobre* favelados, é o dos diários redigidos por desconhecidos, como: *Quarto de Despejo*, de Carolina Maria de Jesus (1960, cuja continuação, menos original, é constituída por *Casa de Alvenaria*); *Queda para o Alto*, de 1982, diário de Sandra Mara Herzer, *transgender* com identidade masculina de nome Anderson Herzer (falecida com 20 anos em circumstâncias ainda misteriosas); as memórias da *junkie* Esmeralda do Carmo Ortiz (*Porque não Dancei*, 2000), trágica viagem na São Paulo da droga e da prostituição infantil.

Duas palavras merece o texto de Carolina. São Paulo, em 1954, tinha inventado um *slogan*: "A cidade que mais cresce no mundo". Era a época da modernização, da indústria, do desenvolvimento definitivo dos transportes urbanos. Começava a era Kubitscheck (1956-1961). Todavia, era também o período das mais flagrantes dissimulações da discriminação racial, da exaltação acrítica do sincretismo cultural, que escondia as impiedosas desigualdades sociais e a condição subalterna dos afro-descendentes.

O universo de Carolina é fortemente dicotómico, centrado no binómio "luxo/lixo". O seu maniqueísmo *naïf* raramente compreende a hipótese duma conivência entre oposições. A sua máxima aspiração política é que o poder se empenhe em transformar os *favelados* em burgueses, as barracas de papelão e lata, em casas de alvenarias, ignorando um conceito base que rege a construção da sociedade em que ela vive, ou seja que a prosperidade de poucos (o *luxo*) é produzida em boa parte pela exploração e pela exclusão duma massa de marginais (o *lixo*). A piedade e o paternalismo são apenas frágeis paliativos morais. Ainda por cima, nos anos 1960 os intelectuais adotam uma perspectiva absolutamente idealizada em relação aos marginais e essa imagem entra em crise com o surgimento da figura da Carolina, tão complexa e contraditória. Não heroína dum pauperismo romântico adaptado à sociedade capitalista e consumista, mas sim antimodelo, autoreferencial, individualista, distanciada das grandes motivações ideológicas, de qualquer militância partilhada no plano coletivo, de classe; uma vencida da vida à procura obsessiva do bem-estar e do sucesso individual. Carolina não autoriza a sua inclusão no catálogo do romantismo revolucionário, do qual soube afastar-se, na época, tampouco a projetualidade estética e política do *Cinema novo*: nem a miséria, nem a cor da pele, nem as implicações de género representam nas intenções da favelada de Canindé uma verdadeira bandeira.

Mais recentemente, temos o surgimento de outras obras de literatura de favela, não raro colocadas entre ficção e documentarismo. Entre essas, romances desenvolvidos a partir de reportagens ou ensaios antropológicos, como *Cidade de Deus*, de Paulo Lins (1997), e *Estação Carandiru*, de Dráuzio Varella (1999), e reportagens onde se mistura a base da realidade com uma linha narrativa (*docufiction*), novo realismo, romance-reportagem, literatura-verdade, depoimentos, testemunhos. Desta linha faz parte o trabalho de Celso Athayde e MV Bill (que cresceu na Cidade de Deus), *Cabeça de Porco*, escrito com Luiz Eduardo Soares, então subsecretário de Segurança Pública do governo federal do Rio de Janeiro, mas também sociólogo com doutoramento em filosofia política. Ou ainda os volumes dedicados à relação entre infância, mulheres e narcotráfico na favela e que animam o projeto *Falcão*, entre 1998 e 2006.

Finalmente, assistimos à emergência de uma série de textos militantes nos quais a busca de novos estilos e linguagens e uma certa experimentação une-se a uma reivindicação panfletária, agressiva e provocatória, como nos textos do assim chamado "terrorismo literário" recolhidos nos últimos anos pelo escritor militante Ferréz, na antologia *Literatura Marginal*, ou ao fenómeno do cordel urbano do escritor e performer Gato Preto, onde constatamos a elaboração de novas hipóteses sobre a linguagem literária (com forte inclusão do léxico da favela e com a influência das linguagens dos guetos norte-americanos, do romance afro-americano, da cultura hip-hop e das suas conexões com a improvisação poética, o *spoken word* e o *poetry slam*) e, finalmente, à experimentação duma escrita agressiva como sintoma dum conflito latente.

Legitimação

O surgimento dentro da galáxia teórica pós-estruturalista das áreas dos *Border Studies* e dos *Subaltern Studies* tem implementado bastante a discussão sobre a questão da necessidade duma legitimação da literatura da margem: dum lado, de forma militante, por parte do "marginal" (um bom exemplo é o grito iconoclasta, dir-se-ia quase vanguardista de Ferréz) e doutro lado, obviamente, por parte da cultura institucional e académica, da crítica, da editoria e da mídia. Limitemos a discussão ao campo da literatura, tudo isto num país extremamente vivo e interessante culturalmente, mas em que hoje, do ponto de vista da produção de literatura, os escritores são quase todos homens, brancos e pertencentes à classe média.

Em princípio temos outra vez a oposição tradicional entre escrita e oralidade, entre "obra" (categoria do "estruturado", que pertence à unidade da nossa tradição) e não-obra (categoria do informe, do fragmentário, do palimpsesto). Subindo um degrau, temos outra vez uma oposição clássica entre o conceito ambíguo de "literatura menor" e de literatura "alta".

A crítica das últimas décadas tem ajudado bastante para a elaboração dum contra-cânone ou até dum novo cânone literário produzido pela subversão das hierarquias hegemónicas entre centro e periferia. Penso por exemplo nas posições fundamentais de Bell Hooks (*Choosing the Margin as a Space of Radical Openness*, ensaio de 1991), úteis também para elaboração do conceito de "negritude pós-moderna" (*postmodern blackness*), uma das linhas de construção de identidade mais praticada na favela, não apenas através da literatura, mas também através da performance, do *hip hop*, da improvisação poética.

Em todo o caso a pergunta é: quais os parâmetros que determinam a inclusão do texto da marginalidade (caso aconteça) dentro do campo literário? Seria interessante ouvir uma resposta possível pela voz dos protagonistas.

Em *Literatura Marginal – Talentos da Escrita Periférica*, Ferréz escreve um texto introdutivo cujo título – "Terrorismo literário" – bem explica as intenções do movimento, em que se podem ler estas palavras:

> Sabe duma coisa, o mais louco é que não precisamos de sua legitimação, porque não batemos na porta para alguém abrir, nós arrombamos a porta e entramos [...] e somos marginais, mas antes somos literatura, e isso vocês não podem negar; podem fechar os olhos, virar as costas, mas, como já disse, continuaremos aqui, assim como o muro social invisível que divide este país (Ferrez 2005:10).

O texto se abre de facto com a dicotomia "capoeira/palavra", seguida por outra dicotomia exemplar: literatura "boa" (feita com a caneta de ouro) *versus* literatura "ruim" (escrita com o carvão). Para legitimar o próprio discurso – eis o paradoxo – Ferréz recorre a um paradigma absolutamente *highbrow*, ou seja um dos modelos da literatura do século XX: Kafka. A obra do escritor praguês seria literatura "menor" enquanto criada para um público "menor" (os judeus de Praga) numa língua "maior" (o alemão).

Como afirmou Benjamin, as imagens são cristais de legibilidade histórica. Qual é hoje em dia a imagem da favela que a literatura e, em geral, a arte nos oferecem? A resposta reside num corpo nunca concluído, numa arquitetura natural de materiais heteróclitos em contínua luta contra o tempo meteorológico. Num corpo cheio de microprojetos e corrompido ao mesmo tempo pela ausência total dum macroprojeto. Um corpo construído dia após dia através da reciclagem, da progressão em *patchwork*, e cujo resultado, também indefinido, é uma espécie de babel declinada em desordem e paradoxo. Em suma a representação perfeita da grande categoria da contemporaneidade, o híbrido.

Em tudo isso, a pobreza faz da exclusão uma contingência. Um jornalista norte-americano, Robert Neuwirth, relatou os resultados duma longa reportagem nos bairros abusivos de meio-mundo, inclusive Rocinha, uma das maiores favelas brasileiras, situada no Rio de Janeiro. O livro chama-se *Shadow cities*. E a voz, muitas vezes um grito, que se levanta destes territórios marginais é a mais espontânea estratégia para que às "cidades-sombra" não correspondam "humanidades-sombra".

Bibliografia

CLARK, Kenneth B. (1965): *Dark Ghetto. Dilemmas of Social Power*. New York: Harper & Row.

DUARTE, P. S. (1998): *Anos 60: Transformações da Arte no Brasil*. Rio de Janeiro: Campos Gerais.

FERRÉZ (2005): *Literatura Marginal – Talentos da Escrita Periférica*. Rio de Janeiro: Agir.

FOUCAULT, Michel (1971): *L'Ordre du Discours*. Paris: Gallimard.

HOBSBAWM, Eric J. (1972): *The Revolutionaries*. London: Weidenfeld and Nicolson.

MOURALIS, Bernard (1975): *Les Contre-Littératures*, Paris, PUF.

PELLEGRINI, Tania (2008): "No Fio da Navalha: Literatura e Violência no Brasil de Hoje", em AA.VV: *Ver e Imaginar o Outro – Alteridade, Desigualdade, Violência na Literatura Brasileira Contemporânea*. São Paulo: Horizonte.

RIBEIRO, Darcy (1971): *El Dilema de América Latina*. México, siglo XXI.

RODRIGUES, José Carlos (1995): *Higiene e ilusão: o lixo como invento social*. Rio de Janeiro: NAU.

SCHWARZ, Roberto (1999): "Cidade de Deus", in: *Sequências Brasileiras*, São Paulo: Companhia das Letras.

VIRILIO, Paul (2004): *Ville Panique: Ailleurs Comence Ici*. Paris: Gallimard.

Colaboradoras(es) de este volumen/Colaboradoras(es) deste volume

Alba Zaluar. Bacharel pela UFRJ, Mestre pelo Museu Nacional/UFRJ, doutora pela USP, livre-docente pela UNICAMP, Professora Titular de Antropologia na UERJ; Professora visitante do IESP/ UERJ. Pesquisadora1A do CNPq. Comenda do Mérito Científico, CNPq/2007. Medalha Roquete Pinto, ABA, 2012. Entre seus livros destacam-se *A Máquina e a Revolta* (São Paulo: Brasiliense, 1984), *Cidadãos não vão ao Paraíso* (Campinas: Editora da Unicamp, 1994), *Condomínio do Diabo* (Rio de Janeiro: Revan/Editora da UFRJ, 1994), *Da Revolta ao Crime S.A.* (Rio de Janeiro: Moderna, 1996) e *A Integração Perversa: pobreza e tráfico de drogas* (Rio de Janeiro: FGV Editora, 2004). Publicou vários artigos em revistas científicas brasileiras e internacionais em português, inglês, espanhol e francês sobre violências, tráfico de drogas, associações vicinais e sistema de justiça no Brasil.

Alice Sophie Sarcinelli. Nascida em Monza (1984). Antropóloga e dotouranda em antropologia social, sarcinel@ehess.fr, formou-se na Università degli Studi Alma Mater Studiorum em Bologna, foi *visiting student* na Universidade Federal de Minas Gerais em Belo Horizonte e fez mestrado e doutorado na École des Hautes Études en Sciences Sociales em Paris. Realizou pesquisas no Brasil (2005-2007) e na Itália (2008-2011). Entre as suas publicações estão: "O outro em si mesmo. Etno-antropologia del pensiero brasiliano", *Quaderni di Thule. Rivista italiana di studi americanistici. Atti del XXIX Convegno*

Internazionale di Americanistica, n° 7, 311-320, 2007, "Infancias marginales, los márgenes de la infancia. Trayectorias de muchachos en situación de calle en el noreste brasileño", *Revista Alteridades*, vol. XXI, n° 42, 91-101, 2011.

Annina Clerici. Doctora en literatura hispanoamericana de la Universidad de Zurich, donde enseña desde 2003. Ha publicado varios artículos sobre narrativa peruana y argentina. Fue asistente en la cátedra de Martín Lienhard (2002-2008). Coeditora del libro *De márgenes y silencios, homenaje a Martín Lienhard/De margens e silêncios, homenagem a Martin Lienhard* (2006). Desde 2013 es administradora principal del Seminario de Lenguas y Literaturas Románicas de la Universidad de Zurich.

Bóia Efraime Júnior. Moçambicano, Psicólogo Clínico e psicoterapeuta, formou-se na Universidade de Humboldt e concluiu seu doutoramento na Universidade da Colónia. Como psicoterapeuta trabalhou em Berlim com menores refugiados e posteriormente em Moçambique com ex- crianças soldado. Em Zurique trabalhou em projectos de educação e prevenção da violência sexual de crianças. É atualmente Presidente da Direção da Associação de Psicologia de Moçambique, docente universitário e psicoterapeuta. Seus trabalhos mais recentes são no domínio do trauma psíquico. boia@post.com

Enrique Flores. Nació en la ciudad de México en 1958. Filólogo. Trabaja desde hace 23 años en el Instituto de Investigaciones Filológicas de la UNAM y es profesor de etnopoética y literatura colonial en la Facultad de Filosofía y Letras de la misma universidad. Ha ocupado la Cátedra México en la Universidad de Toulouse Le Mirail. Forma parte del comité de redacción de la *Revista de Literaturas Populares*. Coordinó con Jacques Gilard el volumen de la revista *Caravelle*: *Chanter le bandit. Ballades et complaintes d'Amérique latine* (2007), convertido luego en *Cantares de bandidos: héroes, santos y proscritos en América Latina* (2011); compiló con Raúl Eduardo González el libro *Malverde: exvotos y corridos* (2011), y editó *Triumphos contra vandoleros: romances del cacique zapoteco Patricio López* (2014).

Francisca Bagulho. Nasceu em Luanda (Angola), em 1974. Fez o mestrado em Gestão de empresas e Instituições culturais, na Universidade Alcalá, Madrid, Espanha. Completou a Pós-Graduação em Estudos Africanos, ISCTE – Instituto Universitário de Lisboa. Foi co-fundadora da Zé dos Bois, associação de produção e mostra de cultura contemporânea em Lisboa (Portugal), em 1994, onde trabalhou até ao final de 2001. Em Luanda, trabalhou na produção da Primeira Trienal de Luanda, entre 2004 e 2007, e no Pavilhão Africano na 52ª Bienal de Veneza. Desde 2008 que tem trabalhado como produtora free-lancer colaborando com artistas e instituições de Portugal e Angola.

Gloria Lorena López. Doctoranda en el campo de los Estudios latinoamericanos en la Universidad de Zurich, donde también imparte clases de análisis literario. Su objeto de investigación es la representación de la violencia del narcotráfico en la literatura y las teleseries colombianas. Al respecto ha escrito sobre el rol de la mujer en la narrativa del tráfico de drogas, la estética del narco en teleseries que abordan el tema, y sobre la transformación de ciudades colombianas en las décadas de los ochenta y noventa a causa de la segunda violencia.

Hermann Herlinghaus. Doctorado en Estudios Latinoamericanos en la Universidad de Rostock, *Habilitation* en la Universidad de Frankfurt/Main. En tanto profesor en la Universidad de Freiburg i. Breisgau enseña literaturas latinoamericanas, historia del cine y estudios culturales. Su investigación enfoca la historia conceptual de la modernidad, la heterogeneidad en las Américas y las nuevas formaciones narrativas en el *Global South*. Sus últimos libros son *Violence without Gilt: Ethical Narratives from the Global South* (2008) y *Narcoepics: A Global Aesthetics of Sobriety* (2013).

Marco Lara Klahr. Periodista, investigador, consultor internacional y activista mexicano con casi tres décadas y media especializándose en delito y delincuencia organizada, conflictos sociales, violencia y sistema de justicia penal acusatorio. Se desempeña como *freelance* en la radio y la televisión, además de impartir conferencias y talleres a través del mundo. Pertenece al equipo latinoamericano que realiza el Worlds of Journalism Study de la Universidad de Múnich. Ha trabajado en 30 países, y reportajes y ensayos suyos han sido traducidos a diversos idiomas. Sus libros más recientes son *Extorsión y otros círculos del infierno, Cosas de familia. ¿Adónde fue Nazario Moreno?*, y *¡Son los Derechos! Manual para periodistas sobre el sistema de justicia penal acusatorio*. También publicó *Hoy te toca la muerte, el imperio de las maras visto desde dentro*, entre otros volúmenes. Actualiza semanalmente el blog *Edad Medi@tica*. En México obtuvo dos veces el Premio Nacional de Periodismo. Pertenece al Jurado del Premio Alemán de Periodismo Walter Reuter.

María del Pilar Ramírez Gröbli. Asistente docente en el Departamento de Lengua y Literatura Hispánicas de la Universidad de San Gallen; culmina su estudio de doctorado en septiembre de 2014 en la misma universidad. Licenciada en Literatura y Lingüística en español e inglés de la Universidad Pedagógica Nacional de Bogotá (1994). MA en Relaciones Internacionales en la Universidad Javeriana de Bogotá (1999). Licenciatura en Español y Ciencias Políticas en la Universidad de Zurich (2007). Investiga actualmente la producción narrativa y lírica de comunidades rurales colombianas desplazadas a causa de conflictos socioambientales. Dos de sus recientes publicaciones son "Itinerarios líricos de la inclusión: el hip-hop y el rap en Colombia", y "La representación entre el yo y el nosotros en cantos y relatos del desplazamiento en Colombia".

María Victoria Albornoz. Se doctoró en Literatura Hispanoamericana por la Washington University de Saint Louis, y actualmente trabaja como profesora asistente de Literatura Latinoamericana en Saint Louis University, Madrid. Su especialidad es la narrativa hispanoamericana de los siglos XX y XXI, en particular, la representación de la violencia en la novela colombiana de finales de siglo. Entre sus últimos artículos publicados se encuentran "Del infierno de adentro al infierno de afuera": el cuerpo agónico en *El desbarrancadero* de Fernando Vallejo" (2012); "Cuerpos enfermos y torturados: una aproximación a Delirio de Laura Restrepo" (2011); y "'El relato de una bala que después fue olvido... y finalmente novela': aproximaciones a *El eskimal y la mariposa* de Nahum Montt" (2011). Su obra creativa ha sido publicada en diversas revistas y antologías, y en 2009 publicó su primer libro de relatos: *El amor, un error de cálculo.*

Marta Lança. Lisboa (1976). Com formação em Estudos Portugueses pela FCSH - Universidade Nova de Lisboa, trabalha como free-lancer: jornalista, tradutora, editora e produtora. Desde 2004 dedica-se a questões culturais em África. Viveu em Cabo Verde (onde criou a revista cultural *Dá Fala*, 2004-5); em Angola (Universidade Agostinho Neto, Trienal de Luanda, Festival de Cinema de Luanda, colabora com *Novo Jornal*, revista *Austral e Rede Angola*); em Moçambique (Dockanema, 2009 programa Inov-art) e no Rio de Janeiro. Faz pesquisa e produção para documentários *Eu Sou África*, *Triângulo* e *No Trilho dos Naturalistas: expedições botânicas em África*. Comissariou o *Roça Língua*, residência de escrita de autores de língua portuguesa, em S.Tomé e Príncipe (2011). Em 2010 criou o portal BUALA do qual é editora.

Martín Lienhard. Profesor emérito de la Universidad de Zurich. Su investigación se mueve entre los estudios literarios y cinematográficos, la historia y la antropología visual (*Todos me llaman martoma*, película, 2014). Se doctoró en Ginebra con una tesis sobre José María Arguedas. Entre sus libros destacan *La voz y su huella: escritura y conflicto étnico-social en America Latina* (Premio Casa de las Américas 1989), *Testimonios, cartas y manifiestos indígenas* (1992), *O mar e o mato – Histórias da escravidão* (1998) y *Disidentes, rebeldes, insurgentes. Resistencia indígena y negra en América Latina. Ensayos de historia testimonial* (2008).

Otávio Raposo. Doutor em Antropologia no Instituto Universitário de Lisboa (IUL) e atualmente pós-doutorando do Centro de Investigação e Estudos de Sociologia no IUL. Mestrado em Antropologia Urbana no IUL em associação com a Universidade Rovira i Virgili (Tarragona, Espanha) e licenciatura em Sociologia na Universidade Nova de Lisboa. Foi sociólogo da Equipe de Intervenção Direta da Comunidade Vida e Paz, instituição de referência no apoio aos sem-

-teto e no tratamento de alcoólicos e toxicodependentes. Participou de pesquisas na área da Antropologia Urbana, Culturas Juvenis, Segregação, Políticas Públicas, Cidadania, Violência, Migrações e Pobreza que deram origem a comunicações e artigos em congressos e revistas científicas. Também desenvolve trabalhos na área da Antropologia Visual, tendo realizado o documentário *Nu Bai. O rap negro de Lisboa*, disponível no site: http://vimeo.com/15137491.

Redy Wilson Lima. Formado em Sociologia (ULHT, Portugal e FCSH-UNL, Portugal), doutorando em Estudos Urbanos (FCSH-UNL/ISCTE-IUL, Portugal), investigador colaborador no grupo de trabalho Globalization and Development do CEsA/ISEG-UTL (Portugal), membro do CODESRIA (Senegal) e professor assistente convidado no Instituto Superior de Ciências Jurídicas e Sociais (Cabo Verde). Tem realizado pesquisas na cidade da Praia (Cabo Verde), focando as questões juvenis, criminalidade, cultura hip-hop e direitos humanos. Publicações recentes: "Delinquência juvenil coletiva na Cidade da Praia: uma abordagem diacrónica", *em Jovens e trajetórias de violências. Os casos de Bissau e da Praia* (2012); e "Rap kriol(u): o pan-africanismo de Cabral na música de intervenção juvenil na Guiné-Bissau e em Cabo-Verde" (com M. Barros), em *Dossiê Diálogos Ibero-Africanos*, REALIS, 2012.

Riccardo Badini. Profesor, desde hace diez años, de Lengua y Literaturas hispanoamericanas en la Università di Cagliari (Cerdeña, Italia). Se dedica a la poesía urbana relacionada con el tema de la violencia y a los estudios decoloniales, con particular énfasis en el área andina y amazónica del Perú. Entre sus publicaciones destaca la edición crítica de la obra inédita de Gamaliel Churata: *Resurrección de los muertos* (2010).

Roberto Francavilla. Professor associado de Literatura portuguesa e brasileira e docente do doutoramento em Literaturas comparadas e Teoria da tradução na Università degli Studi di Siena. Professor visitante na Universidade Estadual de São Paulo. Membro do CISAI (Centro interdepartamental dos Estudos sobre a América Indígena) e vice-diretor do NISA (Network interdepartamental para os Estudos Africanos). Publicou volumes e artigos sobre Gil Vicente, Fernando Pessoa, José Cardoso Pires, as literaturas africanas, os estudos pós-coloniais, o modernismo brasileiro. Tradutor e crítico literário para *il manifesto*. É um dos curadores do projeto da Comissão Europeia *Les relations Europe-Afrique* e, na Universidade de Siena, coordinador do projeto "Além das margens. O Brasil e a literatura da favela".

Sílvia Roque. Investigadora do CES da Universidade de Coimbra (Portugal) e Doutoranda em Relações Internacionais, na Faculdade de Economia da U. de Coimbra, onde se licenciou na mesma área. Mestrado em Estudos Africanos no ISCTE (Lisboa). Desde 2005, investigação sobre violências, em particular à violência urbana e juvenil, à participação de mulheres na violência colectiva e à violência sexuada, em países que atravessaram períodos de guerra e instabilidade (especialmente Guiné-Bissau e El Salvador). Principais publicações: *Um retrato da violência contra mulheres na Guiné-Bissau* (Governo da República da Guiné-Bissau/Nações Unidas, 2011). *Jovens e trajetórias de violências. Os casos de Bissau e da Praia* (S. Roque, J. M. Pureza e K. Cardoso, eds.), Coimbra, CES/Almedina, 2012.

Sönke Bauck. Historiador y politólogo alemán. Se formó en Historia Iberoamericana, Historia Moderna y Ciencias Políticas en la Universidad de Colonia, con estadías en la Complutense de Madrid, la Universidad de Letonia (Riga) y la Universidad de los Andes (Mérida). Trabajó en Bonn, Bruselas y Guatemala en varios proyectos para el desarrollo de la sociedad civil. Participó en un grupo de investigadores del Politécnico de Zurich comparando el movimiento antialcohólico a nivel mundial. Está terminando su doctorado sobre el movimiento de templanza de origen anglosajón y los discursos sobre el alcoholismo en el Cono Sur. Publicación en prensa: "Die Popularisierung von Bildern des Alkoholismus im Teatro Rioplatense (Buenos Aires, 1905-1920)", en J. Grosse *et al.* (eds.), *Biopolitik und Sittlichkeitsreform* (2014).

Stefan Hofer. Estudioso literario y cultural. Profesor en la Alta Escuela de Ciencias Aplicadas del cantón de Zurich y en la Alta Escuela de las Artes y la Alta Escuela de Pedagogía del mismo cantón. Profesor de germanística en la Escuela Cantonal de Baden. Su libro *Ökologie der Literatur* (*Ecología de la literatura*, 2007) está dedicado al escritor alemán Peter Handke.